大学赤本シリーズ

314

千葉工業大学

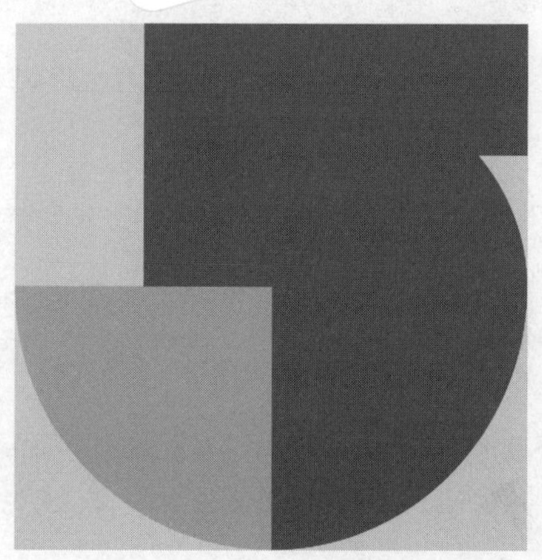

教学社

はしがき

おかげさまで，大学入試の「赤本」は，今年で創刊70周年を迎えました。

これまで，入試問題や資料をご提供いただいた大学関係者各位，掲載許可をいただいた著作権者の皆様，各科目の解答や対策の執筆にあたられた先生方，そして，赤本を使用してくださったすべての読者の皆様に，厚く御礼を申し上げます。

以下に，創刊初期の「赤本」のはしがきを引用します。これからも引き続き，受験生の目標の達成や，夢の実現を応援してまいります。

本書を活用して，入試本番では持てる力を存分に発揮されることを心より願っています。

編者しるす

＊　＊　＊

学問の塔にあこがれのまなざしをもって，それぞれの志望する大学の門をたたかんとしている受験生諸君！　人間として生まれてきた私たちは，自己の欲するままに，美しく，強く，そして何よりも人間らしく生きることをねがっている。しかし，一朝一夕にして，この純粋なのぞみが達せられることはない。私たちの行く手には，絶えずさまざまな試練がまちかまえている。この試練を克服していくところに，私たちのねがう真に人間的な世界がはじめて開かれてくるのである。

人生最初の最大の試練として，諸君の眼前に大学入試がある。この大学入試は，精神的にも身体的にも，大きな苦痛を感ぜしめるであろう。あるスポーツに熟達するには，たゆみなき，はげしい練習を積み重ねることが必要であるように，私たちは，計画的・持続的な努力を払うことによって，この試練を克服し，次の一歩を踏みだすことができる。厳しい試練を経たのちに，はじめて満足すべき成果を獲得できるのである。

本書は最近の入学試験の問題に，それぞれ解答を付し，さらに問題をふかく分析することによって，その大学独特の傾向や対策をさぐろうとした。本書を一般の参考書とあわせて使用し，まとはずれのない，効果的な受験勉強をされるよう期待したい。

（昭和35年版「赤本」はしがきより）

挑む人の、いちばんの味方

1954年に大学入試の過去問題集を刊行してから70年。赤本は大学に入りたいと思う受験生を応援しつづけてきました。これからも，苦しいとき落ち込むときにそばで支える存在でいたいと思います。

そして，勉強をすること，自分で道を決めること，努力が実ること，これらの喜びを読者の皆さんが感じることができるよう，伴走をつづけます。

そもそも赤本とは…

受験生のための大学入試の過去問題集！

70年の歴史を誇る赤本は，500点を超える刊行点数で全都道府県の370大学以上を網羅しており，過去問の代名詞として受験生の必須アイテムとなっています。

なぜ受験に過去問が必要なのか？

大学入試は大学によって問題形式や頻出分野が大きく異なるからです。

赤本の掲載内容

傾向と対策

これまでの出題内容から，問題の「**傾向**」を分析し，来年度の入試に向けて具体的な「**対策**」の方法を紹介しています。

問題編・解答編

- 年度ごとに問題とその解答を掲載しています。
- 「**問題編**」ではその年度の試験概要を確認したうえで，実際に出題された過去問に取り組むことができます。
- 「**解答編**」には高校・予備校の先生方による解答が載っています。

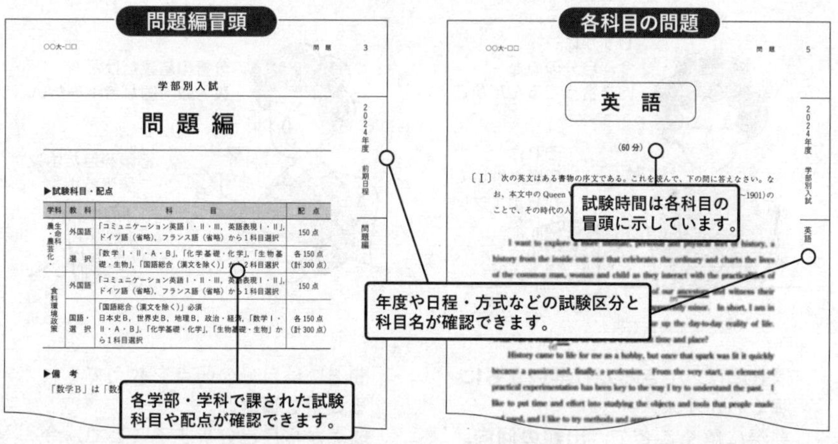

問題編冒頭
各科目の問題
学部別入試
問題編
英語
(60分)
各学部・学科で課された試験科目や配点が確認できます。
年度や日程・方式などの試験区分と科目名が確認できます。
試験時間は各科目の冒頭に示しています。

他にも，大学の基本情報や，先輩受験生の合格体験記，在学生からのメッセージなどが載っていることがあります。

2024年度から
見やすい
デザインに！
NEW

掲載内容について

著作権上の理由やその他編集上の都合により問題や解答の一部を割愛している場合があります。
なお，指定校推薦入試，社会人入試，編入学試験，帰国生入試などの特別入試，英語以外の外国語科目，商業・工業科目は，原則として掲載しておりません。また試験科目は変更される場合がありますので，あらかじめご了承ください。

受験勉強は

過去問に始まり，

STEP 1

なにはともあれ

まずは解いてみる

しずかに…
今，自分の心と
向き合ってるんだから
ムーン
それは
問題を解いて
からだホン！

過去問は，**できるだけ早いうちに解く**のがオススメ！
実際に解くことで，**出題の傾向，問題のレベル，今の自分の実力**がつかめます。

STEP 2

じっくり具体的に

弱点を分析する

分析の結果だけど
英・数・国が苦手みたい
スリー
必須科目だホン
頑張るホン

間違いは自分の弱点を教えてくれる**貴重な情報源。**
弱点から自己分析することで，**今の自分に足りない力や苦手な分野**が見えてくるはず！

合格者があかす赤本の使い方

傾向と対策を熟読

（Fさん／国立大合格）

大学の出題傾向を調べるために，赤本に載っている「傾向と対策」を熟読しました。

繰り返し解く

（Tさん／国立大合格）

１周目は問題のレベル確認，２周目は苦手や頻出分野の確認に，３周目は合格点を目指して，と過去問は繰り返し解くことが大切です。

過去問に終わる。

STEP 3

志望校に
あわせて

苦手分野の重点対策

明日からはみんなで頑張るよ！
参考書も！ 問題集も！
よろしくね！

呼んだ？
なにを!?
どこから!?
グッ
グッ

参考書や問題集を活用して，苦手分野の**重点対策**をしていきます。**過去問を指針**に，合格へ向けた具体的な学習計画を立てましょう！

STEP 1▶2▶3

サイクル
が大事！

実践を繰り返す

やるのは
ボクだよ～
STEP 1
解く!!
対策!!
分析!!
STEP 3
STEP 2

STEP 1～3を繰り返し，実力アップにつなげましょう！
出題形式に慣れることや，**時間配分を考えること**も大切です。

目標点を決める

（Yさん／私立大合格）

赤本によっては合格者最低点が載っているので，それを見て目標点を決めるのもよいです。

時間配分を確認

（Kさん／私立大学合格）

赤本は時間配分や解く順番を決めるために使いました。

添削してもらう

（Sさん／私立大学合格）

記述式の問題は先生に添削してもらうことで自分の弱点に気づけると思います。

新課程入試 Q&A

2022 年度から新しい学習指導要領（新課程）での授業が始まり，2025 年度の入試は，新課程に基づいて行われる最初の入試となります。ここでは，赤本での新課程入試の対策について，よくある疑問にお答えします。

Q1. 赤本は新課程入試の対策に使えますか？

A. もちろん使えます！

旧課程入試の過去問が新課程入試の対策に役に立つのか疑問に思う人もいるかもしれませんが，心配することはありません。旧課程入試の過去問が役立つのには次のような理由があります。

● 学習する内容はそれほど変わらない

新課程は旧課程と比べて科目名を中心とした変更はありますが，学習する内容そのものはそれほど大きく変わっていません。また，多くの大学で，既卒生が不利にならないよう「経過措置」がとられます（Q３参照）。したがって，出題内容が大きく変更されることは少ないとみられます。

● 大学ごとに出題の特徴がある

これまでに課程が変わったときも，各大学の出題の特徴は大きく変わらないことがほとんどでした。入試問題は各大学のアドミッション・ポリシーに沿って出題されており，過去問にはその特徴がよく表れています。過去問を研究してその大学に特有の傾向をつかめば，最適な対策をとることができます。

出題の特徴の例	・英作文問題の出題の有無 ・論述問題の出題（字数制限の有無や長さ） ・計算過程の記述の有無

新課程入試の対策も，赤本で過去問に取り組むところから始めましょう。

Q2. 赤本を使う上での注意点はありますか？

A. 志望大学の入試科目を確認しましょう。

注意

過去問を解く前に，過去の出題科目（問題編冒頭の表）と 2025 年度の募集要項とを比べて，課される内容に変更がないかを確認しましょう。ポイントは以下のとおりです。科目名が変わっていても，実際は旧課程の内容とほとんど同様のものもあります。

英語・国語	科目名は変更されているが，実質的には変更なし。 ▶▶ **ただし，リスニングや古文・漢文の有無は要確認。**
地歴	科目名が変更され，「歴史総合」「地理総合」が新設。 ▶▶ **新設科目の有無に注意。ただし，「経過措置」（Q3参照）により内容は大きく変わらないことも多い。**
公民	「現代社会」が廃止され，「公共」が新設。 ▶▶ **「公共」は実質的には「現代社会」と大きく変わらない。**
数学	科目が再編され，「数学 C」が新設。 ▶▶ **「数学」全体としての内容は大きく変わらないが，出題科目と単元の変更に注意。**
理科	科目名も学習内容も大きな変更なし。

数学については，科目名だけでなく，どの単元が含まれているかも確認が必要です。例えば，出題科目が次のように変わったとします。

旧課程	「数学Ⅰ・数学Ⅱ・数学 A・数学 B（数列・ベクトル）」
新課程	「数学Ⅰ・数学Ⅱ・数学 A・**数学 B（数列）・数学 C（ベクトル）**」

この場合，新課程では「数学C」が増えていますが，単元は「ベクトル」のみのため，実質的には旧課程とほぼ同じであり，過去問をそのまま役立てることができます。

Q3.「経過措置」とは何ですか？

A. 既卒の旧課程履修者への対応です。

多くの大学では，既卒の旧課程履修者が不利にならないように，出題において「経過措置」が実施されます。措置の有無や内容は大学によって異なるので，募集要項や大学のウェブサイトなどで確認しておきましょう。

◯旧課程履修者への経過措置の例

- 旧課程履修者にも配慮した出題を行う。
- 新・旧課程の共通の範囲から出題する。
- 新課程と旧課程の共通の内容を出題し，共通範囲のみでの出題が困難な場合は，旧課程の範囲からの問題を用意し，選択解答とする。

例えば，地歴の出題科目が次のように変わったとします。

旧課程	「日本史 B」「世界史 B」から１科目選択
新課程	「**歴史総合**，日本史探究」「**歴史総合**，世界史探究」から１科目選択※ ※旧課程履修者に不利益が生じることのないように配慮する。

「歴史総合」は新課程で新設された科目で，旧課程履修者には見慣れないものですが，上記のような経過措置がとられた場合，新課程入試でも旧課程と同様の学習内容で受験することができます。

要チェックだホン

新課程の情報は WEB もチェック！
より詳しい解説が赤本ウェブサイトで見られます。
https://akahon.net/shinkatei/

科目名が変更される教科・科目

	旧課程	新課程
国語	国語総合 国語表現 現代文A 現代文B 古典A 古典B	現代の国語 言語文化 論理国語 文学国語 国語表現 古典探究
地歴	日本史A 日本史B 世界史A 世界史B 地理A 地理B	歴史総合 日本史探究 世界史探究 地理総合 地理探究
公民	現代社会 倫理 政治・経済	公共 倫理 政治・経済
数学	数学Ⅰ 数学Ⅱ 数学Ⅲ 数学A 数学B 数学活用	数学Ⅰ 数学Ⅱ 数学Ⅲ 数学A 数学B 数学C
外国語	コミュニケーション英語基礎 コミュニケーション英語Ⅰ コミュニケーション英語Ⅱ コミュニケーション英語Ⅲ 英語表現Ⅰ 英語表現Ⅱ 英語会話	英語コミュニケーションⅠ 英語コミュニケーションⅡ 英語コミュニケーションⅢ 論理・表現Ⅰ 論理・表現Ⅱ 論理・表現Ⅲ
情報	社会と情報 情報の科学	情報Ⅰ 情報Ⅱ

目　次

掲載内容についてのお断り

- 学校推薦型選抜および一般選抜B日程・SB日程・C日程は掲載していません。
- 一般選抜A日程・SA日程については，代表的な1日程分を掲載しています。

基本情報

学部・学科の構成

大　学　（　）内は入学定員

●工学部

機械工学科（140人）
機械電子創成工学科（110人）
先端材料工学科（110人）
電気電子工学科（140人）
情報通信システム工学科（110人）
応用化学科（110人）

●創造工学部

建築学科（140人）
都市環境工学科（110人）
デザイン科学科（120人）

●先進工学部

未来ロボティクス学科（120 人）

生命科学科（110 人）

知能メディア工学科（110 人）

●情報変革科学部

情報工学科（120 人）

認知情報科学科（120 人）

高度応用情報科学科（120 人）

●未来変革科学部

デジタル変革科学科（100 人）

経営デザイン科学科（100 人）

大学院

工学研究科 / 創造工学研究科 / 先進工学研究科 / 情報科学研究科 / 社会システム科学研究科

大学所在地

津田沼キャンパス

新習志野キャンパス

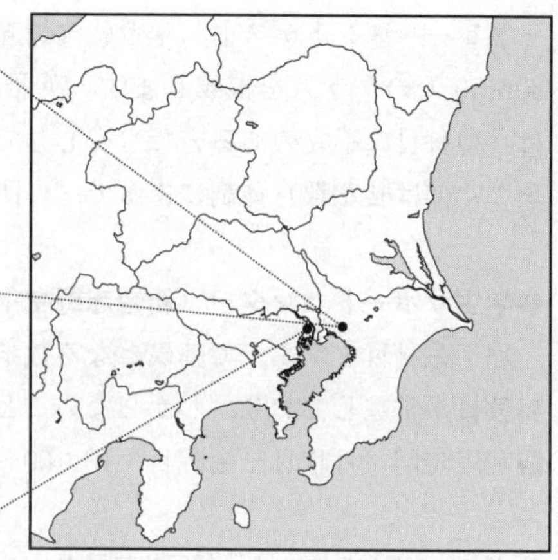

東京スカイツリータウン®キャンパス

津田沼キャンパス〔3・4年次，大学院〕

〒275-0016　千葉県習志野市津田沼2-17-1

新習志野キャンパス〔1・2年次〕

〒275-0023　千葉県習志野市芝園2-1-1

東京スカイツリータウン® キャンパス

〒131-0045　東京都墨田区押上1-1-2 東京スカイツリータウン® 8F

千葉工業大学 TOPICS

基礎を固めつつ将来を見据えてしっかりサポート！
教育プログラム

●習熟度別クラス編成・入学準備プログラム

プレースメントテスト（学習状況調査）の結果を踏まえて，習熟度別に30～50人のクラスを編成します。英語，数学，物理，化学など理工系では必須科目に不安のある方でも安心して授業に臨めます。個人の能力を無理なく伸ばせる教育体制によって，専門科目の学習や就職に備えます。

●学生サポートセンター（新習志野キャンパス）

理工系科目を学ぶ上で基礎となる数学・英語・物理・化学に対応する専属教員が常駐しており，わからないことがあれば質問できます。

■利用時間　月曜日～金曜日　10：00～18：00

●グローバルラウンジ（新習志野キャンパス）

英語力を高めるには，知識だけでなく体験を積み重ねることがとても大切。グローバルラウンジでは，ネイティブスピーカーと気軽に会話ができます。

■利用時間　月曜日～金曜日　10：30～17：30

最新の設備環境を用意

●人として成長できる「教育寮」

男子寮，女子寮はすべて個室で，一人ひとりのプライバシーに配慮しながら，ラウンジやスタディスペース，談話スペースなどパブリックスペースを配置することで互いに切磋琢磨し「個」を高め合います。

また入り口には学生証と顔認証のダブルチェック入館システムを採用し，万全の防犯対策を整え安全を確保したつくりになっています。その他に，防災対策として，非常用の電源確保はもちろん，飲料水を地下70mから汲み上げ供給しています。

2024年度入試データ

入試状況（志願者数・合格者数など）

○一般選抜：A日程・B日程・C日程および大学入学共通テスト利用入学試験（前期・中期・後期）の各募集人員は各タイプの合計です。

●一般選抜：A日程入学試験

〈タイプⅠ〉

（　）内は女子内数

学部・学科		募集人員	志願者数	受験者数	合格者数
工	機械工	41	1,678(116)	1,576(111)	445(35)
	機械電子創成工	31	1,344(110)	1,259(103)	453(40)
	先端材料工	31	1,194(99)	1,117(90)	476(47)
	電気電子工	41	1,600(122)	1,497(118)	597(51)
	情報通信システム工	31	1,739(157)	1,623(148)	348(36)
	応用化	31	1,055(146)	984(139)	359(66)
	学部計	206	8,610(750)	8,056(709)	2,678(275)
創造工	建築	41	1,363(192)	1,267(173)	210(39)
	都市環境工	31	1,209(141)	1,125(127)	376(59)
	デザイン科	34	1,278(228)	1,186(209)	255(56)
	学部計	106	3,850(561)	3,578(509)	841(154)
先進工	未来ロボティクス	34	1,363(116)	1,278(109)	366(40)
	生命科	31	985(143)	904(129)	348(61)
	知能メディア工	31	1,441(196)	1,339(177)	299(48)
	学部計	96	3,789(455)	3,521(415)	1,013(149)
情報変革科	情報工	34	2,023(209)	1,892(192)	161(12)
	認知情報科	34	1,504(174)	1,402(158)	227(24)
	高度応用情報科	34	1,544(172)	1,446(159)	212(21)
	学部計	102	5,071(555)	4,740(509)	600(57)
未来変革科	デジタル変革科	24	1,302(153)	1,208(144)	195(22)
	経営デザイン科	24	1,107(147)	1,026(139)	271(40)
	学部計	48	2,409(300)	2,234(283)	466(62)
総計		558	23,729(2,621)	22,129(2,425)	5,598(697)

〈タイプII〉

( )内は女子内数

学部・学科		募集人員	志願者数	受験者数	合格者数
工	機械工	41	700(62)	675(61)	192(16)
	機械電子創成工	31	560(50)	541(49)	194(23)
	先端材料工	31	510(52)	492(49)	208(26)
	電気電子工	41	662(61)	643(60)	256(28)
	情報通信システム工	31	670(69)	646(66)	139(18)
	応用化	31	448(66)	433(63)	157(28)
	学部計	206	3,550(360)	3,430(348)	1,146(139)
創造工	建築	41	599(93)	569(83)	95(19)
	都市環境工	31	551(71)	529(67)	176(33)
	デザイン科	34	594(131)	561(118)	121(38)
	学部計	106	1,744(295)	1,659(268)	392(90)
先進工	未来ロボティクス	34	577(55)	555(52)	159(15)
	生命科	31	438(67)	419(61)	161(22)
	知能メディア工	31	640(101)	605(88)	134(17)
	学部計	96	1,655(223)	1,579(201)	454(54)
情報変革科	情報工	34	845(101)	810(92)	70(5)
	認知情報科	34	647(86)	621(77)	100(10)
	高度応用情報科	34	644(80)	619(73)	90(7)
	学部計	102	2,136(267)	2,050(242)	260(22)
未来変革科	デジタル変革科	24	562(86)	537(80)	87(14)
	経営デザイン科	24	493(85)	470(80)	124(22)
	学部計	48	1,055(171)	1,007(160)	211(36)
総計		558	10,140(1,316)	9,725(1,219)	2,463(341)

●一般選抜：SA 日程入学試験

（　）内は女子内数

学部	学科	募集人員	志願者数	受験者数	合格者数
工	機械工	20	5,169(467)	4,956(453)	850(82)
	機械電子創成工				
	先端材料工				
	電気電子工				
	情報通信システム工				
	応用化				
	学部計				
創造工	建築	10	2,321(360)	2,188(328)	170(37)
	都市環境工				
	デザイン科				
	学部計				
先進工	未来ロボティクス	9	2,385(276)	2,275(257)	488(62)
	生命科				
	知能メディア工				
	学部計				
情報変革科	情報工	12	3,220(338)	3,065(321)	94(4)
	認知情報科				
	高度応用情報科				
	学部計				
未来変革科	デジタル変革科	8	1,550(186)	1,462(175)	122(15)
	経営デザイン科				
	学部計				
総計		59	14,645(1,627)	13,946(1,534)	1,724(200)

●一般選抜：B日程入学試験

〈タイプⅠ〉

（ ）内は女子内数

学部・学科		募集人員	志願者数	受験者数	合格者数
工	機械工	10	507(44)	470(41)	88(5)
	機械電子創成工	7	462(38)	428(36)	121(8)
	先端材料工	7	424(37)	394(35)	134(8)
	電気電子工	10	497(45)	462(43)	58(4)
	情報通信システム工	7	549(56)	520(52)	60(7)
	応用化	7	379(44)	352(43)	84(11)
	学部計	48	2,818(264)	2,626(250)	545(43)
創造工	建築	10	507(75)	479(70)	60(10)
	都市環境工	7	446(53)	424(51)	34(3)
	デザイン科	8	447(61)	419(57)	90(12)
	学部計	25	1,400(189)	1,322(178)	184(25)
先進工	未来ロボティクス	8	483(49)	451(46)	89(8)
	生命科	7	364(45)	340(45)	144(17)
	知能メディア工	7	500(73)	472(68)	69(11)
	学部計	22	1,347(167)	1,263(159)	302(36)
情報変革科	情報工	8	641(71)	608(66)	49(6)
	認知情報科	8	527(63)	498(58)	59(7)
	高度応用情報科	8	530(60)	502(56)	60(7)
	学部計	24	1,698(194)	1,608(180)	168(20)
未来変革科	デジタル変革科	4	464(56)	438(54)	85(10)
	経営デザイン科	4	409(57)	384(54)	132(15)
	学部計	8	873(113)	822(108)	217(25)
総計		127	8,136(927)	7,641(875)	1,416(149)

〈タイプⅡ〉

（　）内は女子内数

学部・学科		募集人員	志願者数	受験者数	合格者数
工	機械工	10	335(39)	318(35)	59(2)
	機械電子創成工	7	311(35)	297(31)	84(4)
	先端材料工	7	278(35)	265(31)	92(11)
	電気電子工	10	330(44)	312(40)	38(1)
	情報通信システム工	7	375(56)	356(51)	41(4)
	応用化	7	255(44)	247(41)	59(9)
	学部計	48	1,884(253)	1,795(229)	373(31)
創造工	建築	10	331(65)	319(60)	40(12)
	都市環境工	7	299(52)	290(49)	23(3)
	デザイン科	8	308(59)	294(54)	64(10)
	学部計	25	938(176)	903(163)	127(25)
先進工	未来ロボティクス	8	342(44)	322(40)	64(5)
	生命科	7	255(43)	248(41)	106(21)
	知能メディア工	7	356(65)	339(59)	50(6)
	学部計	22	953(152)	909(140)	220(32)
情報変革科	情報工	8	445(69)	424(63)	34(3)
	認知情報科	8	381(61)	362(55)	44(5)
	高度応用情報科	8	387(63)	368(58)	43(6)
	学部計	24	1,213(193)	1,154(176)	121(14)
未来変革科	デジタル変革科	4	332(54)	319(51)	62(7)
	経営デザイン科	4	287(51)	276(47)	96(23)
	学部計	8	619(105)	595(98)	158(30)
総計		127	5,607(879)	5,356(806)	999(132)

●一般選抜：SB 日程入学試験

（ ）内は女子内数

学部・学科		募集人員	志願者数	受験者数	合格者数
工	機械工	12	1,710(176)	1,574(158)	295(26)
	機械電子創成工				
	先端材料工				
	電気電子工				
	情報通信システム工				
	応用化				
	学部計				
創造工	建築	6	817(119)	767(109)	124(13)
	都市環境工				
	デザイン科				
	学部計				
先進工	未来ロボティクス	6	869(109)	804(100)	151(18)
	生命科				
	知能メディア工				
	学部計				
情報変革科	情報工	6	1,090(128)	1,024(116)	94(15)
	認知情報科				
	高度応用情報科				
	学部計				
未来変革科	デジタル変革科	4	569(65)	531(60)	125(15)
	経営デザイン科				
	学部計				
総計		34	5,055(597)	4,700(543)	789(87)

●一般選抜：C日程入学試験

〈タイプⅠ〉

（　）内は女子内数

<table>
<tr><th colspan="2">学部・学科</th><th>募集人員</th><th>志願者数</th><th>受験者数</th><th>合格者数</th></tr>
<tr><td rowspan="7">工</td><td>機械工</td><td rowspan="7">20</td><td rowspan="7">732(106)</td><td rowspan="7">671(106)</td><td rowspan="7">142(19)</td></tr>
<tr><td>機械電子創成工</td></tr>
<tr><td>先端材料工</td></tr>
<tr><td>電気電子工</td></tr>
<tr><td>情報通信システム工</td></tr>
<tr><td>応用化</td></tr>
<tr><td>学部計</td></tr>
<tr><td rowspan="4">創造工</td><td>建築</td><td rowspan="4">10</td><td rowspan="4">305(51)</td><td rowspan="4">279(51)</td><td rowspan="4">49(7)</td></tr>
<tr><td>都市環境工</td></tr>
<tr><td>デザイン科</td></tr>
<tr><td>学部計</td></tr>
<tr><td rowspan="4">先進工</td><td>未来ロボティクス</td><td rowspan="4">9</td><td rowspan="4">326(53)</td><td rowspan="4">299(53)</td><td rowspan="4">79(11)</td></tr>
<tr><td>生命科</td></tr>
<tr><td>知能メディア工</td></tr>
<tr><td>学部計</td></tr>
<tr><td rowspan="4">情報変革科</td><td>情報工</td><td rowspan="4">9</td><td rowspan="4">437(69)</td><td rowspan="4">401(69)</td><td rowspan="4">44(4)</td></tr>
<tr><td>認知情報科</td></tr>
<tr><td>高度応用情報科</td></tr>
<tr><td>学部計</td></tr>
<tr><td rowspan="3">未来変革科</td><td>デジタル変革科</td><td rowspan="3">6</td><td rowspan="3">192(27)</td><td rowspan="3">174(27)</td><td rowspan="3">12(2)</td></tr>
<tr><td>経営デザイン科</td></tr>
<tr><td>学部計</td></tr>
<tr><td colspan="2">総計</td><td>54</td><td>1,992(306)</td><td>1,824(306)</td><td>326(43)</td></tr>
</table>

〈タイプⅡ〉

( ) 内は女子内数

学部	学科	募集人員	志願者数	受験者数	合格者数
工	機械工	20	201(37)	201(37)	43(12)
	機械電子創成工				
	先端材料工				
	電気電子工				
	情報通信システム工				
	応用化				
	学部計				
創造工	建築	10	93(21)	93(21)	16(7)
	都市環境工				
	デザイン科				
	学部計				
先進工	未来ロボティクス	9	90(20)	90(20)	24(7)
	生命科				
	知能メディアエ				
	学部計				
情報変革科	情報工	9	135(31)	135(31)	15(6)
	認知情報科				
	高度応用情報科				
	学部計				
未来変革科	デジタル変革科	6	54(7)	54(7)	4(1)
	経営デザイン科				
	学部計				
総計		54	573(116)	573(116)	102(33)

●大学入学共通テスト利用入学試験（前期）

〈タイプⅠ：高得点教科採用型〉

（　）内は女子内数

学部・学科		募集人員	志願者数	受験者数	合格者数
工	機械工	28	2,442(257)	2,403(254)	1,149(133)
	機械電子創成工	21	1,903(231)	1,877(228)	911(125)
	先端材料工	21	1,796(251)	1,770(247)	1,177(183)
	電気電子工	28	2,319(255)	2,286(252)	1,415(170)
	情報通信システム工	21	2,408(296)	2,379(293)	1,042(139)
	応用化	21	1,775(374)	1,757(371)	920(219)
	学部計	140	12,643(1,664)	12,472(1,645)	6,614(969)
創造工	建築	28	2,025(420)	1,996(415)	594(146)
	都市環境工	21	1,861(340)	1,838(336)	886(185)
	デザイン科	24	1,837(436)	1,815(431)	706(188)
	学部計	73	5,723(1,196)	5,649(1,182)	2,186(519)
先進工	未来ロボティクス	24	1,889(256)	1,866(252)	859(130)
	生命科	21	1,648(387)	1,626(384)	1,080(288)
	知能メディア工	21	1,965(339)	1,940(335)	697(131)
	学部計	66	5,502(982)	5,432(971)	2,636(549)
情報変革科	情報工	24	2,743(380)	2,711(376)	538(94)
	認知情報科	24	1,920(299)	1,892(296)	642(117)
	高度応用情報科	24	1,995(303)	1,967(298)	578(103)
	学部計	72	6,658(982)	6,570(970)	1,758(314)
未来変革科	デジタル変革科	12	1,736(295)	1,710(291)	297(62)
	経営デザイン科	12	1,606(307)	1,583(303)	794(170)
	学部計	24	3,342(602)	3,293(594)	1,091(232)
総計		375	33,868(5,426)	33,416(5,362)	14,285(2,583)

〈タイプⅡ：数学・理科加重配点型〉

（ ）内は女子内数

学部・学科		募集人員	志願者数	受験者数	合格者数
工	機械工	28	1,813(188)	1,787(187)	859(92)
	機械電子創成工	21	1,503(180)	1,483(178)	722(90)
	先端材料工	21	1,430(196)	1,410(193)	945(139)
	電気電子工	28	1,781(191)	1,753(189)	1,084(121)
	情報通信システム工	21	1,869(223)	1,847(221)	802(100)
	応用化	21	1,360(279)	1,345(277)	703(161)
	学部計	140	9,756(1,257)	9,625(1,245)	5,115(703)
創造工	建築	28	1,600(308)	1,580(304)	475(100)
	都市環境工	21	1,448(252)	1,430(249)	693(131)
	デザイン科	24	1,434(309)	1,416(305)	543(133)
	学部計	73	4,482(869)	4,426(858)	1,711(364)
先進工	未来ロボティクス	24	1,492(199)	1,475(197)	678(100)
	生命科	21	1,278(274)	1,262(271)	843(200)
	知能メディア工	21	1,549(248)	1,532(247)	543(90)
	学部計	66	4,319(721)	4,269(715)	2,064(390)
情報変革科	情報工	24	2,090(273)	2,070(272)	409(60)
	認知情報科	24	1,531(216)	1,512(215)	518(78)
	高度応用情報科	24	1,583(223)	1,563(221)	457(71)
	学部計	72	5,204(712)	5,145(708)	1,384(209)
未来変革科	デジタル変革科	12	1,360(209)	1,343(208)	232(39)
	経営デザイン科	12	1,263(216)	1,247(214)	625(107)
	学部計	24	2,623(425)	2,590(422)	857(146)
総計		375	26,384(3,984)	26,055(3,948)	11,131(1,812)

●大学入学共通テスト利用入学試験（中期）

〈タイプⅠ：2教科方式〉

（　）内は女子内数

学部・学科		募集人員	志願者数	受験者数	合格者数
工	機械工	6	263(35)	239(32)	64(8)
	機械電子創成工	5	238(30)	215(27)	75(9)
	先端材料工	5	237(37)	214(34)	88(16)
	電気電子工	6	260(36)	236(33)	25(4)
	情報通信システム工	5	290(46)	263(43)	74(13)
	応用化	5	226(43)	205(39)	66(13)
	学部計	32	1,514(227)	1,372(208)	392(63)
創造工	建築	6	246(47)	222(43)	42(10)
	都市環境工	5	225(36)	206(34)	34(6)
	デザイン科	6	225(46)	204(42)	54(14)
	学部計	17	696(129)	632(119)	130(30)
先進工	未来ロボティクス	6	254(37)	232(34)	60(10)
	生命科	5	210(40)	190(35)	115(22)
	知能メディア工	5	261(49)	236(45)	63(16)
	学部計	16	725(126)	658(114)	238(48)
情報変革科	情報工	6	314(55)	284(50)	56(10)
	認知情報科	6	265(43)	237(40)	43(8)
	高度応用情報科	6	264(47)	239(43)	57(12)
	学部計	18	843(145)	760(133)	156(30)
未来変革科	デジタル変革科	3	240(40)	216(36)	61(10)
	経営デザイン科	3	218(37)	200(35)	107(18)
	学部計	6	458(77)	416(71)	168(28)
総計		89	4,236(704)	3,838(645)	1,084(199)

〈タイプⅡ：4教科方式〉

（　）内は女子内数

学部・学科		募集人員	志願者数	受験者数	合格者数
工	機械工	6	191(23)	166(21)	47(3)
	機械電子創成工	5	178(22)	153(20)	53(7)
	先端材料工	5	179(28)	151(25)	62(13)
	電気電子工	6	185(24)	159(22)	17(2)
	情報通信システム工	5	206(30)	179(28)	51(8)
	応用化	5	165(31)	142(29)	48(11)
	学部計	32	1,104(158)	950(145)	278(44)
創造工	建築	6	188(34)	157(31)	32(8)
	都市環境工	5	163(23)	139(22)	23(3)
	デザイン科	6	164(30)	138(27)	38(8)
	学部計	17	515(87)	434(80)	93(19)
先進工	未来ロボティクス	6	182(25)	156(23)	42(6)
	生命科	5	153(30)	129(26)	78(16)
	知能メディア工	5	190(32)	163(30)	43(9)
	学部計	16	525(87)	448(79)	163(31)
情報変革科	情報工	6	226(37)	193(34)	39(6)
	認知情報科	6	190(28)	163(27)	31(4)
	高度応用情報科	6	187(32)	160(30)	39(7)
	学部計	18	603(97)	516(91)	109(17)
未来変革科	デジタル変革科	3	174(28)	146(25)	43(8)
	経営デザイン科	3	159(24)	136(22)	73(11)
	学部計	6	333(52)	282(47)	116(19)
総計		89	3,080(481)	2,630(442)	759(130)

●大学入学共通テスト利用入学試験（後期）

〈タイプⅠ：2教科方式〉

（　）内は女子内数

学部	学科	募集人員	志願者数	受験者数	合格者数
工	機械工	18	721(92)	655(85)	155(27)
	機械電子創成工				
	先端材料工				
	電気電子工				
	情報通信システム工				
	応用化				
	学部計				
創造工	建築	9	325(59)	290(54)	77(20)
	都市環境工				
	デザイン科				
	学部計				
先進工	未来ロボティクス	9	342(56)	309(51)	103(20)
	生命科				
	知能メディア工				
	学部計				
情報変革科	情報工	9	392(60)	351(50)	52(7)
	認知情報科				
	高度応用情報科				
	学部計				
未来変革科	デジタル変革科	4	211(29)	188(24)	2(0)
	経営デザイン科				
	学部計				
総計		49	1,991(296)	1,793(264)	389(74)

〈タイプⅡ：数理3科目方式〉

（　）内は女子内数

学部・学科		募集人員	志願者数	受験者数	合格者数
工	機械工	18	597(77)	539(76)	127(27)
	機械電子創成工				
	先端材料工				
	電気電子工				
	情報通信システム工				
	応用化				
	学部計				
創造工	建築	9	270(50)	240(49)	69(21)
	都市環境工				
	デザイン科				
	学部計				
先進工	未来ロボティクス	9	277(46)	248(44)	86(21)
	生命科				
	知能メディア工				
	学部計				
情報変革科	情報工	9	319(47)	282(41)	44(9)
	認知情報科				
	高度応用情報科				
	学部計				
未来変革科	デジタル変革科	4	172(27)	150(23)	4(0)
	経営デザイン科				
	学部計				
総計		49	1,635(247)	1,459(233)	330(78)

〈タイプⅢ：4教科方式〉

（　）内は女子内数

学部・学科		募集人員	志願者数	受験者数	合格者数
工	機械工	18	554(94)	484(85)	111(30)
	機械電子創成工				
	先端材料工				
	電気電子工				
	情報通信システム工				
	応用化				
	学部計				
創造工	建築	9	266(57)	224(53)	65(20)
	都市環境工				
	デザイン科				
	学部計				
先進工	未来ロボティクス	9	275(56)	236(49)	77(19)
	生命科				
	知能メディア工				
	学部計				
情報変革科	情報工	9	308(58)	266(49)	41(8)
	認知情報科				
	高度応用情報科				
	学部計				
未来変革科	デジタル変革科	4	171(32)	144(26)	2(0)
	経営デザイン科				
	学部計				
総計		49	1,574(297)	1,354(262)	296(77)

●総合型（創造）選抜

（　）内は女子内数

学部・学科		募集人員	志願者数	受験者数	合格者数
工	機械工	15	29(3)	29(3)	21(2)
	機械電子創成工	12	13(3)	13(3)	12(3)
	先端材料工	12	17(2)	16(2)	16(2)
	電気電子工	15	31(3)	30(3)	22(3)
	情報通信システム工	12	17(0)	17(0)	15(0)
	応用化	12	13(4)	10(3)	9(3)
	学部計	78	120(15)	115(14)	95(13)
創造工	建築	15	37(8)	37(8)	17(6)
	都市環境工	12	11(0)	11(0)	10(0)
	デザイン科	13	30(10)	28(9)	16(8)
	学部計	40	78(18)	76(17)	43(14)
先進工	未来ロボティクス	13	47(1)	47(1)	24(1)
	生命科	12	6(4)	5(3)	5(3)
	知能メディア工	12	23(9)	22(8)	17(6)
	学部計	37	76(14)	74(12)	46(10)
情報変革科	情報工	10	26(3)	24(2)	14(1)
	認知情報科	10	26(3)	25(2)	17(2)
	高度応用情報科	10	17(1)	17(1)	16(1)
	学部計	30	69(7)	66(5)	47(4)
未来変革科	デジタル変革科	17	28(5)	28(5)	23(5)
	経営デザイン科	17	23(2)	22(2)	19(2)
	学部計	34	51(7)	50(7)	42(7)
総計		219	394(61)	381(55)	273(48)

●総合型（デジタルイノベーター発掘）選抜

（　）内は女子内数

学部・学科		募集人員	志願者数	受験者数	合格者数
情報変革科	情報工	5	18(1)	17(1)	9(1)
	認知情報科	5	15(4)	14(3)	9(3)
	高度応用情報科	5	14(1)	14(1)	13(1)
	学部計	15	47(6)	45(5)	31(5)
未来変革科	デジタル変革科	8	28(2)	27(2)	23(2)
	経営デザイン科	8	10(1)	10(1)	9(1)
	学部計	16	38(3)	37(3)	32(3)
総計		31	85(9)	82(8)	63(8)

●学校推薦型選抜（公募制）

（　）内は女子内数

学部・学科		募集人員	志願者数	受験者数	合格者数
工	機械工	4	14(1)	14(1)	11(1)
	機械電子創成工	4	3(1)	3(1)	3(1)
	先端材料工	4	6(1)	6(1)	6(1)
	電気電子工	4	5(0)	5(0)	5(0)
	情報通信システム工	4	1(1)	1(1)	1(1)
	応用化	4	9(1)	8(0)	7(0)
	学部計	24	38(5)	37(4)	33(4)
創造工	建築	4	18(7)	17(6)	8(5)
	都市環境工	4	11(0)	11(0)	11(0)
	デザイン科	4	10(5)	10(5)	7(5)
	学部計	12	39(12)	38(11)	26(10)
先進工	未来ロボティクス	4	16(1)	14(0)	11(0)
	生命科	4	6(4)	6(4)	6(4)
	知能メディアエ	4	14(7)	13(6)	11(6)
	学部計	12	36(12)	33(10)	28(10)
情報変革科	情報工	4	18(3)	17(3)	7(2)
	認知情報科	4	8(4)	7(4)	4(4)
	高度応用情報科	4	4(0)	4(0)	4(0)
	学部計	12	30(7)	28(7)	15(6)
未来変革科	デジタル変革科	4	5(0)	5(0)	3(0)
	経営デザイン科	4	3(0)	3(0)	3(0)
	学部計	8	8(0)	8(0)	6(0)
総計		68	151(36)	144(32)	108(30)

●学校推薦型選抜（専門高校）

（ ）内は女子内数

学部・学科		募集人員	志願者数	受験者数	合格者数
工	機械工	2	2(0)	2(0)	2(0)
	機械電子創成工	2	1(0)	1(0)	1(0)
	先端材料工	2	0(0)	0(0)	0(0)
	電気電子工	2	2(0)	2(0)	1(0)
	情報通信システム工	2	2(0)	2(0)	2(0)
	応用化	2	0(0)	0(0)	0(0)
	学部計	12	7(0)	7(0)	6(0)
創造工	建築	2	5(1)	5(1)	4(1)
	都市環境工	2	0(0)	0(0)	0(0)
	デザイン科	2	4(0)	4(0)	2(0)
	学部計	6	9(1)	9(1)	6(1)
先進工	未来ロボティクス	2	4(0)	4(0)	4(0)
	生命科	2	0(0)	0(0)	0(0)
	知能メディア工	2	0(0)	0(0)	0(0)
	学部計	6	4(0)	4(0)	4(0)
情報変革科	情報工	2	3(0)	3(0)	1(0)
	認知情報科	2	2(0)	2(0)	2(0)
	高度応用情報科	2	2(0)	2(0)	2(0)
	学部計	6	7(0)	7(0)	5(0)
未来変革科	デジタル変革科	2	0(0)	0(0)	0(0)
	経営デザイン科	2	1(0)	1(0)	1(0)
	学部計	4	1(0)	1(0)	1(0)
総計		34	28(1)	28(1)	22(1)

募集要項の入手方法

募集要項を取り寄せる場合は，住所，氏名，高校名，電話番号を明記して下記あてに申し込んでください。テレメールや大学公式サイトからでも請求できます。

資料請求先・問い合わせ先

千葉工業大学　入試広報部
〒275-0016　千葉県習志野市津田沼２-17-１
TEL　047-478-0222（直通）
大学公式サイト　https://www.it-chiba.ac.jp/
メール　cit@it-chiba.ac.jp

科目ごとに問題の「傾向」を分析し，具体的にどのような「対策」をすればよいか紹介しています。まずは出題内容をまとめた分析表を見て，試験の概要を把握しましょう。

注　意

「傾向と対策」で示している，出題科目・出題範囲・試験時間等については，2024年度までに実施された入試の内容に基づいています。2025年度入試の選抜方法については，各大学が発表する学生募集要項を必ずご確認ください。

英　語

年度	番号	項　目	内　容
2024 ●	〔1〕	読　解	同意表現，内容説明
	〔2〕	読　解	空所補充，内容説明
	〔3〕	読　解	空所補充
	〔4〕	文法・語彙	和文英訳
	〔5〕	文法・語彙	空所補充
	〔6〕	文法・語彙	同意表現
2023 ●	〔1〕	読　解	空所補充，内容説明，同意表現
	〔2〕	読　解	同意表現，空所補充，内容説明
	〔3〕	読　解	空所補充
	〔4〕	文法・語彙	和文英訳
	〔5〕	文法・語彙	空所補充
	〔6〕	文法・語彙	同意表現
2022 ●	〔1〕	読　解	内容説明，空所補充
	〔2〕	読　解	空所補充
	〔3〕	文法・語彙	和文英訳
	〔4〕	文法・語彙	空所補充
	〔5〕	文法・語彙	同意表現

（注）●印は全問，◑印は一部マークシート方式採用であることを表す。

読解英文の主題

年度	番号	主　題
2024	〔1〕	スペイン人はなぜシエスタという習慣を守るのか
	〔2〕	国によって異なる人名のつけかた
	〔3〕	安全にスキューバダイビングをするためのノウハウ
2023	〔1〕	食習慣改善のための不健康食品への課税
	〔2〕	南極海に棲む動物たち
	〔3〕	『沈黙の春』，出版までの経緯とそれが与えた影響
2022	〔1〕	貧困者の医療支援のために闘うポール＝ファーマー医師
	〔2〕	科学技術が家族の時間と張り合う

読解問題は総合問題形式 設問はパターン化

01 出題形式は？

例年，大問5題の出題であったが，2023年度から読解問題が1題増えて6題の出題となった。試験時間は60分，全問マークシート方式となっている。

02 出題内容はどうか？

2023年度から長文読解の大問が3題となったが，英文の総語数に換算すれば2022年度とあまり変化はない。総設問数も17問で同数だった。英文の主題は幅広いが，健康問題，インターネット等，身の回りの話題も多く，関心があれば読みやすい英文となっている。〔3〕は文を補充して長文を完成する問題であり，文脈の把握とともに，選択肢となる文の正確な読み込みを必要とする。

文法・語彙問題では，〔4〕の和文英訳の選択問題は，正確な文法知識が求められている。〔5〕〔6〕は大部分が語彙力を試す問題で，いずれも頻出問題が出題されている。

03 難易度は？

基礎的な語彙・文法・構文の知識をまず確実に身につける必要がある。長文読解問題の英文のレベルは標準ではあるが，長めなので気を抜けない。精読力と速読力が試されている。文を補充して長文を完成させる問題はやや難しく，日本文の英訳を選ぶ大問は難度が高いものを含む。

なお，試験時間は60分なので時間配分に注意すること。

01 読解力の養成

長文読解問題には，英文精読の力と英文速読の力が必要であり，教科書を基本として標準的な英文に多く接する機会をつくることが大切である。読みやすい短い英文から始めて，徐々に長い英文に移行するのがよいだろう。具体的な訓練としては，単語・熟語，文法や構文の知識に基づいて英文の意味を把握し，さらに，英文に目を通しながら，文章のテーマや筆者の主張を大まかにつかむなどがある。一方，出題英文によっては，難解な語句が含まれ，文に修飾などがついて読みづらいものもあるので，ある程度の推理力と，修飾部分をはずした基本構造を押さえる習慣をつけておきたい。また，本文に関する英語の質問に対する答えを選ぶ設問では，本文の該当箇所を的確に見つけ，選択肢を正しく読み，一致しないものを消去するなどして，絞り込む練習をするとよい。なお，『合格へ導く 英語長文Rise 読解演習 2．基礎～標準編』（Z会）などをこなすのもよい。さらに，余力があればThe Japan Times Alphaのような英語学習者向けの英字新聞で，未知のテーマの記事を拾い読みするのも力がつく。

02 語彙力のアップ

読解問題をはじめ，同意表現など語句の知識そのものを問う出題もあるので，語彙力の増強は不可欠である。教科書やワークブックを基本にしながら，語彙・熟語の問題集や単語集を活用して学習しよう。

03 文法・語法の整理

文法・語法の知識を問う設問が多く出題されるので，句動詞（put forward，rule out，run out ofなど）の同意表現，前置詞（for）や形容詞句（out of order，ill at easeなど），準動詞（不定詞・動名詞・分詞）の用法や基本時制（現在・過去・未来），仮定法，完了形，名詞・形容詞・動詞の語法，比較級，頻出構文といった重要項目を中心に文法知識の定着をはかりたい。対策としては，『大学受験スーパーゼミ 全解説 頻出英文法・語法問題 1000』（桐原書店）などの問題集を繰り返すとよい。例年，類似した設問が出題されているので，本書に繰り返し当たって傾向をつかみ，過去問を多くこなしておこう。また，英訳として適当なものを選ぶ和文英訳問題では，まず自分で正しい英文をつくることが求められている。そのためには，文型，語順，構文，語法，連語（コロケーション）などの知識を増やし，実際に書いて理解を深めておくことが大切である。基本構文を少なくとも 100 文程度は暗唱しておきたい。対策としては，『大学受験スーパーゼミ 全解説 頻出英語整序問題 850』（桐原書店）などをこなすとよいだろう。

数　学

年度	番号	項　目	内　容
2024 ●	〔1〕	小問8問	(1)複素数の相等条件　(2)不等式で表される集合　(3)平均・標準偏差　(4)正弦定理，余弦定理の利用　(5)剰余の定理　(6)指数方程式　(7)円の方程式　(8)絶対値を含む定積分
	〔2〕	小問2問	(1)反復試行の確率，条件付き確率　(2)ベクトルの内積，角の二等分線，三角形の面積
	〔3〕	小問2問	(1)漸化式，階差数列，数列の和　(2)2倍角の公式，三角関数の最大・最小，微分法
	〔4〕	積分法	2直線の平行・垂直の条件，三角形の重心の軌跡，線分が通過する部分の面積
2023 ●	〔1〕	小問8問	(1)複素数が純虚数となるための条件　(2)剰余の定理を利用した余りの問題　(3)分数式の恒等式　(4)余弦定理　(5)指数方程式　(6)集合の要素の個数　(7)空間の点の座標　(8)定積分の計算
	〔2〕	小問2問	(1)平均値・中央値の求め方，半角の公式，三角関数の合成を利用した最大値の問題　(2)対数関数のとりうる値の範囲，円と直線の位置関係
	〔3〕	小問2問	(1)確率と隣接2項間漸化式　(2)位置ベクトル，共線・共点・共面条件
	〔4〕	微分法	絶対値のついた関数どうしの共有点の個数，点と直線の距離，3次関数の最大値
2022 ●	〔1〕	小問8問	(1)掛ける順序や組み合わせを工夫した展開　(2)2次関数のグラフの平行移動　(3)データの平均と分散　(4)整式の割り算　(5)円の弦の長さ　(6)指数方程式　(7)接線の方程式　(8)空間における分点と2点間の距離
	〔2〕	小問2問	(1)放物線と直線が異なる2つの共有点をもつための条件，解と係数の関係，ベクトルの内積　(2)数直線上の点の移動と反復試行，条件付き確率
	〔3〕	小問2問	(1)対数関数の最小，相加平均・相乗平均の大小関係　(2)定積分で表された関数
	〔4〕	三角関数，微分法	三角関数の相互関係，余弦定理，三角形の面積，半角の公式，区間における3次関数の最大・最小

(注)　●印は全問，◑印は一部マークシート方式採用であることを表す。

出題範囲の変更

2025 年度入試より，数学は新教育課程での実施となります。詳細については，大学から発表される募集要項等で必ずご確認ください（以下は本書編集時の情報）。

2024 年度（旧教育課程）	2025 年度（新教育課程）
数学Ⅰ・Ⅱ・A（場合の数と確率，図形の性質）・B（数列，ベクトル）	数学Ⅰ・Ⅱ・A（図形の性質，場合の数と確率）・B（数列）・C（ベクトル）

旧教育課程履修者への経過措置

2025 年度に限り，新教育課程と旧教育課程の共通範囲から出題する。

幅広い出題と小問数の多さが特色
全問解答のためには正確で迅速な計算力が不可欠

01 出題形式は？

全問マークシート方式で，空欄にあてはまる数字もしくはマイナス符号をマークする形式である。大問は 4 題で，小問集合の大問が多いのが特徴となっている。試験時間は 80 分。

02 出題内容はどうか？

小問集合が多いこともあって，出題項目は幅広く，出題範囲のほぼすべての分野から出題されている。基礎的なものが多いが，融合問題が出題されることもある。〔4〕では微・積分法が頻出で，2022・2023 年度（2024 年度は〔3〕(2)）は微分法を用いて最大値，最小値を求める問題が，2024 年度は積分法を用いて線分が通過する部分の面積を求める問題が出題された。

03 難易度は？

〔1〕は基礎的な教科書レベルの問題で，〔2〕〔3〕は教科書傍用問題集レベルの問題である。しかし，〔4〕では入試の標準レベルの問題が出題されているので，注意が必要である。また，試験時間に対して問題量が多いので，正確で迅速な計算力が要求される。

対策

01 基本事項の理解を徹底的に

まずは教科書の例題を確実に解けるだけの力をつけることが必要である。その上で，教科書の章末問題や教科書傍用問題集の標準問題を十分にマスターして，基本事項は確実に正解できるようにしておこう。さらに，『チャート式 解法と演習』シリーズ（数研出版）などに取り組み，基本例題を中心に演習し，理解を深めたい。

02 図を描く習慣・計算力をつけ，公式の活用に慣れる

問題量が多く，しかも全問題とも結果のみが求められるマークシート方式なので，正確で迅速な計算力を養っておくことが合否を分けるポイントとなる。日頃から問題演習の際には自力で最後まで計算を行うとともに，自分なりに工夫して計算練習をしておくことが重要である。さらに，便利な計算方法や公式の習得に努めたい。公式を活用できる力と自在な計算力をつけることが解答時間の短縮につながる。また，〔4〕では数学の総合力を問う微・積分法の問題が頻出である。まず，問題文からグラフや図形を正確に描き，図から得られる情報をきちんと読み取ることができる力を身につけたい。そのためにも日頃から図を描く習慣をつけてほしい。『数学Ⅱ・B＋ベクトル 基礎問題精講』（旺文社）などの入試問題集を用いて演習するのもよいだろう。

03 空所補充形式に慣れる

空所補充形式では，解法が誘導されていたり，問題文の中にヒントとなる事項が含まれていることがよくある。したがって，同じ形式の問題を数多く解いて，手際よく解答する練習をしておこう。特に，過去問と類似した内容が出題されることもあるので，過去問は必ず仕上げておきたい。さらに，共通テスト対策用の問題集もよい練習になる。

物　理

年度	番号	項　目	内　容
2024 ●	〔1〕	力　学	(a)滑車にかけられた2物体の運動　(b)剛体のつり合い
	〔2〕	熱力学	気体の状態変化と熱力学第一法則
	〔3〕	電磁気	(a)コンデンサーを含む直流回路　(b)電場中での荷電粒子の運動
2023 ●	〔1〕	力　学	斜方投射と自由落下，斜め方向の衝突
	〔2〕	熱力学，波動	(a)気体の状態変化と V-T グラフ　(b)臨界角と屈折の法則
	〔3〕	電磁気	(a)平行板コンデンサー内における点電荷の運動　(b)非直線抵抗とコンデンサーを含む回路
2022 ●	〔1〕	力　学	(a)ばねでつながれた2物体の運動　(b)斜方投射と衝突
	〔2〕	熱力学，波動	(a)気体の状態変化　(b)凸レンズによる像
	〔3〕	電磁気	(a)直流回路　(b)帯電した小球の力のつり合い

(注)　●印は全問，◑印は一部マークシート方式採用であることを表す。

計算主体の標準問題
ケアレスミスに細心の注意が必要

01　出題形式は？

例年，大問3題の出題で，全問マークシート方式。大部分は文字式を含めた計算問題で，選択肢から適切な式や数値などを選ぶ形式である。試験時間は70分。

02　出題内容はどうか？

出題範囲は「物理基礎・物理」である。

〔1〕は力学，〔2〕は波動や熱力学，〔3〕は電磁気から出題されている。

なお，2021 年度までは原子からの出題もあったが，2022 年度以降では出題が見られない。大問は複数の分野や単元から構成される場合が多い。難問はないが，出題の幅が広く，多くの単元から出題されている。

03 難易度は？

教科書の章末問題程度であるが，全問マークシート方式で部分点がないので，計算ミスなどのケアレスミスが命取りとなるおそれがある。解きやすい問題から効率よく解き，検算の時間も確保する必要がある。

対策

01 教科書で基礎事項を固める

問題によっては，基本的な公式に関する問いも含まれている。まず，教科書で基本的な公式をしっかりチェックし，基礎の理解に努めよう。それと同時に，例題，章末問題なども解いておくこと。さらに，教科書傍用問題集を 1 冊仕上げよう。

02 計算力の強化

数値計算が比較的多い年度もみられるので，日頃から，自ら計算するようにして，確実な計算力を養っておこう。また，見直しがしやすいように計算過程を順序よく書いておく習慣も身につけておきたい。

03 力学と電磁気

力学と電磁気が 3 題中 2 題を占めているので，得点源としたい。これらの範囲が苦手な受験生は，教科書の章末問題や教科書傍用問題集を用いて，弱点を克服しておくこと。また，波動・熱力学・原子からも幅広く出題されているので，特定の単元に偏ることなく学習しておく必要がある。

化　学

年度	番号	項　目	内　容
2024 ●	〔1〕	総　合	分子の極性，中和滴定の計算，気体の状態方程式，凝固点，溶解熱，鉛蓄電池，硫酸の性質，アセタール化されたビニロン　✓計算
	〔2〕	変　化	硫化水素の電離平衡，電離定数　✓計算
	〔3〕	無機・変化	遷移元素を含む化合物，溶解度積，モール法　✓計算
	〔4〕	無　機	カルシウムの化合物
	〔5〕	有　機	芳香族化合物の反応と性質
2023 ●	〔1〕	総　合	水素化合物の沸点，非共有電子対，コロイド，凝固点降下，弱酸の pH，反応速度，$C_8H_{10}O$ の構造異性体　✓計算
	〔2〕	構造・状態	イオン結晶の構造，混合気体の圧力　✓計算
	〔3〕	変　化	平衡定数，結合エネルギー，圧平衡定数，アンモニアの生成と平衡移動，ハーバー・ボッシュ法　✓計算
	〔4〕	無機・変化	混合水溶液の中和滴定，窒素酸化物の生成，塩素のオキソ酸　✓計算
	〔5〕	高分子	天然ゴムと合成ゴム　✓計算
2022 ●	〔1〕	構　造	元素の性質と周期表，化学結合
	〔2〕	総　合	ボイル・シャルルの法則，酸化還元滴定，ルミノール反応，凝固点降下，塩の加水分解，化学反応と色の変化，不動態，化学結合と物質の変化，金属の製錬　✓計算
	〔3〕	変　化	反応速度と化学平衡　✓計算
	〔4〕	無　機	金属イオンの沈殿反応
	〔5〕	有　機	ベンゼンの誘導体

（注）●印は全問，◐印は一部マークシート方式採用であることを表す。

理論分野からの基本計算が中心
教科書の細部にも注意を！

01　出題形式は？

例年，大問５題の出題で，全問マークシート方式である。試験時間は70分。試験時間に対して適当な問題量である。計算問題のほか，文中の空所に適語を補充するもの，適切な物質・文章を選ぶものなどが出題されている。

02 出題内容はどうか？

出題範囲は「化学基礎・化学」である。

例年，理論分野を中心に出題されている。小問集合形式となっている大問もあり，理論分野のさまざまな項目が取り上げられている。熱化学，中和，電気分解，化学平衡，気体や溶液の性質などの計算問題は頻出である。無機分野は気体の性質，金属の反応性，金属イオンの沈殿生成，有機分野は官能基の性質，異性体がよく出題されており，合成高分子に関する問題も例年出題されている。2023年度は天然ゴムや合成ゴムの組成に関する問題，2024年度はビニロンに関する問題が出題された。

03 難易度は？

基本問題と標準問題のみで，応用問題や難問は出題されていない。ただ，2022年度は実験結果から反応速度式を求める問題やルミノール反応について，2023年度はオキソ酸の酸性の強さについて，2024年度はモール法について出題されるなど，教科書・参考書を細部まで見ていないと面食らう，やや難の出題も見られるので注意が必要である。また，ミスを防ぐために，見直しにも十分な時間をとれるよう臨みたい。

対策

01 理論

元素の周期表，原子番号1～20の元素の性質，電子配置はしっかり覚えておこう。計算問題は，結晶格子，気体の性質，溶解度，化学平衡，ヘスの法則，中和反応，ファラデーの法則などを重点的に学習し，確実に定着させよう。教科書傍用問題集の基本問題をくり返し練習しておくとよい。

02 無　機

気体の製法・性質，金属の反応，沈殿生成反応を，化学反応式を通して理解し，まとめておこう。炎色反応の色，沈殿物の色もよく問われているので注意しておきたい。

03 有　機

エチレン，ベンゼンを中心とした反応系統図を利用して有機化合物の化学式と名称をしっかり覚えておこう。また，芳香族化合物，官能基の性質，異性体は頻出なので，十分な演習で慣れておく必要がある。元素分析も出題されているので，計算方法を確認しておきたい。高分子化合物も基本～標準的な内容は確認しておきたい。

生　物

年度	番号	項　目	内　容	
2024 ●	〔1〕	細　胞	原核細胞と真核細胞，細胞内の構造	
	〔2〕	進化・系統	ヒトと類人猿，分子系統樹	⊘計算
	〔3〕	代　謝，植物の反応	光-光合成曲線，光と孔辺細胞の反応，植物ホルモン	
	〔4〕	遺伝情報	DNA の構造，PCR 法	
2023 ●	〔1〕	体内環境	体内環境維持と体液	⊘計算
	〔2〕	遺伝情報	遺伝情報の発現	⊘計算
	〔3〕	生　態	湖沼生態系と光合成	⊘計算
	〔4〕	細　胞	細胞接着と細胞骨格	
2022 ●	〔1〕	遺伝情報	DNA 研究の歴史，タンパク質合成	
	〔2〕	植物の反応	植物の発芽と光，花芽形成と日長条件	
	〔3〕	生　態	栄養段階とエネルギーの流れ，エネルギー効率	⊘計算
	〔4〕	代　謝	酵素の性質，呼吸，呼吸基質	

（注）●印は全問，◐印は一部マークシート方式採用であることを表す。

全分野からバランスよく出題

01　出題形式は？

例年，大問 4 題の出題で，全問マークシート方式である。空所補充，正誤問題，計算問題など，出題形式は多岐にわたる。試験時間は 70 分である。

02　出題内容はどうか？

出題範囲は「生物基礎・生物」である。

例年，出題範囲全般にわたり幅広く出題されているので，どの分野ももれなく学習しておくことが大切である。考察を必要とする問題がいくつか見受けられるが，いずれも教科書の内容を理解しておけば解答できる。

03 難易度は？

基本的な問題が多く，示されている大問の文章も教科書の本文と同様のものなので，教科書をきちんと理解していればほぼ解答できるだろう。計算問題も同様である。ただし，なかには選択肢を2つまでに絞り込めても，その先で判断に迷うようなものも含まれるので，内容の読解に時間をとられたり，解答に迷っていると時間不足になることもありうる。迷ったらひとまず保留し，確実に解けるものを優先するなど，時間配分の戦略をたてることが必要である。また，考察力を試す設問も存在する年度があるが，落ちついて考えていけば解答できる。

01 基礎知識の充実をはかる

問題は基本的なものが多いので，教科書やサブノート，問題集を活用し，基礎を充実させておこう。文章の正誤問題や空所補充問題がよく出題されているので，文章を読む練習としても教科書の精読は役立つはずである。教科書に太字で書かれているような重要かつ基本的な用語の意味や説明はしっかり確認しておこう。

02 正誤問題対策

曖昧な知識では正解することは難しい。時間があれば，教科書の太字の用語について自分で整理ノートをつくることをすすめる。あるいは，教科書の巻末にある索引を利用して，用語の意味を一つ一つ自分で説明できるか確かめてみるのもよい。また，過去問などで，類似の正誤問題をできるだけ多く解き，慣れておくことも有効である。

03 計算問題対策

計算問題は例年出題されている。代謝の反応式，遺伝子や染色体の組み合わせ，血縁度，遺伝子頻度，光学顕微鏡による長さの測定，エネルギー効率の計算など，典型的な問題は，問題集などを利用して解けるようにしておこう。

国語

年度	番号	種　類	類別	内　容	出　典
2024 ◑	〔1〕	現代文	評論	内容説明，空所補充，四字熟語，内容真偽，箇所指摘	「暴走する能力主義」　中村高康
	〔2〕	現代文	評論	内容説明，空所補充，欠文挿入箇所，慣用句，内容真偽	「サブリミナル・マインド」　下條信輔
2023 ◑	〔1〕	現代文	評論	空所補充，内容説明（10字3問，35字他），内容真偽	「ヒトの見方」　養老孟司
	〔2〕	現代文	評論	四字熟語，空所補充，内容説明，内容真偽	「日常的創造性の自己分析」　きたやまおさむ
2022 ◑	〔1〕	現代文	評論	空所補充，内容説明（25字2問他），内容真偽	「じぶん・この不思議な存在」　鷲田清一
	〔2〕	現代文	評論	空所補充，内容説明，指示内容，欠文挿入箇所，内容真偽，箇所指摘	「風土」　和辻哲郎

（注）●印は全問，◑印は一部マークシート方式採用であることを表す。

内容読解に関する設問が中心
論旨の明快な評論を読んで読解力の向上を

01　出題形式は？

現代文2題の出題で，試験時間は70分。解答形式は，マークシート方式と記述式が併用されている。

02　出題内容はどうか？

2題とも評論が出題されており，哲学・社会・人間・文学・言語・歴史・芸術など，内容は多岐にわたっている。設問は内容読解に関するものが多く，主旨や主題に沿って読み取る形式で出題されている。内容説明，空所補充，内容真偽が頻出である。ときに選択肢に紛らわしいものも含まれているので，詳細な読解が必要である。記述式の問題は，抜き出しや字数制限つきの内容説明などで，全体に対する分量は少ない。

03 難易度は？

個々の設問はほぼ標準レベルである。ただし，本文がやや長く，試験時間にあまり余裕はないだろう。時間内で設問内容を丁寧に読み取り，正解を導けるようにしたい。時間配分としては，大問1題を各30分程度で解答し，残りを見直しにあてるとよいだろう。

対策

01 読解力の養成

評論に対処するために，文化・社会・文学など多様な分野を論じた文章を読むことから始めたい。日頃から可能なかぎり新聞の社説や論説には目を通すようにしよう。また，興味のあるテーマについての新書や選書などを積極的に読んでみるのもよいし，『現代文テーマ別 頻出課題文集』（駿台文庫）を使って，必要とされている評論のテーマを網羅しておくのもよいだろう。問題演習としては，評論を題材とした標準レベルの問題集に取り組み，本文の記述に沿って問題を解き進める訓練をしておこう。解答の根拠は必ず本文にあることを常に頭において考えてほしい。

記述問題は，設問をよく読み，字数に気をつけながら丁寧に解答をまとめる練習をすること。

02 語　彙

文章理解のためには基本的な漢字・語句についての学習は必要である。語句の意味・用法に注意し，同音異義語などにも気をつけよう。授業で使っている漢字ドリルの完成がよい演習となる。2023・2024 年度は四字熟語の小問が出されているので，国語便覧などを利用し，熟語・ことわざ・慣用表現などについても意味・用法をおさえておきたい。

2024年度

問題と解答

一般選抜Ａ日程・SA日程入学試験：２月１日実施分

問題編

▶試験科目・配点

学部	教科	科目	配点
工・創造工（建築・都市環境工）・先進工・情報変革科	外国語	コミュニケーション英語Ⅰ・Ⅱ，英語表現Ⅰ	100点
	数学	数学Ⅰ・Ⅱ・A（場合の数と確率，図形の性質）・B（数列，ベクトル）	100点
	理科	「物理基礎・物理」，「化学基礎・化学」，「生物基礎・生物」から１科目選択	100点
創造工（デザイン科）・未来変革科	外国語	コミュニケーション英語Ⅰ・Ⅱ，英語表現Ⅰ	100点
	数学	数学Ⅰ・Ⅱ・A（場合の数と確率，図形の性質）・B（数列，ベクトル）	100点
	選択	「物理基礎・物理」，「化学基礎・化学」，「生物基礎・生物」，「国語総合（古文・漢文を除く）※記述式問題を含む」から１科目選択	100点

▶Ａ日程

タイプⅠまたはタイプⅡを選択（併願可）。

- タイプⅠ（３教科方式）

上表の３教科受験。

- タイプⅡ（英語外部試験利用方式）

指定する英語外部試験（資格または検定試験）において，基準以上のスコアを保持していることを出願要件とする。

工・創造工（建築・都市環境工）・先進工・情報変革科学部：「数学」「理科」の２教科受験。

創造工（デザイン科）・未来変革科学部：「数学」「理科」または「数学」「国語」の２教科受験。

・タイプⅠ・タイプⅡの受験者数の比率をもとに，それぞれの合格者数を決定する。

▶ SA 日程

・大学独自入学試験の数学（A日程と同問題）と大学入学共通テストの数学の成績を利用して，合否判定を行う。
・大学独自入学試験の数学は 200 点満点に換算した点数を合否判定に採用する。
・大学入学共通テストの数学については，数学①「数学Ⅰ・数学A」（100 点），数学②「数学Ⅱ・数学B」（100 点）を指定科目とし，両方受験することを必須条件とする。

▶備　考

・試験日ごとに問題が異なることおよび選択教科・科目の難易度による有利・不利が生じないよう，総合得点の偏差値と出身高等学校もしくは中等教育学校等の調査書（出願資格を証明する書類）を総合して合否判定を行う。
・合否判定に採用する教科（科目）のうち１教科（科目）でも０点の場合は不合格となる。

英語

(60分)

1 次の英文を読み，あとの設問に答えよ。

Birds do it. Cats do it. And Spaniards most especially do it—every day, in broad daylight. They nap. Grown adults—executives, teachers, civil servants—wink off (1) in the middle of the workday. From 1 or 2 o'clock to 4:30 or so every afternoon, Spain stops the world for a stroll home, a leisurely meal, and *a few z's. *Common Market *technocrats have informed the Spanish that this is not the way things will get done in a unified Europe.

At a time when productivity is the world's largest religion, the siesta tradition lives on. In Spain, work operates under the command of life, instead of the other way around. No task is so critical that it can't wait a couple of hours while you attend to more important matters like eating, relaxing, or catching up on sleep. When the midday break hits, offices empty and streets clear. Befuddled foreigners quickly learn that they have entered *a new circadian order.

"At first, I kept looking for things to do in the afternoon, and I just couldn't believe that nothing was open," recalls Pier Roberts, an Oakland writer who lived in Spain for several years. "I walked the streets of Madrid looking for somewhere to go. It was *a thousand degrees outside, you could see the heat waves, and it was like a ghost town."

Taking a long break in the middle of the day is not only healthier than the conventional lunch, it's apparently more natural. Sleep researchers have found that the Spanish biorhythm may be tuned more closely to our biological clocks. Studies suggest that humans are "biphasic" creatures, requiring days broken up by two periods of sleep instead of one "monophasic" shift. The drowsiness you feel after lunch comes not from the food but from the time of day.

"All animals, including humans, have a biological rhythm," explains Claudio Stampi, director of the Chrono Biology Research Institute in Newton, Massachusetts. "One is a 24-hour rhythm—we get tired by the end of the day and go to sleep—and there is a secondary peak of sleepiness and a decrease in alertness in the early afternoon. Some people have difficulty remaining awake, doing any sort of task between one and four in the afternoon. For others it's less difficult, but it's there. So there is a biological reason for siestas."

Unlike the average lunch break, the siesta is a true break in the action because there is no choice but to come to a full and complete stop. You can't do errands; the shops are closed. You can't make business calls; nobody's at the office. Most people go home for lunch, or get together with family or friends and *nod out afterwards.

The Spanish need their sleep. They've got a long night ahead of them because another key component of the siesta lifestyle is its *nocturnal orbit. After the afternoon work shift, from 4:30 to 8 p.m. or so, they may join friends for a drink. Dinner starts at 9 or 10 p.m., and from there it's *out on the town until one or two in the morning.

"It's a bad night in Madrid if you get home before six in the morning," laughs Roberts. The siesta's origins lie in climate and architecture. Like people in other places around the globe that are *blast furnaces much of the year, Spaniards turned to shade and stillness to avoid *incineration in the middle of the day. At night, packed, simmering dwellings drove people into the streets to cool down.

While climate is still a factor, the siesta lifestyle today is driven primarily by the social imperative (2) of Spanish life, which places an equal, if not greater, emphasis on life outside the office. "We are not so obsessed only with work," says Florentino Sotomayor of the Spanish Tourist Board. "We take a break and have the opportunity of having coffee with friends and thinking and talking about different issues, not only work."

出典追記：Out To Lunch by Joe Robinson

(From "Out To Lunch" by Joe Robinson
in *Select Readings: Intermediate, Second Edition*
by Linda Lee and Erik Gundersen (Oxford University Press, 2011))

【註】 **a few z's**: a short sleep　**Common Market**: the European Union (EU)
technocrats: government experts in science and technology
a new circadian order: a new way of organizing sleep and wake patterns
a thousand degrees: extremely hot　**nod out**: go to sleep
nocturnal orbit: nighttime activity
out on the town: having fun in town　**blast furnaces**: very hot places
incineration: burning up

(1) 下線部(1)の本文中の意味に最も近いものをア～エのうちから一つ選び，その記号をマークせよ。

ア go to sleep　イ have a big meal
ウ work hard　エ have a tea break

(2) 下線部(2)の本文中の意味に最も近いものをア～エのうちから一つ選び，その記号をマークせよ。

ア the enemies of the society
イ the analysis of the society
ウ the social desire to increase productivity
エ the society's demands

(3) 本文の内容について述べたものとして最も適当なものをア～エのうちから一つ選び，その記号をマークせよ。

ア In Spain, quality of life is more important than one's work.
イ Spanish productivity is much higher than that of any other European country.
ウ The siesta has become an obstacle to the Spanish political activities.
エ The custom of siesta has spread across Europe.

(4) 次の問いに対する答えとして最も適当なものを**本文の内容に即して**ア～エのうちから一つ選び，その記号をマークせよ。

What usually happens during the Spanish midday break?

ア　Workers take lunch in their offices to avoid heat waves.

イ　Famous restaurants offer big lunch dishes.

ウ　Spanish people take a long walk in the streets to overcome sleepiness.

エ　The shops and offices close.

(5) 次の問いに対する答えとして最も適当なものを**本文の内容に即して**ア～エのうちから一つ選び，その記号をマークせよ。

What do the sleep researchers' studies suggest?

ア　Taking a nap is an unhealthy habit.

イ　The Spanish biorhythm is monophasic.

ウ　It is natural for humans to get sleepy in the middle of the day.

エ　Getting sleepy after lunch is due to what people eat.

2 次の英文を読み，あとの設問に答えよ。

In the beginning, people didn't have last names or family names; they just had a first name. We do not know when the custom of giving last names started. Different areas and cultures started to use them at different times. But even today, Icelanders, Tibetans, and Burmese do not use last names.

In English-speaking countries, most last names were connected to people's occupations, personal characteristics, and where they lived. Many last names are occupations. For example, John the *smith*, which means "one who works with metal," became John Smith. Smith, by the way, is the most common last name in the English-speaking world. Many other occupations, such as cook, baker, carpenter, singer, and miller are last names too. This is also true of German names. The name Müller, for example, is German for *miller*, meaning "a person who crushes grain for bread." Other people took the names of a place or a landmark near their homes. Roger, who lives near the rivers, would become Roger Rivers. Other landmarks became last names such as Woods, Hill, Stone, Field, and Lane. People's personal characteristics also turned into names. Last names such as Small, Long, Strong, Moody, and ______ (1) all come from people's characteristics.

Many last names end in *son*. A long time ago, if a person's name was John and his father's name was Albert, people would call him John, Albert's son. As time passed, people shortened the name to John Albertson. Last names of this type include Johnson, Peterson, Robertson, and Davidson. In Scotland and Ireland, the word *Mac* or its *abbreviation *Mc* is the word for *son*. For example, the last name MacDonald would be the son of Donald.

In the West, it is the custom to put your family name last. But in some Asian countries like China, Japan, Korea, and Vietnam, the family name comes first, so your name is Smith John and not John Smith. In Spain and Spanish-speaking countries, most people have two family names, although in some situations they use only the first one. The first family name is the father's family name, and the second family name is the mother's family name. For example, in the name Marco Perez Martinez, Perez is the father's name and Martinez is the mother's name.

In English-speaking countries like Australia, Canada, England, and the United States, as well as some countries like Vietnam in Southeast Asia, many people have middle names. The reason for a middle name may be to honor a relative. It may be the name of the grandfather or grandmother, or one's parents may have liked this name for their child as well. Most people abbreviate their middle name and just write the initial. Some people like their middle name more than their first name. If this is the case, they abbreviate their first name with an initial and use their middle name, or they may not use their first name at all. For example, James Paul McCartney uses his middle name and last name, Paul McCartney.

People can, of course, change their names, but they have to complete a lot of paperwork. There are some rules for this; for example, you can't change your name to a famous person's name or a trademark. One man, however—who was named Winfred Holley and had a white beard—changed his name to Santa Claus. Another man from Hawaii had one of the longest last names, Kikahiolanikonoikaouiaulani, and complained that he spent half his life spelling his name. He did not change it, however.

(From "What's in a Name?"
in *Weaving It Together 2: Connecting Reading and Writing, Third Edition*
by Milada Broukal (Heinle, Cengage Learning, 2010))

【註】 **abbreviation**: a shortened form of a word

(1) 下線部(1)の空所に入れるのに最も適当なものをア～エのうちから一つ選び，その記号をマークせよ。

ア Lake　イ Wild　ウ Bird　エ Barber

(2) 本文の内容について述べたものとして最も適当なものをア～エのうちから一つ選び，その記号をマークせよ。

ア There are still some areas and cultures in which people do not use last names.

イ Most first names used in English-speaking countries came from people's occupations, their characters and their living places.

ウ The German last name "Müller" refers to a landmark.

エ "Rivers" is an example of the last names which came from people's occupations.

(3) 本文の内容について述べたものとして最も適当なものをア～エのうちから一つ選び，その記号をマークせよ。

ア In Spanish-speaking countries, the second family name corresponds with the mother's family name.

イ It is common that people have two first names in Spain.

ウ In the West, there are some countries where the family name is traditionally put first.

エ *Mac* occurring in Irish and Scottish names like "MacDonald" means *father*.

(4) 本文の内容について述べたものとして最も適当なものをア～エのうちから一つ選び，その記号をマークせよ。

ア Middle names are not used in any Asian country.

イ Giving respect to a relative is one possible reason for choosing a middle name.

ウ Some people abbreviate their last names because of their preference of their middle names.

エ People can rename themselves after corporate trademarks if they do not like their original names.

(5) 本文の内容について述べたものとして最も適当なものをア～エのうちから一つ選び，その記号をマークせよ。

ア Changing names does not require much paperwork.

イ Some people with middle names may use them instead of using their first names.

ウ One man tried unsuccessfully to change his name to Santa Claus.

エ The man with one of the longest last names changed his name because he didn't like it.

3 次の英文の空所①～⑦に入れるのに最も適当なものをア～キのうちから一つずつ選び，その記号をマークせよ。ただし，同じものを繰り返し用いてはならない。また，文頭にくるものも小文字で示してある。

Have you ever considered what *entices people to learn how to scuba dive? Is scuba diving an extreme sport that only a few crazy people would ever try? In fact, scuba diving is, for the most part, a very safe activity.

While there are some dangers associated with it, most can be avoided if divers act responsibly. The acronym scuba stands for Self-Contained Underwater Breathing Apparatus. Scuba equipment allows a diver to breathe underwater for an extended period. Three-fourths of the planet's surface is covered with water, which provides us with varied and fascinating new environments to discover. In addition, scuba diving is relatively easy to learn. (①). It's generally safe, too, given that more people get hurt skiing than scuba diving. As with any other activity, though, it should be practiced responsibly given there are hazards involved with improper use and maintenance of equipment, poor underwater judgment, and interacting with certain *denizens of the underwater world.

Divers usually practice the buddy system, which means that one diver will pair up with another diver. (②). They can help each other get into their diving equipment, make sure their buddy is not disoriented after entering the water, and make sure (③). If there is a problem with one diver's breathing apparatus, his or her buddy will share oxygen, actually taking the regulator out of his or her mouth and taking turns breathing with the buddy until he or she can safely reach the surface and breathe air normally again.

While much of what a diver observes and experiences underwater is harmless, (④). Most people think of sharks when they imagine frightening marine animals. Of course, some sharks, such as the tiger, mako, and hammerhead, are considered quite aggressive, but many other sharks, including the most commonly seen ones during dives, such as the nurse shark or sand shark, are not usually aggressive at all and are more likely to swim away from a diver than attack.

One marine life form divers should only observe from a distance is the sea snake. (　　⑤　　). Their poison is as potent as a cobra's, and there is no effective antidote for it. The jellyfish, sea wasp, and Portuguese man-of-war are also to be avoided at all costs. Even though they may look harmless and graceful floating in the water, they have poisonous and painful stings which require immediate medical attention. The eel can also be dangerous. One of the most common kinds of eel is the moray. They don't usually bother people, but if a diver disturbs one resting in a dark hole or crevice, it might bite. The stingray is another kind of marine animal that's beautiful to watch, but (　　⑥　　). This is a good reason for wearing diving boots—stingrays can burrow under the sand of the ocean floor and might not be easily spotted by divers.

Another danger involved with diving is *nitrogen narcosis, which is caused by too much high pressure nitrogen in the diver's blood. It can cause feelings of euphoria and a slowing down of normal brain functions which may cause a diver to make bad judgments, have trouble communicating with a buddy or reading diving equipment, or even confuse a diver as to which directions are up and down. No one knows why nitrogen has this effect on divers, but the cure is very easy. The diver should just start slowly ascending because (　　⑦　　) and, therefore, less nitrogen. Typical dives that go no deeper than 18-24 meters rarely cause any nitrogen narcosis problems in divers; however, deeper dives in the 24-30 meter range noticeably affect some divers.

While there are some concerns involved with diving, divers who are well-educated about scuba diving, approach the activity responsibly, and treat the marine environment with respect should have little trouble and lots of fun exploring underwater worlds!

(From "Scuba Safety"
in *Reading for the Real World 3, Second Edition*

by Barbara Graber, Peggy Babcock and Kayang Gagiano

(Compass Publishing, 2013))

【註】 entice O to do ～ Oに～したいと思わせる denizens 生物

nitrogen narcosis 窒素中毒

ア they don't get distracted and lose track of the other divers

イ these divers look out for each other before and during the dive and assist each other in the event of a problem

ウ they're not usually aggressive but may become so if disturbed

エ the closer they get to the surface the less pressure there is

オ a few days in a certification program is usually sufficient to make a first dive

カ divers must take care not to step on their barbed tails

キ there are some creatures and situations that can be dangerous

4 次の各文の英訳として最も適当なものをア～エのうちから一つずつ選び，その記号をマークせよ。

(1) その故障は早めに調べる必要がある。

ア The malfunction needs investigate sooner rather than later.

イ The malfunction needs to investigate sooner or later.

ウ The malfunction needs investigating sooner rather than later.

エ The malfunction needs to be investigate sooner or later.

(2) 私は来月末までにレポートを提出することになっています。

ア I suppose handing in my report by the end of next month.

イ I suppose to hand in my report by the end of next month.

ウ I am supposed to hand in my report by the end of next month.

エ　I am supposed handing in my report by end of the next month.

(3)　私の友人が経営しているその店は，ひきたてのコーヒーを提供している。

ア　The shop, where runs my friend, offers freshly grind coffee.

イ　The shop, which my friend is running around, offers freshly grinded coffee.

ウ　The shop, which runs by my friend, offers freshly grinding coffee.

エ　The shop, which is run by my friend, offers freshly ground coffee.

(4)　列車の遅延がなければ，約束に間に合ったはずなのに。

ア　If the train had not been delayed, we would have made it to the appointment.

イ　If we had not been late for the train, we would have made it to the appointment.

ウ　Had it not been with the train delayed, we would have arrived at the appointment.

エ　If it were not for the delaying train, we would not be late for the appointment.

(5)　家に着いて初めて，バスに鍵を忘れたことに気づいた。

ア　It was not until I got home that I realized I had left my key on the bus.

イ　I realized that I had not left my key on the bus until I got home.

ウ　I realized I had left my key on the bus until I didn't get home.

エ　Until did I get home, I realized that I had left my key on the bus.

5 次の各英文の空所に入れるのに最も適当なものをア～エのうちから一つずつ選び，その記号をマークせよ。

(1) This book is brief but worth (　　) twice.

ア reading　イ to read　ウ read　エ readable

(2) It is very important for us to make the news (　　) to him.

ア known　イ to know　ウ knowing　エ know

(3) We are running (　　) of time, so I think we will miss our train.

ア lack　イ short　ウ much　エ plenty

(4) When Tom returns from his break, have (　　) to my office.

ア him come　イ him to come　ウ his coming　エ he comes

(5) He accepted the offer, (　　)?

ア didn't he　イ wasn't he　ウ was he　エ does he

(6) The man (　　) at the news.

ア confuses　イ will confuse　ウ was confused　エ confusing

6 次の各英文の下線部の語句に最も意味が近いものをア～エのうちから一つずつ選び，その記号をマークせよ。

(1) There are quite a few people living here.

ア only a few　イ several　ウ various　エ a lot of

(2) During the promotion, we are going to give out coupons to customers.

ア use　イ distribute　ウ make　エ call

(3) Can you look after my dog while I'm away?

ア take after　イ take over　ウ take care of　エ take up

(4) I cannot figure out what the man is saying.

ア understand　イ feel　ウ leave　エ think

(5) I will be off duty next Monday, so I want to go to the movies with you.

ア free　イ away　ウ fired　エ busy

(6) She always comes to the town meeting just to show off her new hat.

ア discover　イ display　ウ discuss　エ disappoint

数　学

（80分）

数学の解答上の注意　問題文中の アイ ， ウ などには，特に指示がない限り，数値またはマイナス符号が入ります。これらを次の方法でマークしなさい。

(1)　ア，イ，ウ，…… の一つ一つは，それぞれ 0 から 9 までの数字，または，マイナス符号 − のいずれか一つに対応します。それらを ア，イ，ウ，…… で示された解答欄にマークしなさい。

〔例〕 アイ に −8 と答えたいとき

ア	●	⓪	①	②	③	④	⑤	⑥	⑦	⑧	⑨
イ	⊖	⓪	①	②	③	④	⑤	⑥	⑦	●	⑨

なお，同一の問題文中に アイ ， ウ などが 2 度以上現れる場合，原則として，2 度目以降は アイ ， ウ のように細字・細線で表されています。

(2)　根号を含む形で解答が求められているときは，根号の中に現れる自然数が最小となる形で答えなさい。

〔例〕 エ $\sqrt{\text{オ}}$ ，$\dfrac{\sqrt{\text{カキ}}}{\text{ク}}$ に $6\sqrt{2}$，$\dfrac{\sqrt{21}}{3}$ と答えるところを，$3\sqrt{8}$，$\dfrac{\sqrt{84}}{6}$ と答えてはいけません。

(3)　分数の形で解答が求められているときは，約分できる分母・分子は約分し，分母に現れる自然数が最小となる形で答えなさい。ただし，マイナス符号は分子につけなさい。分母につけてはいけません。

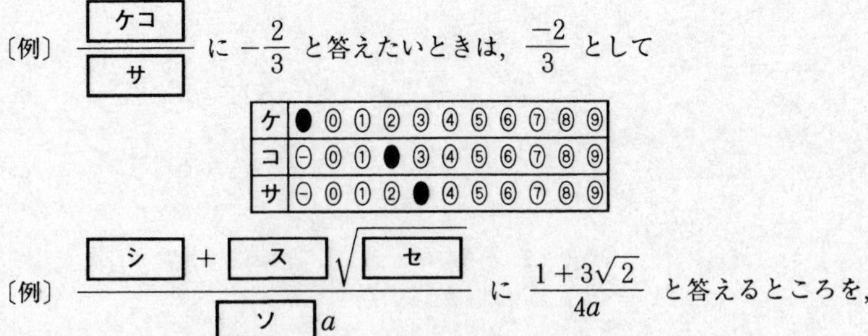

〔例〕 $\dfrac{\text{ケコ}}{\text{サ}}$ に $-\dfrac{2}{3}$ と答えたいときは，$\dfrac{-2}{3}$ として

ケ	●	⓪	①	②	③	④	⑤	⑥	⑦	⑧	⑨
コ	⊖	⓪	①	●	③	④	⑤	⑥	⑦	⑧	⑨
サ	⊖	⓪	①	②	●	④	⑤	⑥	⑦	⑧	⑨

〔例〕 $\dfrac{\text{シ} + \text{ス}\sqrt{\text{セ}}}{\text{ソ}\,a}$ に $\dfrac{1+3\sqrt{2}}{4a}$ と答えるところを，

$\dfrac{2+6\sqrt{2}}{8a}$ や $\dfrac{2+3\sqrt{8}}{8a}$ と答えてはいけません。

(4) 整数の比の形で解答が求められているときは，最も簡単な形で答えなさい。

〔例〕 タ : チ に 1 : 3 と答えるところを，2 : 6 や 3 : 9 と答えてはいけません。

1 次の各問に答えよ。

(1) $(2+i)($ ア $-$ イ $i)=7-9i$（ただし，$i^2=-1$）である。

(2) 数直線上の集合 $A=\{x \mid x \leqq 0$ または $6 \leqq x \leqq 7$ または $9 \leqq x\}$，$B=\{x \mid k \leqq x \leqq k+2\}$（ただし，$k$ は定数）において，$A \cap B$ が空集合となるような k の値の範囲は ウ $<k<$ エ である。

(3) 5 個の値 x, 5, 7, 11, 13 からなるデータの平均値が 8 であるならば，$x=$ オ であり，このデータの標準偏差は カ $\sqrt{\text{キ}}$ である。

(4) 三角形 ABC において，$\mathrm{AB}=3$, $\mathrm{BC}=\sqrt{5}$, $\mathrm{CA}=2$ であるとき，$\cos A=\dfrac{\text{ク}}{\text{ケ}}$ であり，三角形 ABC の外接円の半径は $\dfrac{\text{コ}}{\text{サ}}$ である。

(5) 整式 $P(x)$ を $x+2$ で割ったときの余りが -9 であり，$P(x)$ を $3x-1$ で割ったときの余りが 5 であるとき，$P(x)$ を $(x+2)(3x-1)$ で割ったときの余りは シ $x+$ ス である。

(6) 方程式 $9^{\frac{3}{x}-1}=\sqrt[3]{3^{x+1}}$ の解は $x=$ セソ , タ である。

(7) 点 (3, 2) を中心とし，直線 $y=2x+1$ に接する円の方程式は x^2+y^2- チ $x-$ ツ $y+$ テ $=0$ と表される。

(8) $\int_{-1}^{2}(|x|+1)(x+1)\,dx = \dfrac{\boxed{トナ}}{\boxed{ニ}}$ である。

2 次の各問に答えよ。

(1) 袋の中に赤玉1個，白玉2個が入っている。この袋から玉を1個取り出して色を調べてから袋に戻す試行を5回続けて行う。赤玉がちょうど5回出る確率は $\dfrac{\boxed{ア}}{\boxed{イウエ}}$ である。また，赤玉が3回以上出る確率は $\dfrac{\boxed{オカ}}{\boxed{キク}}$ である。赤玉が3回以上出たとき，2回目の試行で初めて赤玉が出る条件付き確率は $\dfrac{\boxed{ケコ}}{\boxed{サシ}}$ である。

(2) 三角形 ABC において，AB $= 7$，AC $= 4$，$\overrightarrow{AB}\cdot\overrightarrow{AC} = -8$ である。BC $= \boxed{ス}$ であり，直線 BC 上の点 D が $\overrightarrow{AC}\cdot\overrightarrow{AD} = \dfrac{16}{3}$ をみたすとすると

$$\overrightarrow{AD} = \frac{\boxed{セ}}{\boxed{ソ}}\overrightarrow{AB} + \frac{\boxed{タ}}{\boxed{チ}}\overrightarrow{AC}$$

である。∠ABC の二等分線と辺 AC の交点を E とすると，三角形 CED の面積は $\dfrac{\boxed{ツ}\sqrt{\boxed{テ}}}{\boxed{ト}}$ である。

3 次の各問に答えよ。

(1) 初項が 1 である数列 $\{a_n\}$ $(n=1,\ 2,\ 3,\ \cdots)$ が漸化式

$$a_{n+1}=\frac{3a_n}{3+(n+2)a_n}$$

をみたしている。$b_n=\dfrac{1}{a_n}$ とおくと，$b_{n+1}=b_n+\dfrac{n+\boxed{\text{ア}}}{\boxed{\text{イ}}}$ が成り立つ。

$b_n=\dfrac{\boxed{\text{ウ}}}{\boxed{\text{エ}}}(n^2+\boxed{\text{オ}}\,n+\boxed{\text{カ}})$ であり，$\displaystyle\sum_{k=1}^{16}a_k=\frac{\boxed{\text{キ}}}{\boxed{\text{ク}}}$

である。

(2) $\dfrac{\pi}{8}\leqq\theta\leqq\dfrac{\pi}{6}$ とし，$F=\dfrac{32}{3}(\cos\theta-\sin\theta)^2\sin^3\theta\cos^3\theta$ とする。

$t=\sin 2\theta$ の取り得る値の範囲は $\dfrac{\sqrt{\boxed{\text{ケ}}}}{\boxed{\text{コ}}}\leqq t\leqq\dfrac{\sqrt{\boxed{\text{サ}}}}{\boxed{\text{シ}}}$ であり，F

は t を用いて

$$F=\frac{\boxed{\text{ス}}}{\boxed{\text{セ}}}(\boxed{\text{ソ}}-t)t^3$$

と表される。F の最大値は $\dfrac{\boxed{\text{タ}}}{\boxed{\text{チツ}}}$，最小値は $\dfrac{\sqrt{\boxed{\text{テ}}}}{\boxed{\text{ト}}}-\dfrac{\boxed{\text{ナ}}}{\boxed{\text{ニ}}}$

である。

4　O を原点とする xy 平面上に，放物線 $C: y=\dfrac{1}{2}x(x-3)$ がある。p, t を正の定数とする。x 座標が p である C 上の点を P とし，点 $(0,\ t)$ を通り直線 OP に平行な直線を ℓ とする。C と ℓ の2つの交点を x 座標の小さい順に Q，R とするとき，次の問いに答えよ。

(1)　直線 OP の傾きは $\dfrac{\boxed{\text{ア}}}{\boxed{\text{イ}}}(p-\boxed{\text{ウ}})$ である。Q，R の x 座標をそれぞれ α, β とおくと，$\alpha\beta=\boxed{\text{エオ}}\,t$ が成り立つ。

(2)　直線 PQ の傾きは $\dfrac{\boxed{\text{カ}}}{\boxed{\text{キ}}}(p-\boxed{\text{ク}}+\alpha)$ である。直線 PQ と直線 PR が垂直であるならば，$t=p^2-\dfrac{\boxed{\text{ケ}}}{\boxed{\text{コ}}}p+\dfrac{\boxed{\text{サシ}}}{\boxed{\text{ス}}}$ ……(∗) が成り立つ。

以下，p と t は (∗) をみたすとする。

(3)　三角形 PQR の重心 G の y 座標 Y は p を用いて

$$Y=p^2-\boxed{\text{セ}}\,p+\frac{\boxed{\text{ソタ}}}{\boxed{\text{チ}}}$$

と表される。Y の最小値は $\dfrac{\boxed{\text{ツ}}}{\boxed{\text{テ}}}$ である。Y が最小となるときの p を p_0 とおく。

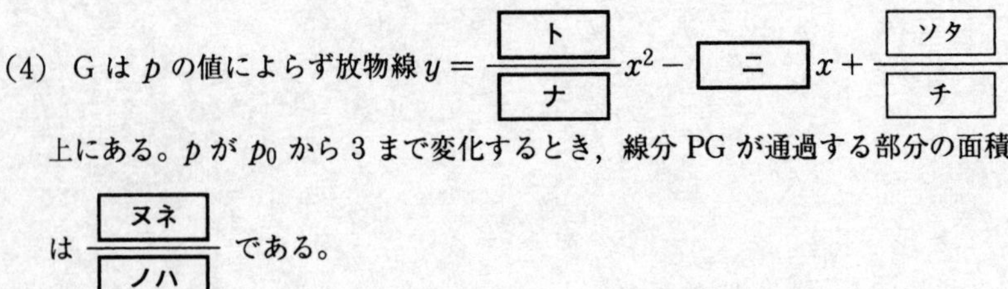

(4)　G は p の値によらず放物線 $y=\dfrac{\boxed{\text{ト}}}{\boxed{\text{ナ}}}x^2-\boxed{\text{ニ}}\,x+\dfrac{\boxed{\text{ソタ}}}{\boxed{\text{チ}}}$ 上にある。p が p_0 から 3 まで変化するとき，線分 PG が通過する部分の面積は $\dfrac{\boxed{\text{ヌネ}}}{\boxed{\text{ノハ}}}$ である。

物理

（70分）

1 以下の文章中の空欄1～6にあてはまる最も適当な文字式を解答群(a)から，空欄7～10にあてはまる最も適当な文字式を解答群(b)から，それぞれ1つずつ選び解答用紙にマークせよ。

(a) 軽くて伸び縮みしない糸1と糸2があり，糸1の両端に質量がそれぞれmと$3m$の小球AとBを取りつけた。図1―1のように，糸1をなめらかに回転する軽い滑車に通し，糸2を用いて滑車を天井からつり下げた。重力加速度の大きさをgとする。

はじめ，糸1およびAとBが静止するように小球Aを手で押さえた。このとき，Bに働く重力の大きさは［1］であり，糸2の張力の大きさは［2］である。

次に，Aを静かに放すと，Bは一定の加速度で落下し始めた。このとき，Bの加速度の大きさは［3］であり，糸2の張力の大きさは［4］である。

今度は，糸2を天井から取りはずした。その後，糸1と2がたるみなく張って滑車およびAとBが一旦静止した状態にしてから，図1―2のように，糸2に大きさが$4mg$の力を鉛直上向きに加えた。このとき，Aの加速度の大きさは［5］であり，滑車の加速度の大きさは［6］である。

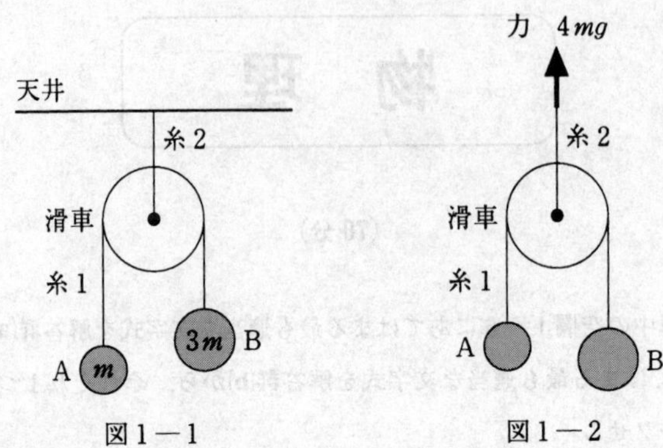

図1－1　　図1－2

解答群(a)

	ア	イ	ウ	エ	オ
1	0	$2mg$	$3mg$	$4mg$	$6mg$
2	0	$2mg$	$3mg$	$4mg$	$6mg$
3	0	$\frac{1}{3}g$	$\frac{1}{2}g$	$\frac{2}{3}g$	g
4	0	$2mg$	$3mg$	$4mg$	$6mg$
5	0	$\frac{1}{3}g$	$\frac{1}{2}g$	$\frac{2}{3}g$	g
6	0	$\frac{1}{3}g$	$\frac{1}{2}g$	$\frac{2}{3}g$	g

(b)　図1—3のように，長さlの軽い棒ADの長さを3等分する点B，Cと棒の右端Dに質量がそれぞれ$3M$，$2M$，Mの小球を固定して取りつけた。このとき，小球を取りつけた棒の重心は棒の左端Aからの距離が［ 7 ］の位置にある。

次に，この棒の左端Aにばね定数がkの軽いばねを取りつけて，ばねを天井からつり下げた。さらに，棒のある点Pに鉛直上向きの力を加えると，図1—4のように，ばねは鉛直方向に伸び，棒は水平方向を向いて静止した。重力加速度の大きさをgとすると，ばねが棒に及ぼす力の向きは鉛直上向きで力の大きさは$2Mg$であった。このとき，ばねに蓄えられた弾性エネルギー(弾性力による位置エネルギー)は［ 8 ］と表される。また，AP間の距離は［ 9 ］であり，点Pに加えられた力の大きさは［ 10 ］である。

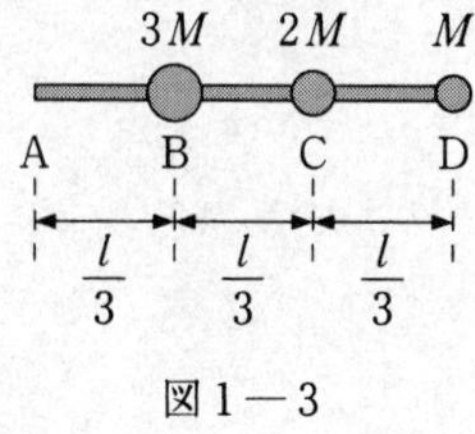

図1—3

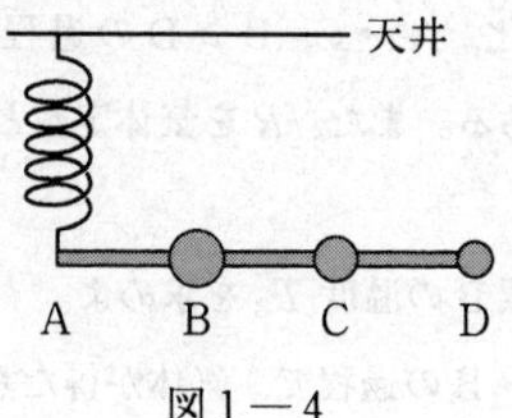

図1—4

解答群(b)

7　ア　$\frac{1}{3}l$　イ　$\frac{4}{9}l$　ウ　$\frac{1}{2}l$　エ　$\frac{5}{9}l$　オ　$\frac{2}{3}l$

8　ア　$\frac{2M^2g^2}{k}$　イ　$\frac{M^2g^2}{2k}$　ウ　$2kM^2g^2$　エ　kM^2g^2　オ　$\frac{kM^2g^2}{2}$

9　ア　$\frac{5}{9}l$　イ　$\frac{2}{3}l$　ウ　$\frac{5}{6}l$　エ　$\frac{8}{9}l$　オ　l

10　ア　$2Mg$　イ　$3Mg$　ウ　$4Mg$　エ　$5Mg$　オ　$6Mg$

2 以下の問いの解答は，解答群から最も適当なものを1つ選び解答用紙にマークせよ。

物質量 n〔mol〕の単原子分子からなる理想気体について，気体の圧力と体積を図2のように状態A→B→Dの順に変化させる場合と，A→C→Dの順に変化させる場合を考える。状態A，B，C，Dにおける圧力 p，体積 V，絶対温度 T をそれぞれA($4p_0$，V_0，T_0)，B(p_0，V_0，T_B)，C($4p_0$，$4V_0$，T_C)，D(p_0，$4V_0$，T_0) とする。ここで，A→B，C→Dの過程は定積変化，A→C，B→Dの過程は定圧変化である。また，R を気体定数とする。

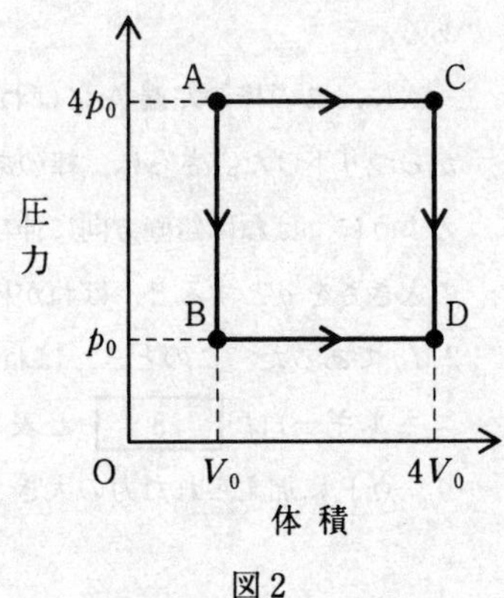

図2

(1) 状態Bの温度 T_B を求めよ。

(2) A→Bの過程で，気体が得た熱量を求めよ。

(3) A→Cの過程で，気体が外部にした仕事を求めよ。

(4) A→Cの過程で，気体が得た熱量を求めよ。

(5) A→Cの過程で，気体の内部エネルギーの変化を求めよ。

(6) A→C→Dの過程で，気体の内部エネルギーの変化を求めよ。

(7) A→B→Dの過程とA→C→Dの過程を比較して，気体が外部にした仕事の総和が大きいのはどちらの過程か。

(8) A→B→Dの過程とA→C→Dの過程を比較して，気体が得た熱量の総和が大きいのはどちらの過程か。

(9) 状態Aから状態Dまで等温変化させる過程を考える。このとき気体の内部エネルギーの変化を求めよ。

(10) 状態Aから体積 $4V_0$ の状態までゆっくりと断熱変化させる過程を考える。気体の体積が $4V_0$ に達したときの圧力は p_0 の何倍か。

解答群

(1) ア $\frac{1}{4}T_0$　イ $\frac{1}{2}T_0$　ウ T_0　エ $2T_0$　オ $4T_0$

(2) ア $-\frac{15}{2}nRT_0$　イ $-\frac{9}{2}nRT_0$　ウ $-\frac{9}{8}nRT_0$
エ 0　オ $\frac{9}{8}nRT_0$　カ $\frac{9}{2}nRT_0$

(3) ア $-12nRT_0$　イ $-4nRT_0$　ウ 0
エ $3nRT_0$　オ $4nRT_0$　カ $12nRT_0$

(4) ア $\frac{9}{8}nRT_0$　イ $\frac{9}{2}nRT_0$　ウ $\frac{15}{2}nRT_0$
エ $\frac{17}{2}nRT_0$　オ $\frac{21}{2}nRT_0$　カ $\frac{29}{2}nRT_0$

(5) ア $\frac{9}{8}nRT_0$　イ $\frac{9}{2}nRT_0$　ウ $\frac{15}{2}nRT_0$
エ $\frac{17}{2}nRT_0$　オ $\frac{21}{2}nRT_0$　カ $\frac{29}{2}nRT_0$

(6) ア $-9nRT_0$　イ $-4nRT_0$　ウ 0
エ $3nRT_0$　オ $4nRT_0$　カ $9nRT_0$

(7) ア A→B→Dの過程　イ A→C→Dの過程

(8) ア A→B→Dの過程　イ A→C→Dの過程

(9) ア $-9nRT_0$　イ $-4nRT_0$　ウ 0
エ $3nRT_0$　オ $4nRT_0$　カ $9nRT_0$

(10) ア $4^{-\frac{2}{3}}$倍　イ $4^{\frac{2}{5}}$倍　ウ $4^{\frac{2}{3}}$倍
エ $4^{\frac{3}{5}}$倍　オ $4^{\frac{5}{3}}$倍　カ $4^{\frac{8}{3}}$倍

3 以下の問いのうち(1)〜(6)の解答は解答群(a)から，(7)〜(11)の解答は解答群(b)から，最も適当なものを１つ選び解答用紙にマークせよ。

(a) 起電力 V の電源E，電気容量がそれぞれ C，$2C$，$3C$，C のコンデンサー C_1，C_2，C_3，C_4，抵抗値がそれぞれ $2R$，$3R$ の抵抗 R_1，R_2，スイッチ S_1，S_2 が図３―１のように接続されている。はじめ，スイッチ S_1，S_2 はともに開いており，コンデンサー C_1，C_2，C_3，C_4 には電荷が蓄えられていないものとする。

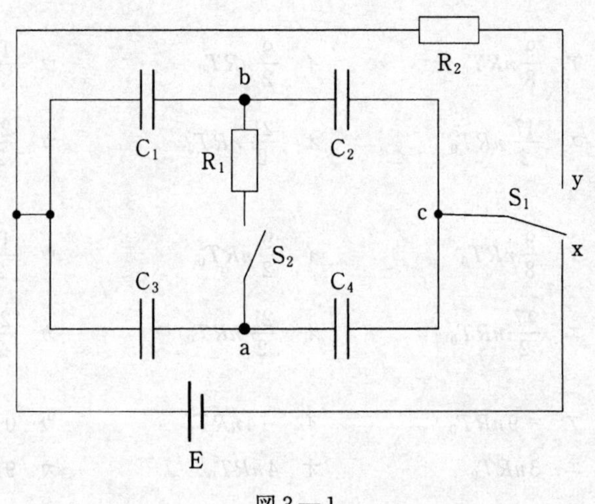

図３―１

最初に，スイッチ S_1 を x 側に閉じてから，十分に時間が経った。

(1) 図中の点 a を基準とした，点 b の電位を求めよ。

(2) コンデンサー C_3 に蓄えられた電気量を求めよ。

(3) コンデンサー C_1 に蓄えられた静電エネルギーを求めよ。

次に，スイッチS_1をx側に閉じたまま，スイッチS_2を閉じた。

(4) スイッチS_2を閉じた直後に，抵抗R_1を流れる電流の大きさを求めよ。

(5) スイッチS_2を閉じてから十分に時間が経った後の，図中の点cを基準とした，点aの電位を求めよ。

最後に，スイッチS_2を閉じたままスイッチS_1をy側に閉じて，十分に時間が経った。

(6) スイッチS_1をy側に閉じてから，十分に時間が経つまでに，抵抗R_1，R_2で発生するジュール熱の和を求めよ。

解答群(a)

(1) ア $-\frac{2V}{3}$　イ $-\frac{V}{2}$　ウ $-\frac{5V}{12}$　エ $\frac{V}{3}$　オ $\frac{5V}{12}$

(2) ア $\frac{CV}{4}$　イ $\frac{2CV}{3}$　ウ $\frac{3CV}{4}$　エ CV　オ $3CV$

(3) ア $\frac{CV^2}{9}$　イ $\frac{2CV^2}{9}$　ウ $\frac{CV^2}{3}$　エ $\frac{4CV^2}{9}$　オ $\frac{CV^2}{2}$

(4) ア $\frac{V}{6R}$　イ $\frac{5V}{24R}$　ウ $\frac{V}{3R}$　エ $\frac{5V}{12R}$　オ $\frac{V}{R}$

(5) ア $\frac{V}{3}$　イ $\frac{3V}{7}$　ウ $\frac{4V}{7}$　エ $\frac{7V}{12}$　オ $\frac{2V}{3}$

(6) ア $\frac{3CV^2}{7}$　イ $\frac{5CV^2}{12}$　ウ $\frac{CV^2}{2}$　エ $\frac{7CV^2}{12}$　オ $\frac{6CV^2}{7}$

(b)　図3—2のように，原点をOとするxy平面内において，$y \leqq 0$の領域Aと$y \geqq d$の領域Bがあり，それぞれの領域において電位が一定である。$0 < y < d$の領域Dには一様な電場(電界)がy軸に平行にかけられている。xy平面内で，電気量q $(q > 0)$の電荷をもつ質量mの粒子Pを，領域AとDの境界面と角$\theta = 60°$をなす向きに速さvで原点Oから領域Dに入射させた。Pは領域Dを通過して点Sで領域Bに到達し，その後領域Bで等速直線運動を行った。このとき，領域BでのPの速度と領域BとDの境界面のなす角は30°であった。また，重力の影響は無視できるものとする。

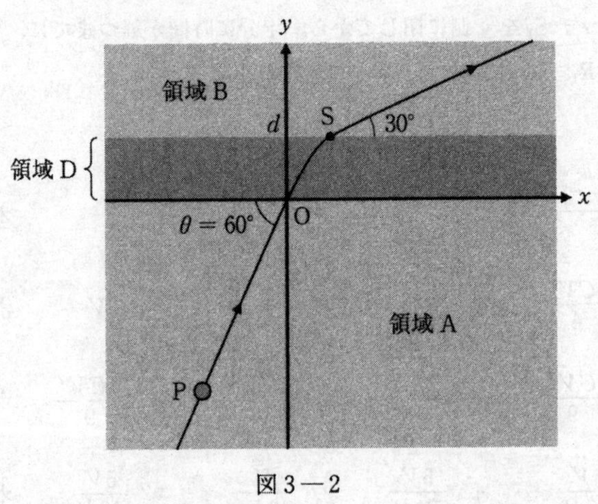

図3—2

(7)　領域BでのPの速さを求めよ。

(8)　領域Aを基準とした領域Bの電位を求めよ。

(9)　領域Dの電場の強さを求めよ。

(10)　点Sのx座標を求めよ。

次に，角 θ ($0° < \theta < 90°$) をいろいろに変えてPを領域AからDに入射させた。以下では，領域Aを基準とした領域Bの電位を V とする。

⑾ Pが領域Bに到達することなく領域Aに戻ってくる場合に，θ が満たす条件を求めよ。

解答群(b)

(7)　ア $\dfrac{v}{3}$　イ $\dfrac{\sqrt{3}\,v}{3}$　ウ $\dfrac{\sqrt{3}\,v}{2}$　エ $\sqrt{3}\,v$　オ $\dfrac{3v}{2}$

(8)　ア $\dfrac{mv^2}{8q}$　イ $\dfrac{mv^2}{3q}$　ウ $\dfrac{4mv^2}{9q}$　エ $\dfrac{5mv^2}{8q}$　オ $\dfrac{mv^2}{q}$

(9)　ア $\dfrac{mv^2}{8qd}$　イ $\dfrac{mv^2}{6qd}$　ウ $\dfrac{2mv^2}{9qd}$　エ $\dfrac{mv^2}{3qd}$　オ $\dfrac{mv^2}{qd}$

(10)　ア $\dfrac{d}{2}$　イ $\dfrac{\sqrt{3}\,d}{3}$　ウ $\dfrac{\sqrt{3}\,d}{2}$　エ $\dfrac{3d}{2}$　オ $\sqrt{3}\,d$

(11)　ア $\sin^2\theta < \dfrac{2qV}{mv^2}$　イ $\sin^2\theta < \dfrac{2qV}{mv}$

ウ $\sin^2\theta > \dfrac{5qV}{2mv^2}$　エ $\sin^2\theta > \dfrac{5qV}{2mv}$

化　学

（70分）

［注意］

⑴　問題は，**1** から **5** までであり，さらにそれぞれの問題に複数の設問がある。すべての設問に答えよ。

⑵　解答は，解答用紙の指定された欄にマークせよ。

⑶　実在気体とことわりがない限り，気体は理想気体として扱うものとする。

⑷　ことわりがない限り，標準状態は0℃，1気圧（1013 hPa）とする。

⑸　必要があれば次の値を用いよ。

気体定数：使う単位によって値が異なるので，注意すること。

$R = 8.3\ \mathrm{J/(mol \cdot K)}$

$R = 8.3\ \mathrm{Pa \cdot m^3/(mol \cdot K)}$

$R = 8.3 \times 10^3\ \mathrm{Pa \cdot L/(mol \cdot K)}$

$R = 83\ \mathrm{hPa \cdot L/(mol \cdot K)}$

アボガドロ定数：$N_A = 6.0 \times 10^{23}/\mathrm{mol}$

水のイオン積：$K_W = 1.0 \times 10^{-14}\ \mathrm{mol^2/L^2}$　(25℃)

ファラデー定数：$F = 9.65 \times 10^4\ \mathrm{C/mol}$

原子量：H　1.0　　C　12　　N　14　　O　16

Na　23　　S　32　　Cl　35.5　　Ca　40

Pb　207

1 次の問(1)～(8)に答えよ。

問(1)　次の(ア)～(カ)の分子の中から，結合には極性があるが，分子全体としては極性を示さないものを一つ選べ。

(ア)　CH_4　　(イ)　CH_3OH　　(ウ)　O_2

(エ)　H_2S　　(オ)　HCl　　(カ)　NH_3

問(2)　0.10 mol/L のシュウ酸水溶液 10 mL を，濃度未知の水酸化ナトリウム水溶液で中和滴定したところ，中和するのに 10 mL を要した。また，食酢を 10 倍に薄めた水溶液 10 mL を，この水酸化ナトリウム水溶液で中和滴定したところ，中和するのに 3.6 mL を要した。食酢中の酢酸の質量パーセント濃度は何％か。最も近い値を，次の(ア)～(カ)の中から一つ選べ。ただし，食酢の密度を 1.0 g/mL とし，食酢中の酸はすべて酢酸とする。

(ア)　3.4　　(イ)　3.7　　(ウ)　4.0　　(エ)　4.3　　(オ)　4.6　　(カ)　4.9

問(3)　一定容積の容器内で，1.0 g の酸素は，0℃ において，3.5×10^4 Pa の圧力を示した。また，この同じ容器内で，1.0 g の気体 A は，0℃ において，2.8×10^4 Pa の圧力を示した。気体 A の分子量はいくらか。最も近い値を，次の(ア)～(カ)の中から一つ選べ。

(ア)　20　　(イ)　24　　(ウ)　28　　(エ)　32　　(オ)　36　　(カ)　40

問(4)　次の(a)～(c)の物質について，それぞれ同じ物質量を一定量の水に溶かした 3 種類の水溶液がある。これらの水溶液を 1.0×10^5 Pa における凝固点の低い順に並べたとき，正しい順序はどれか。下の(ア)～(カ)の中から一つ選べ。ただし，水溶液はすべて希薄溶液として扱えるものとし，電解質は水溶液中で，すべて電離するものとする。

(a)　塩化ナトリウム　　(b)　グルコース　　(c)　硫酸ナトリウム

(ア)　(a) ＜ (b) ＜ (c)　　(イ)　(a) ＜ (c) ＜ (b)

(ウ)　(b) ＜ (a) ＜ (c)　　(エ)　(b) ＜ (c) ＜ (a)

(オ)　(c) < (a) < (b)　　　(カ)　(c) < (b) < (a)

問(5)　20.0℃において，断熱容器内に入れた水96.0gに，水酸化ナトリウムの結晶x[g]を加え，攪拌(かくはん)しながら液温を測定したところ，溶液の温度は次のグラフのような変化を示した。xの値として最も近いものを，下の(ア)～(カ)の中から一つ選べ。ただし，水酸化ナトリウムの水への溶解熱は，42 kJ/molであるとし，水溶液の比熱は，4.2 J/(g·K)であるとする。

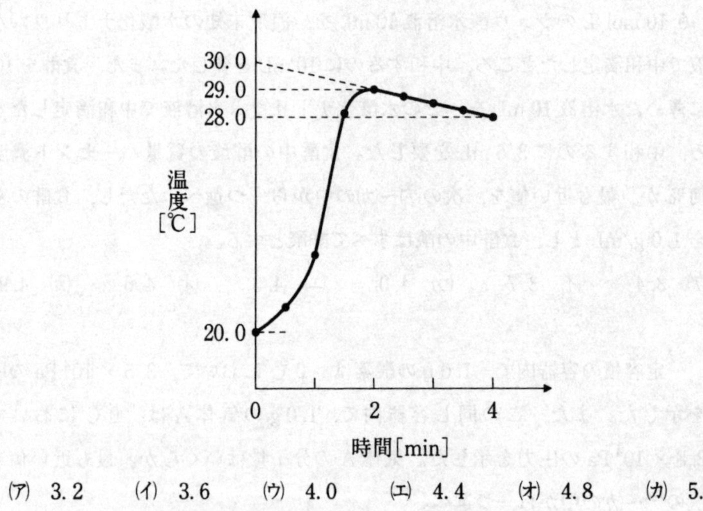

(ア)　3.2　　(イ)　3.6　　(ウ)　4.0　　(エ)　4.4　　(オ)　4.8　　(カ)　5.2

問(6)　鉛蓄電池は，電解質水溶液に希硫酸を用いている。鉛蓄電池を5.0Aの電流で，5時間21分40秒間放電させたと仮定すると，放電後の希硫酸の質量パーセント濃度は何%になるか。最も近い値を，次の(ア)～(カ)の中から一つ選べ。ただし，放電前の鉛蓄電池の希硫酸の質量パーセント濃度は38%，密度は1.2 g/mL，体積は1.0Lであったとする。また，放電中の水の蒸発はないものとする。

(ア)　16　　(イ)　20　　(ウ)　24　　(エ)　28　　(オ)　32　　(カ)　36

問(7)　濃硫酸に塩化ナトリウムを加えて加熱したところ，塩化水素が発生した。この現象は硫酸のどの性質を利用しているか。最も適切なものを，次の(ア)～(カ)の中から一つ選べ。

(ア) 不揮発性　(イ) 脱水作用　(ウ) 吸湿性
(エ) 酸化作用　(オ) 強酸性　(カ) 該当する性質がない

問(8) 88 g のポリビニルアルコールがある。ホルムアルデヒドの水溶液を用いてアセタール化を行ったところ，ポリビニルアルコールのヒドロキシ基のうち 34 % がアセタール化されたビニロンが得られた。得られたビニロンの質量は何 g か。最も近い値を，次の(ア)〜(カ)の中から一つ選べ。

(ア) 80　(イ) 84　(ウ) 88　(エ) 92　(オ) 96　(カ) 100

2 次の文章を読んで，下の**問(1)**〜**(7)**に答えよ。ただし，気体の H_2S は，25 ℃，1.0×10^5 Pa において，水 1.0 L に，0.10 mol 溶け，気体の溶解による水溶液の体積変化はないものとする。また，水溶液の温度は 25 ℃ で一定であり，$\log_{10} 9.5 = 0.98$ とする。

2 価の弱酸である硫化水素は，水溶液中で次のように 2 段階に電離して平衡に達している。

$$H_2S \rightleftarrows H^+ + HS^- \quad \cdots①$$

$$HS^- \rightleftarrows H^+ + S^{2-} \quad \cdots②$$

ここで，25 ℃ における①，②式の電離定数 K_1，K_2 を，それぞれ 9.5×10^{-8} mol/L，1.3×10^{-14} mol/L とする。

①式と②式をまとめた反応式は，

$$H_2S \rightleftarrows 2H^+ + S^{2-} \quad \cdots③$$

と表されるため，③式の電離定数 K は，K_1，K_2 を用いて表すと，

$K =$ [(a)] である。

一方，①式に比べて②式の電離定数が著しく小さいので，②式の電離が無視できるとした場合，H_2S 水溶液の濃度を c[mol/L]，電離度を α とすると，各物質の濃度および K_1 は次のように表される。

	H_2S	$\rightleftarrows$	H^+	+	HS^-
電離前のモル濃度[mol/L]	c		0		0
電離後のモル濃度[mol/L]	(b)		$c\alpha$		$c\alpha$

$K_1 =$ (c)

ここで，H_2S は弱酸で α が 1 に比べて著しく小さいので，K_1 は

$K_1 \fallingdotseq$ (d) と近似できる。

したがって，水素イオン濃度 $[H^+]$ は，

$[H^+] =$ (e) …④

となる。

問(1)　文章中の空欄(a)にあてはまる式として最も適切なものを，次の(ア)～(キ)の中から一つ選べ。

(ア) K_1　(イ) K_2　(ウ) $K_1 + K_2$　(エ) $K_1 - K_2$

(オ) $K_1 K_2$　(カ) $\dfrac{K_1}{K_2}$　(キ) $\dfrac{K_2}{K_1}$

問(2)　文章中の空欄(b)にあてはまる式として最も適切なものを，次の(ア)～(カ)の中から一つ選べ。

(ア) c　(イ) $c\alpha$　(ウ) $c - \alpha$

(エ) $c + \alpha$　(オ) $c(1 - \alpha)$　(カ) $c(1 + \alpha)$

問(3)　文章中の空欄(c)にあてはまる式として最も適切なものを，次の(ア)～(カ)の中から一つ選べ。

(ア) $\dfrac{c - \alpha}{c}$　(イ) $\dfrac{c - \alpha}{c\alpha}$　(ウ) $\dfrac{c\alpha^2}{1 - \alpha}$

(エ) $\dfrac{c^2\alpha^2}{c + \alpha}$　(オ) $\dfrac{c^2\alpha^2}{c - \alpha}$　(カ) $\dfrac{\alpha^2}{c(1 - \alpha)}$

問(4)　文章中の空欄(d)にあてはまる式として最も適切なものを，次の(ア)～(カ)の中から一つ選べ。

(ア) c　(イ) α　(ウ) $c\alpha$

(エ) $c\alpha^2$　(オ) $c^2\alpha$　(カ) $c^2\alpha^2$

問(5) 文章中の空欄(e)にあてはまる式として最も適切なものを，次の(ア)～(カ)の中から一つ選べ。

(ア) cK_1　　(イ) $c\sqrt{K_1}$　　(ウ) $K_1\sqrt{c}$

(エ) $\sqrt{cK_1}$　　(オ) $\sqrt{\dfrac{K_1}{c}}$　　(カ) $\dfrac{c}{\sqrt{K_1}}$

問(6) 25℃において，1.0×10^5 Pa の気体の H_2S が水に接しているとき，この水溶液の pH の値はいくらになるか。最も近い値を，次の(ア)～(カ)の中から一つ選べ。ただし，②式の電離は無視でき，H_2S の電離度は，1に比べて著しく小さいものとする。

(ア) 3.5　(イ) 4.0　(ウ) 4.5　(エ) 5.0　(オ) 5.5　(カ) 6.0

問(7) 25℃において，1.0×10^5 Pa の気体の H_2S が水に接しているとき，この水溶液中の硫化物イオンのモル濃度 $[S^{2-}]$ は何 mol/L か。最も近い値を，次の(ア)～(カ)の中から一つ選べ。ただし，H_2S の電離度は，1に比べて著しく小さく，$[H^+]$ は，④式に従うものとする。

(ア) 1.3×10^{-14}　　(イ) 5.2×10^{-14}　　(ウ) 2.1×10^{-13}

(エ) 6.0×10^{-9}　　(オ) 2.4×10^{-8}　　(カ) 9.5×10^{-8}

3 次の文章を読んで，下の問(1)〜(6)に答えよ。ただし，25℃における塩化銀，クロム酸銀の溶解度積は，それぞれ $2.0 \times 10^{-10}\,(\mathrm{mol/L})^2$，$1.0 \times 10^{-12}\,(\mathrm{mol/L})^3$ であるとし，硝酸銀水溶液の滴下による溶液の体積変化は無視できるものとする。

25℃において，濃度がともに 1.0×10^{-2} mol/L である塩化ナトリウムとクロム酸カリウムの混合水溶液に，薄い硝酸銀水溶液を少しずつ滴下していく場合を考える。

この時，塩化銀の［ ① ］沈殿ができるための銀イオンのモル濃度 $[\mathrm{Ag^+}]$ は，

$[\mathrm{Ag^+}] >$ ［ (a) ］ mol/L

であり，クロム酸銀の［ ② ］沈殿ができるための $[\mathrm{Ag^+}]$ は，

$[\mathrm{Ag^+}] >$ ［ (b) ］ mol/L

である。したがって，硝酸銀水溶液を滴下していくと，［ ③ ］が先に沈殿する。

さらに硝酸銀水溶液を滴下していくと，2番目の沈殿が生じ始める時，先に沈殿する陰イオンの［ (c) ］％だけが沈殿せずに水溶液中に残っている。このように2番目の沈殿ができた時には，先に沈殿する陰イオンのほとんどは沈殿している。この原理を利用したのが沈殿滴定で，［ ④ ］法といわれる。

次に，この［ ④ ］法を用いて，濃度未知の塩化ナトリウム水溶液のモル濃度を以下の様に決定した。

濃度未知の塩化ナトリウム水溶液10 mLを，ホールピペットを使ってコニカルビーカーにとり，指示薬として［ ⑤ ］水溶液を適量加えた。この溶液に，ビュレットを使って0.010 mol/Lの硝酸銀水溶液を滴下すると，30 mLを加えたところで［ ② ］の沈殿が生じたので滴定の終点とした。この塩化ナトリウム水溶液の質量パーセント濃度は，［ (d) ］％である。

問(1)　文章中の空欄①，②にあてはまる色として最も適切なものを，次の(ア)〜(カ)の中から，それぞれ一つずつ選べ。

(ア)　黄　色	(イ)　赤紫色	(ウ)　黒　色
(エ)　赤褐色	(オ)　白　色	(カ)　淡桃色

問(2)　文章中の空欄(a), (b)にあてはまる数値として最も近いものを，次の(ア)〜(ケ)の中から，それぞれ一つずつ選べ。

(ア)　1.0×10^{-12}　(イ)　2.0×10^{-12}　(ウ)　1.0×10^{-10}
(エ)　2.0×10^{-10}　(オ)　1.0×10^{-8}　(カ)　2.0×10^{-8}
(キ)　1.0×10^{-6}　(ク)　1.0×10^{-5}　(ケ)　2.0×10^{-5}

問(3)　文章中の空欄③，⑤にあてはまる物質として最も適切なものを，次の(ア)〜(ク)の中から，それぞれ一つずつ選べ。

(ア)　Ag　(イ)　AgCl　(ウ)　$AgNO_3$　(エ)　Ag_2CrO_4
(オ)　Cr　(カ)　HNO_3　(キ)　K_2CrO_4　(ク)　NaCl

問(4)　文章中の空欄(c)にあてはまる数値として最も近いものを，次の(ア)〜(カ)の中から一つ選べ。

(ア)　0.050　(イ)　0.10　(ウ)　0.15
(エ)　0.20　(オ)　0.25　(カ)　0.30

問(5)　文章中の空欄④にあてはまる語句として最も適切なものを，次の(ア)〜(カ)の中から一つ選べ。

(ア)　オストワルト　(イ)　ハーバー・ボッシュ　(ウ)　接　触
(エ)　テルミット　(オ)　ソルベー　(カ)　モール

問(6)　文章中の空欄(d)にあてはまる数値として最も近いものを，次の(ア)〜(カ)の中から一つ選べ。ただし，塩化ナトリウム水溶液の密度は，1.0 g/mL とする。

(ア)　0.18　(イ)　0.27　(ウ)　0.36
(エ)　0.45　(オ)　0.54　(カ)　0.63

4 次の図は，カルシウムとその化合物の相互関係を示したものである。下の問(1)～(4)に答えよ。

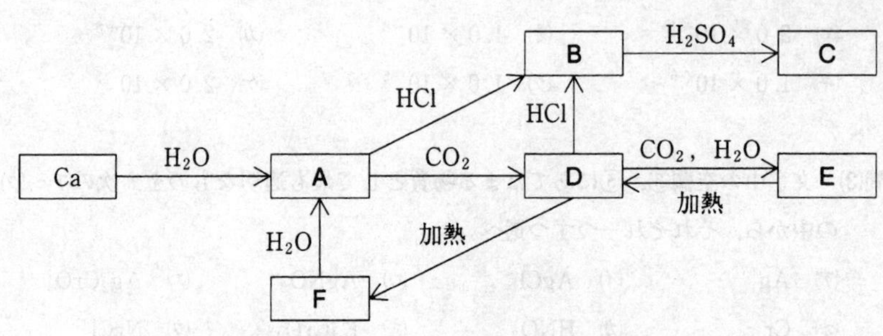

問(1)　図中の化合物B～Eのうち，水に対する溶解性が，難溶(溶けにくい)または微溶(少し溶ける)のものはどれか。最も適切なものを，次の(ア)～(カ)の中から一つ選べ。

(ア)　BとC　　(イ)　BとD　　(ウ)　BとE

(エ)　CとD　　(オ)　CとE　　(カ)　DとE

問(2)　図中の化合物A～Cの主な用途として最も適切なものを，次の(ア)～(キ)の中から，それぞれ一つずつ選べ。

(ア)　蛍光塗料　　(イ)　凍結防止剤　　(ウ)　漆喰(しっくい)

(エ)　歯みがき粉　　(オ)　X線検査用の造影剤　　(カ)　セッコウ像

(キ)　漂白剤

問(3)　次の(ア)～(カ)の記述の中から，正しいものを一つ選べ。

(ア)　Ca，Mgの単体は，どちらも同じ周期のアルカリ金属の単体より融点が低い。

(イ)　Ca，Mgの単体中では，どちらの原子も金属結合で結びついている。

(ウ)　Ca，Mg，Rbの単体は，いずれも二価の陽イオンになりやすい。

(エ)　Ca，Na，Mgの酸化物は，いずれも酸と反応しない。

(オ)　Ca，K，Mgの水酸化物は，いずれも水によく溶ける。

(カ)　Caは橙赤色，Kは黄色，Srは紅色の炎色反応を示す。

問(4)　カルシウムの化合物であるカーバイドと水を反応させると化合物Aと気体Gが発生する。この気体Gをアンモニア性硝酸銀水溶液に通じたときに生じる沈殿の色は何色か。最も適切なものを，次の(ア)〜(カ)の中から一つ選べ。

(ア)　白　色　　(イ)　深青色　　(ウ)　赤褐色

(エ)　黒　色　　(オ)　黄　色　　(カ)　赤紫色

5　次の図は，ベンゼンを出発物質として，いくつかの化合物を合成する反応経路を示している。図中の空欄は化合物を表している。下の問(1)〜(3)に答えよ。

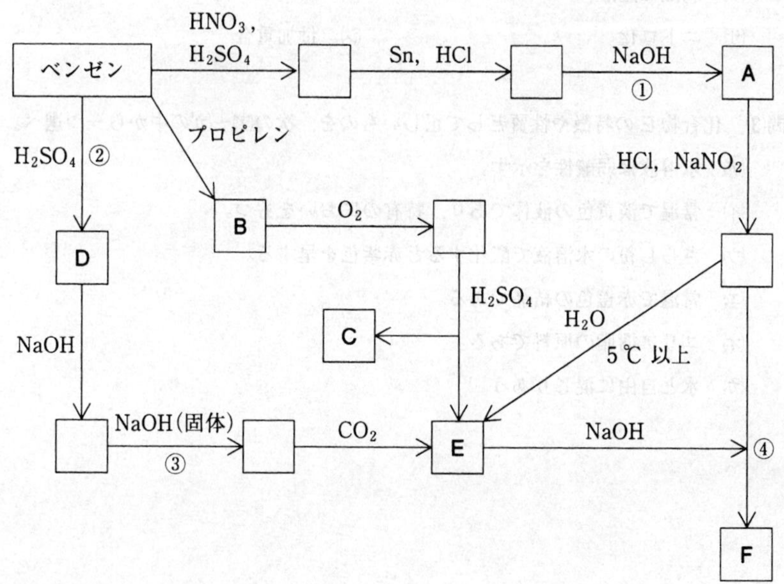

問(1)　図中の空欄A〜Fにあてはまる化合物として最も適切なものを，次の(ア)〜(シ)の中から，それぞれ一つずつ選べ。

(ア)　アセトン　　(イ)　アニリン

(ウ)　アニリン塩酸塩　　(エ)　塩化ベンゼンジアゾニウム

(オ)　クメン　　(カ)　クメンヒドロペルオキシド

(キ) ナトリウムフェノキシド (ク) ニトロベンゼン

(ケ) *p*-ヒドロキシアゾベンゼン (コ) フェノール

(サ) ベンゼンスルホン酸 (シ) ベンゼンスルホン酸ナトリウム

問(2) 図中の①～④にあてはまる反応として最も適切なものを，次の(ア)～(シ)の中から，それぞれ一つずつ選べ。

(ア) アセチル化 (イ) アルカリ融解

(ウ) エステル化 (エ) 塩素化

(オ) 加水分解 (カ) ジアゾ化

(キ) ジアゾカップリング (ク) 弱塩基の遊離

(ケ) 弱酸の遊離 (コ) スルホン化

(サ) ニトロ化 (シ) 付加重合

問(3) 化合物Eの特徴や性質として正しいものを，次の(ア)～(カ)の中から一つ選べ。

(ア) 水溶液は弱酸性を示す。

(イ) 常温で淡黄色の液体であり，特有のにおいをもつ。

(ウ) さらし粉の水溶液で酸化すると赤紫色を呈する。

(エ) 常温で赤橙色の結晶である。

(オ) ユリア樹脂の原料である。

(カ) 水と自由に混じりあう。

生物

（70分）

注意　解答は，すべて解答用紙の指定された欄にマークせよ。

1　次の文章を読み，問いに答えよ。

すべての生物は，共通の祖先から進化してきたものである。そのため，生物には，共通した特徴がみられる。例えば，すべての生物は，細胞からできている。細胞とは，自分自身と外界を細胞膜により隔てている構造である。また，生物の生命活動には，エネルギーが必要である。細胞内で$_a$エネルギーの受け渡しの役割を担っているATPは，すべての生物に共通して存在している。また，生命活動において重要な役割を果たしているタンパク質は，その生物がもっている遺伝情報にもとづいてつくられる。遺伝情報を担っているのがDNAであり，細胞分裂の際に複製され，新しい細胞に分配され，親から子へと受け継がれていく。

一方，電子顕微鏡の登場などで，細胞の内部構造が詳しくわかってくると，$_b$動物細胞と植物細胞，原核細胞では，細胞の構造が大きく異なることが明らかとなった。

問 1　細胞膜の厚さはどれぐらいか。最も適切なものを次の(ア)～(オ)のうちから一つ選べ。

(ア)　1 nm 以下　　(イ)　5～10 nm　　(ウ)　50～100 nm
(エ)　5～10 μm　　(オ)　50～100 μm

問 2　文章中の下線部aに関連する記述として，**誤っているもの**はどれか。次の(ア)～(オ)のうちから一つ選べ。

(ア)　ATPは，アデニンとリボースと3つのリン酸が結合した化合物である。

(イ)　光合成では，光エネルギーを利用してATPが合成され，このATPに蓄えられた化学エネルギーを使って有機物が分解される。

(ウ)　呼吸では，有機物が分解される過程で取り出されたエネルギーをもちいてATPが合成される。

(エ)　ATPがADPとリン酸に分解されるとき，大きなエネルギーが放出され，生命活動に利用される。

(オ)　ATP内のリン酸どうしの結合は，高エネルギーリン酸結合とよばれる。

問 3　DNAに関連する記述として，**誤っているもの**はどれか。次の(ア)～(エ)のうちから一つ選べ。

(ア)　真核細胞では，DNAは核の中に存在し，他の細胞小器官にDNAは存在しない。

(イ)　原核細胞には核が無いため，DNAを含む染色体は細胞質基質に存在する。

(ウ)　DNAを含む染色体は，酢酸オルセインや酢酸カーミンなどの染色液によって染まる。

(エ)　真核細胞では，DNAを含む核は，光学顕微鏡で観察できる大きさである。

問 4　文章中の下線部bに関連する記述として，**誤っているもの**はどれか。次の(ア)～(エ)のうちから一つ選べ。

(ア)　ミトコンドリアは，ほとんどの真核細胞に存在する。ミトコンドリアでは，生命活動に必要なエネルギーを取り出すはたらきがおこなわれている。

(イ)　葉緑体は，植物の細胞に存在する小器官であり，凸レンズ形をしているものが多い。葉緑体では，光合成がおこなわれる。

(ウ)　液胞は，液胞膜で包まれており，内部は細胞液で満たされている。液胞は，植物細胞で発達しており，糖や無機塩類の貯蔵や無機塩類の濃度の調節などのはたらきをしている。

(エ) 細胞壁は，原核細胞と植物細胞に存在する。植物細胞の細胞壁のおもな成分はタンパク質であり，細胞の形を決めるはたらきや細胞どうしを結びつけるはたらきをしている。

問 5 次の(1)〜(4)の生物について，原核生物には(ア)を，真核生物には(イ)をそれぞれマークせよ。

(1) 細胞性粘菌
(2) ゾウリムシ
(3) パン酵母
(4) 大腸菌

問 6 細胞内共生説に関する記述として，最も適切なものはどれか。次の(ア)〜(エ)のうちから一つ選べ。

(ア) 原始的な真核生物に，シアノバクテリアが取り込まれて共生することでミトコンドリアとなり，酸素を使って有機物を分解する原核生物が取り込まれて共生することで葉緑体となったと考えられている。

(イ) 原始的な真核生物に，シアノバクテリアが取り込まれて共生することでミトコンドリアとなり，酸素を使わずに有機物を分解する原核生物が取り込まれて共生することで葉緑体となったと考えられている。

(ウ) 原始的な真核生物に，酸素を使わずに有機物を分解する原核生物が取り込まれて共生することでミトコンドリアとなり，シアノバクテリアが取り込まれて共生することで葉緑体となったと考えられている。

(エ) 原始的な真核生物に，酸素を使って有機物を分解する原核生物が取り込まれて共生することでミトコンドリアとなり，シアノバクテリアが取り込まれて共生することで葉緑体となったと考えられている。

2 次の文章を読み，問いに答えよ。

人類は，600万～700万年前に［ A ］で誕生し，当初は樹上と地上の両方で生活していた。その後，400万年ほど前に出現した［ B ］が，樹上生活からサバンナへと進出したと考えられている。

人類の歩行様式は［ C ］であり，これにより自由に［ D ］を使うことができ，［ E ］が発達したと考えられる。また，［ F ］が頭骨の［ G ］に位置していることから，肥大化した頭部を垂直に支えることができる。このことも，［ E ］の発達の要因と考えられている。人類の誕生以降，ホモ・エレクトスなどのさまざまな人類が出現し，さまざまな地域に拡散していったが，現生する人類は［ H ］のみである。

アミノ酸配列やDNA塩基配列の変化のほとんどは中立であり，遺伝的浮動によって固定されたと考えることができる。例えば，同一の祖先から分岐した生物群において，あるタンパク質のアミノ酸配列の変化の速度は等しいという仮定のもとに，生物間の系統関係や分岐した年代を推測し，系統樹を作成することができる。ヒトを含む6種類の脊椎(せきつい)動物(U，V，W，X，Y，Z)間の系統関係を明らかにするため，あるタンパク質のアミノ酸配列の種間での違いの数(アミノ酸の変化数)について，表1の結果が得られた。この結果をもちいて，上記の仮定に基づいて作成した系統樹を図1に示した。

表1

	U	V	W	X	Y	Z
U		16	40	62	23	78
V			42	64	25	78
W				72	44	84
X					66	84
Y						76
Z						

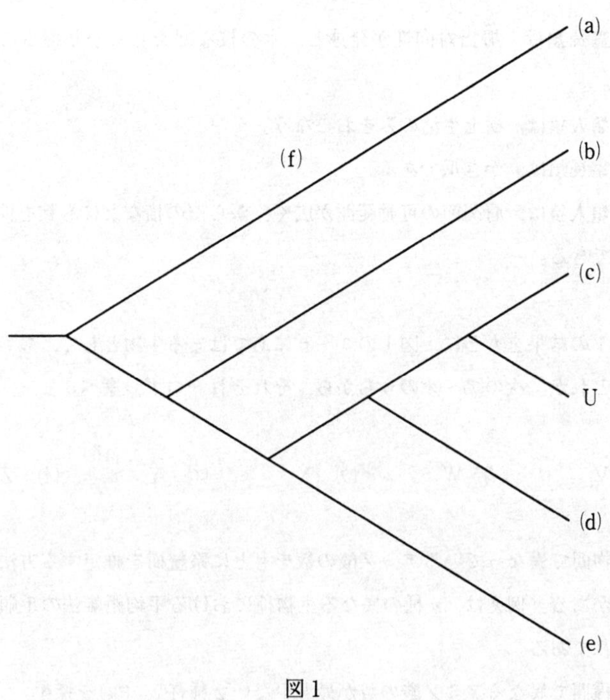

図 1

問 1　文章中の空欄 [A] ～ [H] に入る語として，最も適切なものはどれか。次の(ア)～(シ)のうちからそれぞれ一つずつ選べ。

(ア)　アウストラロピテクス類	(イ)　四足歩行	(ウ)　アメリカ
(エ)　ホモ・ネアンデルターレンシス	(オ)　脳	(カ)　後　方
(キ)　アフリカ	(ク)　二足歩行	(ケ)　真　下
(コ)　ホモ・サピエンス	(サ)　脊　椎	(シ)　手

問 2　霊長類あるいは類人猿の特徴に関する次の(1)～(6)の記述に対し，正しいものには(ア)を，誤っているものには(イ)をそれぞれマークせよ。

(1)　霊長類は，両眼が顔の前面に並び，立体視の範囲が狭い。

(2)　類人猿は，胴体に対して比較的長い腕と足をもち，尾がある。

(3)　霊長類は，拇指(ぼし)対向性が発達し，木の枝などをしっかり握ることができる。

(4)　類人猿は，樹上生活のみをおこなう。

(5)　霊長類は，かぎ爪である。

(6)　類人猿は，肩関節の可動範囲が広く，からだの横などにも腕を伸ばすことができる。

問 3　表1の結果をもとに，図1の(a)～(e)にあてはまる生物として，最も適切なものはどれか。次の(ア)～(オ)のうちから，それぞれ一つずつ選べ。

(ア)　V　　(イ)　W　　(ウ)　X　　(エ)　Y　　(オ)　Z

問 4　生物間で異なっているアミノ酸の数をもとに系統樹を推定する方法に平均距離法がある。例えば，n 種の異なる生物種における平均距離法の手順は以下のとおりである。

①　種間で異なるアミノ酸の数が最も少ない2種(P_1，P_2)を探す。

②　この2種の異なるアミノ酸の数が k 個だった場合，共通祖先から分かれた後，同じ頻度でアミノ酸配列に変化が生じたとすると，それぞれで変化したアミノ酸の数の平均値は $k \div 2$ となる。

③　残りの生物のうち，P_1，P_2 との異なるアミノ酸の数が最も少ない生物 P_3 を探す。

④　P_3 と P_1，P_3 と P_2 のアミノ酸の数の違いがそれぞれ l 個，m 個だったとすると，P_3 と P_1，P_3 と P_2 の違いの平均値は $(l + m) \div 2$ となる。よって，P_3，P_1，P_2 の3種の共通祖先から分かれた後に，P_3 のアミノ酸配列で生じた変化の数は，$\{(l + m) \div 2\} \div 2$ となる。

⑤　同様に，上記を $(n - 1)$ 回くりかえして得られた値を，アミノ酸の変化数として求めた進化的距離とする。

表1の結果をもとに，図1の6種類の脊椎動物の共通祖先と(a)との進化的距離(f)を平均距離法により求めたアミノ酸の変化数の数値として，最も適切なものはどれか。次の(ア)～(オ)のうちから一つ選べ。なお，同じ部位におけるアミノ

酸の変化は1回だけ起きたものとする。

(ア) 38　　(イ) 39　　(ウ) 40　　(エ) 41　　(オ) 42

問 5　化石をもちいた研究から，UとVは約8000万年前に共通の祖先から分岐したと推定されている。UとZが共通の祖先から分岐したのはおよそ何億年前と考えられるか。最も近い年数を，次の(ア)～(オ)のうちから一つ選べ。

(ア)　1億年前

(イ)　2億年前

(ウ)　4億年前

(エ)　6億年前

(オ)　8億年前

問 6　表1および図1の作成において対象としたタンパク質は180個のアミノ酸からなる。**問5**に示した推定にもとづくと，このタンパク質の分子進化の速度として，最も適切なものはどれか。次の(ア)～(オ)のうちから一つ選べ。ただし，分子進化の速度は，一定時間でのこのタンパク質におけるアミノ酸1個あたりの変化率とする。

(ア)　1.1％／1億年

(イ)　2.5％／1億年

(ウ)　5.5％／1億年

(エ)　11％／1億年

(オ)　15.5％／1億年

3 次の文章を読み，問いに答えよ。

植物は外界とガス交換をおこない，光合成や呼吸をおこなう。また，蒸散によって大気中に水蒸気を放出する。それらはおもに葉の裏に多く分布する気孔を通しておこなわれる。

気孔の開閉には，青色光や植物ホルモンなどの多くの要素が関係している。孔辺細胞には光受容体として［ A ］があり，青色光を受容すると，孔辺細胞内の浸透圧が［ B ］し，吸水して膨圧が［ C ］し，気孔が開く。また，乾燥状態になると，植物ホルモンである［ D ］が増加し，その刺激により孔辺細胞の浸透圧が［ E ］し，水が出て膨圧が［ F ］して，気孔が閉じる。

問 1 文章中の下線部に関して，図2は，光の強さと光合成速度(葉の単位面積における二酸化炭素吸収速度)の関係を模式的に示したものである。図中のⅠ，Ⅱ，Ⅲの光の強さでは，ガス交換はそれぞれどのような状態にあると考えられるか。最も適切なものを次の(ア)～(ウ)のうちからそれぞれ一つずつ選べ。

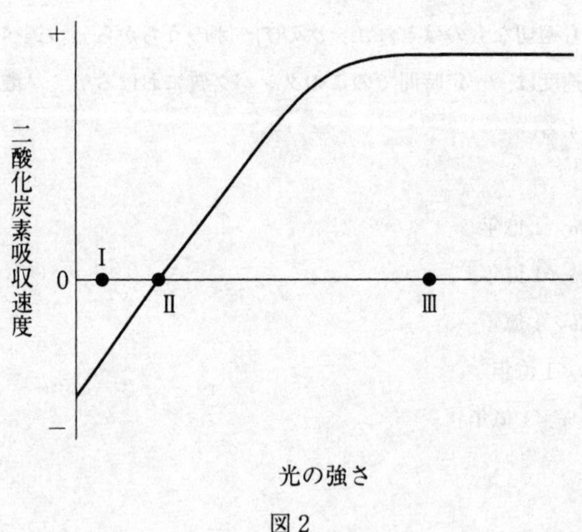

図2

(ア)　二酸化炭素の吸収がその放出を上回っている。

(イ)　酸素の吸収がその放出を上回っている。

(ウ)　二酸化炭素の吸収と放出がおおむね等しい。

問 2　文章中の空欄 A ～ F に入る語として最も適切なものはどれか。次の(ア)～(コ)のうちからそれぞれ一つずつ選べ。ただし，同じ選択肢を２回以上選んでもよい。

(ア)　クリプトクロム　(イ)　フィトクロム　(ウ)　フォトトロピン
(エ)　アブシシン酸　(オ)　オーキシン　(カ)　サイトカイニン
(キ)　ジベレリン　(ク)　フロリゲン　(ケ)　上　昇　(コ)　低　下

問 3　孔辺細胞の A は青色光を感知すると，いくつかの反応を介してプロトンポンプを活性化し，H^+ を放出する。それにより細胞膜内外の電位差が大きくなり，カリウムチャネルが開く。シロイヌナズナの葉からはがした表皮を培地に浸し，青色光の照射をおこなうと，培地の pH はどのように変化すると考えられるか。その変化を模式的に表す図として最も適切なものを次の(ア)～(エ)のうちから一つ選べ。

(ア)
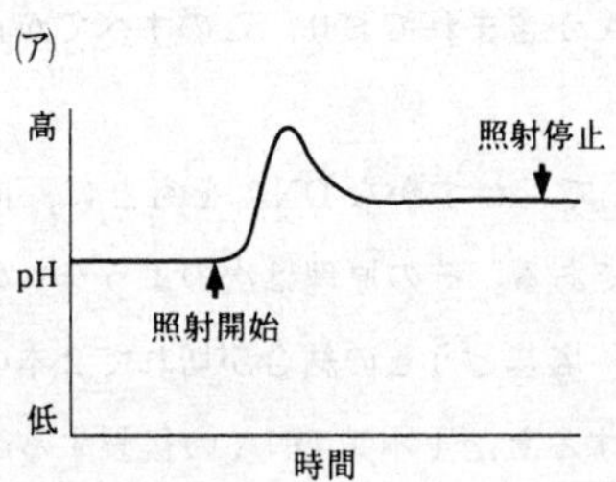

(イ)
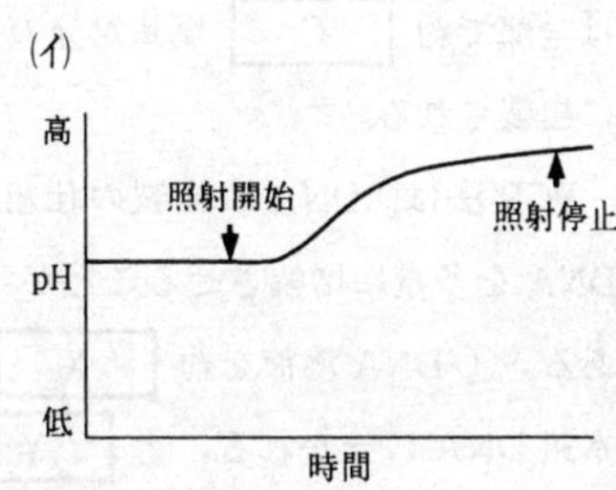

(ウ)
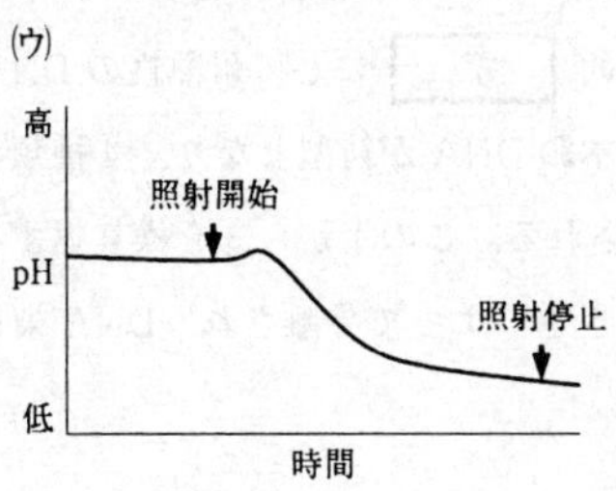

(エ)
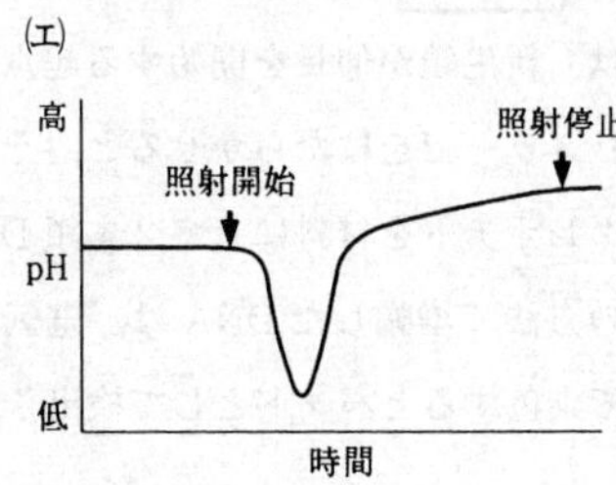

問 4　文章中の D について，気孔閉鎖以外のはたらきとして最も適切なものはどれか。次の(ア)〜(オ)のうちから一つ選べ。

(ア)　花芽形成を促進する。

(イ)　側芽の成長を促進する。

(ウ)　発芽時のアミラーゼ合成を誘導する。

(エ)　発芽を抑制する。

(オ)　果実の形成を促進する。

4 次の文章を読み，問いに答えよ。

DNAは，ヌクレオチド鎖2本が互いに向かい合い，塩基どうしが A して全体にねじれた二重らせん構造をしている。もとのDNAとまったく同じDNAがつくられることをDNAの複製という。細胞が体細胞分裂をおこなう際には，B にDNAの遺伝情報が複製される。ヒトの場合，体細胞の核1個の中には全部で約 C 塩基対分の長さのDNAが含まれており，このすべてが正確に複製される。

PCR法は，DNAの複製の仕組みを利用して，わずかなDNAをもとに，同じDNAを多量に増幅させることができる方法である。その原理は次のようなものである。①DNA溶液を約 X にすると，塩基どうしの結合が切れて2本の1本鎖DNAに分かれる。② Y 程度にすると，1本鎖DNAの複製する範囲の D 側に，相補的な1本鎖DNA(プライマー)が結合する。プライマーは，新生鎖が伸長を開始する起点となる。③約 Z にして耐熱性のDNAポリメラーゼをはたらかせると，それぞれの1本鎖DNAが鋳型となり，4種類のヌクレオチドを材料にして2本鎖DNAが複製される。この①から③を繰り返す。この方法で増幅したDNAは，電気泳動法で大きさによって分離され，DNA染色液で染色するとバンドとして検出される。

問1　文章中の空欄 A ～ D に入る語として最も適切なものはどれか。次の(ア)～(サ)のうちからそれぞれ一つずつ選べ。

(ア)　5′末端　(イ)　3′末端　(ウ)　G_1期　(エ)　M期　(オ)　G_2期

(カ)　S期　(キ)　30億　(ク)　60億　(ケ)　水素結合

(コ)　ペプチド結合　(サ)　S－S結合

問2　図3は，DNAの一部を模式的に表しており，図中のK，L，MはDNAを構成する要素(塩基，糖，リン酸)のいずれかを示している。また，それらをつなぐ線は要素どうしのつながりを示している。(1)ヌクレオチド，(2)ヌクレオシドは，図中のどの要素の組み合わせで構成されているか。最も適切なものを次の(ア)～(ウ)のうちからそれぞれ一つずつ選べ。

(ア)　K－L　(イ)　L－M　(ウ)　K－L－M

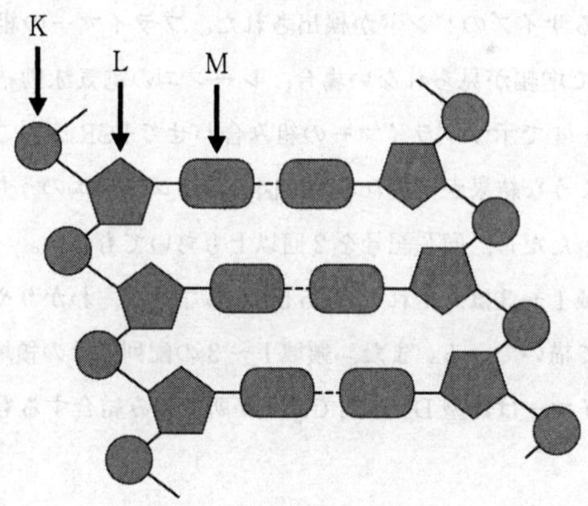

図3

問3　文章中の空欄 X ～ Z に入る温度の組み合わせとして最も適切なものはどれか。次の(ア)～(カ)のうちから一つ選べ。

	X		Y		Z
(ア)	60 ℃	—	72 ℃	—	95 ℃
(イ)	60 ℃	—	95 ℃	—	72 ℃
(ウ)	72 ℃	—	60 ℃	—	95 ℃
(エ)	72 ℃	—	95 ℃	—	60 ℃
(オ)	95 ℃	—	60 ℃	—	72 ℃
(カ)	95 ℃	—	72 ℃	—	60 ℃

問 4　図4のような4015塩基対(以下bpとする)からなる2本鎖DNAを鋳型として，PCR法を利用した実験をおこなった。領域1～3の塩基配列に対して相補的な配列をもつ6つのプライマー①～⑥を用意し，このうちの2つのプライマーを選んで反応液に加え，適切な条件でPCRをおこなった。得られたPCR後の反応液を適切な条件で電気泳動したところ，図5の電気泳動結果が得られた。電気泳動の際，マーカーとして，500 bp，1000 bp，2000 bp，4000 bp，8000 bpのサイズのバンドが検出されるものをもちいた。図5のレーン(ア)～(ウ)には，異なるサイズのバンドが検出された。プライマーの組み合わせによって，PCR法で増幅が見られない場合，レーン(エ)の電気泳動結果になるとすると，次の(1)～(4)で示すプライマーの組み合わせでPCRをおこなった場合，どのレーンのような結果が得られるか。図のレーン(ア)～(エ)のうちからそれぞれ一つずつ選べ。ただし，同じ記号を2回以上もちいてもよい。

なお，領域1～3は，それぞれ15 bpからなるが，わかりやすいように図4では誇張して描いている。また，領域1～3の配列はその領域以外には含まれず，各プライマーは鋳型DNA内では一か所でのみ結合するものとする。

(1)　プライマー①とプライマー②

(2)　プライマー①とプライマー④

(3)　プライマー③とプライマー⑥

(4)　プライマー②とプライマー⑤

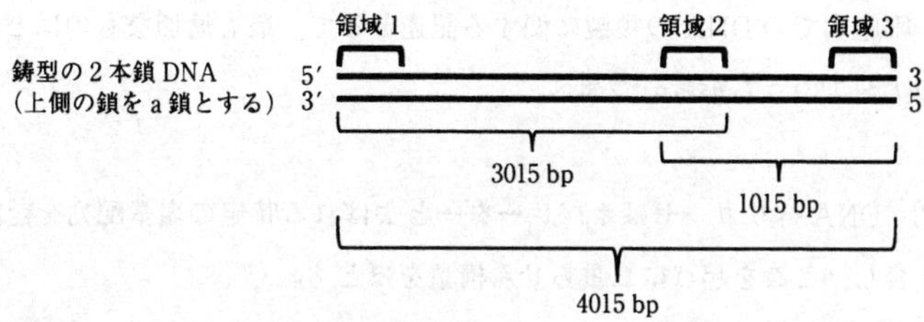

領域１の a 鎖の配列：5′ATCGCATTGTGGTGC 3′

領域２の a 鎖の配列：5′TCTGCGGCTGATGCA 3′

領域３の a 鎖の配列：5′TGAGCGCACAACATG 3′

プライマー①：5′ATCGCATTGTGGTGC 3′

プライマー②：5′GCACCACAATGCGAT 3′

プライマー③：5′TCTGCGGCTGATGCA 3′

プライマー④：5′TGCATCAGCCGCAGA 3′

プライマー⑤：5′TGAGCGCACAACATG 3′

プライマー⑥：5′CATGTTGTGCGCTCA 3′

図 4

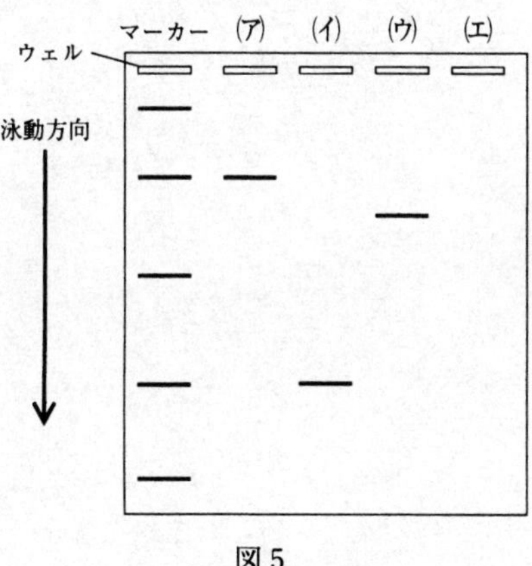

図 5

問 5　細胞内での DNA の複製に関する記述として，最も適切なものはどれか。次の(ア)～(エ)のうちから一つ選べ。

(ア)　DNA ヘリカーゼはオペレーターとよばれる特定の塩基配列を認識して結合し，ここを起点に二重らせん構造をほどく。

(イ)　DNA ポリメラーゼは，ヌクレオチド鎖を伸長することはできるが，ゼロから新生鎖を合成することはできない。そのため，鋳型鎖に相補的な短い RNA がまず合成され，それにつなげて新生鎖を伸長する。

(ウ)　DNA を構成する 2 本鎖のうち一方の鋳型鎖では DNA がほどけていく方向に連続的に新生鎖が伸長する。これをラギング鎖という。

(エ)　DNA リガーゼは不連続に複製された新生鎖をつなげる役割をもつ。DNA 断片がつくられながら不連続に複製される新生鎖をリーディング鎖という。

問9　本文の内容に合致するものはどれか。最も適切なものを、次の①～⑤の中から一つ選べ。解答番号は 19 。

① 人の示す好き嫌いや選択行動は、個人の意志が強く表れることから、マインド・コントロールの影響を受けにくい。

② まったく初対面の人と、一度でも会議やパーティで同席したことがある人とでは、平均すれば、会ったことがある人に対する好感度のほうが高いが、多少でも会話を交わしているとさらにこの好感度は上がる。

③ 「単純呈示効果」は、「見覚えがある」などの本人の自覚・無自覚にかかわらず生じることが科学的な研究によって証明されている。

④ 「親近性効果」の眼目は「ただ繰り返し経験するだけ」であるが、人間や商品や図形などの実物の外見や大きさによって少しずつその原理を異にする。

⑤ 消費行動に影響を与えることが証明されているマインド・コントロールを用いたコマーシャル制作は、ただちに法律によって禁止する必要がある。

② 頭を掻いた
③ 膝を打った
④ 溜飲を下げた
⑤ 肩の荷を下ろした

問8　傍線部D「閾下（サブリミナル）単純呈示効果」の説明として最も適切なものを、次の①～⑤の中から一つ選べ。解答番号は 18 。

① 実験によると、「閾下（サブリミナル）単純呈示」による効果は被験者の自覚・無自覚にかかわらずおもに好感度の上昇という結果として表れる。

② 「閾下（サブリミナル）単純呈示」に関する実験は、両耳分離刺激法などの聴覚分野で著しい効果が見られるが、聴覚以外の感覚を刺激した実験ではまだ同じような結果は出ていない。

③ 「単純呈示効果」に比べると、「閾下（サブリミナル）単純呈示」のほうが、「見覚えがある」「経験したことがある」という意識がないだけ好感度の上昇率は少ない。

④ 閾下に働きかける「単純呈示」による実験の結果は、「好感度の上昇」という被験者の主観的な要因が大きく関与するので科学的な信頼性は薄い。

⑤ 「閾下（サブリミナル）単純呈示」による検証は、それ以前に信じられていた「親近性原理」を否定する新たな学説として現在では広く認識されている。

③　洗剤のパッケージに使われているデザインがおしゃれだから買った。
④　内容量の割に安く得だと思ったからこの洗剤を買った。
⑤　テレビで見たコマーシャルで商品名を知っていたからこの洗剤を買った。

問6　空欄 [a] ～ [e] に入る言葉の組合せとして最も適切なものを、次の①～⑤の中から一つ選べ。解答番号は [16]。

①　a　すなわち　b　ところが　c　なぜなら　d　そのうえ　e　つまり
②　a　なるほど　b　しかし　c　けれども　d　しかし　e　あるいは
③　a　たとえば　b　ただし　c　しかし　d　ことに　e　すなわち
④　a　じっさい　b　そして　c　なお　d　そして　e　さらには
⑤　a　たしかに　b　ちなみに　c　さらに　d　あるいは　e　具体的には

問7　空欄 [Y] に入る慣用句として最も適切なものを、次の①～⑤の中から一つ選べ。解答番号は [17]。

①　胸を撫(な)で下ろした

問4　本文中には次の一文が欠落している。この文を入れるのにふさわしい箇所を、次の①～⑤の中から一つ選べ。解答番号は 14 。

つまり世間智（せけんち）というか、世知に長（た）けた人々の経験から来る知恵には、ちゃんとした根拠があったんだな、昔の人は科学的データはなくても、直観的に心理学的真理に気づいていたのかなあと、妙な具合に感心してしまったのです。

① 〔Ⅰ〕の箇所
② 〔Ⅱ〕の箇所
③ 〔Ⅲ〕の箇所
④ 〔Ⅳ〕の箇所
⑤ 〔Ⅴ〕の箇所

問5　傍線部C「二つの原理」とあるが、何種類かある洗剤の中から一つの商品を選んで買った理由を述べた次の文章のうち、「親近性原理」に当てはまるものを、次の①～⑤の中から選べ（ただし正解は一つとは限らない）。解答番号は 15 。解答はすべてこの欄にマークせよ。

① 能書きを見て、汚れを落とす効果が強そうだからこの洗剤を買った。
② 芸能人の生活を取り上げた番組で、この洗剤が何度も映っているのを見て買った。

「自由な行為」であるといえる。

② 人間の行為の中でも好き嫌いという感情に基づく選択行動は、あくまで個人の意志や主観によるものなので、この行動は比較的「自由な行為」であるといえる。

③ 人間の空腹感や飢餓への恐怖は外発的な要因に基づくものであるから、それに突き動かされて食べることは完全に「自由な行為」といいえる。

④ 人間の行為のもととなる二つの動機づけのうち、外発的な動機づけによる行動は環境側の刺激にある程度支配されているので、この点だけを取っても人間の行為は「自由」であるとは言いがたい。

⑤ 買い物に見られる「自由」な選択行為は、見かけよりもはるかに複雑な仕組みによって成り立っているが、その仕組みを理解すれば、ある程度の「自由」を獲得することができる。

問3　本文中に二箇所ある空欄 X に入る言葉として最も適切なものを、次の①～⑤の中から一つ選べ。解答番号は 13 。

① 感情
② 内発
③ 潜在
④ 主観
⑤ 神秘

（注2）閾下――心理学で、刺激が知覚されない状態のこと。
（注3）被験者――実験等に協力して、与えられた課題や質問に答える人のこと。

問1　傍線部A「心理学では、人の行動は内発的と外発的という二種類の動機づけによってなされると考えます」とあるが、本文の説明に即したこれらの動機づけの例として**適切でないもの**を、次の①～⑤の中から選べ（ただし正解は一つとは限らない）。解答番号は 11 。解答はすべてこの欄にマークせよ。

① 体がひどく疲れていて眠くて仕方がないので、寝るというのは内発的動機づけである。
② 友人の着ているTシャツが格好良かったので、自分も同じものを買うというのは外発的動機づけである。
③ 買い物中に洗剤を見かけて「そうだ、家にはもうない」と気づいて買うというのは内発的動機づけである。
④ ある洗剤が類似品より汚れを落とす効果があるうえに値段も安くて得だから買うというのは外発的動機づけである。
⑤ 学校がある日に寝坊すると親に叱られるので、自分で目覚まし時計をセットするというのは内発的動機づけである。

問2　傍線部B「行為の「自由」とは、案外曖昧でやっかいな代物」とあるが、人間の「自由な行為」について述べた本文の主張と合致するものを、次の①～⑤の中から一つ選べ。解答番号は 12 。

① 買い物について考えた場合、お金さえあれば、何でも好きなものやサービスを選んで買えるので、これは文字通り

ディを「聞き覚えのあるもの」として再認できない場合がほとんどです。しかしその場合ですら、そのメロディに対する態度には変化が見られた、つまり好感度が増していたと報告されています。

視覚のほうでは、これよりももっと劇的な例があります。クンスト―ウィルソンとザイオンスの一九八〇年に公刊された研究がそれです。この論文は、世界でももっとも権威ある自然科学雑誌『サイエンス』誌に掲載されたものであり、その後の追試の結果を見ても、無視できない真実を含んでいると判断しないわけにはいきません。〔　V　〕

彼らはまず、一連の無意味なランダム八角形を、ひとつずつ、一ミリ秒だけ瞬間呈示することを五回ずつ繰り返しました。この呈示時間は、短かすぎて意識的な知覚ができない、すなわち知覚閾(ちかくいき)以下の長さです。次にこれらの呈示済みの図形を、ひとつずつ新しい図形と対にして呈示し、まず先ほど呈示されたのはどちらかを、強制的に判断させました。この再認課題では、結果は基本的に偶然の水準、つまり五〇パーセント前後でした。自覚的な知覚経験、あるいは少なくとも自覚的な記憶の証拠は見いだせなかったのです。

それにもかかわらず、同じ図形対について「より好ましいのはどちらか」を判断させたところ(選好課題)、以前に呈示された図形を好む割合が六〇パーセントと、明らかに偶然の水準よりも高かったのです。この結果から、意識的な再認とは独立に、潜在記憶に基づいて好ましさの判断をおこなう過程があるものと、彼らは結論しました。ザイオンスのかねてからの主張である「単純呈示効果」は、本人の「以前に経験した」という自覚の有無にかかわらず生じることが、証明されたのです。

(下條信輔『サブリミナル・マインド』による)

(注1)　盲視覚――著者によれば、「ある種の脳損傷者に見られる、特殊な視覚機能のこと」で、「知覚しているという当人の自覚がないにもかかわらず、(なんらかの仕方で)反応できる」という能力をさすと説明される。

今、たまたま人に対する好感度を例にとってお話ししましたが、親近性効果はなにも対人的場面に限りません。商品でも図形でも、何でも原理は同じです。また、先の顔写真や名前の連呼の場合からも類推できる通り、なにも実物そのものをじかに体験する必要はなく、実物を連想するものなら何でもよいのです。

もうひとつ、大事な原則があります。どのような対象の場合でも、好感度は単純に経験が繰り返されればされるだけ、一律に増大します。実験条件にもよりますが、だいたい数十回までは、機械的に好感度は増大するようです。もちろんこれは平均すればの話で、好感度を決定する要因は、ほかにもたくさんあるでしょうけれども。

この話を聞いて、なるほどね、と　**Y**　人がいるんじゃありませんか。そう、選挙の宣伝カーによる候補者の名前の連呼や、テレビでの同じスポット・コマーシャルのしつこさに皆、へきえきしているでしょう。けれどもあれでさえ、「しつこいぐらい繰り返したほうが効果が上がる」という一種の経験知といえるのです。

さて、こういう強い効果である単純呈示効果について、もう一歩踏み込んだ疑問を提起します。「単純に経験すれば」というのが眼目だと申しましたが、では「見覚えがある」「経験したことがある」という本人の意識は、この効果の必要条件なのでしょうか。つまり、実際には経験したことがあるが、その経験を本人が忘れていて、当の対象についてまったく見覚えもない場合。そういう場合でも、好感度はやはり上昇するのでしょうか。

答えはまたもやイエス、です。今度は(注2)D「閾下(いきか)(サブリミナル)単純呈示効果」というのが、それに該当します(「親近性効果」という語はいかにも意識的に「見知っている」という印象が強いので、閾下の場合には避けることにします)。その具体例として、両耳分離刺激法を使った研究があります。つまり右耳と左耳に、それぞれ別の、互いにまったく関係のないメッセージを流し、そのうちの一方だけに注意を向けて何かの課題をやらせます。たとえば手元に渡された原稿と比較して、エラーをチェックするような課題です。もう一方のメッセージは課題に関係ないので、(注3)被験者は当然これを無視するでしょう。そうしておいて、この無視されている側のメッセージの中に、六つの音から成る単純なメロディを流しておきます。すると、後で訊(たず)ねても、そのメロ

［ a ］、まったく初対面の人と、一度でもいいから会議かパーティかで同席した人とでは、平均すれば、会ったことのある人に対する好感度のほうが高いのです。その際に、別にパーティで多少でも会話を交わしたとか、会議で意見を交換したとかいうことが、まったくなくてもよいというわけです。

事実、何回か写真を見せられただけで、相手に対してより好感を持つとか、お互い口をきかなくとも、単に同席する回数が多いほど好意を感じ合うというはっきりしたデータもあります。［ b ］、第一印象で虫が好かない相手に対しては、必ずしも常にこの傾向が見られるとは限らないという結果も出ていますので、念のため。

視覚経験を与えられただけでそちらを選好するというのは、唐突な話のように思われるかもしれません。［ c ］考えてみると、既知のものは未知のものよりもより大きな安心感と、より大きな確信を抱かせます。［ d ］、ほかの選択肢についてなじみがない場合には、親近感、［ e ］「見覚えがある」「聞き知っている」印象の強いほうを選びます。これは、むしろ自然の成り行きといえるでしょう。

ちょっと雑談っぽくなりますが、世の中には選挙という行事があって、その選挙には、候補者の写真入りのポスターがつきものです。また各党の宣伝カーにしても、政策や方針なんかそっちのけで、ひたすら候補者の名前の連呼、また連呼です。それから、世間には「お見合い写真」なるものもはびこっていて、学歴や家柄、ご本人の人柄もさることながら、この写真の重要性がむしろ高いらしい。町の写真スタジオでは、このお見合い専用のポートレイト写真や一見スナップ写真ふうの写真を商売にして、結構繁盛している様子です。〔 Ⅲ 〕

実は私はかねがね、世の中のこうした風潮を苦々しく感じておりました。選挙にしてもお見合いにしても、どうしてもっと「中身」の情報で勝負しないのか、などと生意気にも批判していたわけです。けれどもこの「親近性効果」について学んでからは、かなり違う感想を持つようになりました。〔 Ⅳ 〕

ぜ「急に洗剤がなかったことに気づいた」のか、それ自体も問題となります。これ自体も、単なる偶然だったのか、一〇〇パーセント「自由」で自発的な「思いつき」だったのか、それとも何らかの刺激から、機械的かつ［ X ］的に記憶との連想が生じたのか。またもやお節介な心理学者が登場し、活躍する余地があるわけです。〔 Ⅰ 〕

広告やコマーシャルが、スポンサーや制作者側の意図通りに販売促進の効果を持つためには、どのような条件を満たさなくてはならないでしょうか。

それには大きく分けて、C二つの原理が働いているといわれています。ひとつは「説得性原理」といいます。これはわかりますよね。つまり商品の存在と魅力をアピールし、他の商品に比べて優れていることを消費者に納得させる。確かにこれに成功すれば、広告の目的のかなりの部分は達成されたことになるでしょう。

もうひとつの原理、こちらのほうをここでは問題にしたいのですが、「親近性原理」といいます。これは、今述べた「説得性」とは関わりなく、単純に商品を「見知っている」「聞き覚えがある」「なじみがある」という状態にするだけで、消費者の欲望は高まり、他社のライバル商品よりも、広告の商品を選ぶようになるということです。

「説得性原理」のほうはともかく、「親近性原理」のようなことが実際にあるのでしょうか。あるとしても、その効果は、コマーシャルに巨額の制作費をつぎ込む価値があるほどに、大きいのでしょうか。こうした疑問に答える、きちんとしたデータはあるのでしょうか。

答えはすべてイエス、です。認知心理学や社会心理学で、「親近性効果」あるいは「単純呈示効果」といわれているものがそれです。特定の対象をただ繰り返し経験するだけで、その対象に対する好感度、愛着、選好性（＝その対象を選ぶ可能性）などが増大する。これがこの効果の眼目です。特に「ただ繰り返し経験するだけ」というところがミソで、その対象について、とりたてて知識を与えられたり、何らかの関わりを持ったりする必要はないのです。〔 Ⅱ 〕

えるのは当然でしょう。ただその際に、実験室の中での知見だけではなく、世の中で現に通用している広告やコマーシャルの制作側のノウハウも参考にしたいと思います。

結論として、私は次のことを述べるつもりでいます。自覚的過程と無自覚的過程とはどのように相互作用するのか。これは研究者だけの課題です。しかし自覚的過程によって、無自覚的過程とどのように折り合いをつけ、制御し得るのか。これは常にマインド・コントロールの危険にさらされ、今後ますます増大する危険にさらされ続ける現代人すべての問題ではないだろうか、と。

今ある人がスーパーで買い物をしているとします。急に「そうだ、家には洗剤がもうない」と気づき、洗剤売り場に足を向けます。そしてあまたある商品の中身、値段、パッケージの能書きやデザインなどをいろいろ物色したうえで、あるひとつの箱入り洗剤に手を伸ばし、それをカゴに入れようとします。

さてこの瞬間にお節介な心理学者が突如現れて、その手をつかみ、「ちょっと待って」と声をかけたと想像してください。「あなたは今、なぜその商品を選んだのですか」と、心理学者は聞きます。それに対する答えとして「量の割に安く得だから」とか「汚れを落とす効果が強そうだから」とか「パッケージや名前がおしゃれだから」とか、いろいろな理由を当人は挙げるはずです。そこでさらに心理学者が「いやいや、それは本当の理由ではない。本当はテレビで見たコマーシャルが、あなたの無意識の記憶に残っていたからだ」と主張したと仮定してください。

この場合、買い物をしようとしている本人と、心理学者のどちらの言い分が正しいのでしょうか。このように問いかけられて、すぐに「盲視覚」(注1)の例などを思い浮かべた人は、優等生です。そしてたぶん、「どちらも、それぞれ違った意味において正しい」と答えられるでしょう。

買い物の「自由」とは、字面ほど全面的に自由とはいえず、また「自由」な選択行為というのも、見かけよりもはるかに複雑な仕組みによって成り立っていることがわかります。それに先のスーパーで洗剤を買う例でいうと、そもそも洗剤を選ぶ以前に、な

第2問　次の文章を読んで、後の問い(問1〜問9)に答えよ。

買い物をする。現代日本の若者の感覚でいうと、これほど自由な行為はないでしょう。お金がなければ別ですが、お金さえあれば、何でも好きなものやサービスを選んで買えます。これはなるほど、とても自由です。しかし、本当に自由なのでしょうか。

A心理学では、人の行動は内発的と外発的という二種類の動機づけによってなされると考えます。内発的というのは個人の内部にある欲求とか意志のようなものです。これに対して外発的というのは、環境の側にある事物や情報などによって触発され、喚起されるという意味です。

わかりやすい例でいいますと、おなかが空(す)いたから食べる、というのは内発的動機づけです。これに対して、目の前にアイスクリームがある、あまりにもおいしそうだからつい食べる、これが外発的動機づけということです。さて、この外発的動機づけの場合には、環境側の刺激にある程度支配された行動ということになりますから、一〇〇パーセント自由な行動といえるかどうか、疑わしいでしょう。

もっとうがっていうなら、おなかが空いたから食べるという内発的動機づけの場合でさえ、空腹感や飢餓への恐怖という感情の奴隷(どれい)になっているという言い方もできるわけで、これが完全に自由な行動といえるのかどうか。B行為の「自由」とは、案外曖昧でやっかいな代物であることがわかってきたでしょう。

今回は、コマーシャリズムによるマインド・コントロールという、「気になる」問題に切り込みます。特に、人の示す好き嫌いや選択行動に影響を及ぼす、[X]的な要因は何かという問題に焦点をあてていきます。人ならだれでも示す好き嫌い、選択の意志といったものが本人もあずかり知らない無自覚的な力に支配されているとするなら、その「力」の正体を解明したいと考

問10　本文の内容と合致するものを、次の①～⑥の中から一つ選べ。解答番号は 10 。

① 歌舞伎や能の世界では、前近代では能力が重視されてきたが、近代に入ってからは、能力のある親が子へと芸を伝える世襲的地位継承社会に転換した。

② 社会の近代化に伴い教育機会の開放が進むという考え方には、それによって、経済的な階層の固定化及び再配分が進むという想定がある。

③ 社会における能力に対して画一的かつ理念的な基準を設定するメリトクラシー幻想論は、いつも理念と現実の乖離に着目してしまう。

④ 能力測定を行う上で、試験や学歴は、十分に人々の能力を正確かつ説得的に表現できているので、これらは近代的かつ合理的なものであるといえる。

⑤ メリトクラシーをめぐる二つの社会学上の説明のいずれが正しいかを考える上で、メリトクラシーの基準を一つのまとまりとして考えることは、学問上の重要課題である。

⑥ 資本家階級の子どもと労働者階級の子どものいずれであっても、新しい能力が求められているという意味で、その能力競争は開放的であり、その能力の獲得状況が将来の所得に連動する。

問11　メリトクラシーを理解する上で、著者はどのような前提に立っているか。これについて説明している箇所を、本文中から20字で抜き書きせよ。ただし句読点やカッコ、感嘆符等も字数に含むものとする。解答は解答用紙裏側の欄に記入せよ。

問8　「メリトクラシー幻想論」の問題点について、著者はどのように説明しているか。**適切でないものを**、次の①〜⑤の中から一つ選べ。解答番号は 8 。

① 教育と職業機会の完全な開放性が基準として持ち出されること。
② 画一的・理念的なメリトクラシー基準と現実との間のギャップを根拠として強調すること。
③ アメリカンドリームと現実とが乖離しているのと同様に、メリトクラシーは神話であるとすること。
④ 程度の差はあれども、どの論者もいつも同じような結論に至ってしまうこと。
⑤ メリトクラシーの幻想性を指摘することにより無視できない社会的・政治的効果が生じること。

問9　空欄 い に入るものとして最も適切なものを、次の①〜⑥の中から一つ選べ。解答番号は 9 。

① 理論的フレームを措定する
② 知的フロンティアを拡張する
③ 科学的ストラテジーを促進する
④ 政治的ダイナミズムを惹起する
⑤ 社会的パースペクティブを確立する
⑥ 倫理的ジレンマを解決する

問6　空欄 ア ～ エ に入る語の組合せとして最も適切なものを、次の①～⑤の中から一つ選べ。解答番号は 6 。

① ア　逆に　イ　あえて　ウ　ただし　エ　要は
② ア　実は　イ　むしろ　ウ　もちろん　エ　少なくとも
③ ア　もはや　イ　そもそも　ウ　しかし　エ　付け加えると
④ ア　おそるおそる　イ　かえって　ウ　反対に　エ　それゆえ
⑤ ア　つまり　イ　よって　ウ　一方で　エ　さらに

問7　「メリトクラシー進展論」の問題点について、著者はどのように説明しているか。最も適切なものを、次の①～⑥の中から一つ選べ。解答番号は 7 。

① 中国でも日本でも、古くから能力に対する評価はまったく前提とされてこなかったこと。
② 能力は本来、一面的なものであるにもかかわらず、それを抽象的にとらえていること。
③ 開かれた競争によってのみ、メリットを持つ人が選抜されるのではないことを前提としているということ。
④ 世襲という閉鎖的なシステムをとっている歌舞伎や能の世界は、近代にも残っていること。
⑤ 能力というものへの社会的まなざしが変化し得ることを十分に考慮に入れていないということ。
⑥ 「前近代的」な事例に対して、肯定的に理解しているということ。

問4　傍線部C「メリトクラシー幻想論」について、著者の説明に合致するものを、次の①～⑥の中から一つ選べ。解答番号は［4］。

① 教育機会が広がることで知的能力が再配分され、階級格差が減少すると考える。

② 学校教育が労働者階級の子に従順さを仕込んでいることを、IQテストなどを用いて実証した。

③ 階級に基づく差別意識や階級の再生産構造をメリトクラシーが隠ぺいしていると主張する。

④ 教育上の選抜の基準が、親の財産や願望に基づくものであることを否定する。

⑤ その階級に見合った教育・職業機会が乏しいことが理論の根拠となっている。

⑥ 学校教育の階層性は知的能力を反映しているとの認識を前提とする。

問5　空欄［a］～［c］に入る語の組合せとして最も適切なものを、次の①～⑤の中から一つ選べ。解答番号は［5］。

① a 憮然(ぶぜん)としてしまう　b 急転直下　c 繊細

② a どうも判然としない　b 四角四面　c 軽率

③ a 呆然(ぼうぜん)としてしまう　b 朝令暮改　c 狭量

④ a 歴然としている　b 内柔外剛　c 有効

⑤ a どうも釈然としない　b 融通無碍(ゆうずうむげ)　c 皮相

① 魅惑的
② 決定的
③ 先鋭的
④ 実証的
⑤ 規則的
⑥ 暫定的

問3　傍線部B「メリトクラシー進展論」について、著者の説明に**合致しないもの**を、次の①～⑥の中から一つ選べ。解答番号は 3 。

① 知識量に依存する古い能力観からの転換が求められているという議論と親和性が高い。
② 科学技術の高度化は、人々に求められる教育水準の高度化につながると主張する。
③ メリトクラシーが合理的なものであるから、これを進展させねばならないという強い志向がある。
④ 近代化とともに社会の開放性が直線的には高まらないということが実証的に明らかにされてきた。
⑤ 社会が産業化することは、教育機会の平等化を促し、個人の業績に基づく地位の配分が進むとする。
⑥ 学問的議論においても、そこに限定されない幅広い議論においても、一定の支持がある。

ではない。時にはそうした言説が必要な場面もあるだろう。しかし、それは私に言わせれば、そうした議論自体がメリトクラシーの反省的特質（再帰性）を示すものではあっても、［い］ような議論には感じられないのである。角が立つようであれば、私自身のことだけに限定してもいい。［エ］私は、このような議論をするのに高度な知的操作が必要だとは感じないのである。

（中村高康『暴走する能力主義』による）

問1　傍線部A「能力測定の原理的困難」とは何を指すのか。著者の考えに合致するものを、次の①～⑤の中から一つ選べ。解答番号は［1］。

① 偏見や思い込みから採用された不合理なシステムとして、試験制度を理解してしまうこと。
② たくさん学校教育を受けた人やテストの成績が良かった人に、能力を認めがちなこと。
③ 産業社会に要請された知識・技術の教授に、学校教育のシステムが傾斜していくこと。
④ 既存の能力評価のシステムでは、人々の能力を正確かつ説得的に表現することが十分にできないということ。
⑤ 学歴主義が、しばしば時代遅れのように見なされ、前近代社会から近代社会への歴史的転換を行えないこと。

問2　本文中に三箇所ある空欄［あ］に入る語として最も適切なものを、次の①～⑥の中から一つ選べ。解答番号は［2］。

ウ、個々の研究がみなここまで単純なわけではないけれども、最終的な結論めいたものはどうしても似通ってしまう。例えば、マクナミーとミラーの『メリトクラシーの神話』は、その典型である。彼らは Sociation Today 誌に著書と同じタイトルの論稿を寄せているが、そこではこの著書について、そのシステムの作動の仕方を人々がどのように考えているのかということと、実際にそのシステムがどのように作動しているのかということとのギャップを議論することによって、メリトクラシーの神話に挑戦したのだ、と自ら語っている。これは、まさにアメリカンドリームのような理想的イメージと現実とのギャップを強調することでメリトクラシーを神話と結論付ける、典型的なメリトクラシー幻想論の議論のパターンを踏襲している。しかしながら、アメリカンドリームが現実から乖離しているというのは、一冊の本を使って述べなければならないほど新しいことなのだろうか。そのようなことはわかりきったことではないのか。メリトクラシー幻想論にはこのようなパターンが残念ながら多い。メリトクラシーの幻想性を指摘することによる社会的・政治的効果は無視できないので、その点ではこの手の議論の存在意義は認める必要があるが、ではそれらがアカデミックな意味での知的革新につながりうる議論を積み上げているのかといわれると、正直いって疑問符をつけざるをえない。

では、どのような議論が他にありうるのだろうか。メリトクラシーが進展しているのか幻想なのかについてなんらかの形で白黒つけるためには、メリトクラシーというものが一つのベクトルを持つものとしてまとまった形で存在することが仮定されなければならない。しかし、社会で求められる能力の多様な形を許容するという(筆者にいわせればごく自然な)スタンスに立つならば、もはやそのような単純な議論には戻れないということになる。そして、メリトクラシーの基準が多様であることをいったん前提としてしまうと、そもそも社会全体としてメリトクラシーが進展しているのか幻想なのかと問うこと自体にあまり現実味がなくなってしまうのである。

誤解のないように再度断っておくが、メリトクラシーの進展ないし幻想という方向性の議論にまったく社会的意味がないわけ

能力を重視した行為が行われていると想像するからである。能力ある人材を登用しようとする発想は、古くは古代中国の科挙に典型的に見られるし、日本でも現実の運用実態はともかくとして思想的には古代における冠位十二階などにも含まれるとされる考え方である。また、歌舞伎や能の世界でも芸の到達水準が厳しく査定されていることは論をまたない。これらが世襲制であることをもって、閉鎖的で機会が開かれていない非メリトクラティックな社会であると断じることは、私には［ c ］な見方に思われる。メリトクラシーが能力(メリット)を持つ人による支配だとすれば、歌舞伎や能のような芸の世界では、幼少期より親から子へと芸を伝え、鍛え上げることによってのみ、メリットを持つ人が生み出されるとも考えられる。つまり、メリットを持つ人というのは、別に開かれた競争によって選抜されるという手段からのみ生み出されるのではないと考えれば、ここにもある種のメリトクラシーは存在しているのである。［ イ ］、公開競争によって勝ち上がった人だけをメリットを持つ人だとする考え方そのものが、特定の価値観に縛られているのだ、という主張さえありうる。メリトクラシーが近代化が進むにしたがって広く深く浸透していくイメージを持つメリトクラシー進展論に立つと、こうした「前近代的」ともいえる事例に対して一切メリトクラティックに理解することができない。だから、メリトクラシー進展論にそのまま簡単に乗ってしまうわけにはいかないのである。

ではメリトクラシー幻想論のほうはどうか。こちらの議論のほうも大きな問題を抱えている。すなわち、画一的かつ理念的なメリトクラシー基準を措定し、そこから現実までの距離を測ることでその幻想性を強調しがちなのである。したがって、あえて単純化を恐れずにいえば、いつも同じような結論に至ってしまうというところが、最大の問題である。理想的なメリトクラシー状態を基準として(しばしばそれは教育・職業機会の完全な開放性が基準として持ち出される)設定すれば、あらゆる現実はメリトクラシーから乖離していると判定されることになる。結論は「まだ十分にメリトクラシーではない、まだ十分にはチャンスは開かれていない」という話になる。

リーに含まれよう。

これらの議論にあるように、メリトクラシーは幻想だというのがもう一つのメリトクラシー論の基本的トーンなのである。

ごく簡単にではあるが、社会学的なメリトクラシー論の二つの説明パターンを紹介してきた。人によってはこれらの説明のどちらかに強く共感を覚える方もおられるだろう。学問的議論に限定しなくても、この二つの説明パターンは我々がメリトクラシーを考えるときに、実際議論してきたことなのである。どちらかといえば保守系の人はメリトクラシー進展論を好みそうだし、また革新系の人はメリトクラシー幻想論に「わが意を得たり」と納得する人が多いかもしれない。日本でも現状に対して批判的な議論において「格差社会論」が展開されてきたことを踏まえると、社会を批判的な観点からみることを好みがちな社会学でメリトクラシー幻想論が多いのは、決してデータによる実証が進んだからということだけが理由ではないようにも思われる。

問題はここで議論を留めるかどうかである。この二つの説明パターンを聞いてみて、どちらも[a]、という感覚をお持ちの方は、おそらく私と気が合う方々である。私が目指すのは、まさにこのようなメリトクラシー論のステレオタイプの解体だからである。

では二つの議論の何がいけないのか。

まずメリトクラシー進展論は、能力というものへの社会的まなざしが[b]に変わり得ることに対してあまりにも無頓着である。能力はその能力測定の具体的条件を考慮したとしても非常に測りにくいものであるが、社会全体のメリトクラシーの進展を語る場合には、能力の意味内容や範囲を一面的にとらえるか、あるいはほとんどそれを定義することなく抽象的にとらえがちである。そこに無理がある。

極端な例がわかりやすい。前近代の世襲的地位継承社会は能力をまったく無視してきた社会だったのか、世襲の歌舞伎役者の世界は能力を問わないのか、といわれたら、皆さんはなんと答えるだろうか。[ア]、必ずしもそうとはいいきれないと思う人が多いのではないだろうか。私もそう思う。その理由は、前近代社会や歌舞伎の世界にはそれぞれのコンテクストにおいて

う。つまり、教育の拡大は、メリトクラティックで開放的な社会の趨勢として理解されるのである。

ところが、実はこうしたメリトクラシー進展論をそのまま鵜呑み(うの)にして議論を展開することは、むしろ現代の社会学では少ない。それは、さまざまな実証的研究によって、どの社会も近代社会の理念のようには社会の開放性も直線的には高まらないし、したがってメリトクラシーが順調に進展しているともいえないということが明らかにされてきたことが、大きな理由の一つである。そこで登場するのが、メリトクラシー幻想論である。

メリトクラシー幻想論は、基本的に、メリトクラシーの前提となる教育・職業機会が開かれていないという点を特に強調する。例えば、アメリカの経済学者であるボールズとギンティスは、マルクスの階級論をベースに、学校教育が一見開放的に人々にさまざまな機会を提供しているようにみえながら、実は資本家階級の子どもにはリーダーシップなどの素養を、労働者階級の子どもには支配を受ける側に必要な従順さを仕込む装置になっていると指摘した。こうした階級格差について、それは知的能力の反映にすぎないとする反論(こうした反論は時を超えて現在でも耳にする)を想定し、彼らはIQテストや認知テストのデータを使ってそれに反論する。すなわち、IQテストおよび認知テストの結果をコントロールしても(つまり同じ能力条件の人を比べても)出身社会階級と本人の現在の所得との関連は顕著に残存することを指摘するのである。そこから彼らが注目するのは、階級的なバイアスであり、結局のところメリトクラシーは階級差別隠ぺいのイデオロギーだとするのが彼らの主張である。

ここまで明確にメリトクラシーそのものを資本家階級のイデオロギーとして扱うものが議論として多いわけではないものの、メリトクラシーの理念と現実に乖離(かいり)があることを指摘するものは社会学には非常に多い。ウエーバー流の身分集団論によって教育が拡大しても格差が縮まらない現状を捉えたランドール・コリンズの議論は、メリトクラシー進展論へのアンチテーゼとして提出された代表的なメリトクラシー幻想論である。いわゆる再生産論と呼ばれる理論(例えば、ピエール・ブルデューらの文化的再生産論など)も、こうした議論につながる内容を含んでいる。教育選抜が個人の能力や努力よりも親の財産と願望に基づくことを正当化するイデオロギー(＝ペアレントクラシー)の台頭を指摘するフィリップ・ブラウンの議論なども、概略このカテゴ

正確かつ説得的に表現できているわけではない。その意味ではまさに［あ］なメリトクラシーである。そして、時にはこの［あ］なものに過ぎないものが私たちの生活を大きく歪(ゆが)めることになる。これが不合理な側面ということになる。そして、この「［あ］である」ということをどのように理解するかによって、現代社会におけるメリトクラシーの見え方はまるで変わってくるのである。

メリトクラシーと社会の関係をめぐる議論としては、ごくおおまかにいって二つのパターンがある。第一に、世の中全体が近代化するにしたがってメリトクラティックになっていくことを強調する「B メリトクラシー進展論」がある。そしてもう一つは、近代化とともに本来ならメリトクラシーが進展するはずであるのにそうなっていない、ということを強調する「C メリトクラシー幻想論」である。これらは、近代社会におけるメリトクラシーの合理的側面と非合理的側面にそれぞれ対応している。

学問的言説に限定されない幅広い議論として、このメリトクラシー進展論は一定の社会的支持があると感じる。「新しい能力」を待望するような議論はこの系統に属するからである。世の中全体が新しい時代に合わせた能力を求めるようになっているのだから我々も知識量に依存する学歴やテストの結果などに頼る古い能力観は捨て、新しい能力観に転換しなければならないし、それが必然的趨勢(すうせい)だ、と。この種の議論では、ほぼ無自覚・無前提に、メリトクラシーの合理性を、そして合理的であるがゆえに趨勢としてそれが進展していくことを暗黙のうちに想定している。

学問的な議論では、産業化命題といわれるものは、ある種のメリトクラシー進展論を含んでいる。すなわち、社会が産業化すればするほど社会的な開放性が高まっていくという考え方である。それにしたがえば、産業化は教育機会の平等化を促し、教育歴をはじめとする個人の業績にもとづく地位の配分システム、すなわちメリトクラシーを進展させることになる。この手の議論は、社会学では機能主義といわれる理論的系譜にしばしばみられるものである。たとえば、技術的機能主義とよばれる立場にしたがえば、科学技術の高度化によって人々に求められる教育水準は引き上げられ、それに呼応する形で教育は拡大していくとい

国語

（七〇分）

第1問

次の文章を読んで、後の問い（問1～問11）に答えよ。メリトクラシーとは、ここでは、実力や能力、業績を基準としてその人の社会的地位が決まる社会構造を指す。

近代社会では、A能力測定の原理的困難を抱えながら能力主義を標榜（ひょうぼう）するという難問に、どのように対処してきたのか。

そこで登場するのが試験と学歴である。知識・技術を重視する産業社会において、まさに知識・技術を教える学校教育のシステムはこれと連動して普及・拡大した。だから、みんなが納得できるような能力測定装置がなかなか見出せない状況においては、少しでもたくさん学校教育を受けた人やみんなが同じ条件で受けたテストの成績が良かった人を、とりあえず「学校でたくさん勉強して、いろいろな知識や技術を習得した人なら、きっと能力があるにちがいない」と想定し、学歴や資格を持つものを「能力あり」とみなすことにしたのである。

だから、試験制度や学歴主義は、現代ではしばしば時代遅れのような言い方さえされることもあるけれども、前近代社会から近代社会への大きな歴史的転換を重視する立場から考えれば、どちらもきわめて近代的なのであり、決して偏見や思い込みだけから採用された不合理なシステムとして理解することは適切ではない。これが合理的側面である。

しかし、試験制度や学歴主義は、能力評価のシステムとして一定程度は機能するものの、十分に満足しうるほど人々の能力を

解答編

英語

1 解答　(1)―ア　(2)―エ　(3)―ア　(4)―エ　(5)―ウ

解説

《スペイン人はなぜシエスタという習慣を守るのか》

(1)　wink off「まばたきを止める」 下線部前文の「彼らは昼寝する」と下線部に続く文「スペインは毎日午後1時ないし2時から4時半ぐらいまで歩いて家に帰り，ゆったり食事をとり，短い睡眠をとるために世界（社会的活動）を止める」と書かれていることから，アの「寝つく」を選ぶ。

(2)　the social imperative「社会的命令」 下線部を含む文の「気候が要因とはいえ，今日のシエスタというライフスタイルはスペイン人の生活の社会的命令によって突き動かされている。その命令は，職場以外の生活に（より重いとは言わないにしても）同等の重要性を置いている」から，同意のエ．the society's demands「社会的要求」を選ぶ。

(3)　第2段第3文（No task is…）の「食事をとり，くつろぎ，睡眠不足を取り戻すといったようなより重要な事柄に専念するための2，3時間を待てない仕事などないのである」などから，アの「スペインでは生活の質が仕事より重要である」を選ぶ。

(4)　「一般的にスペインの昼の休憩中に何が起きるか？」

第6段第1文（Unlike the average …）に「平均的昼食休憩と違って，シエスタは完全な活動停止である。なぜならそうするしかないのである」とあり，次の文に「用事を済ますことができない。商店などが閉まる」と述べられている。よって，エを選ぶ。

(5)　「睡眠研究者の研究が示唆していることは何か？」

第4段第2文（Sleep researchers have …）で「スペイン人のバイオリズムが生物（体内）時計により近い」と述べられている。続けて，人間の睡眠周期は1日1回（monophasic）でなく1日2回（biphasic）であり，午後になると眠くなり，活動が鈍ると述べられている。ゆえに，ウの「人間が昼頃に眠くなることは，自然の法則に従っている」が適切である。

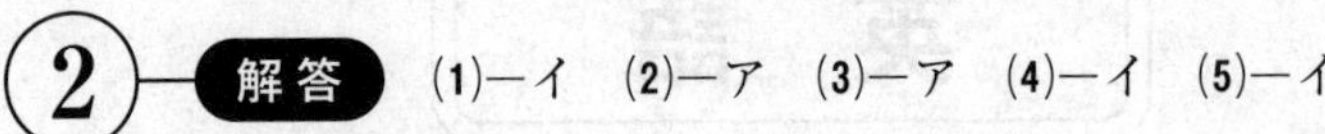

2　解答　(1)ーイ　(2)ーア　(3)ーア　(4)ーイ　(5)ーイ

解説

《国によって異なる人名のつけかた》

(1)　Small, Long, Strong, Moody は，人の属性を表す形容詞である。下線を含む文の末尾 people's characteristics「人の特徴」を表す語を選ぶ。よって，イ．Wild が適切。

(2)　last name / family name / surname はいずれも「姓」を意味する。アイスランド人，チベット人，ビルマ人など姓を用いない国があることは第1段最終文（But even today, …）に書かれている。よって，アを選ぶ。

(3)　second family name については，第4段第3文（In Spain and …）以下に，スペインとスペイン語圏では2つの姓（ファーストネームの後に父方の姓が，それに続いて母方の姓）が用いられると書かれている。よって，アを選ぶ。

(4)　第5段第2文（The reason for …）に「ミドルネームはおそらく親族に敬意を表すためだろう」と書かれている。よって，イを選ぶ。

(5)　アは第6段第1文（People can, of course …）と，ウは第6段第3文（One man, however …）と，エは第6段第4文（Another man from …）以下と，それぞれ矛盾する。イは第5段第5文（Some people like …）以下の内容と一致する。

3 解答

①―オ　②―イ　③―ア　④―キ　⑤―ウ　⑥―カ
⑦―エ

解説

《安全にスキューバダイビングをするためのノウハウ》

①　空所の前文（In addition, scuba …）の「さらにスキューバダイビングは相対的に習得しやすい」から，オの「はじめてダイビングをするには2，3日の資格講習を受けるだけで十分である」が考えられる。

②　空所の前文（Divers usually practice …）で述べられている「バディ方式」，すなわち二人で組になる方式の総論説明となる文が入るので，イの「これらのダイバーはダイビング前とその最中互いに気を配り，問題が起きた際には互いに助け合う」を選ぶ。空所の後続文は，さらに具体的な説明となっている。look out「見張る」

③　空所の前に，「潜水後にバディ（相棒）が方向を見失うことがないようにする」と述べられている。同等レベルの具体的な説明として，アを選び，「必ず集中力を失って相棒のダイバーを見失わないようにする」とする。make sure（that）SV「必ず～するようにする」

④　空所を含む文のWhile節で文章の流れが変わり，shark「サメ」の話，さらに次の段落以下で様々な危険が列挙されていることに着目する。したがって，空所はキの「危険になりうる生物と状況も存在する」が自然な流れとなる。

⑤　空所の前文（One marine life …）に「ウミヘビは距離をとって観察するにとどめるべき」とあることに着目する。ウの「通常は攻撃的でないが，（ダイバーが近づくことで）刺激を受けると攻撃的になるかもしれない」が自然な流れとなる。

⑥　空所に続く文（This is a …）で，ダイビング用ブーツを履く理由が述べられていることに着目する。カの「とげのあるしっぽを踏まないように注意しなければならない」が答えとして浮かんでくる。moray「ウツボ」 stingray「アカエイ」

⑦　空所を含む段落は，窒素中毒についての記述。空所を含む文の前の節に「ゆっくりと上昇し始めさえすればよい」とあることから，エの「水面に近づけば近づくほど，気圧は低くなる」を導けるだろう。

4　解答　(1)―ウ　(2)―ウ　(3)―エ　(4)―ア　(5)―ア

解説

(1) need に続く目的語が動名詞の場合，動名詞は受動の意味を表す。つまり，不定詞で問題文を英訳すれば need to be investigated になる。

(2) be supposed to *do*「～することになっている」 hand in ～「～を提出する」

(3) be run by ～「～に経営される」 grind「挽く」の活用は grind-ground-ground だから，「挽きたてのコーヒー」は英語では freshly ground coffee「新たに挽かれたコーヒー」となる。

(4) 日本語文意から仮定法過去完了の英文を選ぶ。「列車が遅れている」は，列車を主語にすれば The train is being delayed. となることに注意。make it to ～「～に間に合う」

(5) I didn't realize I had left my key on the bus until I got home.
これを It is ～ that …の強調構文で表したものが，アである。

5　解答　(1)―ア　(2)―ア　(3)―イ　(4)―ア　(5)―ア　(6)―ウ

解説

(1) worth *doing*「～する価値がある」は，動名詞を用いる慣用表現のひとつである。

(2)「そのニュースが彼に知られるようにすることは，非常に重要である」
make は使役動詞。make *A done*「*A* が～される状態にする」

(3) run short of ～「～が不足する」

(4) have は使役動詞。have *A do*「*A* に～させる」

(5) 肯定文に続く付加疑問文は否定の付加疑問文をつける。肯定文の動詞が一般動詞の過去形であることに留意する。

(6)「～させる」という意味の他動詞の現在分詞，過去分詞を形容詞に転用する場合，人が主語であれば過去分詞形，事物が主語の場合は現在分詞形を用いる。

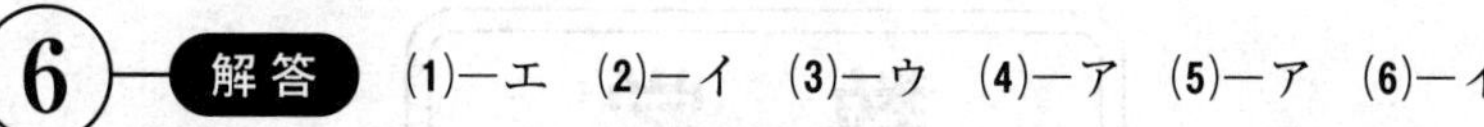

6 解答 (1)—エ (2)—イ (3)—ウ (4)—ア (5)—ア (6)—イ

解説

(1) 「ここにはかなり多くの人々が住んでいる」

quite a few（＝a lot of）「たくさんの」

(2) 「販売促進期間中にわれわれは顧客にクーポン券を配布することにしています」

give out（＝distribute）「配布する」

(3) 「私の留守中に私の犬の世話ができますか？」

look after ～（＝take care of ～）「～の世話をする」

(4) 「その男が何を言っているのか理解できない」

figure out（＝understand）「理解する」

(5) 「次の月曜日は仕事が入っていません。だからあなたと一緒に映画を観に行きたいと思います」

off duty（＝free）「非番で」

(6) 「彼女は新しい帽子をただ見せびらかすためにいつも町にやってきます」

show off（＝display）「見せびらかす」

数　学

1　解答

(1)ア．1　イ．5　(2)ウ．0　エ．4
(3)オ．4　カ．2　キ．3
(4)ク．2　ケ．3　コ．3　サ．2　(5)シ．6　ス．3
(6)セソ．−9　タ．2　(7)チ．6　ツ．4　テ．8　(8)トナ．28　ニ．3

解説

《小問8問》

(1)　与式の両辺を $2+i$ で割ると，右辺は $\dfrac{7-9i}{2+i}$

分母を実数化して

$$\frac{(7-9i)(2-i)}{(2+i)(2-i)}=\frac{14-25i+9i^2}{4-i^2}=\frac{14-25i-9}{4+1}\quad(\because\ i^2=-1)$$

$$=\frac{5-25i}{5}=1-5i\quad(\to ア，イ)$$

別解　$(2+i)(a-bi)=7-9i$　（ただし，a，b は実数）とおくと

$(左辺)=2a-2bi+ai-bi^2=2a+b+(a-2b)i$

a，b は実数であるから，$2a+b$，$a-2b$ も実数である。

よって　$2a+b=7$，$a-2b=-9$

これを解いて　$a=1$，$b=5$

（なお，a，b には０～９までの整数が入るが，〔別解〕では，a，b を実数と考えて，解いた）

(2)

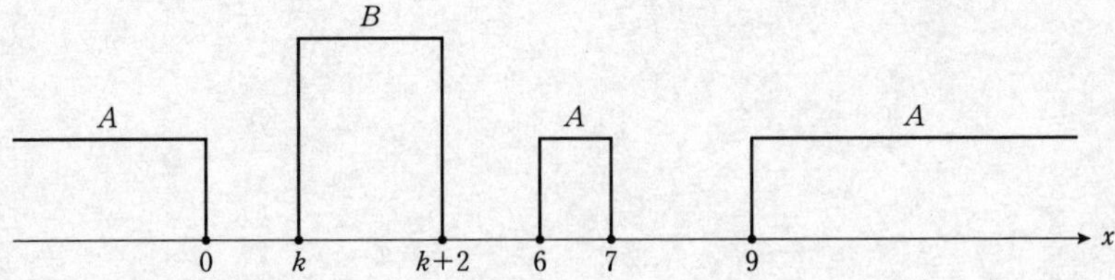

$A\cap B$ が空集合となるための条件は，上図より

$0<k$　かつ　$k+2<6$　……①

すなわち　　$0<k$　かつ　$k<4$

①のとき　　$0<k<4$

同様にして

$7<k$　かつ　$k+2<9$　……②

すなわち　　$7<k$　かつ　$k<7$

これより，②をみたすkは存在しない。

以上より，求めるkの値の範囲は

$0<k<4$　(→ウ，エ)

(3)　5個のデータの平均値が8であるから

$$\frac{x+5+7+11+13}{5}=8$$

よって

$x=5\times8-(5+7+11+13)=4$　(→オ)

このデータの分散は

$$\frac{1}{5}\{(4-8)^2+(5-8)^2+(7-8)^2+(11-8)^2+(13-8)^2\}$$

$$=\frac{1}{5}(16+9+1+9+25)$$

$$=12$$

ゆえに，このデータの標準偏差は

$\sqrt{12}=2\sqrt{3}$　(→カ，キ)

(4)　△ABCにおいて，余弦定理より

$$\cos A=\frac{AB^2+CA^2-BC^2}{2\,AB\cdot CA}=\frac{3^2+2^2-(\sqrt{5})^2}{2\cdot3\cdot2}=\frac{2}{3}$$　(→ク，ケ)

Aは△ABCの内角であるから

$\sin A>0$

よって　　$\sin A=\sqrt{1-\cos^2 A}=\sqrt{1-\left(\frac{2}{3}\right)^2}=\frac{\sqrt{5}}{3}$

△ABCの外接円の半径をRとすると正弦定理より

$$\frac{BC}{\sin A}=2R$$

よって　　$R=\dfrac{BC}{2\cdot\sin A}=\dfrac{\sqrt{5}}{2\cdot\dfrac{\sqrt{5}}{3}}=\dfrac{3}{2}$　(→コ，サ)

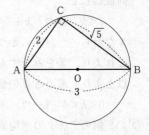

補足　$BC^2+CA^2=AB^2$ が成立するから，
△ABC は $C=90°$ の直角三角形である。
△ABC の外接円の中心を O とおくと，円周角の定理より，∠AOB=180°である。

よって，AB は，△ABC の外接円の直径であるから，半径は $\dfrac{3}{2}$ となる。

(5)　$P(x)$ を $(x+2)(3x-1)$ で割ったときの商を $Q(x)$，余りを $ax+b$ とすると，次の等式が成り立つ。

$$P(x)=(x+2)(3x-1)Q(x)+ax+b \quad \cdots\cdots ③$$

ここで，$P(x)$ を $x+2$ で割った余りは -9 であるから

$$P(-2)=-9$$

③の両辺に $x=-2$ を代入すると

$$P(-2)=-2a+b=-9 \quad \cdots\cdots ④$$

また，$P(x)$ を $3x-1$ で割った余りは5であるから

$$P\left(\frac{1}{3}\right)=5$$

③の両辺に $x=\dfrac{1}{3}$ を代入すると

$$P\left(\frac{1}{3}\right)=\frac{1}{3}a+b=5 \quad \cdots\cdots ⑤$$

④，⑤を連立して解くと

$$a=6,\ b=3$$

よって，求める余りは　　$6x+3$　(→シ，ス)

(6)　$(\text{左辺})=(3^2)^{\frac{3}{x}-1}=3^{2\left(\frac{3}{x}-1\right)}=3^{\frac{6}{x}-2}$

$(\text{右辺})=(3^{x+1})^{\frac{1}{3}}=3^{\frac{1}{3}(x+1)}=3^{\frac{1}{3}x+\frac{1}{3}}$

よって　　$\dfrac{6}{x}-2=\dfrac{1}{3}x+\dfrac{1}{3}$　(ただし，$x\neq0$)

分母をはらって，整理すると

$$x^2+7x-18=0 \qquad (x+9)(x-2)=0$$

よって　$x=-9,\ 2$　($x\neq 0$ をみたす)　(→セ〜タ)

(7)　求める円の方程式は，半径 $r(>0)$ とおくと

$$(x-3)^2+(y-2)^2=r^2 \quad \cdots\cdots ⑥$$

円⑥が直線 $y=2x+1$，すなわち　$2x-y+1=0$　……⑦に接するための条件は，円の中心 $(3,\ 2)$ と直線⑦との距離が円の半径と等しいときであるから，点と直線の距離の公式を利用して

$$r=\frac{|2\cdot3-2+1|}{\sqrt{2^2+(-1)^2}}=\frac{5}{\sqrt{5}}=\sqrt{5}$$

よって，求める円の方程式は

$$(x-3)^2+(y-2)^2=5$$

すなわち　$x^2+y^2-6x-4y+8=0$　(→チ〜テ)

別解　$y=2x+1$ を円の方程式⑥に代入して

$$(x-3)^2+(2x+1-2)^2=r^2$$

整理すると

$$5x^2-10x+10-r^2=0$$

この2次方程式の判別式を D とすると

$$\frac{D}{4}=25-5(10-r^2)=5(r^2-5)$$

円と直線が接するための条件は　$D=0$

ゆえに　$5(r^2-5)=0$　$\therefore\ r^2=5$

$r>0$ より　$r=\sqrt{5}$

よって，求める円の方程式は

$$(x-3)^2+(y-2)^2=5 \qquad x^2+y^2-6x-4y+8=0$$

(8)　$|x|=\begin{cases} x\ (x\geqq 0) \\ -x\ (x\leqq 0) \end{cases}$ より，与式の積分区間を $-1\leqq x\leqq 0$ と $0\leqq x\leqq 2$ に分割して積分すると

$$\begin{aligned}\int_{-1}^{2}(|x|+1)(x+1)dx&=\int_{-1}^{0}(-x+1)(x+1)dx+\int_{0}^{2}(x+1)(x+1)dx\\&=\int_{-1}^{0}(-x^2+1)dx+\int_{0}^{2}(x^2+2x+1)dx\\&=\left[-\frac{1}{3}x^3+x\right]_{-1}^{0}+\left[\frac{1}{3}x^3+x^2+x\right]_{0}^{2}\end{aligned}$$

$$=-\left(\frac{1}{3}-1\right)+\left(\frac{8}{3}+4+2\right)$$

$$=\frac{28}{3}\quad(\to ト\sim ニ)$$

なお，$\int(x+\alpha)^n dx=\dfrac{1}{n+1}(x+\alpha)^{n+1}+C$

（ただし，n は自然数，C は積分定数）

を用いると，後半の式を以下のように計算できる。

$$\int_0^2(x+1)(x+1)dx=\int_0^2(x+1)^2dx=\left[\frac{1}{3}(x+1)^3\right]_0^2$$

$$=\frac{1}{3}(3^3-1^3)=\frac{26}{3}$$

2 解答　**(1)ア．** 1　**イウエ．** 243　**オカ．** 17　**キク．** 81　**ケコ．** 14　**サシ．** 51

(2)ス． 9　**セ．** 4　**ソ．** 9　**タ．** 5　**チ．** 9　**ツ．** 3　**テ．** 5　**ト．** 2

解説

《小問2問》

(1)　袋から玉を1個取り出すとき，それが赤玉である確率は $\dfrac{1}{3}$，白玉である確率は $\dfrac{2}{3}$ である。

よって，赤玉がちょうど5回出る確率は

$$\left(\frac{1}{3}\right)^5=\frac{1}{243}\quad\cdots\cdots①\quad(\to ア\sim エ)$$

また，赤玉が3回以上出るという事象を A とする。事象 A が起こるのは，赤玉が3回または4回または5回出る場合である。

・赤玉が3回出るとき，その確率は

$${}_5C_3\left(\frac{1}{3}\right)^3\left(\frac{2}{3}\right)^2=\frac{40}{243}$$

・赤玉が4回出るとき，その確率は

$${}_5C_4\left(\frac{1}{3}\right)^4\left(\frac{2}{3}\right)=\frac{10}{243}$$

・赤玉が5回出るとき，その確率は①より　$\dfrac{1}{243}$

各場合は互いに排反であるから，求める確率 $P(A)$ は

$$P(A)=\frac{40}{243}+\frac{10}{243}+\frac{1}{243}=\frac{51}{243}=\frac{17}{81}\quad(\to オ\sim ク)$$

2回目の試行で初めて赤玉が出るという事象を B とする。事象 $A\cap B$ が起こるのは，次の場合である。

・1回目に白玉，2回目に赤玉が出て，残り3回で赤玉が2回，白玉が1回出る場合。その確率は

$$\frac{2}{3}\cdot\frac{1}{3}\cdot{}_3C_2\left(\frac{1}{3}\right)^2\left(\frac{2}{3}\right)=\frac{12}{243}$$

・1回目は白玉が出て，残り4回は赤玉が出る場合。その確率は

$$\frac{2}{3}\cdot\left(\frac{1}{3}\right)^4=\frac{2}{243}$$

よって　$P(A\cap B)=\dfrac{12}{243}+\dfrac{2}{243}=\dfrac{14}{243}$

したがって，求める条件付き確率は

$$P_A(B)=\frac{P(A\cap B)}{P(A)}=\frac{\dfrac{14}{243}}{\dfrac{17}{81}}=\frac{14}{51}\quad(\to ケ\sim シ)$$

(2)　$|\overrightarrow{AB}|=AB=7$，$|\overrightarrow{AC}|=AC=4$ であるから

$$\begin{aligned}|\overrightarrow{BC}|^2&=|\overrightarrow{AC}-\overrightarrow{AB}|^2=|\overrightarrow{AC}|^2-2\overrightarrow{AB}\cdot\overrightarrow{AC}+|\overrightarrow{AB}|^2\\&=4^2-2\cdot(-8)+7^2=81\end{aligned}$$

$|\overrightarrow{BC}|>0$ より　$|\overrightarrow{BC}|=9$

よって　$BC=|\overrightarrow{BC}|=9\quad(\to ス)$

次に，点Dは直線BC上にあるから

$$\overrightarrow{AD}=\overrightarrow{AB}+t\overrightarrow{BC}=\overrightarrow{AB}+t(\overrightarrow{AC}-\overrightarrow{AB})=(1-t)\overrightarrow{AB}+t\overrightarrow{AC}$$

（t は実数）

よって

$$\begin{aligned}\overrightarrow{AC}\cdot\overrightarrow{AD}&=\overrightarrow{AC}\cdot\{(1-t)\overrightarrow{AB}+t\overrightarrow{AC}\}=(1-t)\overrightarrow{AB}\cdot\overrightarrow{AC}+t|\overrightarrow{AC}|^2\\&=(1-t)\cdot(-8)+t\cdot4^2=24t-8\end{aligned}$$

これが，$\dfrac{16}{3}$ と等しいから

$$24t-8=\frac{16}{3}\quad \therefore\ t=\frac{5}{9}$$

したがって　$\overrightarrow{AD}=\frac{4}{9}\overrightarrow{AB}+\frac{5}{9}\overrightarrow{AC}$　(→セ～チ)

これより，点Dは，BCを5：4に内分する点である。

また，点Eは，∠ABCの二等分線と辺ACの交点であるから

$$AE:EC=BA:BC=7:9$$

ここで，△ABCの面積をSとおくと

$$S=\frac{1}{2}\sqrt{|\overrightarrow{AB}|^2|\overrightarrow{AC}|^2-(\overrightarrow{AB}\cdot\overrightarrow{AC})^2}$$

$$=\frac{1}{2}\sqrt{7^2\cdot4^2-(-8)^2}$$

$$=\frac{1}{2}\sqrt{49\cdot16-64}$$

$$=\frac{4}{2}\sqrt{49-4}$$

$$=2\sqrt{45}=6\sqrt{5}$$

以上より，△CEDの面積S'は

$$S'=\frac{CE}{CA}\cdot\frac{CD}{CB}\cdot S=\frac{9}{16}\cdot\frac{4}{9}\cdot6\sqrt{5}=\frac{3\sqrt{5}}{2}$$　(→ツ～ト)

補足　△ABCと△CEDの面積比について，

三角形の面積の公式より

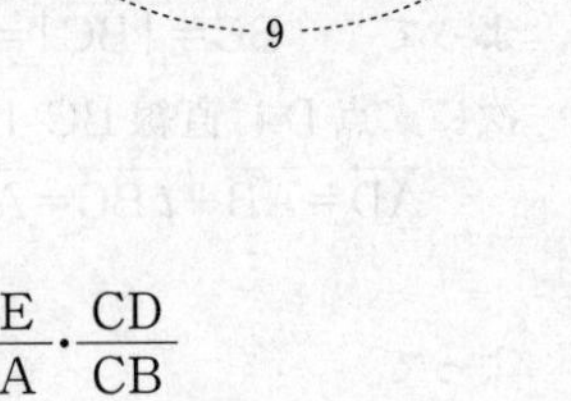

$$\triangle ABC=\frac{1}{2}CA\cdot CB\cdot\sin\angle ACB$$

$$\triangle CED=\frac{1}{2}CE\cdot CD\cdot\sin\angle ECD$$

$$=\frac{1}{2}CE\cdot CD\cdot\sin\angle ACB$$

$$\frac{\triangle CED}{\triangle ABC}=\frac{\frac{1}{2}CE\cdot CD\cdot\sin\angle ACB}{\frac{1}{2}CA\cdot CB\cdot\sin\angle ACB}=\frac{CE}{CA}\cdot\frac{CD}{CB}$$

よって　$\triangle CED=\frac{CE}{CA}\cdot\frac{CD}{CB}\cdot\triangle ABC$

3 解答 (1)**ア.** 2　**イ.** 3　**ウ.** 1　**エ.** 6　**オ.** 3　**カ.** 2　**キ.** 8　**ク.** 3

(2)**ケ.** 2　**コ.** 2　**サ.** 3　**シ.** 2　**ス.** 4　**セ.** 3　**ソ.** 1　**タ.** 9　**チツ.** 64　**テ.** 3　**ト.** 2　**ナ.** 3　**ニ.** 4

解説

《小問2問》

(1)　与式において，$a_{n+1}=0$ とすると，$a_n=0$ であるから，$a_n=0$ となる n があると仮定すると

$$a_{n-1}=a_{n-2}=\cdots=a_1=0$$

ところが，$a_1=1\quad(\neq 0)$ であるから，矛盾が生じる。

よって，すべての自然数 n について，$a_n\neq 0$ である。

ゆえに，与式の両辺の逆数をとると

$$\frac{1}{a_{n+1}}=\frac{3+(n+2)a_n}{3a_n}=\frac{1}{a_n}+\frac{n+2}{3}$$

$\dfrac{1}{a_n}=b_n$ より，$\dfrac{1}{a_{n+1}}=b_{n+1}$ であるから

$$b_{n+1}=b_n+\frac{n+2}{3}\quad(\to ア,\ イ)$$

が成立する。

よって，$b_{n+1}-b_n=\dfrac{n+2}{3}$ であり，$b_1=\dfrac{1}{a_1}=1$ より

$n\geqq 2$ のとき　$$b_n=b_1+\sum_{k=1}^{n-1}\frac{k+2}{3}=1+\frac{1}{3}\sum_{k=1}^{n-1}k+\frac{2}{3}\sum_{k=1}^{n-1}1$$

$$=1+\frac{1}{3}\cdot\frac{1}{2}(n-1)n+\frac{2}{3}(n-1)$$

$$=\frac{1}{6}(6+n^2-n+4n-4)$$

$$=\frac{1}{6}(n^2+3n+2)\quad\cdots\cdots①$$

$n=1$ のとき　$b_1=\dfrac{1}{6}(1^2+3\cdot 1+2)=1$

となり，①は $n=1$ のときも成り立つ。

したがって　$b_n=\dfrac{1}{6}(n^2+3n+2)\quad(\to ウ〜カ)$

$b_n \neq 0$ であるから

$$a_n=\frac{1}{b_n}=\frac{6}{n^2+3n+2}=\frac{6}{(n+1)(n+2)}=6\left(\frac{1}{n+1}-\frac{1}{n+2}\right)$$

よって　$$\sum_{k=1}^{16} a_k=6\left\{\left(\frac{1}{2}-\frac{1}{3}\right)+\left(\frac{1}{3}-\frac{1}{4}\right)+\cdots+\left(\frac{1}{17}-\frac{1}{18}\right)\right\}$$

$$=6\left(\frac{1}{2}-\frac{1}{18}\right)=6\cdot\frac{9-1}{18}$$

$$=\frac{8}{3}\quad(\to キ，ク)$$

(2)　$\dfrac{\pi}{4} \leqq 2\theta \leqq \dfrac{\pi}{3}$ より

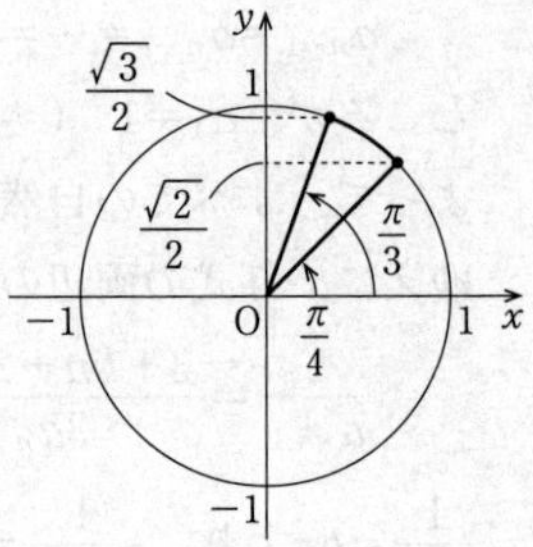

$$\frac{\sqrt{2}}{2} \leqq \sin 2\theta \leqq \frac{\sqrt{3}}{2}$$

すなわち　$\dfrac{\sqrt{2}}{2} \leqq t \leqq \dfrac{\sqrt{3}}{2}$　$(\to ケ〜シ)$

次に，$\cos^2\theta+\sin^2\theta=1$，$\sin 2\theta=2\sin\theta\cos\theta$ を用いると

$$(\cos\theta-\sin\theta)^2=\cos^2\theta-2\sin\theta\cos\theta+\sin^2\theta=1-\sin 2\theta$$

$$=1-t$$

$$\sin\theta\cos\theta=\frac{1}{2}\cdot 2\sin\theta\cos\theta=\frac{1}{2}\sin 2\theta=\frac{1}{2}t$$

よって

$$F=\frac{32}{3}(\cos\theta-\sin\theta)^2\sin\theta^3\cos\theta^3$$

$$=\frac{32}{3}(1-t)\cdot\left(\frac{1}{2}t\right)^3$$

$$=\frac{4}{3}(1-t)t^3\quad(\to ス〜ソ)$$

以上より，$\dfrac{\sqrt{2}}{2} \leqq t \leqq \dfrac{\sqrt{3}}{2}$ のとき，$F=\dfrac{4}{3}(t^3-t^4)$ の最大値と最小値を求める。

$f(t)=\dfrac{4}{3}(t^3-t^4)$ とおくと

$$f'(t)=\frac{4}{3}(3t^2-4t^3)=\frac{4}{3}t^2(3-4t)$$

$f'(t)=0$ のとき　$t=0,\ \dfrac{3}{4}$

ここで

$$\frac{\sqrt{2}}{2}=\frac{2\sqrt{2}}{4}=\frac{\sqrt{8}}{4},\ \frac{3}{4}=\frac{\sqrt{9}}{4},\ \frac{\sqrt{3}}{2}=\frac{2\sqrt{3}}{4}=\frac{\sqrt{12}}{4}$$

より

$$\frac{\sqrt{2}}{2}<\frac{3}{4}<\frac{\sqrt{3}}{2}$$

であるから，$\dfrac{\sqrt{2}}{2}\leqq t\leqq\dfrac{\sqrt{3}}{2}$ における増減表は右のようになる。

t	$\frac{\sqrt{2}}{2}$	…	$\frac{3}{4}$	…	$\frac{\sqrt{3}}{2}$
$f'(t)$		$+$	0	$-$	
$f(t)$		↗	極大	↘	

ゆえに，F の最大値は，$t=\dfrac{3}{4}$ のとき

$$\frac{4}{3}\left(1-\frac{3}{4}\right)\left(\frac{3}{4}\right)^3=\frac{9}{64}\quad(\to タ\sim ツ)$$

また，$t=\dfrac{\sqrt{2}}{2}$ のとき

$$F=\frac{4}{3}\left(1-\frac{\sqrt{2}}{2}\right)\left(\frac{\sqrt{2}}{2}\right)^3=\frac{4}{3}\cdot\frac{2-\sqrt{2}}{2}\cdot\frac{\sqrt{2}}{4}=\frac{\sqrt{2}-1}{3}$$

$t=\dfrac{\sqrt{3}}{2}$ のとき

$$F=\frac{4}{3}\left(1-\frac{\sqrt{3}}{2}\right)\left(\frac{\sqrt{3}}{2}\right)^3=\frac{4}{3}\cdot\frac{2-\sqrt{3}}{2}\cdot\frac{3\sqrt{3}}{8}=\frac{2\sqrt{3}-3}{4}$$

ここで，$\sqrt{2}>1.41$ より

$$\frac{\sqrt{2}-1}{3}>\frac{1.41-1}{3}=\frac{0.41}{3}>0.13$$

また，$\sqrt{3}<1.74$ より

$$\frac{2\sqrt{3}-3}{4}<\frac{2\times1.74-3}{4}=\frac{0.48}{4}=0.12$$

よって　$\dfrac{2\sqrt{3}-3}{4}<0.12<0.13<\dfrac{\sqrt{2}-1}{3}$

F の最小値は，$t=\dfrac{\sqrt{3}}{2}$ のとき

$$\frac{2\sqrt{3}-3}{4}=\frac{\sqrt{3}}{2}-\frac{3}{4}\quad(\to テ\sim ニ)$$

別解 $\dfrac{\sqrt{2}-1}{3}$ と $\dfrac{2\sqrt{3}-3}{4}$ を比較する。

$\dfrac{\sqrt{2}-1}{3}$ と $\dfrac{2\sqrt{3}-3}{4}$ の差をとって考えると

$$\frac{\sqrt{2}-1}{3}-\frac{2\sqrt{3}-3}{4}=\frac{4\sqrt{2}-4-(6\sqrt{3}-9)}{12}=\frac{4\sqrt{2}+5-6\sqrt{3}}{12}$$

ここで

$$(4\sqrt{2}+5)^2-(6\sqrt{3})^2=57+40\sqrt{2}-108=40\sqrt{2}-51$$
$$=\sqrt{2\times40^2}-\sqrt{51^2}=\sqrt{3200}-\sqrt{2601}>0$$

よって　$(4\sqrt{2}+5)^2>(6\sqrt{3})^2$

$4\sqrt{2}+5>0$，$6\sqrt{3}>0$ より　$4\sqrt{2}+5>6\sqrt{3}$

ゆえに，$\dfrac{4\sqrt{2}+5-6\sqrt{3}}{12}>0$ であるから

$$\frac{\sqrt{2}-1}{3}>\frac{2\sqrt{3}-3}{4}$$

したがって，F の最小値は

$$\frac{2\sqrt{3}-3}{4}=\frac{\sqrt{3}}{2}-\frac{3}{4}$$

4 解答

(1)**ア.** 1　**イ.** 2　**ウ.** 3　**エオ.** −2

(2)**カ.** 1　**キ.** 2　**ク.** 3　**ケ.** 9　**コ.** 2　**サシ.** 13　**ス.** 2

(3)**セ.** 4　**ソタ.** 13　**チ.** 3　**ツ.** 1　**テ.** 3

(4)**ト.** 9　**ナ.** 4　**ニ.** 6　**ヌネ.** 23　**ノハ.** 12

解説

《2直線の平行・垂直の条件，三角形の重心の軌跡，線分が通過する部分の面積》

(1)　$y=\dfrac{1}{2}x(x-3)$　……①

とする。点Pは C 上の点であるから，その座標は $\mathrm{P}\left(p,\ \dfrac{1}{2}p(p-3)\right)$ とおける。

よって，直線OPの傾きは $p>0$ より

$$\frac{\frac{1}{2}p(p-3)}{p}=\frac{1}{2}(p-3)\quad(\rightarrow ア〜ウ)$$

直線 l は直線 OP に平行であるから，その傾きは $\frac{1}{2}(p-3)$ であり，点 $(0,\ t)$ を通るから，直線 l の方程式は

$$y=\frac{1}{2}(p-3)x+t\quad\cdots\cdots②$$

①，②から y を消去すると

$$\frac{1}{2}x(x-3)=\frac{1}{2}(p-3)x+t$$

整理すると

$$x^2-px-2t=0\quad\cdots\cdots③$$

Q，R の x 座標 $\alpha,\ \beta(\alpha<\beta)$ は 2 次方程式③の解であるから，解と係数の関係より

$$\alpha+\beta=p\quad\cdots\cdots④$$

$$\alpha\beta=-2t\quad\cdots\cdots⑤\quad(\rightarrow エオ)$$

補足　2 次方程式③の判別式を D とすると

$$D=p^2-4(-2t)$$
$$=p^2+8t>0\quad(\because\quad t>0)$$

よって，2 次方程式③は異なる 2 つの実数解をもつ。

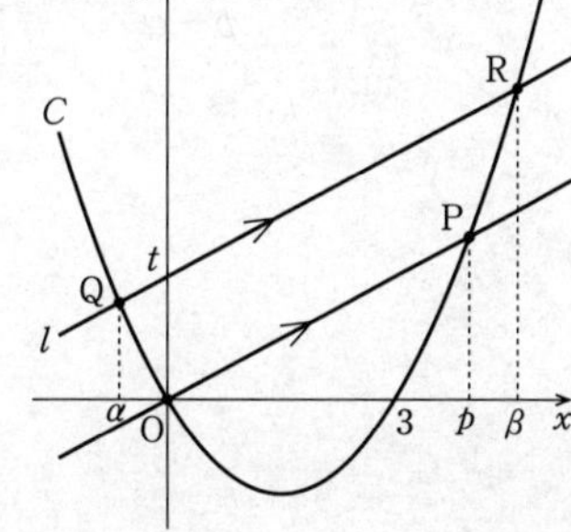

別解　直線 l の方程式が②式で表されるところまでは同じ。

一方，直線 l は $\mathrm{Q}\left(\alpha,\ \frac{1}{2}\alpha(\alpha-3)\right)$ と $\mathrm{R}\left(\beta,\ \frac{1}{2}\beta(\beta-3)\right)$ （$\because\ \alpha<\beta$）を通るから $\alpha,\ \beta$ を用いて表すと

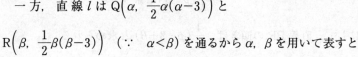

$$y=\frac{\frac{1}{2}\alpha(\alpha-3)-\frac{1}{2}\beta(\beta-3)}{\alpha-\beta}(x-\alpha)+\frac{1}{2}\alpha(\alpha-3)$$

$$=\frac{\alpha^2-\beta^2-3(\alpha-\beta)}{2(\alpha-\beta)}(x-\alpha)+\frac{1}{2}\alpha^2-\frac{3}{2}\alpha$$

$$=\frac{(\alpha-\beta)(\alpha+\beta)-3(\alpha-\beta)}{2(\alpha-\beta)}(x-\alpha)+\frac{1}{2}\alpha^2-\frac{3}{2}\alpha$$

$$=\frac{1}{2}(\alpha+\beta-3)(x-\alpha)+\frac{1}{2}\alpha^2-\frac{3}{2}\alpha$$

$$=\frac{1}{2}(\alpha+\beta-3)x-\frac{1}{2}\alpha^2-\frac{1}{2}\alpha\beta+\frac{3}{2}\alpha+\frac{1}{2}\alpha^2-\frac{3}{2}\alpha$$

$$=\frac{1}{2}(\alpha+\beta-3)x-\frac{1}{2}\alpha\beta$$

これは，②式の傾きおよび y 切片と，それぞれ一致するから

$$\frac{1}{2}(\alpha+\beta-3)=\frac{1}{2}(p-3),\ -\frac{1}{2}\alpha\beta=t$$

よって　　$\alpha+\beta=p,\ \alpha\beta=-2t$

(2)　直線OPと直線 l は平行であるから，2直線は一致しない。

よって，$\alpha\neq p$ かつ $\beta\neq p$，すなわち，$p-\alpha\neq 0$ かつ $p-\beta\neq 0$ である。

Qは l 上の点より，$\mathrm{Q}\left(\alpha,\ \frac{1}{2}\alpha(\alpha-3)\right)$ とおけるから，直線PQの傾きは

$$\frac{\frac{1}{2}p(p-3)-\frac{1}{2}\alpha(\alpha-3)}{p-\alpha}=\frac{p^2-3p-(\alpha^2-3\alpha)}{2(p-\alpha)}$$

$$=\frac{p^2-\alpha^2-3(p-\alpha)}{2(p-\alpha)}$$

$$=\frac{(p-\alpha)(p+\alpha)-3(p-\alpha)}{2(p-\alpha)}$$

$$=\frac{(p-\alpha)(p+\alpha-3)}{2(p-\alpha)}\quad(\because\ \ p-\alpha\neq 0)$$

$$=\frac{1}{2}(p-3+\alpha)\quad(\rightarrow カ〜ク)$$

同様にして，直線PRの傾きは，$\frac{1}{2}(p-3+\beta)$ と求められる。

直線PQと直線PRが垂直であるから，2直線の傾きの積は -1 である。

すなわち　　$\frac{1}{2}(p-3+\alpha)\cdot\frac{1}{2}(p-3+\beta)=-1$

よって　　$(p-3)^2+(\alpha+\beta)(p-3)+\alpha\beta=-4$

ここで，④，⑤を用いると

$$(p-3)^2+p(p-3)-2t=-4$$

$$2t=p^2-6p+9+p^2-3p+4$$

$$t=p^2-\frac{9}{2}p+\frac{13}{2} \quad \cdots\cdots ⑥ \quad (\to ケ〜ス)$$

(3)　△PQR の重心 G の y 座標 Y は

$$Y=\frac{1}{3}\left\{\frac{1}{2}p(p-3)+\frac{1}{2}\alpha(\alpha-3)+\frac{1}{2}\beta(\beta-3)\right\}$$

$$=\frac{1}{6}(p^2-3p+\alpha^2-3\alpha+\beta^2-3\beta)$$

$$=\frac{1}{6}\{p^2-3p+\alpha^2+\beta^2-3(\alpha+\beta)\}$$

$$=\frac{1}{6}\{p^2-3p+(\alpha+\beta)^2-2\alpha\beta-3(\alpha+\beta)\}$$

$$=\frac{1}{6}(p^2-3p+p^2+4t-3p) \quad (\because \ ④,\ ⑤を用いた)$$

$$=\frac{1}{6}\left\{2p^2-6p+4\left(p^2-\frac{9}{2}p+\frac{13}{2}\right)\right\} \quad (\because \ ⑥を用いた)$$

$$=\frac{1}{6}(6p^2-24p+26)$$

$$=p^2-4p+\frac{13}{3} \quad \cdots\cdots ⑦ \quad (\to セ〜チ)$$

$$=(p-2)^2-4+\frac{13}{3}$$

$$=(p-2)^2+\frac{1}{3}$$

よって，$p=2$ のとき，Y の最小値は $\frac{1}{3}$ である。（→ツ，テ）

なお，$p_0=2$ とおける。

(4)　△PQR の重心 G の x 座標 X は，p を用いて

$$X=\frac{p+\alpha+\beta}{3}=\frac{p+p}{3}=\frac{2}{3}p$$

$$\cdots\cdots ⑧ \quad (\because \ ④を用いた)$$

と表せる。$p=\frac{3}{2}X$ を⑦式に代入して

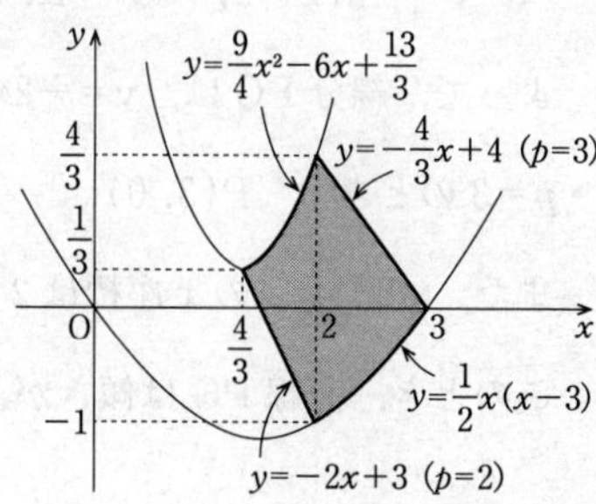

$$Y=\left(\frac{3}{2}X\right)^2-4\cdot\frac{3}{2}X+\frac{13}{3}=\frac{9}{4}X^2-6X+\frac{13}{3}$$

よって，Gはpの値によらず放物線 $y=\frac{9}{4}x^2-6x+\frac{13}{3}$ 上にある。

(→ト～ニ)

pが2から3まで単調に増加するとき，⑧より，Gのx座標も$\frac{4}{3}$から2まで単調に増加する。

また

$$y=\frac{9}{4}x^2-6x+\frac{13}{3}$$
$$=\frac{9}{4}\left(x-\frac{4}{3}\right)^2-4+\frac{13}{3}$$
$$=\frac{9}{4}\left(x-\frac{4}{3}\right)^2+\frac{1}{3}$$

より，線分PGが通過する部分は，上図の網かけ部分である。

pは$y=\frac{1}{2}x(x-3)$上にありGは$y=\frac{9}{4}x^2-6x+\frac{13}{3}$上にある。

• $p=2$のとき　P$(2,\ -1)$

また，⑧より，Gのx座標は$\frac{4}{3}$であるから　G$\left(\frac{4}{3},\ \frac{1}{3}\right)$

このとき直線PGは傾きが

$$\frac{-1-\frac{1}{3}}{2-\frac{4}{3}}=\frac{-\frac{4}{3}}{\frac{2}{3}}=-2$$

$$y=-2(x-2)-1=-2x+3$$

よって，線分PGは，$y=-2x+3$　$\left(\frac{4}{3}\leqq x\leqq 2\right)$と表される。

• $p=3$のとき　P$(3,\ 0)$

また，⑧よりGのx座標は2であるから　G$\left(2,\ \frac{4}{3}\right)$

このとき，直線PGは傾きが

$$\frac{0-\frac{4}{3}}{3-2}=-\frac{4}{3}$$

$$y=-\frac{4}{3}(x-3)=-\frac{4}{3}x+4$$

よって，線分PGは，$y=-\frac{4}{3}x+4\quad(2\leqq x\leqq 3)$と表される。

したがって，求める面積は

$$y=\frac{9}{4}x^2-6x+\frac{13}{3}\quad\left(\frac{4}{3}\leqq x\leqq 2\right)$$

$$y=-2x+3\quad\left(\frac{4}{3}\leqq x\leqq 2\right)$$

$$y=-\frac{4}{3}x+4\quad(2\leqq x\leqq 3)$$

$$y=\frac{1}{2}x(x-3)\quad(2\leqq x\leqq 3)$$

で囲まれた部分の面積である。

ゆえに

$$\int_{\frac{4}{3}}^{2}\left\{\left(\frac{9}{4}x^2-6x+\frac{13}{3}\right)-(-2x+3)\right\}dx$$
$$+\int_{2}^{3}\left\{\left(-\frac{4}{3}x+4\right)-\frac{1}{2}x(x-3)\right\}dx$$

$$=\int_{\frac{4}{3}}^{2}\left(\frac{9}{4}x^2-4x+\frac{4}{3}\right)dx+\int_{2}^{3}\left(-\frac{1}{2}x^2+\frac{1}{6}x+4\right)dx$$

$$=\left[\frac{3}{4}x^3-2x^2+\frac{4}{3}x\right]_{\frac{4}{3}}^{2}+\left[-\frac{1}{6}x^3+\frac{1}{12}x^2+4x\right]_{2}^{3}$$

$$=\left(\frac{3}{4}\cdot 2^3-2\cdot 2^2+\frac{4}{3}\cdot 2\right)-\left\{\frac{3}{4}\left(\frac{4}{3}\right)^3-2\left(\frac{4}{3}\right)^2+\frac{4}{3}\cdot\frac{4}{3}\right\}$$
$$+\left(-\frac{1}{6}\cdot 3^3+\frac{1}{12}\cdot 3^2+4\cdot 3\right)-\left(-\frac{1}{6}\cdot 2^3+\frac{1}{12}\cdot 2^2+4\cdot 2\right)$$

$$=\frac{2}{3}-0+\frac{33}{4}-7=\frac{23}{12}\quad(\to ヌ〜ハ)$$

物　理

1　解答

(a) 1―ウ　2―オ　3―ウ　4―ウ　5―オ　6―イ
(b) 7―エ　8―ア　9―ウ　10―ウ

解説

《滑車にかけられた2物体の運動，剛体のつり合い》

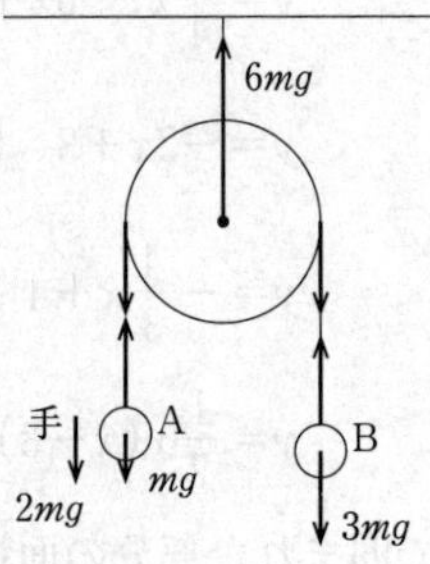

(a) **1・2．** 小球AとBには，鉛直下向きにそれぞれ大きさ mg と $3mg$ の重力がはたらく。小球Aを手で押さえることにより，小球Bははたらく力がつり合った状態で静止しているので，小球Bには鉛直上向きに大きさ $3mg$ の張力がはたらく。このとき，小球Aを手で押さえている力の大きさは

$$3mg-mg=2mg$$

である。この力のつり合いを右に示す。

また，滑車は軽いので質量がないとみなせ，糸1の張力の大きさは $3mg$ で鉛直下向きである。よって，滑車にはたらく力のつり合いより糸2の張力の大きさは

$$3mg\times 2=6mg$$

で鉛直上向きである。

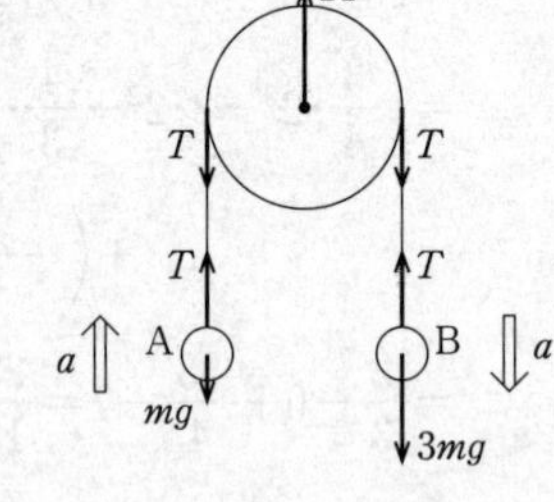

3． 小球Aを支えていた手を静かに放すと，小球Aは鉛直上向きに，小球Bは鉛直下向きに運動する。このときの加速度の大きさを a，糸1の張力の大きさを T とすると，小球AとBのそれぞれの運動方程式は次のようになる。

小球A：$ma=T-mg$

小球B：$3ma=3mg-T$

よって，この2式より

$$a=\frac{1}{2}g,\ T=\frac{3}{2}mg$$

4． 3のとき，糸1の張力の大きさは $\frac{3}{2}mg$ で鉛直下向きである。よって，滑車にはたらく力のつり合いより糸2の張力の大きさは

$$\frac{3}{2}mg\times 2=3mg$$

で鉛直上向きである。

5・6． 静止した観測者から見た滑車の加速度の大きさを a'，糸1の張力の大きさを T' とおく。滑車は軽いので質量がないものとみなせる。滑車についての運動方程式は

$$0\times a'=4mg-2T' \qquad \therefore \quad T'=2mg$$

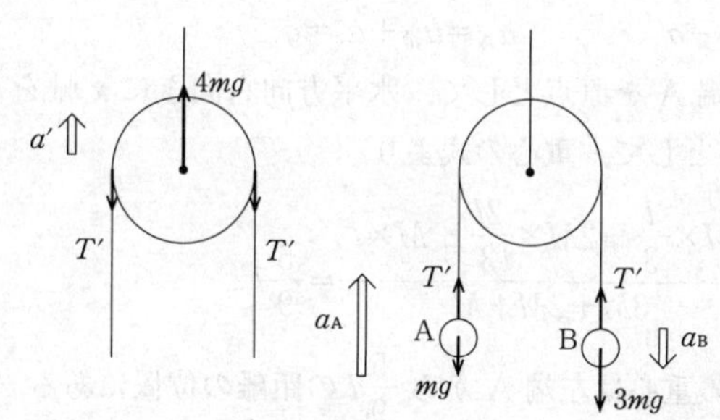

静止した観測者から見た，小球Aの加速度の大きさを a_A，小球Bの加速度を鉛直下向きを正として a_B とおく。それぞれの運動方程式は

小球A：$ma_A=T'-mg$

小球B：$3ma_B=3mg-T'$

よって，これら3式より

$$a_A=g,\ a_B=\frac{1}{3}g$$

また，加速度の大きさ a' で鉛直上向きに運動する滑車から見た小球AとBの相対加速度の大きさは等しく，向きは逆向きになることから

$$a_A-a'=a_B-(-a')$$

が成り立つ。

よって　　$a'=\frac{1}{2}(a_A-a_B)=\frac{1}{3}g$

別解 滑車は，鉛直上向きに加速度の大きさ a' で加速度運動をしているので，滑車から見ると小球AとBには鉛直下向きにそれぞれ ma'，$3ma'$

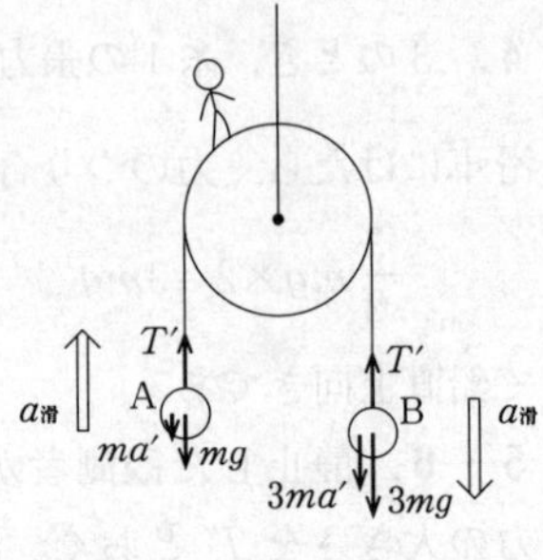

の慣性力がはたらいているように見える。滑車から見た小球AとBの加速度の大きさを$a_滑$とすると

$$\text{小球A}: ma_滑 = T' - mg - ma'$$
$$= mg - ma'$$
$$\text{小球B}: 3ma_滑 = 3mg - T' + 3ma'$$
$$= mg + 3ma'$$

これら2式より　$a_滑 = \dfrac{2}{3}g,\ a' = \dfrac{1}{3}g$

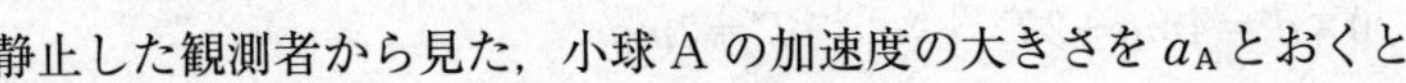

静止した観測者から見た，小球Aの加速度の大きさをa_Aとおくと

$$a_滑 = a_A - a' \qquad \therefore\ a_A = a_滑 + a' = g$$

(b) **7．** 棒の左端Aを原点として，水平方向右向きにx軸をとる。棒の重心の位置をx_Gとして，重心の式より

$$x_G = \frac{3M\times\dfrac{l}{3} + 2M\times\dfrac{2l}{3} + M\times l}{3M + 2M + M} = \frac{5}{9}l$$

よって，棒の重心は左端Aから$\dfrac{5}{9}l$の距離の位置にある。

8． ばねが棒に及ぼす力の向きは鉛直上向きで，力の大きさは$2Mg$である。フックの法則より，ばねの自然長からの伸びをdとすると

$$kd - 2Mg = 0 \qquad \therefore\ d = \frac{2Mg}{k}$$

このとき，ばねに蓄えられた弾性エネルギーをUとすると

$$U = \frac{1}{2}kd^2 = \frac{1}{2}k\left(\frac{2Mg}{k}\right)^2 = \frac{2M^2g^2}{k}$$

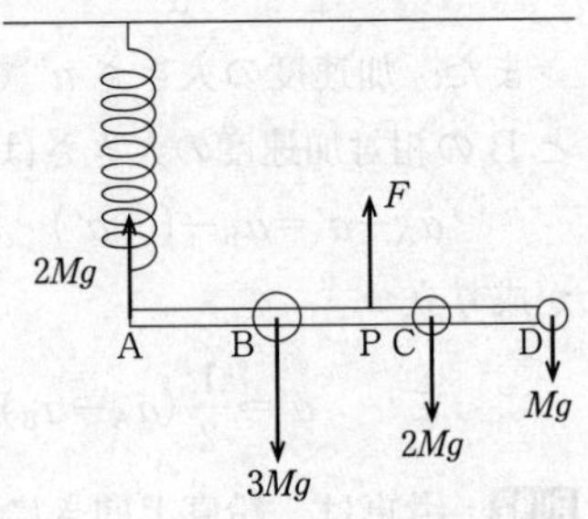

9・10． 点Pに加えられた力の大きさをFとする。このとき，鉛直方向の力のつり合いより，鉛直上向きを正として

$$2Mg + F - 3Mg - 2Mg - Mg = 0$$
$$\therefore\ F = 4Mg$$

また，棒の左端Aから点Pまでの距離をxとする。左端Aのまわりの力の

モーメントのつり合いより，反時計回りを正として

$$4Mg\cdot x-3Mg\cdot\frac{l}{3}-2Mg\cdot\frac{2l}{3}-Mg\cdot l=0$$

$$\therefore\quad x=\frac{5}{6}l$$

2 解答

(1)―ア　(2)―ウ　(3)―エ　(4)―ウ　(5)―イ　(6)―ウ
(7)―イ　(8)―イ　(9)―ウ　(10)―ア

解説

《気体の状態変化と熱力学第一法則》

(1)　A→B の過程は定積変化である。ボイル・シャルルの法則より

$$\frac{4p_0V_0}{T_0}=\frac{p_0V_0}{T_B}\qquad\therefore\quad T_B=\frac{1}{4}T_0$$

(2)　A→B の過程において，気体の内部エネルギーの変化を ΔU_{AB} とすると

$$\Delta U_{AB}=\frac{3}{2}nR(T_B-T_0)=\frac{3}{2}nR\left(\frac{1}{4}T_0-T_0\right)=-\frac{9}{8}nRT_0$$

また，A→B の過程において，気体が外部にした仕事を W_{AB} とすると，定積変化なので

$$W_{AB}=0$$

よって，A→B の過程において，気体が得た熱量を Q_{AB} とすると，熱力学第一法則より

$$Q_{AB}=\Delta U_{AB}+W_{AB}=-\frac{9}{8}nRT_0+0=-\frac{9}{8}nRT_0$$

(3)　A→C の過程において，気体が外部にした仕事を W_{AC} とすると

$$W_{AC}=4p_0(4V_0-V_0)=12p_0V_0$$

ここで，状態 A における気体の状態方程式より，$4p_0V_0=nRT_0$ が成り立つ。

よって　$W_{AC}=3nRT_0$

(4)・(5)　状態 A と状態 C におけるボイル・シャルルの法則より

$$\frac{4p_0V_0}{T_0}=\frac{4p_0\cdot 4V_0}{T_C}\qquad\therefore\quad T_C=4T_0$$

A→C の過程において，気体の内部エネルギーの変化を ΔU_{AC} とすると

$$\Delta U_{AC}=\frac{3}{2}nR(T_C-T_0)=\frac{3}{2}nR(4T_0-T_0)=\frac{9}{2}nRT_0$$

よって，熱力学第一法則より，A→C の過程において，気体が得た熱量を Q_{AC} とすると

$$Q_{AC}=\Delta U_{AC}+W_{AC}=\frac{9}{2}nRT_0+3nRT_0=\frac{15}{2}nRT_0$$

(6) C→D の過程において，気体の内部エネルギーの変化を ΔU_{CD} とすると

$$\Delta U_{CD}=\frac{3}{2}nR(T_D-T_C)=\frac{3}{2}nR(T_0-4T_0)=-\frac{9}{2}nRT_0$$

A→C→D の過程において，気体の内部エネルギーの変化を ΔU_{ACD} とすると

$$\Delta U_{ACD}=\Delta U_{AC}+\Delta U_{CD}=\frac{9}{2}nRT_0-\frac{9}{2}nRT_0=0$$

別解 状態 A から状態 D に変化しても，最終的な温度ははじめの温度と同じ T_0 で，変化前の温度と変化後の温度は変わらない。よって，A→C→D の過程において，内部エネルギーの変化 $\Delta U_{ACD}=0$ になる。

(7) A→B→D の過程と A→C→D の過程において，気体が外部にした仕事の総和をそれぞれ W_{ABD}，W_{ACD} とすると

$$W_{ABD}=W_{AB}+W_{BD}=0+p_0(4V_0-V_0)=3p_0V_0$$
$$W_{ACD}=W_{AC}+W_{CD}=12p_0V_0+0=12p_0V_0$$

よって，気体が外部にした仕事の総和が大きいのは，A→C→D の過程である。

別解 A→B→D の過程と A→C→D の過程において，気体が外部にした仕事は下の p-V 図に示す網かけ部分である。よって，気体が外部にした仕事の総和が大きいのは，A→C→D の過程である。

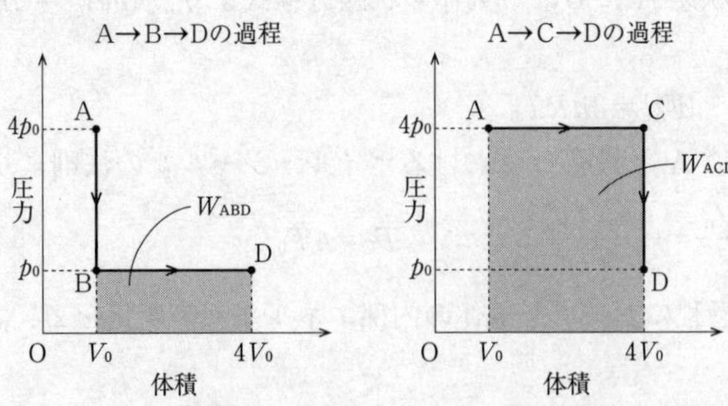

(8)　A→B→D の過程も A→C→D の過程も，(6)より，どちらも内部エネルギーの変化は 0 である。つまり，気体が得た熱量の総和は，熱力学第一法則より，気体が外部にした仕事の総和に等しい。よって，気体が得た熱量の総和が大きいのは，A→C→D の過程である。

(9)　等温変化は温度一定であるので，気体の内部エネルギーの変化も 0 である。

(10)　状態 A から体積 $4V_0$ の状態になるまで断熱変化をさせた。体積 $4V_0$ の状態の圧力を P とすると，単原子分子理想気体のポアソンの法則「(圧力)×(体積)$^{\frac{5}{3}}$= 一定」を用いて

$$4p_0\cdot V_0{}^{\frac{5}{3}}=P\cdot(4V_0)^{\frac{5}{3}}$$

$$P=p_0\times4\times4^{-\frac{5}{3}}=p_0\times4^{-\frac{2}{3}}$$

よって，気体の体積が $4V_0$ に達したときの圧力は p_0 の $4^{-\frac{2}{3}}$ 倍である。

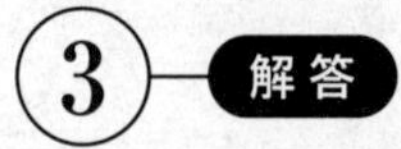

(a)(1)―ウ　(2)―ウ　(3)―イ　(4)―イ　(5)―ウ　(6)―オ

(b)(7)―イ　(8)―イ　(9)―エ　(10)―ウ　(11)―ア

解説

《コンデンサーを含む直流回路，電場中での荷電粒子の運動》

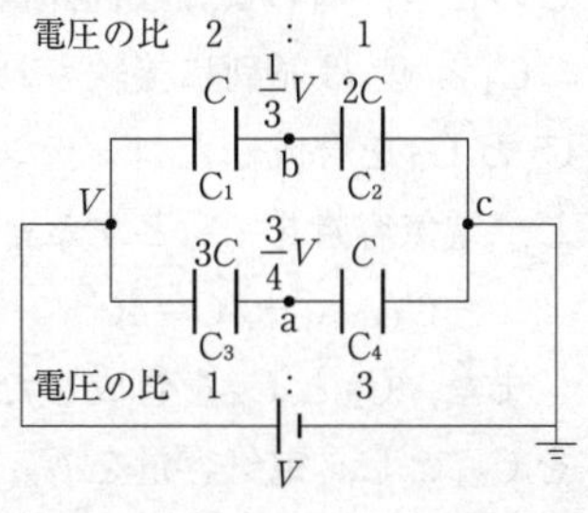

(a)(1)　はじめ，コンデンサーには電荷は蓄えられておらず，C_1 と C_2 は直列に接続されているので，それぞれに蓄えられた電気量は等しい。C_1 と C_2 の電気容量の比は，$C:2C=1:2$ である。コンデンサーの帯電量を Q，電気容量を C，極板間の電位差を V とすると公式 $Q=CV$ より，C_1 と C_2 にかかる電圧はその逆比の 2：1 になる。

よって，点 c の電位を 0V とすると，点 b の電位は $\dfrac{V}{3}$ である。同様に考えて，点 a の電位は $\dfrac{3V}{4}$ になる。点 a を基準とした，点 b の電位は

$$\frac{V}{3}-\frac{3V}{4}=-\frac{5V}{12}$$

(2) (1)より，C_3 にかかる電圧は $\dfrac{V}{4}$ である。よって，C_3 に蓄えられた電気量を Q_3 とすると

$$Q_3=3C\cdot\frac{V}{4}=\frac{3CV}{4}$$

(3) (1)より，C_1 にかかる電圧は $\dfrac{2V}{3}$ である。よって，C_1 に蓄えられた静電エネルギーを U_1 とすると

$$U_1=\frac{1}{2}C\left(\frac{2V}{3}\right)^2=\frac{2CV^2}{9}$$

(4) (1)より，点 a と点 b の電位差は $\dfrac{5V}{12}$ である。スイッチ S_2 を閉じた直後に，抵抗 R_1 に流れる電流の大きさを I とすると，オームの法則より

$$I=\frac{\frac{5V}{12}}{2R}=\frac{5V}{24R}$$

(5) スイッチ S_2 を閉じて十分に時間が経つと，点 a と点 b の電位は等しくなる。このとき，右のような回路図と等価である。

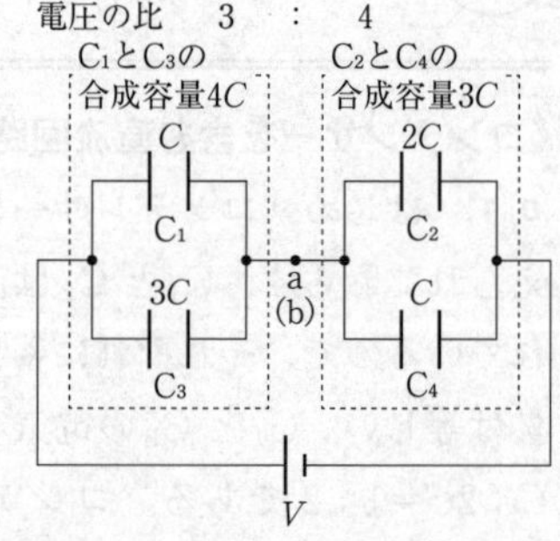

C_1 と C_3 は並列に接続されているので，C_1 と C_3 を合成したコンデンサーを C_{13} とし，電気容量を C_{13} とすると

$$C_{13}=C+3C=4C$$

また，C_2 と C_4 を合成したコンデンサーを C_{24} とし，電気容量を C_{24} とすると

$$C_{24}=2C+C=3C$$

C_{13} と C_{24} の電気容量の比は

$$4C:3C=4:3$$

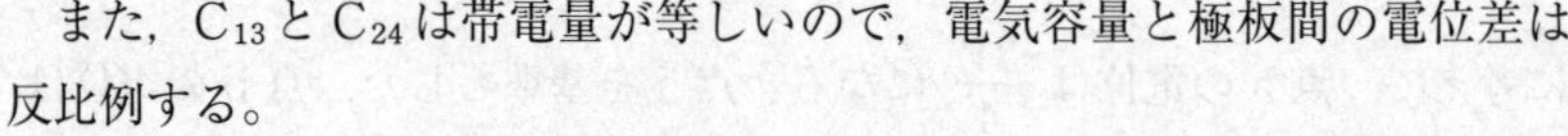

また，C_{13} と C_{24} は帯電量が等しいので，電気容量と極板間の電位差は反比例する。

したがって，C_{13} と C_{24} にかかる電圧はその逆比の 3：4 になる。

よって，点 c を基準とした，点 a の電位は $\dfrac{4}{7}V$ である。

(6)　スイッチ S_2 を閉じたまま，スイッチ S_1 を y 側に閉じて十分に時間が経ったときの回路図は右のようになる。

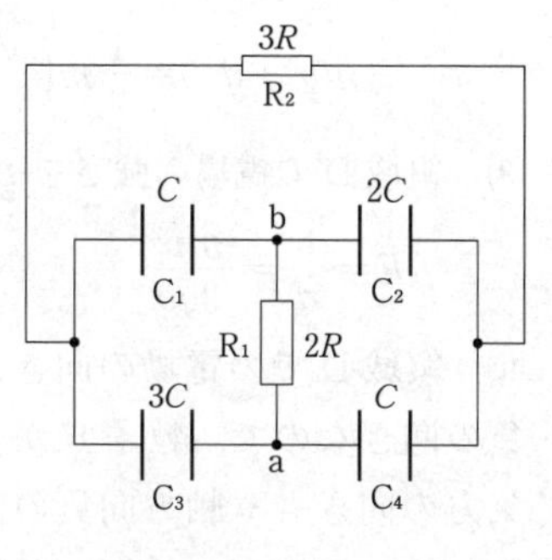

コンデンサー C_{13}，C_{24} に蓄えられた静電エネルギーをそれぞれ U_{13}，U_{24} とすると

$$U_{13}=\frac{1}{2}4C\left(\frac{3}{7}V\right)^2=\frac{18CV^2}{49}$$

$$U_{24}=\frac{1}{2}3C\left(\frac{4}{7}V\right)^2=\frac{24CV^2}{49}$$

十分に時間が経過したときはコンデンサーの帯電量は 0 になり，静電エネルギーは 0 となる。よって，$U_{13}+U_{24}$ のすべてが，抵抗 R_1，R_2 で発生するジュール熱になる。

抵抗 R_1，R_2 で発生するジュール熱の和を E とすると

$$E=U_{13}+U_{24}=\frac{6CV^2}{7}$$

(b)(7)　領域 A，領域 B において，それぞれの電位は一定である。そのため，領域 A と領域 D の境界面，領域 B と領域 D の境界面を極板とみなすことができる。領域 D において，粒子 P は y 軸方向には力を受けるが，x 軸方向には力を受けない。

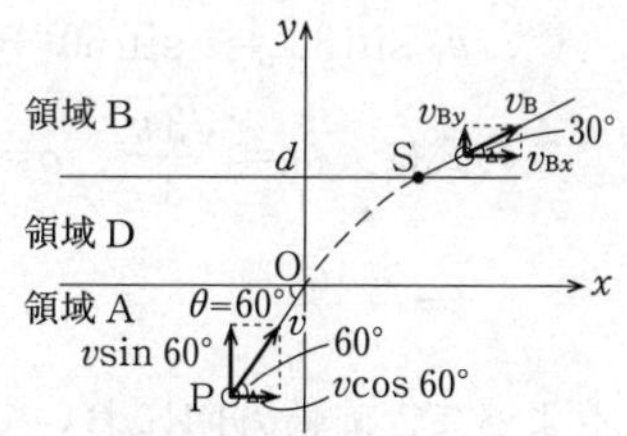

よって，x 軸方向の速さはいずれの領域においても変わらない。

領域 B での粒子 P の速さを v_B とし，速度の x 軸方向の速さを v_{Bx}，y 軸方向の速さを v_{By} とする。このとき，領域 A と領域 B において，x 軸方向の速さは変わらないので

$$v\cos 60°=v_{Bx}$$

$$\therefore\quad v_{Bx}=\frac{1}{2}v$$

よって

$$v_B=\frac{v_{Bx}}{\cos 30°}=\frac{1}{2}v\times\frac{2}{\sqrt{3}}=\frac{\sqrt{3}v}{3}$$

(8)　領域 A を基準として，領域 B の電位を V とする。領域 A と領域 B において，力学的エネルギー保存則より

$$\frac{1}{2}mv^2+q\cdot 0=\frac{1}{2}m\left(\frac{\sqrt{3}v}{3}\right)^2+qV \qquad \therefore \quad V=\frac{mv^2}{3q}$$

(9)　領域Dの電場の強さをEとすると，領域Dの幅がdなので

$$E=\frac{V}{d}=\frac{mv^2}{3qd}$$

(10)　領域Dでの電場の向きはy軸方向負の向きなので，粒子Pが受ける静電気力の向きもy軸方向負の向きである。よって，y軸方向における粒子Pの運動方程式は，y軸方向の加速度をaとして

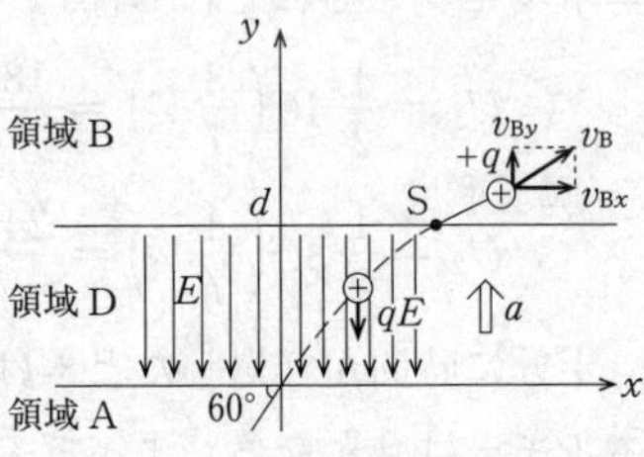

$$ma=-q\times\frac{mv^2}{3qd} \qquad \therefore \quad a=-\frac{v^2}{3d}$$

粒子Pが点Oから点Sに達するまでの時間をtとすると，y軸方向についての等加速度直線運動の式より

$$v_{By}=v\sin 60°+at$$

$$v_B\sin 30°=v\sin 60°+at$$

この式に，$v_B=\frac{\sqrt{3}v}{3}$，$a=-\frac{v^2}{3d}$を代入すると

$$t=\frac{\sqrt{3}d}{v}$$

よって，x軸方向において，粒子Pは等速直線運動をするので，点Sのx座標をx_Sとすると

$$x_S=v\cos 60°\times t=\frac{\sqrt{3}d}{2}$$

(11)　粒子Pは，領域Dにおいてy軸方向にのみ力を受けて斜方投射する。このとき，粒子Pが領域Bに到達しないためには，領域Bに達したときにy軸方向の運動エネルギーの大きさがなければよい。つまり，粒子のy軸方向についての力学的エネルギーを考えると

$$\frac{1}{2}m(v\sin\theta)^2+q\cdot 0<\frac{1}{2}m\cdot 0^2+qV$$

よって　$\sin^2\theta<\frac{2qV}{mv^2}$

化　学

1 解答

問(1)―(ア)　問(2)―(エ)　問(3)―(カ)　問(4)―(オ)　問(5)―(ウ)
問(6)―(オ)　問(7)―(ア)　問(8)―(エ)

解説

《小問集合》

問(2)　水酸化ナトリウム水溶液のモル濃度を c〔mol/L〕とすると

$$2\times0.10\times\frac{10}{1000}=1\times c\times\frac{10}{1000}\qquad c=0.20\text{〔mol/L〕}$$

これより，10倍に薄めた食酢に含まれる酢酸のモル濃度を c'〔mol/L〕とすると

$$1\times c'\times\frac{10}{1000}=1\times0.20\times\frac{3.6}{1000}\qquad c'=0.072\text{〔mol/L〕}$$

よって，食酢中の酢酸の濃度は0.72mol/Lとなる。酢酸の質量パーセント濃度は，食酢の密度が1.0g/mLであるので，食酢1Lで考えると，以下の通り。

$$\frac{0.72\times60}{1000}\times100=4.32\fallingdotseq4.3\text{〔\%〕}$$

問(3)　気体Aのモル質量を M〔g/mol〕，容器の体積を V〔L〕，気体定数を R〔Pa・L/(mol・K)〕とすると，気体の状態方程式より

$$\text{酸素}：3.5\times10^4\times V=\frac{1.0}{32}\times R\times273\quad\cdots\cdots①$$

$$\text{気体A}：2.8\times10^4\times V=\frac{1.0}{M}\times R\times273\quad\cdots\cdots②$$

$\frac{273R}{V}$＝一定となるので，①，②より

$M=40$

よって，気体Aの分子量は40となる。

問(4)　凝固点降下度は電離後の溶質粒子の質量モル濃度に比例する。NaClは2個のイオン，Na_2SO_4は3個のイオンに電離するので，溶質粒子の質量モル濃度は(c)＞(a)＞(b)となる。

したがって，凝固点は　(c)<(a)<(b)

問(5)　水酸化ナトリウムの溶解によって発熱した熱量 q〔J〕は

$q=(96.0+x)\times 4.2\times(30.0-20.0)$　……①

また，水酸化ナトリウムの水への溶解熱は 42 kJ/mol であるので

$q=\dfrac{x}{40}\times 42\times 10^3$　……②

①，②より　$x=4.0$〔g〕

問(6)　鉛蓄電池の正極と負極の反応は以下の通り。

正極：$PbO_2+SO_4^{2-}+4H^++2e^- \longrightarrow PbSO_4+2H_2O$　……①

負極：$Pb+SO_4^{2-} \longrightarrow PbSO_4+2e^-$　……②

①+②より

全体：$PbO_2+Pb+2H_2SO_4 \longrightarrow 2PbSO_4+2H_2O$

上記の式より，2 mol の電子が流れたとき，H_2SO_4(分子量 98) 2 mol が消費され，同時に H_2O(分子量 18) が 2 mol 生成する。5.0 A の電流で，5時間 21 分 40 秒間（19300 秒）の放電で流れた電子の物質量は

$$\frac{5.0\times 19300}{9.65\times 10^4}=1.0\text{〔mol〕}$$

となり，H_2SO_4 は 98 g 消費され，H_2O は 18 g 増加する。

放電前の H_2SO_4 の質量は

$1200\times 0.38=456$〔g〕

であるので，放電後の H_2SO_4 の質量パーセント濃度は

$$\frac{456-98}{1200-98+18}\times 100=31.9\fallingdotseq 32\text{〔\%〕}$$

問(8)　ポリビニルアルコールの構成単位 2 つとホルムアルデヒド分子 1 つが反応するため，アセタール化された部分の式量は 100，アセタール化されていない部分の式量は 88。

$-CH_2-CH(OH)-CH_2-CH(OH)-$ （88） $\xrightarrow[\text{HCHO}]{\text{アセタール化}}$ $-CH_2-CH-CH_2-CH-$（両CHが $O-CH_2-O$ で結合）（100）

よって，求める質量は

$$\frac{88}{88}\times 0.34\times 100+\frac{88}{88}\times 0.66\times 88=92.08\fallingdotseq 92\text{〔g〕}$$

2 解答 **問(1)**—(オ)　**問(2)**—(オ)　**問(3)**—(ウ)　**問(4)**—(エ)　**問(5)**—(エ)　**問(6)**—(イ)　**問(7)**—(ア)

解説

《硫化水素の電離平衡，電離定数》

問(2)　硫化水素の平衡時のモル濃度の関係は以下の通り。

	H_2S	$\rightleftarrows$	H^+	+	HS^-	
電離前のモル濃度	c		0		0	〔mol/L〕
変化量	$c\alpha$		$c\alpha$		$c\alpha$	〔mol/L〕
電離後のモル濃度	$c(1-\alpha)$		$c\alpha$		$c\alpha$	〔mol/L〕

問(5)　問(4)より，$K_1=c\alpha^2$ と近似できるため

$$\alpha=\sqrt{\frac{K_1}{c}}$$

よって　　$[H^+]=\sqrt{cK_1}$

問(6)　$\sqrt{cK_1}=\sqrt{0.10\times9.5\times10^{-8}}=9.5^{\frac{1}{2}}\times10^{-\frac{9}{2}}$

$$pH=-\log_{10}[H^+]=-\log_{10}(9.5^{\frac{1}{2}}\times10^{-\frac{9}{2}})$$

$$=4.5-0.49=4.01\fallingdotseq4.0$$

問(7)　硫化水素のモル濃度は 0.10 mol/L，$K=K_1K_2=\dfrac{[H^+]^2[S^{2-}]}{[H_2S]}$ より

$$9.5\times10^{-8}\times1.3\times10^{-14}=\frac{(\sqrt{0.1\times9.5\times10^{-8}})^2[S^{2-}]}{0.1}$$

$[S^{2-}]=1.3\times10^{-14}$〔mol/L〕

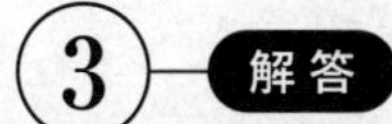

問(1)①—(オ)　②—(エ)　**問(2)(a)**—(カ)　**(b)**—(ク)　**問(3)**③—(イ)　⑤—(キ)　**問(4)**—(エ)　**問(5)**—(カ)　**問(6)**—(ア)

解説

《遷移元素を含む化合物，溶解度積，モール法》

問(2)　塩化銀：$2.0\times10^{-10}<[Ag^+]\times1.0\times10^{-2}$ より

$[Ag^+]>2.0\times10^{-8}$〔mol/L〕

クロム酸銀：$1.0\times10^{-12}<[Ag^+]^2\times1.0\times10^{-2}$ より

$[Ag^+]>1.0\times10^{-5}$〔mol/L〕

問(4)　Ag_2CrO_4 の沈殿が生じ始めるとき $[Ag^+]=1.0\times10^{-5}$ であり，このときの塩化物イオンのモル濃度は

$$2.0\times10^{-10}=1.0\times10^{-5}\times[Cl^-]$$

$$[Cl^-]=2.0\times10^{-5}〔mol/L〕$$

よって，求める$[Cl^-]$の割合は

$$\frac{2.0\times10^{-5}}{1.0\times10^{-2}}\times100=0.20〔\%〕$$

問(6)　$[Cl^-]=[Ag^+]$となるので，塩化ナトリウムのモル濃度をc〔mol/L〕とすると

$$c\times\frac{10}{1000}=0.010\times\frac{30}{1000}\qquad c=0.030〔mol/L〕$$

よって，塩化ナトリウム水溶液の質量パーセント濃度は

$$\frac{0.030\times58.5}{1000}\times100=0.1755\fallingdotseq0.18〔\%〕$$

4 解答

問(1)―(エ)　**問(2)** A―(ウ)　B―(イ)　C―(カ)
問(3)―(イ)　**問(4)**―(ア)

解説

《カルシウムの化合物》

問(1)・問(2)　A～Fの化学式は次の通り。

A：$Ca(OH)_2$　B：$CaCl_2$　C：$CaSO_4$　D：$CaCO_3$　E：$Ca(HCO_3)_2$
F：CaO

問(3)　(ア)誤文。2族元素の単体はアルカリ金属の単体より融点が高い。
(ウ)誤文。Rbは1族元素であるので，一価の陽イオンになりやすい。
(エ)誤文。Ca，Na，Mgの酸化物は，いずれも酸と反応する。
(オ)誤文。Mgの水酸化物は，水に溶けにくい。
(カ)誤文。Kは赤紫色の炎色反応を示す。

問(4)　カーバイドと水を反応させるとアセチレンと水酸化カルシウムが生成する。アセチレンをアンモニア性硝酸銀水溶液に通じると銀アセチリドの白色沈殿が生じる。

5 **解答** 問(1)A―(イ)　B―(オ)　C―(ア)　D―(サ)　E―(コ)　F―(ケ)
問(2)①―(ク)　②―(コ)　③―(イ)　④―(キ)　問(3)―(ア)

解説

《芳香族化合物の反応と性質》

問(1)　A～Fの化合物は以下のように考えられる。

・ベンゼンをニトロ化し，Sn と HCl で還元して得られたAはアニリン。

・ベンゼンにプロピレンを付加させて得られたBはクメン。

・クメンを O_2 で酸化し（クメンヒドロペルオキシド），分解するとCのアセトンとEのフェノールが得られる。

・ベンゼンをスルホン化したDはベンゼンスルホン酸。

・フェノールの NaOH を加えたナトリウムフェノキシドと，アニリンに $NaNO_2$ と HCl を作用させた塩化ベンゼンジアゾニウムのジアゾカップリングからできるFは *p*-ヒドロキシアゾベンゼン（*p*-フェニルアゾフェノール）。

問(3)　化合物Eはフェノールである。

(イ)誤文。ニトロベンゼンの性質である。

(ウ)誤文。アニリンの性質である。

(エ)誤文。常温で赤橙色の結晶となるのは *p*-ヒドロキシアゾベンゼンである。

(オ)誤文。尿素とホルムアルデヒドがユリア樹脂の原料である。

(カ)誤文。フェノールは水と混じりあわない。

生　物

1　解答

問1．(イ)　問2．(イ)　問3．(ア)　問4．(エ)
問5．(1)―(イ)　(2)―(イ)　(3)―(イ)　(4)―(ア)
問6．(エ)

解説

《原核細胞と真核細胞，細胞内の構造》

問1． 細胞膜の厚さは5～10 nmであり，10 nm弱であると覚えておくとよい。また，nm単位の大きさのもの（例えばウイルスなども含まれる）は光学顕微鏡では観察できず，電子顕微鏡を用いることでその存在や構造などを観察できる。よって，(イ)を選ぶ。

問2． 光合成では，光エネルギーを利用してATPが合成され，このATPに蓄えられたエネルギーを使って有機物が合成される（分解ではない）。よって，(イ)が誤り。

問3． 真核細胞では，DNAのほとんどが核内にあるが，ミトコンドリアや葉緑体にもDNAが存在している。よって，(ア)が誤り。

問4． 植物細胞の細胞壁のおもな成分は炭水化物のセルロースで，タンパク質ではない。よって，(エ)が誤り。

問5． (1)　細胞性粘菌は原生生物界に含まれ，真核生物である。よって，(イ)を選ぶ。

(2)　ゾウリムシも原生生物界に含まれ，真核生物である。よって，(イ)を選ぶ。

(3)　パン酵母は菌界に属し，子のう菌類（カビなどのグループ）であり，真核生物である。よって，(イ)を選ぶ。

(4)　大腸菌は細菌であり，原核生物である。よって，(ア)を選ぶ。

問6． 細胞内共生説とは，原始的な真核生物に，酸素を使って有機物を分解する好気性細菌が取り込まれて共生することでミトコンドリアが生じ，光合成するシアノバクテリアが取り込まれて共生することで葉緑体になったと考えられている。よって，(エ)を選ぶ。

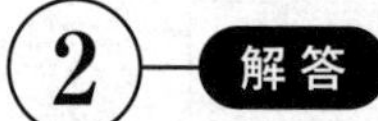

問1．A―(キ)　**B**―(ア)　**C**―(ク)　**D**―(シ)　**E**―(オ)
F―(サ)　**G**―(ケ)　**H**―(コ)

問2．(1)―(イ)　**(2)**―(イ)　**(3)**―(ア)　**(4)**―(イ)　**(5)**―(イ)　**(6)**―(ア)

問3．(a)―(オ)　**(b)**―(ウ)　**(c)**―(ア)　**(d)**―(エ)　**(e)**―(イ)

問4．(ウ)　**問5．**(ウ)　**問6．**(ウ)

解説

《ヒトと類人猿，分子系統樹》

問1．A．人類は，アフリカで誕生した。

B．サバンナに進出した最初の人類は，アウストラロピテクス類である。

C．人類は二足歩行をすることで，他の類人猿と区別される。

D．二足歩行を行うことで手を自由に使うことができるようになった。

E．また，脳の発達も起こったと考えられている。

F・G．脊椎が頭骨の真下に位置するので，肥大化した頭部を垂直に支えることができる。

H．現生する人類はホモ・サピエンスのみである。

問2．(1)誤文。霊長類とは，いわゆるサル類のことである。類人猿は皆，両眼が顔の前面に並び，両眼視の範囲が広く，立体視ができる範囲も広い。よって，(イ)を選ぶ。

(2)誤文。類人猿には尾がない。よって，(イ)を選ぶ。

(3)正文。霊長類は拇指対向性が発達しており，木の枝などをしっかり握ることができる。よって，(ア)を選ぶ。

(4)誤文。類人猿は樹上生活のみを行うわけではない。よって，(イ)を選ぶ。

(5)誤文。霊長類は平爪である。よって，(イ)を選ぶ。

(6)正文。類人猿は腕の可動域が大きい。よって，(ア)を選ぶ。

問3・問4．表1の結果をもとに，アミノ酸の違いの小さいものは，UとVの16である。したがって，図1のUともっとも分岐点の近い(c)がVであるとわかる。

次に，特定の種を中心にしてアミノ酸の違いの小さいものを順にまとめていくと，以下のようになる。

Y-U 23	W-U 40	X-U 62	Z-U 78
Y-V 25	W-V 42	X-V 64	Z-V 78
	W-Y 44	X-W 72	Z-W 84
		X-Y 66	Z-X 84
			Z-Y 76

平均 24
24÷2＝12
➡　分岐してから 12 個ずつ変化したと考える

平均 42
42÷2＝21
➡　分岐してから 21 個ずつ変化したと考える

平均 66
66÷2＝33
➡　分岐してから 33 個ずつ変化したと考える

平均 80
80÷2＝40
➡　分岐してから 40 個ずつ変化したと考える
➡　(f)の答え

アミノ酸の変化が小さい値のものが，分岐してからの時間経過が短いと判断して，それぞれの種の分岐の順番を決めていくと，右図のように(a)〜(e)の種を決定することができる。

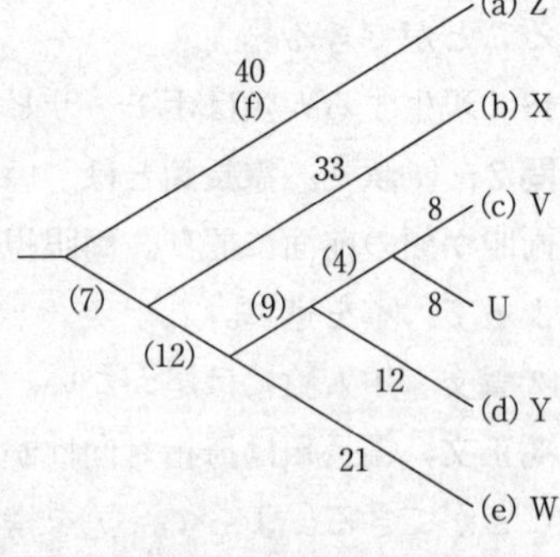

また，問題文に記してある平均距離法をもちいて進化的距離を計算すると，(f)の値は 40 となる。

問5． アミノ酸の変化の数は分岐してからの時間と比例関係にあると考えて計算する。U-V 間の共通の祖先からの違いは 8 個ずつであると考え，約 8000 万年前に分岐している。U-Z 間の共通の祖先からの違いは 40 個ずつであると考える。

よって

16 個：8000 万年＝80 個：x 万年　　x＝40000 万年

となり，4 億年前と求めることができる。

したがって，(ウ)を選ぶ。

問6． 選択肢をみると，1 億年あたりの変化率〔%〕を求めればよいことがわかる。

よって

$$\frac{40}{180}\times 100\div 4\text{億年}\fallingdotseq 5.5\%/1\text{億年}$$

となるので，(ウ)を選ぶ。

3 — **解答**　**問1．** Ⅰ—(イ)　Ⅱ—(ウ)　Ⅲ—(ア)
問2． A—(ウ)　B—(ケ)　C—(ケ)　D—(エ)　E—(コ)
F—(コ)　**問3．** (ウ)　**問4．** (エ)

解説

《光-光合成曲線，光と孔辺細胞の反応，植物ホルモン》

問1． Ⅰの光の強さでは，二酸化炭素の吸収よりも排出が上回っている。二酸化炭素の排出が上回るということは，光合成よりも呼吸が盛んに起こっていることを意味している。したがって，光合成で排出される酸素よりも呼吸で吸収される酸素の方が多い。よって，(イ)を選ぶ。

Ⅱの光の強さは，二酸化炭素の吸収（光合成）と排出（呼吸）が釣り合っている。よって，(ウ)を選ぶ。

Ⅲの光の強さでは，二酸化炭素の吸収が盛んに起こっている。これは，呼吸による二酸化炭素の排出よりも，光合成による二酸化炭素の吸収の方が大幅に上回っていることを意味している。よって，(ア)を選ぶ。

問2． 孔辺細胞のフォトトロピンが青色光を受容すると，孔辺細胞にカリウムイオンが取り込まれる。その結果，周囲の細胞よりも孔辺細胞内の浸透圧が上昇して孔辺細胞に水が流入する。水の流入により孔辺細胞の膨圧が上昇して，1対の孔辺細胞が湾曲して気孔が開く。乾燥状態になるとアブシシン酸が増加し，孔辺細胞の浸透圧が低下して，膨圧も低下することで，気孔が閉じる。

問3． フォトトロピンが青色光を受容すると，孔辺細胞のプロトンポンプが活性化し，細胞外に H^+ が放出される。孔辺細胞が存在する表皮を培地に浸して青色光の照射を行うと，培地内の H^+ 濃度が上昇するので，青色光を照射している間は培地の pH は低下するはずである。よって，(ウ)を選ぶ。

問4． アブシシン酸のはたらきを選ぶ。

(ア)　花芽形成を促進するのは，フロリゲンである。

(イ)　側芽の成長を促進するのは，サイトカイニンである。

(ウ)　発芽時のアミラーゼ合成を誘導するのは，ジベレリンである。

(エ)　アブシシン酸は発芽を抑制する。

(オ)　果実の形成を促進するのは，オーキシンである。一方で，果実の成熟を促進するのは，エチレンである。区別しておこう。

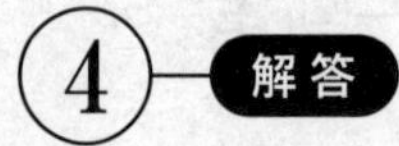

問1． A―(ケ)　B―(カ)　C―(ク)　D―(イ)

問2． (1)―(ウ)　(2)―(イ)

問3． (オ)

問4． (1)―(エ)　(2)―(ウ)　(3)―(イ)　(4)―(エ)

問5． (イ)

解説

《DNAの構造，PCR法》

問1． DNAは，2本のヌクレオチド鎖の塩基どうしが水素結合して，全体として二重らせん構造をしている。DNAの複製は細胞周期のS期に起こる。ヒトのゲノム（核相はn）の塩基対は30億塩基対であり，体細胞の核相は$2n$なので，その倍の60億塩基対分の長さのDNAが含まれている。

PCR法では，2本鎖DNAを1本鎖にして，鋳型DNA鎖の3′末端側に相補的なプライマーが結合することで，DNA鎖の伸長合成が可能となる。

問2． 図3のK，L，Mは，それぞれ，リン酸，糖，塩基である。

(1)　ヌクレオチドはリン酸，糖，塩基が結合したものである。よって，(ウ)を選ぶ。

(2)　ヌクレオシドは，糖と塩基が結合している状態の名称である。よって，(イ)を選ぶ。

問3． PCR法は，3段階の過程を1サイクルとして約30サイクル反応を行うことで目的のDNAを増幅する方法である。1段階目では95°Cにすることで，塩基対の水素結合を切断して鋳型となるDNAを1本鎖にする。2段階目では約60°Cにすることで，プライマーを鋳型DNAに結合させる（アニーリング）。3段階目では72°Cにすることで，耐熱性DNAポリメラーゼがプライマーの3′末端側にヌクレオチドを重合させていき，DNAが複製される。よって，(オ)を選ぶ。

問4． 図4に記されている領域1～3の配列は上側の鎖（a鎖）の情報である。これと，プライマーの配列との対応を整理する。このとき，5′末端と3′末端の位置・方向性に十分に注意する。下図のような模式図を描いて，PCR法によりDNA鎖を複製できるプライマーがどれなのかを選択し，その組み合わせがわかるように整理整頓する。

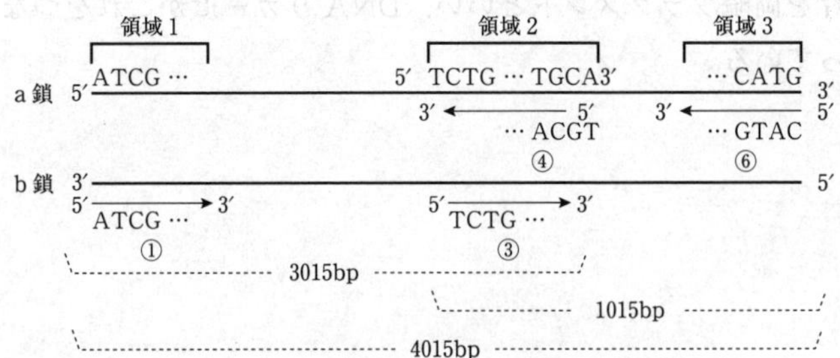

• プライマー①とプライマー⑥で4015 bpの断片が複製される。
• プライマー①とプライマー④で3015 bpの断片が複製される。
• プライマー③とプライマー⑥で1015 bpの断片が複製される。

この3パターン以外の組み合わせではDNAは増幅されず，バンドは現れない。

(1)　プライマー①とプライマー②の組み合わせでは，DNAは増幅されないので，(エ)を選ぶ。

(2)　プライマー①とプライマー④の組み合わせでは，3015 bpの断片が複製されるので，(ウ)を選ぶ。

(3)　プライマー③とプライマー⑥の組み合わせでは，1015 bpの断片が複製されるので，(イ)を選ぶ。

(4)　プライマー②とプライマー⑤の組み合わせでは，DNAは増幅されないので，(エ)を選ぶ。

問5． (ア)誤文。DNAヘリカーゼは2本鎖をほどくはたらきをもつが，特定の塩基配列を認識しているわけではない。オペレーターはオペロンの転写調節領域のことである。

(イ)正文。DNAポリメラーゼは何もない状態でDNAを合成することができず，生体内では鋳型鎖に相補的なRNAプライマーが合成され，このRNAの3′末端側にDNA鎖を合成していく。RNAプライマー部分は後でDNAに置き換えられる。
(ウ)誤文。DNA合成の際に，DNAがほどけていく方向に連続的に合成される新生鎖をリーディング鎖という。
(エ)誤文。DNA合成の際に，DNAがほどけていく方向とは反対方向に不連続に合成される新生鎖をラギング鎖という。不連続に合成されたDNA鎖の断片を岡崎フラグメントといい，DNAリガーゼがこれをつなげる役割をもっている。

②

出典　下條信輔『サブリミナル・マインド――潜在的人間観のゆくえ』（中公新書）

解答

問1　③・⑤

問2　④

問3　③

問4　④

問5　②・⑤

問6　③

問7　③

問8　①

問9　③

国語

①

出典　中村高康『暴走する能力主義――教育と現代社会の病理』（ちくま新書）

問1　④
問2　⑥
問3　⑥
問4　②
問5　⑤
問6　②
問7　⑤
問8　⑤
問9　②
問10　③
問11　社会で求められる能力の多様な形を許容する

//////////////////// · memo · ////////////////////

//////////////////// · memo · ////////////////////

//////////////////// · memo · ////////////////////

////////////////////// · memo · //////////////////////

2023年度

問題と解答

■一般選抜　A日程・SA日程入学試験：2月1日実施分

問題編

▶試験科目・配点

学　部	教　科	科　目	配　点
工・創造工（建築・都市環境工）・先進工・情報科	外国語	コミュニケーション英語Ⅰ・Ⅱ，英語表現Ⅰ	100点
	数　学	数学Ⅰ・Ⅱ・A（場合の数と確率，図形の性質）・B（数列，ベクトル）	100点
	理　科	「物理基礎・物理」，「化学基礎・化学」，「生物基礎・生物」から1科目選択	100点
創造工（デザイン科）・社会システム科	外国語	コミュニケーション英語Ⅰ・Ⅱ，英語表現Ⅰ	100点
	数　学	数学Ⅰ・Ⅱ・A（場合の数と確率，図形の性質）・B（数列，ベクトル）	100点
	選　択	「物理基礎・物理」，「化学基礎・化学」，「生物基礎・生物」，「国語総合（古文・漢文を除く）※記述式問題を含む」から1科目選択	100点

▶A日程

タイプⅠまたはタイプⅡを選択（併願可）。

- タイプⅠ（3教科方式）

  上表の3教科受験。

- タイプⅡ（英語外部試験利用方式）

  指定する英語外部試験（資格または検定試験）において，基準以上のスコアを保持していることを出願要件とする。

  工・創造工（建築・都市環境工）・先進工・情報科学部：「数学」「理科」の2教科受験。

  創造工（デザイン科）・社会システム科学部：「数学」「理科」または「数学」「国語」の2教科受験。

- タイプⅠ・タイプⅡの受験者数の比率をもとに，それぞれの合格者数を決定する。

▶SA日程

・大学独自入学試験の数学（A日程と同問題）と大学入学共通テストの数学の成績を利用して，合否判定を行う。

・大学独自入学試験の数学は200点満点に換算した点数を合否判定に採用する。

・大学入学共通テストの数学については，数学①「数学Ⅰ・数学A」（100点），数学②「数学Ⅱ・数学B」（100点）を指定科目とし，両方受験することを必須条件とする。

▶備　考

・試験日ごとに問題が異なることおよび選択教科・科目の難易度による有利・不利が生じないよう，総合得点の偏差値と出身高等学校もしくは中等教育学校等の調査書（出願資格を証明する書類）を総合して合否判定を行う。

・合否判定に採用する教科（科目）のうち1教科（科目）でも0点の場合は不合格となる。

■英語■

（60 分）

1 次の英文を読み，あとの設問に答えよ。

What will it take to get us Americans to change our eating habits? The need is indisputable, since heart disease, *diabetes and cancer are all in large part caused by the Standard American Diet. (Yes, it's SAD.) Though experts increasingly recommend a diet high in plants and low in animal products and processed foods, ours is quite the opposite, and there's little disagreement that changing it could improve our health and save tens of millions of lives. And— not unimportant during the current struggle over budgets and spending—a sane diet could save tens if not hundreds of billions of dollars in ＿＿(1)＿＿.

Yet the food industry appears incapable of marketing healthier foods. And whether its leaders are confused or just stalling doesn't matter, because the fixes are not really their problem. Their mission is not public health but profit, so they'll continue to sell the health-damaging food that's most profitable, until the market or another force makes them do otherwise. That "other force" should be the federal government, fulfilling its role as an agent of the public good.

Rather than *subsidizing the production of unhealthful foods, we should do the opposite and tax things like soda, French fries, doughnuts, and *hyper-processed snacks. The resulting income should be given to a program that encourages a good diet for Americans by making healthy food more affordable and widely available.

The average American consumes 44.7 gallons of soft drinks annually. (Although that includes diet sodas, it does not include *noncarbonated sweetened beverages, which add up to at least 17 gallons a person per year.) Sweetened drinks could be taxed at 2 cents per ounce, so a six-pack of Pepsi would cost $1.44 more than it does now. An equivalent tax on fries might be 50 cents per serving; *a quarter extra for a doughnut. (We have experts who can figure out how "bad" a food should be to qualify, and what <u>the rate</u>(2) should be. Diet sodas would not be taxed.)

Simply put: Taxes would reduce consumption of unhealthful foods and generate billions of dollars annually. That money could be used to subsidize the purchase of staple foods like seasonal greens, vegetables, whole grains, dried legumes, and fruit. We could sell those staples cheap — let's say for 50 cents a pound — and almost everywhere: drugstores, street corners, convenience stores, bodegas, supermarkets, liquor stores, even schools, libraries and other community centers.

Right now it's harder for many people to buy fruit than *Froot Loops; chips and Coke are a common breakfast. And since the rate of diabetes continues to <u>soar</u>(3) — one-third of all Americans either have diabetes or are pre-diabetic, most with Type 2 diabetes, the kind associated with bad eating habits — and because our health care bills are about to become truly insurmountable, this is urgent for economic sanity as well as national health.

(From Mark Bittman, "Bad Food? Tax It, and Subsidize Vegetables" in *Longman Academic Reading Series 3: Reading Skills for College* by Judy L. Miller and Robert F. Cohen (Pearson Education, 2014))

【註】 diabetes　糖尿病　　subsidize　助成金を支給する
hyper-processed　糖分，塩分，脂肪を多く含む加工済みの(食品)
noncarbonated　無炭酸の　　a quarter　25セント
Froot Loops　フルーツループ(シリアル食品の商品名)

(1)　下線部(1)の空所に入れるのに最も適当なものをア～エのうちから一つ選び，その記号をマークせよ。

ア　health care costs　　イ　production costs

ウ　distribution costs　　　　エ　costs of new technology

(2)　下線部(2)の具体的内容として最も適当なものをア～エのうちから一つ選び，その記号をマークせよ。

ア　The rate of Americans who drink more than 44.7 gallons of soft drinks annually

イ　The rate of diabetes in America caused by unhealthy foods

ウ　The content rate of sugar in soft drinks

エ　The tax rate to be imposed on unhealthy foods

(3)　下線部(3)の本文中の意味に最も近いものをア～エのうちから一つ選び，その記号をマークせよ。

ア　increase rapidly

イ　decrease rapidly

ウ　improve slowly

エ　get worse slowly

(4)　次の問いに対する答えとして最も適当なものを**本文の内容に即して**ア～エのうちから一つ選び，その記号をマークせよ。

According to the article, what is the present mission of the food industry?

ア　To sell healthier foods

イ　To chase a profit

ウ　To promote public health

エ　To pursue the public good

(5)　次の問いに対する答えとして最も適当なものを**本文の内容に即して**ア～エのうちから一つ選び，その記号をマークせよ。

According to the author, what should the government do with the new revenue raised from the taxes on unhealthier foods?

ア　It should build more hospitals.

イ　It should advance food processing technologies.

ウ　It should operate national retailer shops to sell healthier foods.

エ　It should make healthier foods more available.

2　次の英文を読み，あとの設問に答えよ。

At the bottom of the world lies the frozen continent of Antarctica. It is larger than Europe, but it is home to nobody, and the land belongs to no one. It is the coldest, windiest place on our planet. Nearly 90 per cent of the world's ice is here, and it goes far out over the sea, making tall shelves of ice above the water.

The Southern Ocean makes a circle around Antarctica. Some people say that it is not an ocean at all, but that it is the southern end of the Pacific, the Atlantic, and the Indian Oceans. But in 2000, the Southern Ocean was named as the world's fifth ocean (the Arctic Ocean is the fourth). Strong winds travel across the Southern Ocean, from west to east, making a current that moves in a circle around the Antarctic. Because of this, the ocean's waters stay colder than the waters to the north.

One family of birds has learned to use this wind very well. The albatross has the longest wings of any bird; on the biggest birds it is 3.4 *metres or more from the end of one wing to the end of the other. It spends most of its life at sea, and only comes to land to rest and to have its young. It can travel hundreds of miles without resting because of how it flies. The albatross does not move its wings up and down very much; most of the time it keeps its wings still(1) and uses them like a sail. It can 'lock' its wings so that it does not get tired when it does this. And it does not need to visit land often because it drinks seawater — keeping the water and pushing the salt out below its eyes.

Below the albatross, in the deep waters of the Southern Ocean, you can find the largest animal that has ever lived on our planet. The blue whale is 25 to 30 metres long. Its mouth can hold 90,000 kilograms of food and water — but it eats only very small animals, 1 to 2 *centimetres long, called krill. In one day, it can eat over 3,000 kilograms of krill. This large animal has only two enemies, and the first of these is us. We have caught and killed blue whales for just over a hundred years. Today there are only about 10,000 of them still living in our oceans — that is under 5 per cent of the number living before that time.

The other animal that sometimes attacks the blue whale is the orca, also called the killer whale. This is a good name: they are very dangerous, and very clever, and they often work together in groups. They can even come out of the water to make a kill. People have seen orcas swimming up onto a beach to catch a seal. When seals are in danger from orcas, they sometimes climb out of the water onto a piece of ice to try to escape from them. When this happens, the orcas come together in a group and swim towards the ice in a line. This makes a wave that knocks the seal off the ice and back into the water, where the orcas can kill and eat it.

The frozen oceans are places (2)__________, but they have been in the news a lot in the last few years. This is because their ice is melting. Our climate is changing.

(From "The frozen oceans" in *Oceans* by Barnaby Newbolt (Oxford University Press, 2012))

【註】 metres＝meters centimetres＝centimeters

(1) 下線部(1)の本文中の意味に最も近いものをア～エのうちから一つ選び，その記号をマークせよ。

ア moving powerfully

イ even now

ウ tightly closed

エ motionless

(2) 下線部(2)の空所に入れるのに最も適当なものをア～エのうちから一つ選び，その記号をマークせよ。

ア that we do not visit very often

イ that most of us are familiar with

ウ that cause environmental problems

エ that offer homes to many animals

(3) 次の問いに対する答えとして最も適当なものを**本文の内容に即してア～エのうち**から一つ選び，その記号をマークせよ。

Which is true of the Southern Ocean?

ア The Southern Ocean is larger than the Pacific Ocean.

イ The waters of the Southern Ocean are not as cold as those of the Arctic Ocean.

ウ The Southern Ocean surrounds Antarctica.

エ Strong winds blow from south to north in the Southern Ocean.

(4) 次の問いに対する答えとして最も適当なものを**本文の内容に即してア～エのうち**から一つ選び，その記号をマークせよ。

Which is true of the blue whale?

ア It is larger than any other animal on the planet.

イ There were about twenty thousand blue whales in the oceans over a hundred years ago.

ウ Its mouth is too small to eat thousands of kilograms of krill.

エ There are some types of blue whales which attack human beings.

(5) 次の問いに対する答えとして最も適当なものを**本文の内容に即してア～エのうち**から一つ選び，その記号をマークせよ。

Which is true of the orca?

ア Human beings are its only natural enemy.

イ It is very clever, and it can hunt in cooperation with other orcas.

ウ　It always eats seals on the land after it hunts them.

エ　It can't kill seals alone because seals swim faster than it.

3　次の英文の空所①〜⑦に入れるのに最も適当なものをア〜キのうちから一つずつ選び，その記号をマークせよ。ただし，同じものを繰り返し用いてはならない。

Developed in 1939, DDT was the most powerful *pesticide the world had ever known. It was used throughout the 1940s and 1950s to clear regions of mosquitoes carrying malaria. (　①　) When DDT became available for purely commercial use and was sprayed over crops, only a few people, like Rachel Carson, felt that there was some danger. When she finally published her book, *Silent Spring*, her fears were heard loud and clear. The impact of *Silent Spring* was great; with this book, Rachel Carson laid the foundation for the modern environmental protection movement.

(　②　) Her interest in the subject was sparked by a letter from old friends telling about the damage that aerial spraying had done to the ecological system on their land. Although Rachel Carson was a best-selling author, no magazine would agree to her idea for an article investigating the negative effects of DDT. (　③　) It described how DDT entered the food chain and accumulated in the fatty tissues of animals, including human beings, and caused cancer and genetic damage. The book's most famous chapter, "A Fable for Tomorrow," depicted a nameless American town where all life—from fish to birds to apple blossoms to children—had been "silenced" by the insidious effects of DDT.

First serialized in *The New Yorker* magazine in June 1962, the book alarmed readers across the country and, not surprisingly, brought howls of anger from the chemical industry. "If *man were to faithfully follow the teachings of Miss Carson," complained an executive of the American Cyanamid Company, "we would return to the Dark Ages, and the insects and diseases would once again inherit the earth." (④)

(⑤) Foreseeing the reaction of the chemical industry, she had written *Silent Spring* like a lawyer's brief, with no fewer than 55 pages of notes and a list of experts who had read and approved the manuscript. Many well-known and respected scientists rose to her defense, and when President John F. Kennedy ordered the President's Science Advisory Committee to examine the issues the book raised, its report supported both *Silent Spring* and its author. As a result, DDT came under much closer government supervision and was eventually banned.

Conservation had never attracted much public interest before Rachel Carson's book, but the dangers she analyzed were too frightening to ignore. For the first time, the need to regulate industry in order to protect the environment became widely accepted and environmentalism was born. (⑥) Appearing on a CBS documentary about her work shortly before her death from breast cancer in 1964, she remarked:

> The public must decide whether it wishes to continue on the present road, and it can only do so when in full possession of the facts. We still talk in terms of conquest. We haven't become mature enough to think of ourselves as only a tiny part of a vast and incredible universe. Man's attitude toward nature is today critically important simply because we have now acquired a fateful power to alter and destroy nature. But man is part of nature, and his war against nature is inevitably a war against himself.

One of the landmark books of the 20th century, *Silent Spring* still speaks to us today, many years after its publication. (⑦) Against overwhelming difficulties and hardship, despite her own shyness and reserve, and motivated only by her love of nature, she rose like a gladiator in its defense.

(From "The Story of *Silent Spring*" in *NorthStar: Building Skills for the TOEFL® iBT, Advanced* by Linda Robinson Fellag (Pearson Education, 2006))

【註】 pesticide　殺虫剤　　man　人類

ア　She decided to go ahead and deal with the issue in a book, *Silent Spring*, which took her four years to complete.

イ　Carson was well aware of the implications of her book.

ウ　Carson did not originally intend to write a book about the harmful effects of DDT.

エ　Equally inspiring is the example of Rachel Carson herself.

オ　Some of the attacks were more personal, questioning Carson's integrity and even her sanity.

カ　Its inventor was awarded the Nobel Prize.

キ　Her careful preparation, however, had paid off.

4　次の各文の英訳として最も適当なものをア～エのうちから一つずつ選び，その記号をマークせよ。

(1)　娘は私に入ってこないでと頼んだ。

ア　My daughter asked me not to come in.

イ　I wasn't asked by my daughter to come in.

ウ　My daughter didn't ask me to come in.

エ　I was asked to come in not by my daughter.

(2)　彼の先生は彼にはこの問題を解くのが難しいと考えた。

ア　This problem was thought difficult that he could not solve by his teacher.

イ　He was thought to be difficult to solve this problem by his teacher.

ウ　His teacher thought it difficult for him to solve this problem.

エ　His teacher thought that he was difficult to solve this problem.

(3)　彼女がどうしてあれほど怒っているのかわかりますか。

ア　Do you know how does she get so angry?

イ　Do you have any idea why does she get so angry?

ウ　Do you have any idea what she gets so angry?

エ　Do you know what is making her so angry?

(4)　夕食を作っていたら，息子が台所に駆け込んできた。

ア　While I was preparing for dinner, my son was running in the kitchen.

イ　When I was preparing dinner, my son came running the kitchen.

ウ　I was preparing for dinner when my son rushed the kitchen.

エ　I was preparing dinner when my son rushed into the kitchen.

(5)　ここでタバコを吸ってもよろしいでしょうか。—いいですよ。

ア　Would you mind smoking here? — No problem.

イ　Would you mind my smoking here? — No, I don't mind.

ウ　Do you mind smoking here? — Yes, I do.

エ　Do you mind my smoking here? — Yes, all right.

5 次の各英文の空所に入れるのに最も適当なものをア～エのうちから一つずつ選び，その記号をマークせよ。

(1)（　　）hard he tried, he couldn't open the door.

ア Whenever　イ However　ウ Whatever　エ Wherever

(2) Reading is to the mind（　　）food is to the body.

ア how　イ whose　ウ when　エ what

(3) I missed the bus（　　）just one minute.

ア by　イ in　ウ for　エ with

(4) Could you put me（　　）to Prof. Nakagawa?

ア against　イ like　ウ along　エ through

(5) According to the report, young people's interest in TV has got（　　）lower recently.

ア relative　イ relatives　ウ relatively　エ relation

(6) Tickets for the concert were（　　）expensive than we expected.

ア less　イ a few　ウ fewer　エ much

6 次の各英文の下線部の語句に最も意味が近いものをア～エのうちから一つずつ選び，その記号をマークせよ。

(1) An investigation of the crime that occurred last week is currently <u>under way</u>.

ア finished　イ canceled　ウ closed down　エ in progress

(2) John got this brand new watch <u>for nothing</u>.

ア free of charge　イ in private

ウ for himself　エ on purpose

(3) The teachers decided to <u>postpone</u> the school trip until next week.

ア put out　イ put on　ウ put off　エ put up with

(4) Since I loved this poet very much, I wanted to <u>learn by heart</u> all his poems.

ア understand　イ remind　ウ interpret　エ memorize

(5) These nails will <u>come in handy</u> when I fix the roof of my house.

ア be dangerous　イ be useful

ウ be unnecessary　エ be broken

(6) His performance has brought <u>nothing but</u> confusion to the audience.

ア no　イ only　ウ some　エ little

数学

（80 分）

数学の解答上の注意　問題文中の $\boxed{\text{アイ}}$，$\boxed{\text{ウ}}$ などには，特に指示がない限り，数値またはマイナス符号が入ります。これらを次の方法でマークしなさい。

(1) ア，イ，ウ，…… の一つ一つは，それぞれ 0 から 9 までの数字，または，マイナス符号 − のいずれか一つに対応します。それらをア，イ，ウ，…… で示された解答欄にマークしなさい。

〔例〕 $\boxed{\text{アイ}}$ に −8 と答えたいとき

ア	●	⓪	①	②	③	④	⑤	⑥	⑦	⑧	⑨
イ	⊖	⓪	①	②	③	④	⑤	⑥	⑦	●	⑨

なお，同一の問題文中に $\boxed{\text{アイ}}$，$\boxed{\text{ウ}}$ などが 2 度以上現れる場合，原則として，2 度目以降は $\boxed{\text{アイ}}$，$\boxed{\text{ウ}}$ のように細字・細線で表されています。

(2) 根号を含む形で解答が求められているときは，根号の中に現れる自然数が最小となる形で答えなさい。

〔例〕 $\boxed{\text{エ}}\sqrt{\boxed{\text{オ}}}$，$\dfrac{\sqrt{\boxed{\text{カキ}}}}{\boxed{\text{ク}}}$ に $6\sqrt{2}$，$\dfrac{\sqrt{21}}{3}$ と答えるところを，

$3\sqrt{8}$，$\dfrac{\sqrt{84}}{6}$ と答えてはいけません。

(3) 分数の形で解答が求められているときは，約分できる分母・分子は約分し，分母に現れる自然数が最小となる形で答えなさい。ただし，マイナス符号は分子につけなさい。分母につけてはいけません。

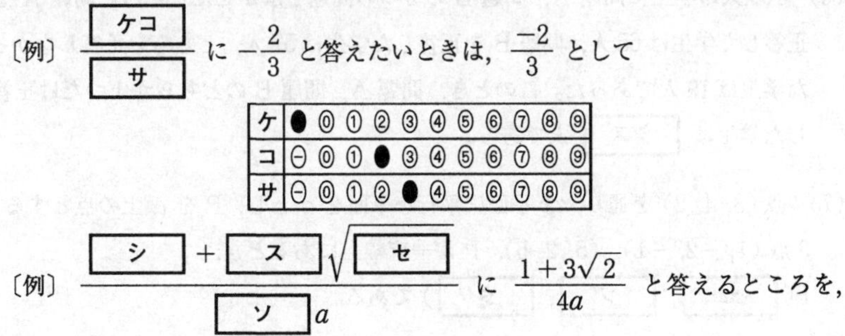

〔例〕 $\dfrac{\boxed{\text{ケコ}}}{\boxed{\text{サ}}}$ に $-\dfrac{2}{3}$ と答えたいときは，$\dfrac{-2}{3}$ として

ケ	●	⓪	①	②	③	④	⑤	⑥	⑦	⑧	⑨
コ	⊖	⓪	①	●	③	④	⑤	⑥	⑦	⑧	⑨
サ	⊖	⓪	①	②	●	④	⑤	⑥	⑦	⑧	⑨

〔例〕 $\dfrac{\boxed{\text{シ}}+\boxed{\text{ス}}\sqrt{\boxed{\text{セ}}}}{\boxed{\text{ソ}}\,a}$ に $\dfrac{1+3\sqrt{2}}{4a}$ と答えるところを，

$\dfrac{2+6\sqrt{2}}{8a}$ や $\dfrac{2+3\sqrt{8}}{8a}$ と答えてはいけません。

(4) 整数の比の形で解答が求められているときは，最も簡単な形で答えなさい。

〔例〕 [タ] : [チ] に 1:3 と答えるところを，2:6 や 3:9 と答えてはいけません。

1 次の各問に答えよ。

(1) 複素数 $\dfrac{(3+4i)(a+3i)}{1+i}$ (ただし，$i^2=-1$) が純虚数となるような実数 a の値は $\dfrac{[ア]}{[イ]}$ である。

(2) 整式 $P(x)$ を $x-3$ で割ったときの余りが -3 であり，$x+2$ で割ったときの余りが 7 であるとき，$P(x)$ を $(x-3)(x+2)$ で割ったときの余りは [ウエ] $x+$ [オ] である。

(3) 等式 $\dfrac{27x+11}{(2x-1)(3x+2)}=\dfrac{a}{2x-1}+\dfrac{b}{3x+2}$ が x の恒等式となるような定数 a, b の値は $a=$ [カ], $b=$ [キ] である。

(4) 平行四辺形 ABCD において，AB $=4$, BC $=5$, $\cos\angle\mathrm{ABC}=\dfrac{1}{4}$ であるとき，BD $=\sqrt{[クケ]}$ である。

(5) 方程式 $3^x=\sqrt{\dfrac{9^{3x+1}}{27^x}}$ の解は，$x=$ [コサ] である。

(6) 100人の学生に問題 A，問題 B の2つの問題を解かせたところ，問題 A を正答した学生は65人，問題 B を正答した学生は57人，どちらも正答しなかった学生は19人であった。このとき，問題 A，問題 B のどちらか1つだけ正答した学生は [シス] 人である。

(7) 点 (3, 4, 2) を通り，zx 平面に平行な平面を α とし，P を α 上の点とする。3点 (1, −2, −1), (5, 2, 5), P が一直線上にあるとき，P([セ], [ソ], [タ]) である。

(8)　$\int_2^3 (x^3-3x^2+4)\,dx=\dfrac{\boxed{チ}}{\boxed{ツ}}$ である。

2　次の各問に答えよ。

(1)　$0 \leqq \theta < 2\pi$ とする。4つの値

$$\cos\theta,\quad \sqrt{5}\sin\theta,\quad 3\cos^2\frac{\theta}{2},\quad \sin^2\frac{\theta}{2}$$

からなるデータを D とする。D の平均値 $\overline{x}$ は

$$\overline{x}=\frac{\sqrt{\boxed{ア}}}{\boxed{イ}}\sin\theta+\frac{\boxed{ウ}}{\boxed{エ}}\cos\theta+\frac{\boxed{オ}}{\boxed{カ}}$$

であり，$\overline{x}$ の最大値は $\dfrac{\boxed{キ}}{\boxed{ク}}$ である。$\overline{x}$ が最大値をとるときの D の中央値は $\dfrac{\boxed{ケ}}{\boxed{コ}}$ である。

(2)　x，y は正の実数とする。x，y は

$$(\log_2 x)^2+(\log_2 y)^2=\log_2\left(\frac{16x^4}{y}\right)-\frac{1}{4}$$

をみたしている。$X=\log_2 x$，$Y=\log_2 y$ とおくと，

$$\left(X-\boxed{サ}\right)^2+\left(Y+\frac{\boxed{シ}}{\boxed{ス}}\right)^2=\boxed{セ}$$

が成り立つ。xy の取り得る値の範囲は

$$\frac{\sqrt{\boxed{\text{ソ}}}}{\boxed{\text{タ}}} \leqq xy \leqq \boxed{\text{チツ}}\sqrt{\boxed{\text{ソ}}}$$

である。

3 次の各問に答えよ。

(1) 三角形 OAB の頂点を1秒ごとに次の規則で移動する点 P がある。P は, O から A, B へそれぞれ確率 $\frac{1}{2}$ で移動し, A から O, B へそれぞれ確率 $\frac{2}{3}$, $\frac{1}{3}$ で移動し, B から O, A へそれぞれ確率 $\frac{2}{3}$, $\frac{1}{3}$ で移動する。初めに P は O にあるとし, n 秒後 $(n=1, 2, 3, \cdots)$ に P が A にある確率を a_n とする。$a_1 = \frac{\boxed{\text{ア}}}{\boxed{\text{イ}}}$ である。n 秒後に P が O にある確率を a_n を用いて表すと $\boxed{\text{ウ}} - \boxed{\text{エ}}\,a_n$ であり, a_{n+1} を a_n を用いて表すと

$$a_{n+1} = \frac{\boxed{\text{オカ}}}{\boxed{\text{キ}}}a_n + \frac{\boxed{\text{ク}}}{\boxed{\text{ケ}}}$$ である。

$$a_n = \frac{\boxed{\text{コ}}}{\boxed{\text{サ}}}\left(\frac{\boxed{\text{オカ}}}{\boxed{\text{キ}}}\right)^{n-1} + \frac{\boxed{\text{シ}}}{\boxed{\text{スセ}}}$$

が成り立つ。

(2) 四面体 OABC において, 辺 OB の中点を M とし, 辺 OC を 3 : 2 に内分する点を N とする。三角形 AMN の重心を G とすると

$$\overrightarrow{\mathrm{OG}} = \frac{\boxed{\text{ソ}}}{\boxed{\text{タ}}}\overrightarrow{\mathrm{OA}} + \frac{\boxed{\text{チ}}}{\boxed{\text{ツ}}}\overrightarrow{\mathrm{OB}} + \frac{\boxed{\text{テ}}}{\boxed{\text{ト}}}\overrightarrow{\mathrm{OC}}$$

である。直線 OG と平面 ABC の交点を H とし, 直線 AH と辺 BC の交点

をＩとすると，$\overrightarrow{\mathrm{OH}} = \dfrac{\boxed{ナニ}}{\boxed{ヌ}}\overrightarrow{\mathrm{OG}}$ であり，四面体 GABI の体積は四面体 OABC の体積の $\dfrac{\boxed{ネ}}{\boxed{ノハ}}$ 倍である。

4 xy 平面上に，曲線 $C : y = 2x^2 - \dfrac{3}{4}x + |x|\left(2x - \dfrac{5}{4}\right) + 3$ と折れ線 $\ell : y = \dfrac{3}{4}x + \dfrac{5}{4}|x| + k$（ただし，$k$ は定数）がある。このとき，次の問いに答えよ。

(1)　C は

$$x \geqq 0 \text{ のとき } \quad y = \boxed{ア}\,x^2 - \boxed{イ}\,x + 3$$

$$x < 0 \text{ のとき } \quad y = \frac{\boxed{ウ}}{\boxed{エ}}x + 3$$

と表される。

(2)　C と ℓ が異なる 3 つの共有点をもつような k の値の範囲は，
$\boxed{オ} < k < \boxed{カ}$ である。

以下，$\boxed{オ} < k < \boxed{カ}$ とし，C と ℓ の共有点を x 座標が小さい順に P，Q，R とする。

(3)　P の x 座標は $k - \boxed{キ}$ であり，$\mathrm{QR}^2 = \boxed{ク}\left(k - \boxed{ケ}\right)$ である。

(4)　三角形 PQR の面積を S とすると，

$$S^2 = \frac{\boxed{コサ}}{\boxed{シス}}\left(k^3 - \boxed{セ}\,k^2 + \boxed{ソタ}\,k - \boxed{チツ}\right)$$

が成り立つ。S は $k=\frac{\boxed{テ}}{\boxed{ト}}$ のとき，最大値 $\frac{\boxed{ナ}\sqrt{\boxed{ニ}}}{\boxed{ヌネ}}$ をとる。

物理

（70 分）

1　以下の問いの解答は，解答群から最も適当なものを１つ選び解答用紙にマークせよ。

図１のように，鉛直方向に y 軸，水平な床面上に x 軸をとり，鉛直方向上向きおよび水平方向右向きをそれぞれ y 軸，x 軸の正の向きとする。原点Oに質量 m の小球 P_1 を，座標$(l,\ l)$の位置（$l > 0$）に質量 m の小球 P_2 をそれぞれ配置した。時刻 $t = 0$ に，P_1 を速さ v_0，x 軸からの角度 θ（$0° < \theta < 90°$）で斜方投射し，同時に P_2 を初速度０で落下させたところ，時刻 $t = t_1$ で P_1 と P_2 は座標$(l,\ y_0)$の位置（$y_0 > 0$）で衝突した。以下では，重力加速度の大きさを g とし，空気の抵抗はないものとする。また，重力による位置エネルギーの基準を床面にとる。

(1)　θ は何度か。

(2)　t_1 を v_0，l を用いて表せ。

(3)　y_0 を v_0，l，g を用いて表せ。

(4)　衝突前の P_1 と P_2 の力学的エネルギーの和を m，v_0，l，g を用いて表せ。

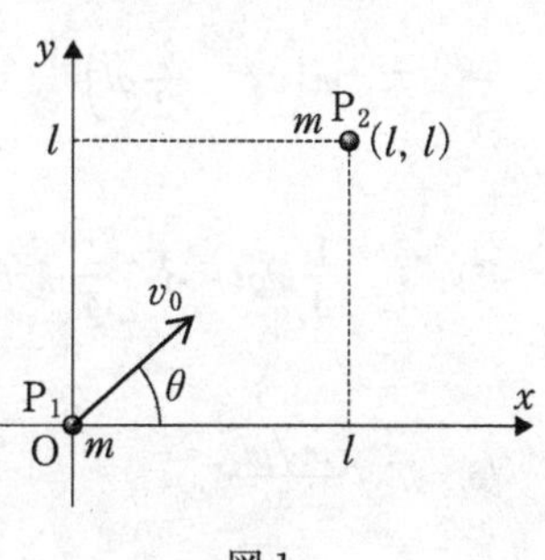

図１

衝突直後，P_1 と P_2 の速度の鉛直成分は共に０であり，衝突後 P_1 と P_2 は一体となって運動した。

(5)　衝突によって失われた力学的エネルギーを m，l，g を用いて表せ。

(6)　衝突のさいに，P_1 が P_2 から受けた力積の大きさを m，l，g を用いて表せ。

(7)　衝突後，P_1 と P_2 が床面に到達した位置の原点からの水平距離を，l を用いて表せ。

(8)　衝突後床面に到達する直前のP_1とP_2の速さをl，gを用いて表せ。

解答群

(1)　ア　15°　イ　30°　ウ　45°　エ　60°　オ　75°　カ　80°

(2)　ア　$\dfrac{l}{2v_0}$　イ　$\dfrac{\sqrt{3}\,l}{2v_0}$　ウ　$\dfrac{l}{v_0}$

エ　$\dfrac{2l}{v_0}$　オ　$\dfrac{\sqrt{2}\,l}{v_0}$　カ　$\dfrac{2\sqrt{2}\,l}{v_0}$

(3)　ア　$\dfrac{gl^2}{2{v_0}^2}$　イ　$\dfrac{gl^2}{{v_0}^2}$　ウ　$l\left(1-\dfrac{gl}{2{v_0}^2}\right)$

エ　$l\left(1-\dfrac{gl}{{v_0}^2}\right)$　オ　$l\left(1-\dfrac{2gl}{{v_0}^2}\right)$　カ　$l\left(1+\dfrac{gl}{{v_0}^2}\right)$

(4)　ア　$\dfrac{m}{2}({v_0}^2+gl)$　イ　$m\left(\dfrac{1}{2}{v_0}^2+gl\right)$　ウ　$m({v_0}^2+gl)$

エ　$m\left({v_0}^2+\dfrac{1}{2}gl\right)$　オ　$m\left(\dfrac{1}{2}v_0+gl\right)$　カ　$m(v_0+gl)$

(5)　ア　$\dfrac{1}{8}mgl$　イ　$\dfrac{1}{4}mgl$　ウ　$\dfrac{3}{8}mgl$　エ　$\dfrac{1}{2}mgl$　オ　$\dfrac{5}{8}mgl$　カ　mgl

(6)　ア　$\dfrac{m\sqrt{gl}}{4}$　イ　$\dfrac{m\sqrt{gl}}{2}$　ウ　$m\sqrt{\dfrac{gl}{2}}$

エ　$m\sqrt{gl}$　オ　$m\sqrt{2gl}$　カ　$2m\sqrt{gl}$

(7)　ア　$\dfrac{\sqrt{3}}{2}l$　イ　$\sqrt{3}\,l$　ウ　$2l$

エ　$\dfrac{1+\sqrt{3}}{2}l$　オ　$\dfrac{2+\sqrt{2}}{2}l$　カ　$\dfrac{2+\sqrt{3}}{2}l$

(8)　ア　$\sqrt{gl}$　イ　$\sqrt{2gl}$　ウ　$\sqrt{3gl}$

エ　$2\sqrt{gl}$　オ　$2\sqrt{2gl}$　カ　$4\sqrt{gl}$

2 以下の文章中の空欄1～7にあてはまる最も適当な文字式や数値，語句を解答群(a)から，空欄8～11にあてはまる最も適当な文字式や語句を解答群(b)から，それぞれ1つずつ選び解答用紙にマークせよ。

(a) 図2―1は，ある単原子分子理想気体の絶対温度T〔K〕を横軸に，体積V〔m^3〕を縦軸にとったグラフであり，A, B, Cはそれぞれ$(T_0,\ V_0)$，$(T_0,\ 3V_0)$，$(3T_0,\ 3V_0)$の座標で示された，気体の3つの状態を表している。ここで，気体の状態をA→B→C→Aの順に変化させた場合を考えよう。このサイクルで，A→Bは等温変化，B→Cは定積変化，C→Aは定圧変化である。したがって，Aでの気体の圧力をp_0〔Pa(＝N/m^2)〕とおくとき，Bでの気体の圧力は **1** 〔Pa〕となる。

A→Bの過程における気体の内部エネルギーの変化は， **2** 〔J〕である。また，B→Cの過程における気体の内部エネルギーの変化は **3** 〔J〕であり，この過程で気体が外部から受け取る熱量は **4** 〔J〕である。さらに，C→Aの過程における気体の内部エネルギーの変化は **5** 〔J〕であり，この過程で気体が外部から受け取る熱量は **6** 〔J〕である。このとき，A→B→C→Aの1つのサイクルで気体が外部に対して行う仕事の和は，正，負，0の値のうち， **7** の値となる。

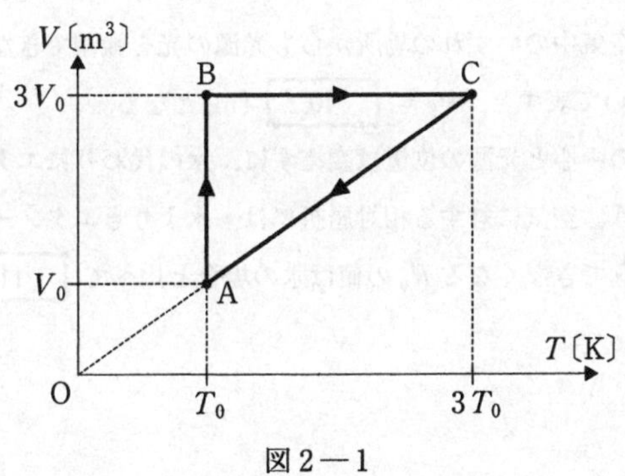

図2―1

解答群(a)

1　ア　$\frac{1}{3}p_0$　　イ　$\frac{1}{2}p_0$　　ウ　p_0　　エ　$2p_0$　　オ　$3p_0$

2 ア　$-5p_0V_0$　イ　$-3p_0V_0$　ウ　0　エ　$3p_0V_0$　オ　$5p_0V_0$

3 ア　$-5p_0V_0$　イ　$-3p_0V_0$　ウ　0　エ　$3p_0V_0$　オ　$5p_0V_0$

4 ア　$-5p_0V_0$　イ　$-3p_0V_0$　ウ　0　エ　$3p_0V_0$　オ　$5p_0V_0$

5 ア　$-5p_0V_0$　イ　$-3p_0V_0$　ウ　0　エ　$3p_0V_0$　オ　$5p_0V_0$

6 ア　$-5p_0V_0$　イ　$-3p_0V_0$　ウ　0　エ　$3p_0V_0$　オ　$5p_0V_0$

7 ア　正　イ　負　ウ　0

(b)　図2―2のように，光を通さない半径R〔m〕の薄い円板を，水が入った十分に広いプールの水面に浮かべて静止させ，円板の中心から鉛直方向に深さh〔m〕の位置に小球型の光源を固定した。空気に対する水の相対屈折率を$\frac{4}{3}$とし，水中を進む光の速さをc_0〔m/s〕とおくと，空気中を進む光の速さは **8** 〔m/s〕となる。また，水中を進む光の波長をλ_0〔m〕とおくと，空気中を進む光の波長は **9** 〔m〕となる。

ここで，円板の半径Rを徐々に大きくしていくと，RがR_0〔m〕に達したときにはじめて，空気中のいずれの場所からも光源の光を観測できなくなった。このR_0を，hを用いて表すと，$R_0=$ **10** 〔m〕となる。

次に，円板の中心と光源の位置は変えずに，水の代わりにエタノールを用いた場合を考えよう。空気に対する相対屈折率は，水よりもエタノールの方が大きいので，光を観測できなくなるR_0の値は水の場合と比べて **11** といえる。

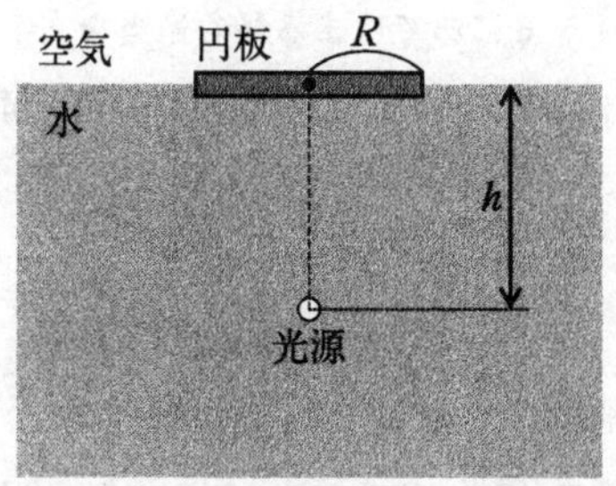

図 2 — 2

解答群(b)

8　ア　$\frac{3}{8}c_0$　　イ　$\frac{3}{4}c_0$　　ウ　c_0　　エ　$\frac{4}{3}c_0$　　オ　$\frac{8}{3}c_0$

9　ア　$\frac{3}{8}\lambda_0$　　イ　$\frac{3}{4}\lambda_0$　　ウ　λ_0　　エ　$\frac{4}{3}\lambda_0$　　オ　$\frac{8}{3}\lambda_0$

10　ア　$\frac{\sqrt{7}}{3}h$　　イ　$\frac{2\sqrt{7}}{5}h$　　ウ　h　　エ　$\frac{5\sqrt{7}}{14}h$　　オ　$\frac{3\sqrt{7}}{7}h$

11　ア　大きくなる　　イ　小さくなる　　ウ　変わらない

3　以下の文章中の空欄1～6にあてはまる最も適当な文字式や文字を解答群(a)から，空欄7～13にあてはまる最も適当な文字式や数値を解答群(b)から，それぞれ1つずつ選び解答用紙にマークせよ。

(a)　図3―1のように，真空中で，十分に広い金属板A，Bを間隔dで平行に置き，起電力がVの電池につなぐ。金属板Aを接地すると，Aの電位は0となり，金属板間には一様な電界(電場)ができた。このとき，金属板Aからの距離が$\frac{d}{4}$である金属板間の点Pにおける電界の強さは［1］，向きは［2］である。また，点Pの電位は［3］となる。

次に，点Pの位置に，質量がm，電気量が$-q\ (q>0)$の点電荷を静止させておいた。この点電荷が受ける静電気力の大きさは［4］である。さらに点電荷を静かに放すと，点電荷は静電気力だけを受けて，点Pから金属板Bまで運動した。このとき，電界が点電荷にした仕事は［5］となり，金属板Bに到達する直前の点電荷の速さは［6］となる。

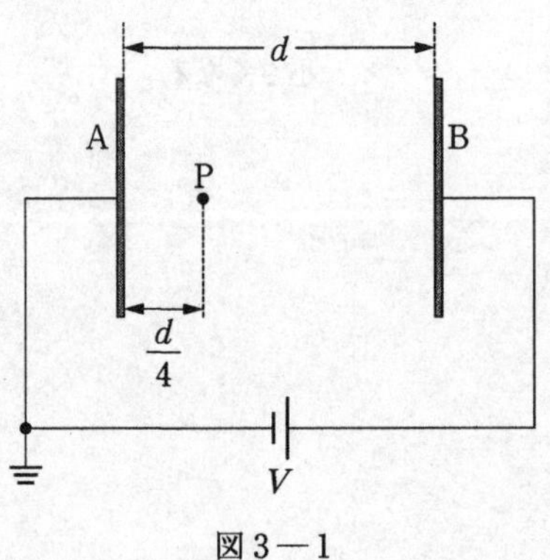

図3―1

解答群(a)

1　ア　$\frac{V}{4d}$　　イ　$\frac{3V}{4d}$　　ウ　$\frac{V}{d}$　　エ　$\frac{4V}{3d}$　　オ　$\frac{4V}{d}$

2　ア　A→B　　イ　B→A

3　ア　$\dfrac{V}{4}$　イ　$\dfrac{3V}{4}$　ウ　V　エ　$\dfrac{4V}{3}$　オ　$4V$

4　ア　$\dfrac{qV}{4}$　イ　$\dfrac{3qV}{4}$　ウ　$\dfrac{qV}{d}$　エ　$\dfrac{4qV}{3d}$　オ　$\dfrac{4qV}{d}$

5　ア　$\dfrac{qV}{16}$　イ　$\dfrac{3qV}{16}$　ウ　$\dfrac{qV}{4}$　エ　$\dfrac{3qV}{4}$　オ　qV

6　ア　$\dfrac{qV}{4m}$　イ　$\dfrac{3qV}{8m}$　ウ　$\dfrac{3qV}{4m}$　エ　$\sqrt{\dfrac{qV}{2m}}$　オ　$\sqrt{\dfrac{3qV}{2m}}$

(b)　図3―2のような電流－電圧特性をもつ電球がある。この電球と，電池E，抵抗R_1，R_2，コンデンサーC，スイッチSを図3―3のように接続した。Eの起電力は8.0V，R_1，R_2の抵抗値はそれぞれ40Ω，10Ω，Cの電気容量は4.0×10^{-6}Fである。はじめSは開いており，Cには電荷が蓄えられていないものとする。また，Eの内部抵抗はないものとする。

この状態からSをa側に閉じて十分に時間が経過した。電球に流れる電流をI〔A〕，電球にかかる電圧をV〔V〕とする。このとき，R_2に流れる電流は，Vを用いて［ 7 ］〔A〕と表される。また，キルヒホッフの第2法則より［ 8 ］という関係式が成り立つ。この式と図3―2より，電球に流れる電流は［ 9 ］Aであることがわかる。

次に，Sをb側に閉じて十分に時間が経過した。このとき，R_1に流れる電流は［ 10 ］Aとなり，R_1で消費される電気エネルギーは1秒間あたり［ 11 ］Jであることがわかる。また，Cに蓄えられている電気量は［ 12 ］C，静電エネルギーは［ 13 ］Jである。

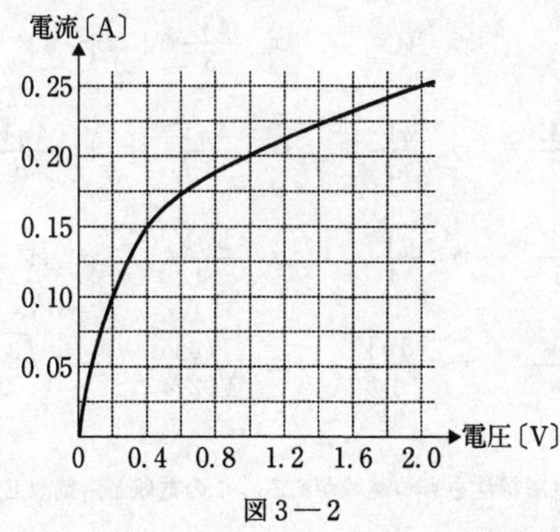

図3－2

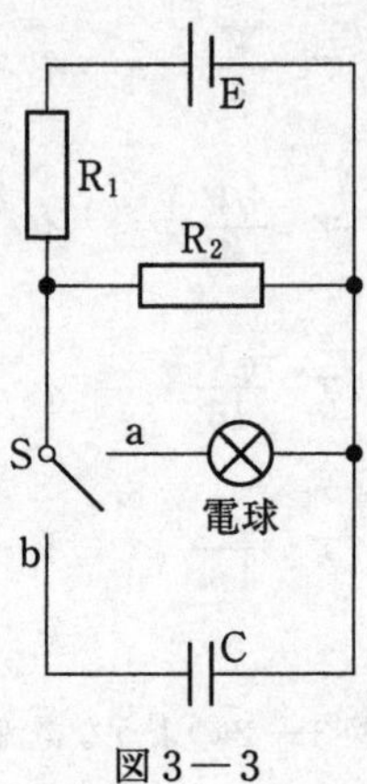

図3－3

解答群(b)

7　ア　$\dfrac{10}{V}$　　イ　$\dfrac{40}{V}$　　ウ　$\dfrac{V}{40}$　　エ　$\dfrac{V}{20}$　　オ　$\dfrac{V}{10}$

8　ア　$8.0I = 3.0V$　　イ　$80I + 5.0V = 20$
ウ　$10I + 5.0V = 8.0$　　エ　$40I + V = 8.0$
オ　$40I + 5.0V = 8.0$

9　ア　0.05　　イ　0.10　　ウ　0.15　　エ　0.20　　オ　0.40

10　ア　0　　イ　0.16　　ウ　0.20　　エ　5.0　　オ　6.3

11　ア　0.26　　イ　0.51　　ウ　0.80　　エ　1.0　　オ　1.6

12　ア　5.1×10^{-6}　　イ　6.4×10^{-6}　　ウ　8.0×10^{-6}
エ　2.6×10^{-5}　　オ　8.2×10^{-5}

13　ア　5.1×10^{-6}　　イ　6.4×10^{-6}　　ウ　8.0×10^{-6}
エ　2.6×10^{-5}　　オ　8.2×10^{-5}

化学

（70分）

［注意］

⑴ 問題は，**1** から **5** までであり，さらにそれぞれの問題に複数の設問がある。すべての設問に答えよ。

⑵ 解答は，解答用紙の指定された欄にマークせよ。

⑶ 実在気体とことわりがない限り，気体は理想気体として扱うものとする。

⑷ ことわりがない限り，標準状態は0℃，1気圧(1013 hPa)とする。

⑸ 必要があれば次の値を用いよ。

気体定数：使う単位によって値が異なるので，注意すること。

$R = 8.3\ \mathrm{J/(mol \cdot K)}$

$R = 8.3\ \mathrm{Pa \cdot m^3/(mol \cdot K)}$

$R = 8.3 \times 10^3\ \mathrm{Pa \cdot L/(mol \cdot K)}$

$R = 83\ \mathrm{hPa \cdot L/(mol \cdot K)}$

アボガドロ定数：$N_A = 6.0 \times 10^{23}/\mathrm{mol}$

水のイオン積：$K_W = 1.0 \times 10^{-14}\ \mathrm{mol^2/L^2}$　(25℃)

ファラデー定数：$F = 9.65 \times 10^4\ \mathrm{C/mol}$

原子量：H 1.0　C 12　N 14　O 16

Na 23　Si 28　P 31　S 32

Cl 35.5　Br 80

1 次の問(1)〜(7)に答えよ。

問(1)　水素化合物CH_4，SiH_4，NH_3，PH_3について，沸点が高い化合物から低い化合物へと順に並べたものはどれか。次の(ア)〜(ク)の中から一つ選べ。

(ア)　$CH_4 > SiH_4 > NH_3 > PH_3$　　(イ)　$CH_4 > NH_3 > SiH_4 > PH_3$

(ウ)　$PH_3 > NH_3 > SiH_4 > CH_4$　　(エ)　$PH_3 > SiH_4 > NH_3 > CH_4$

(オ)　$PH_3 > SiH_4 > CH_4 > NH_3$　　(カ)　$NH_3 > PH_3 > CH_4 > SiH_4$

(キ)　$NH_3 > PH_3 > SiH_4 > CH_4$　　(ク)　$NH_3 > SiH_4 > PH_3 > CH_4$

問(2)　次の(ア)〜(ク)の分子のうち，分子1個の持つ非共有電子対の数が最も多い分子を一つ選べ。

(ア)　二酸化炭素　　(イ)　グリセリン　　(ウ)　酢　酸

(エ)　乳　酸　　(オ)　マレイン酸　　(カ)　塩　素

(キ)　塩化水素　　(ク)　水

問(3)　硫化ヒ素のコロイドは，疎水コロイドである。硫化ヒ素のコロイド溶液に直流電圧をかけて電気泳動を行うと，コロイドが陽極へ移動する。硫化ヒ素のコロイド溶液に電解質を加えるとき，最も少ない物質量で沈殿を生成する電解質はどれか。次の(ア)〜(キ)の中から一つ選べ。

(ア)　$NaCl$　　(イ)　$NaNO_3$　　(ウ)　Na_2SO_4　　(エ)　$MgCl_2$

(オ)　$CaCl_2$　　(カ)　$Al(NO_3)_3$　　(キ)　Na_3PO_4

問(4)　ベンゼンの凝固点は5.533℃である。ベンゼン100gにナフタレンを溶かしたベンゼン溶液の凝固点を測定したところ，その凝固点は5.277℃となった。ベンゼン100gに溶かしたナフタレンの質量は何gか。最も近い数値を次の(ア)〜(ク)の中から一つ選べ。ただし，ベンゼンのモル凝固点降下は5.12K･kg/molとする。

(ア)　0.320　　(イ)　0.390　　(ウ)　0.480　　(エ)　0.512

(オ)　0.640　　(カ)　0.780　　(キ)　1.17　　(ク)　1.28

問(5) 質量パーセント濃度0.24%の酢酸水溶液の25℃におけるpHを求めよ。最も近い数値を次の(ア)〜(ク)の中から一つ選べ。ただし，酢酸水溶液の密度は1.0 g/cm^3，25℃における酢酸の電離定数は$K_a = 2.7 \times 10^{-5}$ mol/Lとし，酢酸の電離度は1に比べてきわめて小さいとする。必要ならば，$\log_{10}2 = 0.30$，$\log_{10}3 = 0.48$を用いよ。

(ア) 2.74　(イ) 2.98　(ウ) 3.22　(エ) 3.52
(オ) 4.00　(カ) 4.30　(キ) 4.78　(ク) 5.02

問(6) ある一定温度のもとで，濃度1.00 mol/Lの過酸化水素水200 mLに少量の酸化マンガン(Ⅳ)を加えたところ，酸素が発生した。反応開始から30秒間の過酸化水素の平均分解速度が5.0×10^{-3} mol/(L·s)のとき，反応開始から30秒間の間に発生した酸素の体積は標準状態で何mLか。最も近い数値を次の(ア)〜(ク)の中から一つ選べ。ただし，反応中の水溶液の体積は一定であり，発生した酸素は水に溶けないものとする。

(ア) 168　(イ) 244　(ウ) 280　(エ) 336
(オ) 448　(カ) 504　(キ) 672　(ク) 840

問(7) 分子式が$C_8H_{10}O$で表される化合物の構造異性体のうち，フェノール類は何種類あるか。次の(ア)〜(ク)の中から一つ選べ。

(ア) 2　(イ) 3　(ウ) 4　(エ) 5
(オ) 6　(カ) 7　(キ) 8　(ク) 9

2 次の問(1), (2)に答えよ。

問(1) 次の文章を読んで，(1)〜(4)に答えよ。ただし，臭化ナトリウムの結晶中で，陽イオンと陰イオンは互いに接する球とする。また，必要ならば $5.96^3 = 212$ を用いよ。

臭化ナトリウムの結晶は塩化ナトリウム型の結晶構造をとる。臭化ナトリウムの結晶の単位格子の一辺の長さは0.596 nmである。

(1) 臭化ナトリウムの結晶で，1個の陽イオンに接している陰イオンの数(配位数)はいくつか。次の(ア)〜(ク)の中から一つ選べ。

(ア) 1　(イ) 2　(ウ) 3　(エ) 4
(オ) 5　(カ) 6　(キ) 7　(ク) 8

(2) 臭化ナトリウムの結晶で，ナトリウムイオンのイオン半径を0.116 nmとすると，臭化物イオンのイオン半径は何nmか。最も近い数値を，次の(ア)〜(ク)の中から一つ選べ。

(ア) 0.167　(イ) 0.182　(ウ) 0.212　(エ) 0.254
(オ) 0.298　(カ) 0.301　(キ) 0.325　(ク) 0.436

(3) 臭化ナトリウムの結晶の密度は何 g/cm^3 か。最も近い数値を，次の(ア)〜(ク)の中から一つ選べ。

(ア) 0.80　(イ) 1.2　(ウ) 1.6　(エ) 2.2
(オ) 2.5　(カ) 2.8　(キ) 3.2　(ク) 3.6

(4) NaF, NaCl, MgO, CaOの結晶は，いずれも塩化ナトリウム型の結晶構造をとる。これらの結晶について，融点が高い結晶から低い結晶へ順に並べたものはどれか。次の(ア)〜(ク)の中から一つ選べ。

(ア) NaF > NaCl > MgO > CaO　(イ) NaCl > NaF > MgO > CaO
(ウ) NaF > NaCl > CaO > MgO　(エ) NaCl > NaF > CaO > MgO

(オ) $MgO > CaO > NaF > NaCl$　(カ) $CaO > MgO > NaF > NaCl$

(キ) $MgO > CaO > NaCl > NaF$　(ク) $CaO > MgO > NaCl > NaF$

問(2) 次の文章を読んで(1)～(3)に答えよ。ただし，水の蒸気圧は27℃で3.6×10^3 Pa，127℃で2.5×10^5 Paとする。また，容器内の水への気体の溶解と，液体の体積は無視できるものとする。

温度27℃，圧力1.0×10^5 Paで体積が9.0Lの酸素と，温度27℃，圧力1.0×10^5 Paで体積が6.0Lの水素を，温度27℃のもとで容積が10Lの密閉容器に入れた。そしてこの容器内で電気火花を飛ばし，水素を完全に燃焼させてから容器内の温度を27℃にし，時間が十分に経過すると，容器内の気体の全圧は［(a)］Paとなり，<u>容器内に水滴が見られた</u>。その後，容器内の温度を127℃にすると，容器内の気体の全圧は［(b)］Paとなった。

(1) 空欄(a)に当てはまる最も近い数値を，次の(ア)～(ク)の中から一つ選べ。

(ア) 3.6×10^3　(イ) 7.2×10^3　(ウ) 1.4×10^4

(エ) 3.4×10^4　(オ) 5.4×10^4　(カ) 6.4×10^4

(キ) 9.4×10^4　(ク) 1.0×10^5

(2) 下線部の容器内の水滴（液体の水）の質量は何gか。最も近い数値を，次の(ア)～(ク)の中から一つ選べ。

(ア) 1.2　(イ) 1.8　(ウ) 2.2　(エ) 2.6

(オ) 3.1　(カ) 3.5　(キ) 4.1　(ク) 4.3

(3) 空欄(b)に当てはまる最も近い数値を，次の(ア)～(ク)の中から一つ選べ。

(ア) 8.0×10^4　(イ) 1.0×10^5　(ウ) 1.2×10^5

(エ) 1.4×10^5　(オ) 1.6×10^5　(カ) 1.8×10^5

(キ) 2.0×10^5　(ク) 2.2×10^5

3 次の文章(A)と(B)を読んで問(1)～(7)に答えよ。ただし，文章中において，窒素，水素，アンモニアはすべて気体として存在するものとする。

(A)　窒素と水素が反応してアンモニアが生成する反応は可逆反応であり，その平衡は式(3-1)のように表される。そして，式(3-1)の正反応の熱化学方程式は式(3-2)のように表される。

$N_2 + 3H_2 \rightleftarrows 2NH_3$　…(3-1)

N_2(気) + $3H_2$(気) = $2NH_3$(気) + [(a)] kJ　…(3-2)

(B)　窒素10.0 molと水素25.0 molを容積10.0 Lの容器に入れ，ある一定温度に保ったところ平衡に達し，容器中のアンモニアの体積百分率は40 %となった。この平衡状態で容器中に存在する気体の合計の物質量は [(b)] molであり，この平衡状態の濃度平衡定数 K_c は，[(c)] $(mol/L)^{-2}$ である。

問(1)　窒素，水素，アンモニアのモル濃度をそれぞれ $[N_2]$，$[H_2]$，$[NH_3]$ とすると，式(3-1)の可逆反応の濃度平衡定数 K_c はどのような式で表されるか。次の(ア)～(ク)の中から一つ選べ。

(ア) $\frac{[NH_3]}{[N_2][H_2]}$　(イ) $\frac{[N_2][H_2]}{[NH_3]}$　(ウ) $\frac{[NH_3]^3}{[N_2][H_2]^2}$

(エ) $\frac{[N_2][H_2]^2}{[NH_3]^3}$　(オ) $\frac{[NH_3]^2}{[N_2][H_2]^3}$　(カ) $\frac{[N_2][H_2]^3}{[NH_3]^2}$

(キ) $\frac{[NH_3]^3}{[N_2][H_2]^3}$　(ク) $\frac{[N_2][H_2]^3}{[NH_3]^3}$

問(2)　N≡N結合，H-H結合，N-H結合の結合エネルギーをそれぞれ946 kJ/mol，436 kJ/mol，391 kJ/molとしたとき，空欄(a)に当てはまる最も近い数値を，次の(ア)～(ク)の中から一つ選べ。

(ア) －184　(イ) －119　(ウ) －92　(エ) －46
(オ) 46　(カ) 92　(キ) 119　(ク) 184

問(3)　理想気体の状態方程式が成り立つとき，式(3-1)の可逆反応の圧平衡定数 K_p は，濃度平衡定数 K_c，気体定数 R，絶対温度 T を用いて，どのような式で表されるか。次の(ア)〜(ク)の中から一つ選べ。

(ア)　K_cRT　(イ)　$K_c(RT)^{-1}$　(ウ)　$K_c(RT)^2$　(エ)　$K_c(RT)^{-2}$

(オ)　$K_c^{-1}RT$　(カ)　$K_c^{-1}(RT)^{-1}$　(キ)　$K_c^{-1}(RT)^2$　(ク)　$K_c^{-1}(RT)^{-2}$

問(4)　式(3-1)の可逆反応が平衡状態にあるとき，温度，圧力とアンモニアの生成量との関係を正しく表したグラフはどれか。最も適切なものを次の(ア)〜(カ)の中から一つ選べ。

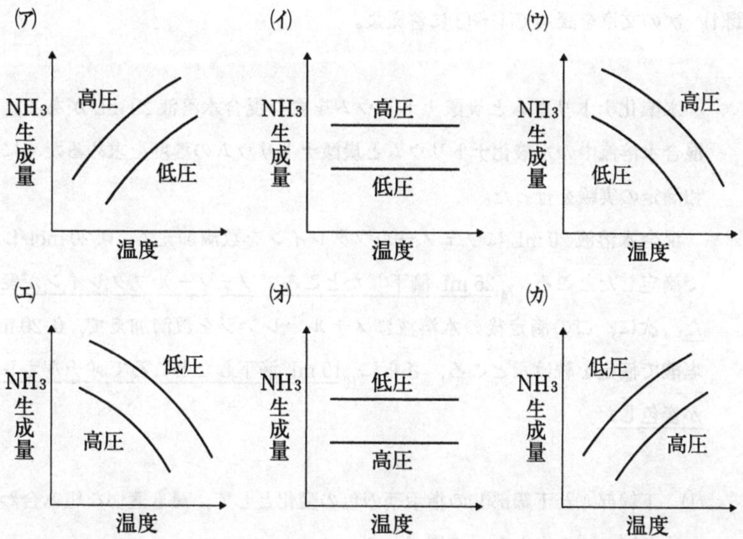

問(5)　空欄(b)に当てはまる最も近い数値を，次の(ア)〜(ク)の中から一つ選べ。

(ア)　18　(イ)　20　(ウ)　22　(エ)　25

(オ)　28　(カ)　30　(キ)　32　(ク)　35

問(6)　空欄(c)に当てはまる最も近い数値を，次の(ア)〜(ク)の中から一つ選べ。

(ア)　0.020　(イ)　0.040　(ウ)　0.050　(エ)　0.10

(オ)　0.20　(カ)　0.50　(キ)　1.0　(ク)　2.0

問(7)　四酸化三鉄を主成分とする触媒を用いて，窒素と水素からアンモニアを合成する工業的製法は何というか。最も適切な語句を次の(ア)〜(ク)の中から一つ選べ。

(ア)　ハーバー・ボッシュ法　　(イ)　テルミット法　　(ウ)　モール法

(エ)　接触法　　(オ)　ホール・エルー法　　(カ)　クメン法

(キ)　ソルベー法　　(ク)　オストワルト法

4　次の問(1)，(2)に答えよ。

問(1)　次の文章を読んで(1)〜(3)に答えよ。

水酸化ナトリウムと炭酸ナトリウムを含む混合水溶液 20 mL がある。この混合水溶液中の水酸化ナトリウムと炭酸ナトリウムの濃度を求めるために，中和滴定の実験を行った。

混合水溶液 20 mL にフェノールフタレインを数滴加えて，0.20 mol/L 塩酸で滴定したところ，(A)25 mL 滴下したところでフェノールフタレインが変色した。次に，この滴定後の水溶液にメチルオレンジを数滴加えて，0.20 mol/L 塩酸で滴定を続けたところ，さらに(B)10 mL 滴下したところでメチルオレンジが変色した。

(1)　下線部(A)と下線部(B)の指示薬の色の変化として，最も適切な組み合わせを次の(ア)〜(コ)の中から一つ選べ。

	(A)	(B)
(ア)	赤　色→黄　色	黄　色→赤　色
(イ)	赤　色→黄　色	赤　色→無　色
(ウ)	黄　色→赤　色	赤　色→黄　色
(エ)	黄　色→赤　色	赤　色→無　色
(オ)	赤　色→無　色	赤　色→黄　色
(カ)	赤　色→無　色	黄　色→赤　色
(キ)	赤　色→無　色	無　色→赤　色
(ク)	無　色→赤　色	赤　色→黄　色
(ケ)	無　色→赤　色	黄　色→赤　色
(コ)	無　色→赤　色	赤　色→無　色

(2)　滴定前の混合水溶液中の水酸化ナトリウムの濃度は何 mol/L か。最も近い数値を，次の(ア)～(ク)の中から一つ選べ。

(ア)　0.10　　(イ)　0.15　　(ウ)　0.20　　(エ)　0.25
(オ)　0.30　　(カ)　0.35　　(キ)　0.40　　(ク)　0.45

(3)　滴定前の混合水溶液 20 mL 中に含まれていた炭酸ナトリウムの質量は何 g か。最も近い数値を，次の(ア)～(ク)の中から一つ選べ。

(ア)　0.085　　(イ)　0.11　　(ウ)　0.15　　(エ)　0.17
(オ)　0.21　　(カ)　0.25　　(キ)　0.32　　(ク)　0.42

問(2)　次の文章(A)と(B)を読んで(1)～(5)に答えよ。

(A)　窒素の酸化物である一酸化窒素は［(a)］の気体である。一酸化窒素の実験室的製法では，銅と［①］硝酸を反応させて，発生した気体を［②］により捕集する(式(4-1))。

$\boxed{x}\ Cu + \boxed{y}\ HNO_3 \longrightarrow \boxed{z}\ Cu(NO_3)_2 + 4\,H_2O + 2\,NO$　…(4-1)

一方，二酸化窒素は［(b)］の気体である。二酸化窒素の実験室的製法では，銅と［③］硝酸を反応させて，発生した気体を［④］により捕集する。二酸化窒素は常温において，一部が［(c)］の四酸化二窒素となる。

(B)　次亜塩素酸，亜塩素酸，塩素酸，過塩素酸のうち，酸性が最も弱いオキソ酸の塩素原子の酸化数は［(d)］である。

(1)　空欄(a)〜(c)に当てはまる最も適切な色の組み合わせを，次の(ア)〜(ク)の中から一つ選べ。

	(a)	(b)	(c)
(ア)	赤褐色	赤褐色	赤褐色
(イ)	赤褐色	赤褐色	無　色
(ウ)	赤褐色	無　色	赤褐色
(エ)	赤褐色	無　色	無　色
(オ)	無　色	赤褐色	赤褐色
(カ)	無　色	赤褐色	無　色
(キ)	無　色	無　色	赤褐色
(ク)	無　色	無　色	無　色

(2)　空欄①と②に当てはまる最も適切な語句の組み合わせを，次の(ア)〜(カ)の中から一つ選べ。

	①	②
(ア)	濃	上方置換
(イ)	濃	下方置換
(ウ)	濃	水上置換
(エ)	希	上方置換
(オ)	希	下方置換
(カ)	希	水上置換

(3)　空欄③と④に当てはまる最も適切な語句の組み合わせを，次の(ア)〜(カ)の中

から一つ選べ。

	③	④
(ア)	濃	上方置換
(イ)	濃	下方置換
(ウ)	濃	水上置換
(エ)	希	上方置換
(オ)	希	下方置換
(カ)	希	水上置換

(4)　空欄 x と y に当てはまる数字を次の(ア)～(コ)の中からそれぞれ一つずつ選べ。

(ア)　1　　(イ)　2　　(ウ)　3　　(エ)　4　　(オ)　5
(カ)　6　　(キ)　7　　(ク)　8　　(ケ)　9　　(コ)　10

(5)　空欄(d)に当てはまる数値を次の(ア)～(ク)の中から一つ選べ。

(ア)　−1　　(イ)　+1　　(ウ)　+2　　(エ)　+3
(オ)　+4　　(カ)　+5　　(キ)　+6　　(ク)　+7

5 次の文章(A)と(B)を読んで問(1)〜(7)に答えよ。

(A) 天然ゴム(生ゴム)の原料は，ゴムの木から採取される [(a)] と呼ばれる乳白色の樹液である。天然ゴムの主成分は [(b)] が付加重合した構造をもつ [(c)] である。天然ゴムの [(c)] は，C＝C 結合の部分がすべてシス型であり，ゴム弾性を持つ。一方，C＝C 結合の部分がすべてトランス型の構造を持つ [(c)] は [(d)] と呼ばれ，弾性に乏しい硬いプラスチック状の物質である。

天然ゴムに [(e)] を数％加えて加熱しながら練り合わせると，ゴム分子のところどころに [(e)] 原子による架橋構造が生じて，弾性，強度，耐久性などが向上した弾性ゴムが得られる。また，天然ゴムに [(e)] を30〜50％加えて長時間加熱すると， [(f)] と呼ばれる黒色の硬いプラスチック状の物質が得られる。

(B) スチレンと1,3-ブタジエンを共重合させると，スチレン－ブタジエンゴム(SBR)が得られる。スチレンと1,3-ブタジエンが2：3の物質量の比で共重合したSBRの分子量が8.88×10^4のとき，SBR一分子中に含まれるベンゼン環の数は [(g)] 個である。

問(1) 空欄(a)に当てはまる最も適切な語句を次の(ア)〜(ク)の中から一つ選べ。

(ア) ε-カプロラクタム　(イ) ラクトース
(ウ) アルブミン　(エ) モルタル
(オ) アルマイト　(カ) ルシフェリン
(キ) シクロデキストリン　(ク) ラテックス

問(2) 空欄(b)に当てはまる化合物の分子式を次の(ア)〜(ク)の中から一つ選べ。

(ア) C_2H_2　(イ) C_2H_4　(ウ) C_3H_6　(エ) C_4H_6
(オ) C_4H_8　(カ) C_5H_8　(キ) C_6H_8　(ク) C_8H_8

問(3) 空欄(c)に当てはまる最も適切な語句を次の(ア)〜(ク)の中から一つ選べ。

(ア)　ポリエチレン　(イ)　ポリスチレン
(ウ)　ポリイソプレン　(エ)　ポリエステル
(オ)　ポリアセチレン　(カ)　ポリフェノール
(キ)　ポリブタジエン　(ク)　ポリクロロプレン

問(4)　空欄(d)に当てはまる最も適切な語句を次の(ア)〜(ク)の中から一つ選べ。

(ア)　グタペルカ(グッタペルカ)　(イ)　ノボラック
(ウ)　クメン　(エ)　レゾール
(オ)　インジゴ　(カ)　グラフェン
(キ)　メラミン　(ク)　スクロース

問(5)　空欄(e)に当てはまる最も適切な元素名を次の(ア)〜(ク)の中から一つ選べ。

(ア)　ホウ素　(イ)　炭　素
(ウ)　窒　素　(エ)　フッ素
(オ)　ケイ素　(カ)　リ　ン
(キ)　硫　黄　(ク)　ヨウ素

問(6)　空欄(f)に当てはまる最も適切な語句を次の(ア)〜(ク)の中から一つ選べ。

(ア)　アラミド　(イ)　アセテート
(ウ)　ハイアット　(エ)　テルミット
(オ)　ボーキサイト　(カ)　ベークライト
(キ)　エボナイト　(ク)　ゼオライト

問(7)　空欄(g)に当てはまる最も近い数値を，次の(ア)〜(ク)の中から一つ選べ。

(ア)　120　(イ)　180　(ウ)　240　(エ)　300
(オ)　360　(カ)　480　(キ)　540　(ク)　600

■生物■

（70分）

1 次の文章を読み，問いに答えよ。

生物は，[A] からさまざまな影響を受けて生活している。ゾウリムシなどの単細胞生物では，細胞が [A] と接しており，そこで直接物質のやりとりをおこなっている。

一方，ヒトを含む多くの動物では，からだの表面をおおう皮膚などの一部の細胞が [A] と接しているだけで，それ以外の細胞は体内の液体に浸されている。この液体を体液といい，細胞は体液との間で物質のやりとりをおこなっている。体液は細胞をとり巻いており，細胞にとってある種（しゅ）の環境であるとみなすことができる。

動物の細胞は，活動に必要な [B] や栄養分を体液からとり入れ，活動によって生じた [C] や老廃物を体液の中に放出している。そのため，体液の成分は常に変動している。しかし，その変化は，各器官系のはたらきによって一定の範囲内に保たれている。体液は<u>循環系によって体内をめぐり</u>[a]，体外からとり入れた [B] や栄養分を全身の細胞へ運ぶ。また，細胞から出された [C] や<u>老廃物を，呼吸系や排出系を通じて体外へ放出する</u>[b]。

動物では，これらのはたらきやしくみによって，[D] の状態を一定に保ち，安定した生命活動を維持しており，これを [E] という。

問 1　文章中の空欄 [A] ～ [E] に入る語として最も適切なものはどれか。次の(ア)～(カ)のうちからそれぞれ一つずつ選べ。

(ア)　復元力(レジリエンス)　　(イ)　二酸化炭素　　(ウ)　体内環境

(エ)　恒常性(ホメオスタシス)　　(オ)　体外環境　　(カ)　酸　素

問 2　ヒトの体液を構成する液体成分のうち，組織液に関する記述として，**誤っているもの**はどれか。次の(ア)～(エ)のうちから一つ選べ。

(ア)　組織液は，血小板が毛細血管からしみ出したもので，組織の細胞をとり巻いている。

(イ)　組織液は，［ B ］や栄養分を細胞に与え，［ C ］や老廃物を細胞から受けとる。

(ウ)　組織液の大部分は，再び毛細血管内にもどる。

(エ)　組織液の一部は，リンパ管内に入ってリンパ液となる。

問 3　文章中の下線部 a に関する記述として，**誤っているもの**はどれか。次の(ア)～(エ)のうちから一つ選べ。

(ア)　ヒトの場合，左心室から出た血液は肺に送られ，肺から右心房に戻った血液は右心室から全身へと送られ，左心房に戻る。

(イ)　魚類では，心臓から出た血液はえらをとおってから体全体に流れ，静脈を経て心臓に戻る。

(ウ)　ほ乳類や鳥類は，左右の心室が仕切られており，肺循環と体循環が明確に分離されている。

(エ)　昆虫では，心臓から出た血液は動脈の末端から組織のすきまに流れ出し，静脈を経て心臓に戻る。

問 4　文章中の下線部 b に関連し，健康な人の血液中にイヌリンを投与し，血しょう・原尿・尿の成分を調べると，以下の表1のようであった。表中の空欄［ X ］～［ Z ］に入る数字として最も適切なものはどれか。次の(ア)～(シ)のうちからそれぞれ一つずつ選べ。

表1

成分	質量パーセント濃度(%)			濃縮率(b/a)
	血しょう(a)	原尿	尿(b)	
タンパク質	8	X	0	0
グルコース	0.1	0.1	0	0
クレアチニン	0.001	0.001	0.075	75
尿素	0.03	0.03	2	67
尿酸	0.004	0.004	0.05	Y
イヌリン	0.01	Z	1.2	120

(ア)　0　(イ)　0.008　(ウ)　0.01　(エ)　0.08　(オ)　0.1
(カ)　0.8　(キ)　1.25　(ク)　8　(ケ)　12.5　(コ)　100
(サ)　125　(シ)　144

問 5　表1において，1日の尿量が1.5ℓのとき，1日の原尿量は何ℓになるか。次の(ア)〜(ク)のうちから一つ選べ。

(ア)　0.0125ℓ　(イ)　0.8ℓ　(ウ)　1.25ℓ　(エ)　1.5ℓ
(オ)　1.8ℓ　(カ)　80ℓ　(キ)　150ℓ　(ク)　180ℓ

2 次の文章を読み，表2に示した遺伝暗号表をもちいて問いに答えよ。

図1に示した大腸菌のゲノムの塩基配列の一部には，グリセルアルデヒド3-リン酸脱水素酵素Aの遺伝子が存在し，①～⑥は，ゲノムの塩基配列中の特定の配列を示している。まず，転写を開始するためにRNAポリメラーゼがDNAに結合する特定の配列①がある。そして，その3′側に存在する転写開始点から転写がおこなわれる。合成されたmRNAにはリボソームが結合する特定の塩基配列②がある。リボソームが結合した後，最初にあらわれるAUG配列③が開始コドンとなり，翻訳が開始される。mRNA上をリボソームが移動してペプチド鎖が伸長していくが，リボソームが終止コドンであるUAA配列⑥までくると，翻訳が終了する。

表2

1番目の塩基	2番目の塩基 U	C	A	G	3番目の塩基
U	UUU UUC } フェニルアラニン UUA UUG } ロイシン	UCU UCC UCA UCG } セリン	UAU UAC } チロシン UAA UAG } (終止)	UGU UGC } システイン UGA (終止) UGG トリプトファン	U C A G
C	CUU CUC CUA CUG } ロイシン	CCU CCC CCA CCG } プロリン	CAU CAC } ヒスチジン CAA CAG } グルタミン	CGU CGC CGA CGG } アルギニン	U C A G
A	AUU AUC AUA } イソロイシン AUG メチオニン(開始)	ACU ACC ACA ACG } トレオニン	AAU AAC } アスパラギン AAA AAG } リシン	AGU AGC } セリン AGA AGG } アルギニン	U C A G
G	GUU GUC GUA GUG } バリン	GCU GCC GCA GCG } アラニン	GAU GAC } アスパラギン酸 GAA GAG } グルタミン酸	GGU GGC GGA GGG } グリシン	U C A G

```
        転写開始点
        5′-                                                      ①
   1    CTTACGTGAC  TGATTCTAAC  AAAACATTAA  CATTGACAGG  CAAAATTTTG  TCCTATAATT
  61    GATCTCGACG  AAATGGCTGC  ACCTAAATCG  TGATGAAAAT  CACATTTTTA  TCGTAATTGC
 121    CCTTTAAAAT  TCGGGGCGCC  GACCCCATGT  GGTCTCAAGC  CCAAAGGAAG  AGTGAGGCGA
 181    GTCAGTCGCG  TAATGCTTAG  GCACAGGATT  GATTTGTCGC  AATGATTGAC  ACGATTCCGC
 241    TTGACGCTGC  GTAAGGTTTT  TGTAATTTTA  CAGGCAACCT  TTTATTCACT  AACAAATAGC
       ②           ③
 301    AGGAGGAATA  TATGACTATC  AAAGTAGGTA  TCAACGGTTT  TGGCCGTATC  GGTCGCATTG
 361    TTTTCCGTGC  TGCTCAGAAA  CGTTCTGACA  TCGAGATCGT  TGCAATCAAC  GACCTGTTAG
 421    ACGCTGATTA  CATGGCATAC  ATGCTGAAAT  ATGACTCCAC  TCACGGCCGT  TTCGACGGTA
 481    CCGTTGAAGT  GAAAGACGGT  CATCTGATCG  TTAACGGTAA  AAAAATCCGT  GTTACCGCTG
                                ④           ⑤
 541    AACGTGATCC  GGCTAACCTG  AAATGGGACG  AAGTTGGTGT  TGACGTTGTC  GCTGAAGCAA
 601    CTGGTCTGTT  CCTGACTGAC  GAAACTGCTC  GTAAACACAT  CACCGCTGGT  GCGAAGAAAG
 661    TGGTTATGAC  TGGTCCGTCT  AAAGACAACA  CTCCGATGTT  CGTTAAAGGC  GCTAACTTCG
 721    ACAAATATGC  TGGCCAGGAC  ATCGTTTCCA  ACGCTTCCTG  CACCACCAAC  TGCCTGGCTC
 781    CGCTGGCTAA  AGTTATCAAC  GATAACTTCG  GCATCATCGA  AGGTCTGATG  ACCACCGTTC
 841    ACGCTACTAC  CGCTACTCAG  AAAACCGTTG  ATGGCCCGTC  TCACAAAGAC  TGGCGCGGCG
 901    GCCGCGGCGC  TTCCCAGAAC  ATCATCCCGT  CCTCTACCGG  TGCTGCTAAA  GCTGTAGGTA
 961    AAGTACTGCC  AGAACTGAAT  GGCAAACTGA  CTGGTATGGC  GTTCCGCGTT  CCGACCCCGA
1021    ACGTATCTGT  AGTTGACCTG  ACCGTTCGTC  TGGAAAAAGC  TGCAACTTAC  GAGCAGATCA
1081    AAGCTGCCGT  TAAAGCTGCT  GCTGAAGGCG  AAATGAAAGG  CGTTCTGGGC  TACACCGAAG
1141    ATGACGTAGT  ATCTACCGAT  TTCAACGGCG  AAGTTTGCAC  TTCCGTGTTC  GATGCTAAAG
1201    CTGGTATCGC  TCTGAACGAC  AACTTCGTGA  AACTGGTATC  CTGGTACGAC  AACGAAACCG
                                                        ⑥
1261    GTTACTCCAA  CAAAGTTCTG  GACCTGATCG  CTCACATCTC  CAAATAAGTT  GAGATGACAC
1321    TGTGATCTAA  AAAGAGCGAC  TTCGGTCGCT  CTTTTTTTTA  CCTGATAAAA  TGAAGTTAAA
1381    GGACTGCGTC  ATGATTAAGA  AAATTTTTGC  CC-3′
```

図1　大腸菌のゲノムの塩基配列の一部

注意：表2はmRNAの塩基配列に対応するアミノ酸を示したものである。図1の塩基配列はDNAの塩基配列である。

問1　文章中の下線部の配列①の名称として最も適切なものはどれか。次の(ア)～(カ)のうちから一つ選べ。

(ア)　プライマー　　(イ)　プロモーター　　(ウ)　リプレッサー

(エ)　オペレーター　(オ)　アンチコドン　(カ)　エキソン

問2　図1に示す遺伝子からつくられるグリセルアルデヒド3-リン酸脱水素酵素AのN末端のアミノ酸は何か。次の(ア)〜(カ)のうちから一つ選べ。

(ア)　イソロイシン　(イ)　アラニン　(ウ)　リシン
(エ)　チロシン　(オ)　メチオニン　(カ)　グルタミン

問3　図1に示す遺伝子からつくられるグリセルアルデヒド3-リン酸脱水素酵素AのC末端のアミノ酸は何か。次の(ア)〜(カ)のうちから一つ選べ。

(ア)　イソロイシン　(イ)　アラニン　(ウ)　リシン
(エ)　チロシン　(オ)　メチオニン　(カ)　グルタミン

問4　図1に示す遺伝子からつくられるグリセルアルデヒド3-リン酸脱水素酵素Aのアミノ酸の数はいくつか。次の空欄 X 〜 Z にあてはまる数字をマークせよ。ただし十や百の位がない場合は，それぞれの位の空欄に0をマークせよ。

X	Y	Z
百の位	十の位	一の位

問5　図1の④のTGG(コドンではUGG)について考える。この3番目の塩基Gが他の塩基に置換する突然変異が生じたとする。このとき，翻訳されてつくられるタンパク質についての記述として最も適切なものはどれか。次の(ア)〜(カ)のうちから一つ選べ。

(ア)　Tに置換した場合，グリセルアルデヒド3-リン酸脱水素酵素Aのアミノ酸配列は変わらない。

(イ)　Tに置換した場合，グリセルアルデヒド3-リン酸脱水素酵素Aの85番目のアミノ酸がアルギニンに置換したタンパク質がつくられる。

(ウ)　C に置換した場合，84 個のアミノ酸からなるタンパク質がつくられる。

(エ)　C に置換した場合，グリセルアルデヒド 3-リン酸脱水素酵素 A の 85 番目のアミノ酸がアルギニンに置換したタンパク質がつくられる。

(オ)　A に置換した場合，84 個のアミノ酸からなるタンパク質がつくられる。

(カ)　A に置換した場合，グリセルアルデヒド 3-リン酸脱水素酵素 A の 85 番目のアミノ酸がアルギニンに置換したタンパク質がつくられる。

問 6　図 1 の⑤の GTT(コドンでは GUU)について考える。この 1 番目の塩基 G，もしくは 3 番目の塩基 T が他の塩基に置換する突然変異が生じたとする。このとき，翻訳されてつくられるタンパク質についての記述として最も適切なものはどれか。次の(ア)〜(カ)のうちから一つ選べ。

(ア)　1 番目の塩基が T に置換した場合，グリセルアルデヒド 3-リン酸脱水素酵素 A の 88 番目のアミノ酸がバリンに置換したタンパク質がつくられる。

(イ)　1 番目の塩基が C に置換した場合，グリセルアルデヒド 3-リン酸脱水素酵素 A のアミノ酸配列は変わらない。

(ウ)　1 番目の塩基が A に置換した場合，グリセルアルデヒド 3-リン酸脱水素酵素 A のアミノ酸配列は変わらない。

(エ)　3 番目の塩基が C に置換した場合，グリセルアルデヒド 3-リン酸脱水素酵素 A の 88 番目のアミノ酸がアラニンに置換したタンパク質がつくられる。

(オ)　3 番目の塩基が A に置換した場合，グリセルアルデヒド 3-リン酸脱水素酵素 A の 88 番目のアミノ酸がフェニルアラニンに置換したタンパク質がつくられる。

(カ)　3 番目の塩基が G に置換した場合，グリセルアルデヒド 3-リン酸脱水素酵素 A のアミノ酸配列は変わらない。

3 湖沼生態系における物質生産に関する次の文章を読み，問いに答えよ。

富栄養化が進行したある湖沼における光合成速度を測定するために，明暗びん法による以下の実験を試みた。明暗びん法とは，フランびんなどの密閉容器にプランクトンを含む湖水などの試料を入れ，一つを暗所，一つを明所において，一定時間の後，びんの中の溶存酸素濃度を定量して，その差を光合成による酸素発生の目安とする方法である。

【実験方法】

密栓できる透明なガラスびん(フランびん)を6本用意し(びんD_A，びんD_B，びんL_A，びんL_B，びんS_A，びんS_B)，そのうち，びんD_AとびんD_Bについてはアルミ箔で包んで光を完全に遮断した。

気泡が入らないように注意しながら湖沼の表層水(水面下10 cm)を採水し，びんD_A，びんL_A，びんS_Aに注水した。次に採水器をもちいて，湖沼の底層水(水面下5 m)を採水し，表層水と同様にびんD_B，びんL_B，びんS_Bに注水した。びんS_AとびんS_Bについては，注水直後に水中の酸素量(溶存酸素量)を測定した。びんD_AおよびびんL_A，びんD_BおよびびんL_Bをそれぞれひもで結び，湖沼の採水地点にて採水した深度に吊るした(図2)。

湖沼水中に吊るしたフランびんを8時間放置した後，4本のびんを引き上げて，びんS_AおよびびんS_Bと同様に溶存酸素量を測定した。

実験は5月の晴天の日の午前8時に開始した。実験開始時の表層水の水温は18℃，底層水の水温は10℃，採水地点の水深は5.5 m，補償深度は1.5 mであった。

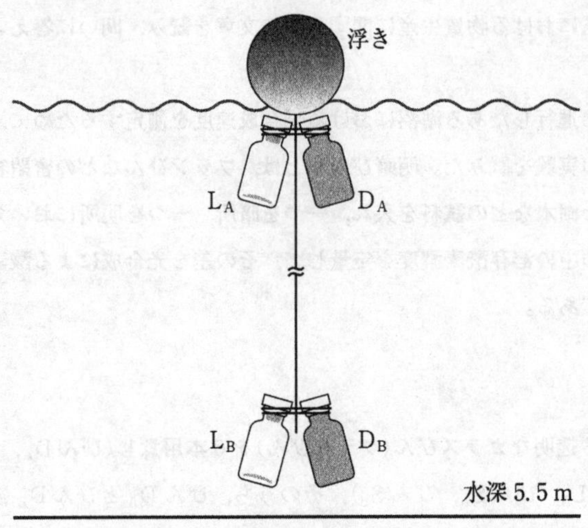

図2

問1　それぞれのびんの溶存酸素量について，次の(a)～(c)の比較をした場合，空欄 ① ～ ③ にあてはまる等号(＝)または不等号(＞，＜)の組み合わせはどれか。最も適切なものを下の(ア)～(オ)のうちから一つ選べ。ただし，$S_B > 0$とする。

(a)　びんL_Aの溶存酸素量　①　びんL_Bの溶存酸素量

(b)　びんD_Bの溶存酸素量　②　びんS_Bの溶存酸素量

(c)　びんL_Bの溶存酸素量　③　びんS_Bの溶存酸素量

(ア)　①：＝　②：＝　③：＝

(イ)　①：＞　②：＜　③：＜

(ウ)　①：＜　②：＜　③：＜

(エ)　①：＞　②：＝　③：＜

(オ)　①：＝　②：＜　③：＜

問2　びんL_A，びんD_A，びんS_Aの溶存酸素量はそれぞれ9.1mg/ℓ，5.5mg/ℓ，6.7mg/ℓであった。溶存酸素量から求めた1時間あたりの表層水におけるみかけの光合成速度および光合成速度の組み合わせとして，最も適切なものはどれか。次の(ア)～(オ)のうちから一つ選べ。

	みかけの光合成速度	光合成速度
(ア)	0.99 mg/(ℓ・時)	0.55 mg/(ℓ・時)
(イ)	0.55 mg/(ℓ・時)	0.99 mg/(ℓ・時)
(ウ)	0.45 mg/(ℓ・時)	0.30 mg/(ℓ・時)
(エ)	0.30 mg/(ℓ・時)	0.45 mg/(ℓ・時)
(オ)	0.10 mg/(ℓ・時)	0.15 mg/(ℓ・時)

問 3　問2の結果より，この湖沼の表層水における水1 m^3 あたり1時間に合成される有機物($C_6H_{12}O_6$)の量と，もちいられる光エネルギー量の組み合わせとして，最も適切なものはどれか。次の(ア)～(オ)のうちから一つ選べ。なお，必要に応じて，以下の式，原子量および光エネルギー量をもちいてもよい。

$$6\,CO_2 + 12\,H_2O + \text{光エネルギー}(2880\,kJ) \longrightarrow C_6H_{12}O_6 + 6\,O_2 + 6\,H_2O$$

原子量：C＝12，H＝1，O＝16

	合成される有機物($C_6H_{12}O_6$)の量	もちいられる光エネルギーの量
(ア)	0.42 g	6.75 kJ
(イ)	1.61 g	1.76 kJ
(ウ)	0.28 g	4.48 kJ
(エ)	1.07 g	1.17 kJ
(オ)	0.48 g	0.54 kJ

問 4　この湖沼には外来種であるオオクチバス(*Micropterus salmoides*)が生息している。生物多様性保全の一環として，標識再捕法にてオオクチバスの個体数を調査した。1回目に捕獲した148個体に標識をつけて放流し，一定期間の後，同じ手法にて2回目の捕獲を実施したところ，225個体中33個体が標識されていた。この湖沼におけるオオクチバスの個体数はどれくらいと推定される

か。最も適切なものを，次の(ア)〜(オ)のうちから一つ選べ。なお，調査期間中にオオクチバスの個体数は変化しなかったものとする。

(ア) 500　(イ) 1000　(ウ) 1500　(エ) 2000　(オ) 2500

問 5 植生は，長い年月のうちにはやがて極相(クライマックス)に達する。一般に，湖沼から陰樹林まで植生はどのように遷移するか。最も適切なものを，次の(ア)〜(オ)のうちから一つ選べ。

(ア) 湖沼→低木林→草原→湿原→陽樹林→陰樹林
(イ) 湖沼→草原→陽樹林→湿原→低木林→陰樹林
(ウ) 湖沼→陽樹林→湿原→草原→低木林→陰樹林
(エ) 湖沼→湿原→陽樹林→低木林→草原→陰樹林
(オ) 湖沼→湿原→草原→低木林→陽樹林→陰樹林

4 次の文章を読み，問いに答えよ。

多細胞生物のからだをつくる細胞は，同じはたらきをもつ細胞が集まって組織を構成し，さらに組織が集まって器官を形成している。細胞は互いに接着したり，細胞外の構造と接着したりすることにより組織をつくっている。細胞どうしや，細胞と細胞外の構造との接着を細胞接着という。

細胞の外側にある構造を［ A ］という。動物では，コラーゲンといわれるタンパク質が［ A ］の主な構成要素となっている。上皮細胞に接する膜状の［ A ］を基底膜という。

細胞接着の構造には，［ B ］，［ C ］，［ D ］がある。［ C ］には，接着結合，デスモソーム，ヘミデスモソームがある。［ B ］では，膜を貫通するタンパク質によって，細胞間をすきまなく緊密に結合する構造となっている。［ D ］では，筒状の構造のタンパク質が，隣り合った細胞の細胞質をつないでおり，［ D ］を通って，イオンや小さな分子が細胞間を移動する。

問 1　文章中の空欄 [A] ～ [D] に入る語として最も適切なものはどれか。次の(ア)～(シ)のうちからそれぞれ一つずつ選べ。

(ア)　細胞壁　　(イ)　密着結合　　(ウ)　細胞質基質
(エ)　ギャップ結合　　(オ)　シナプス　　(カ)　細胞外基質
(キ)　βシート構造　　(ク)　生体膜　　(ケ)　固定結合
(コ)　リソソーム　　(サ)　脂質二重層　　(シ)　ヌクレオソーム

問 2　ヘミデスモソームに関する記述として，**誤っているもの**はどれか。次の(ア)～(エ)のうちから一つ選べ。

(ア)　上皮細胞と基底膜を結合する構造である。
(イ)　原形質連絡として重要な構造である。
(ウ)　構成要素として，インテグリンというタンパク質がある。
(エ)　細胞内部ではヘミデスモソームに中間径フィラメントが密に結合している。

問 3　接着結合に関する記述として，最も適切なものはどれか。次の(ア)～(エ)のうちから一つ選べ。

(ア)　カドヘリンがかかわる結合である。
(イ)　中間径フィラメントがかかわる結合である。
(ウ)　構成要素にはアクチンフィラメントは含まない。
(エ)　コネクソンとよばれる膜タンパク質がかかわる結合である。

問 4　細胞接着に関与することが知られている中間径フィラメントの直径のおおよその大きさとして最も適切なものはどれか。次の(ア)～(オ)のうちから一つ選べ。

(ア)　1 nm　　(イ)　10 nm　　(ウ)　25 nm　　(エ)　50 nm　　(オ)　100 nm

問 5　アクチンフィラメントや中間径フィラメント以外にも，細胞骨格としてはたらくものとして，最も適切なものを，次の(ア)～(ケ)のうちから一つ選べ。

(ア)　シャペロン	(イ)　微小管	(ウ)　サイトカイン
(エ)　体　節	(オ)　軸　索	(カ)　形成体
(キ)　集合管	(ク)　リボソーム	(ケ)　サイトカイニン

③　g　ところが　h　例えば　i　しかし
④　g　例えば　h　あるいは　i　あたかも
⑤　g　あるいは　h　もちろん　i　逆に
⑥　g　したがって　h　しばしば　i　要するに

問8　本文の内容に合致するものを、次の①～⑧の中から二つ選べ。解答番号は　16　。この解答欄に二つともマークせよ。

①　筆者の注意散漫や拡散傾向は学生時代の眼科手術によって解消された。
②　筆者は医学部に入り適切な診断を受けたことを契機に精神科医をめざすことになった。
③　筆者は人の拡散傾向がポジティブにとらえられがちだと考えている。
④　筆者は精神分析に出会ってそれまでの自己評価を全面的に改めた。
⑤　筆者は子ども時代の自尊心の低さを悔いてその克服をめざした。
⑥　筆者は聴くことへの感受性が自身の音の世界の広がりにつながったと考えている。
⑦　筆者は二〇代のときの自著の主旨に矛盾を見出すようになった。
⑧　筆者は強迫的だという自身への評価について理解の浅さを指摘している。

⑥　平衡

問6　傍線部ウ「勉強だと勉強だけになってしまう、あるいは音楽だと音楽だけになってしまう」とあるが、その理由として適切でないものを、次の①～⑤の中から一つ選べ。解答番号は 14 。

①　多くの人は散漫より集中に高い価値を見出しているから。
②　精神分析のおかげで「中間」の考え方を排除する傾向があるから。
③　散漫な指向性を否定的に捉えようとする人が多いから。
④　一方のみを強いる他者からの圧力に押されてしまいがちだから。
⑤　人々は両方に力を入れる考え方を良くないことだと経験的に捉えているから。

問7　空欄 g ～ i に入る言葉の組合せとして、最も適切なものを、次の①～⑥の中から一つ選べ。解答番号は 15 。

①　g　それでも　h　例えば　i　ところが
②　g　例えば　h　もちろん　i　あるいは

問4　傍線部イ「幼いとき」とあるが、筆者は自身の「幼いとき」をどのように振り返っているか。最も適切なものを、次の①～⑤の中から一つ選べ。解答番号は 12 。

① 日本人の同調圧力の強さにかなり違和感を抱いていた。
② 神経がこまやかすぎて求道者をめざすのには適していなかった。
③ 自身の眼科的な症状を知って読書などに集中できなくなっていた。
④ 自己状態について他者からの評価も自己評価も高くない分野が多かった。
⑤ ひとつのことに集中しづらいのも価値が低いことではないと考えていた。

問5　文中に三箇所ある空欄 f に入る語として最も適切なものを、次の①～⑥の中から一つ選べ。解答番号は 13 。

① 二重
② 従属
③ 実存
④ 同一
⑤ 分裂

問2　空欄 a に入るものとして、最も適切なものを、次の①～⑤の中から一つ選べ。解答番号は 10 。

① 文字を目で見ながら心の声で読み上げる
② 口ではほめながら内心では見くだしている
③ ラジオを聴きながら同時に勉強している
④ 辞書を引きながら英文を読んでいる
⑤ 学生生活を送りながら社会運動に取り組む

問3　空欄 b ～ e （本文中にbとdは一カ所、cとeは二カ所ある）に入る言葉の組合せとして、最も適切なものを、次の①～⑥の中から一つ選べ。解答番号は 11 。

① b 無意識　c 神経質　d 真面目　e 無神経
② b 非常識　c 無神経　d 頑固　e 神経質
③ b 無意識　c 無神経　d 不真面目　e 神経質
④ b 不注意　c 神経質　d 頑固　e 無神経
⑤ b 不注意　c 無神経　d 真面目　e 神経質
⑥ b 非常識　c 無神経　d 不真面目　e 神経質

知らされていたのです。醜い雑音や聞きづらい騒音に満ちた背景のなかでこそピュアな音楽や綺麗な音楽を聴きとるのが面白く、こういう「図と地」という両方が心理学的に居場所を得、世界が立体的になってゆきます。部分部分が緩い世界のなかでゆっくり意味づけられていくという経験から生まれた、こうした「緩い総合」の感覚が自分を良い加減なところに維持し律してくれていると思うのです。

（きたやまおさむ・前田重治『良い加減に生きる』　きたやまの執筆箇所による）

（注）前田先生――本書の共著者である前田重治氏。

問1　傍線部ア「二兎を追うものは一兎をも得ず」とあるが、これと**反対の意味を持つ熟語**を次の①～⑤の中から一つ選べ。

解答番号は　9　。

① 一朝一夕
② 一挙両得
③ 一日三秋
④ 二束三文
⑤ 二者選一

体を比較的肯定的にとらえてくれたのが精神分析だったのです。同時に、人びとはその両面性を否定的にとらえやすいので、たいてい片方を選び、「中間のない」偏った考え方になることも理解したのです。

また他の人たちを見ていると、 f 性を悪いことだと経験している人たちが多く、あるいはどちらかの選択を迫る外からの圧力があるので、自我や立場の弱い方々は片方だけになってしまうのです。つまり勉強だと勉強だけになってしまう、あるいは音楽だと音楽だけになってしまう。そのような偏りを見て、私はこの自分の「散漫」と「集中」の両方を良いことのように思いながら、外では悪いと感じさせられるものだと考えていました。

g 、私のことを強迫的だという人がいますが、それは一面的な観察です。強迫というのは、些細なことやくだらないことに関心を集め、ゴミのようなものを拾うことです。定義としては、悪いことばかりに目を向ける人のことを強迫的だというのですが、私の受信器は悪いものというよりも、むしろ良いもの、美味しいもの、面白いものを見つけようとします。醜いもの、汚いものだけに目を向ける神経質ではなく、美しいものも素晴らしいものも発見するのです。 h 、砂浜で美しい貝を拾っていたらゴミも見つかりますが、同時に泥のなかには宝石のようなものも見つかる。 i 、醜いかたちのなかに美しいものがあることも知る。雑音のなかにこそ良い音楽があり、美しい音楽のなかにこそ興味深い雑音が混じる。

良い音と悪い音の両方を聴く耳を持っているという私の状態に、居場所を与えてこの世に位置づけてくれたのが、深層心理学の理論です。

私はどちらかというと、特に目が疲れやすいこともあって、聴く方に感受性が開かれているのですが、前田先生(注)は見ることに感受性が開かれておられます。私は目の手術を受けたおかげで、遅くに見ることについても感受性が開かれたと思うのですが、聴くことにおいては、雑音のようなロックにもピュアなクラシック音楽にも、荒っぽい津軽三味線、あるいは鈴虫の音とかにも幅広く深い意味を感じていました。音の世界は、雑音と良い音楽が隣り合っているんだ、あるいは入り交じっているんだと思い

てボーッとしていると、もっぱら怠けていると周囲から言われました。本を読んでいても、お前は五分ぐらいで書物を放り出してしまうと言われ、自己嫌悪に陥ることもありました。とくに児童期は、ボールを使う競技でも皆とくらべて非常に劣っており、男の子としての自己評価の悪い、自尊心の低い状態がずっと続きました。

一方では関心が広がり、視野が広くて俯瞰的にものを見ることができ、あれこれ面白いことに興味が生まれるので楽しいのですが、他方で失敗しやすいので、この状態はいけないことだともっぱら思っていました。それがやがて青年期になり自己主張が生まれ、「散漫」が外から見て価値の低いことでありながら、他方で、これはこれでいいのではないか、と［f］性をはっきり肯定するようになってゆきました。

こうして、私の「［c］」と「［e］」、「集中」と「散漫」という二種の自己状態について、私の自己評価もまた［f］化するのです。片方ではまずいと思いながら、他方では、これでいいじゃないか、楽じゃないかと思う。ボーッとしているのも気持ちがいいのです。人間に関心が向かいながらも、お月様にも星空にも、あるいはそこに吹いている風にも関心が向かうという、散漫な指向性について、私自身の肯定と否定もまた入れ替わるのです。

この、矛盾する自己状態と、それについての矛盾する評価というのは、皆さんにもある程度はあると思いますし、患者さんたちを診(み)ていて、私のような人がいるということは知ってはいます。しかし、たいていの方の自己状態や自己評価は「どっちか」に偏って極端なのです。例えば少しでもケチをつけられると、途端に全体がつまらないことになってしまい、つまらないこともまたいいことだとは絶対に思えない。逆に、嫌われていると思ったら嫌われるだけになり、白か黒、大好きか大嫌いの「どっちか」なのです。

私自身はその両方だったのですが、その「どっちも」だということを、さらりと言えるようになったのは、もともとの性格もあったのでしょうが、やはり精神分析のおかげです。昔から、自分に極端な傾向の両方があるとは感じていたのですが、その全

の奥で二つの視野をさばいて一つに統合しようとする集中機能が強化されたのだと思います。内なる願望と外なる装置が一致したというわけです。ただ他方で、眼のさらに奥の方には、注意が揺れて振れるという動きがあることを自覚していました。

こうして「わたし」には、あれやこれやと拡散していく注意の広がりを感じながらも、同時にそれに対抗、もしくは並行して、それらを包括的にまとめあげて総合しようとするという二つの傾向が存在するのだと思います。人は、拡散傾向を「 b 」あるいは「 c 」ととらえ、後者の統合傾向を「集中」「 d 」あるいは「 e 」と呼びます。日常的には、前者は「虻蜂(あぶはち)取らず」「一つの所に留まらない」と言われ、後者については「計画的」「しっかり計算している」「強迫的」と言われたりするのです。逸脱か社会適応か、特殊かイイ子か、そのどちらが偉いかという問いでは、価値観によって、周囲でも、そして自分のなかでも判断が揺れます。

さらにその無神経と神経質が、まとまらないとネガティブに「いい加減」だといわれますが、バランスが取れているなら「余裕ある」、そして「良い加減」であるというポジティブな評価になります。個人や世界とは左右や表裏の両面から評価されるはずのものだし、その全体についても、良い悪いの評価が分かれるというわけです。

言うまでもありませんが、グループのなかで似たような意見や態度を求める同調圧力は日本だけで強いわけではありません。世界中の人びとや集団が「集中」や「統合」を評価し、まとまりを価値観の上位におきます。人生では、一つを選択して道をきわめ、一つを選んで達成し、どこか目標に到着するという「求道」が高く評価されます。現実的にも、集中して注意できるほうが安全で、生産的で、価値が高い、という常識は、適応のためには仕方のないことですが、私はその価値観を幼い[イ]ときから少し距離を置いて見ていました。

もちろん体験的に、注意散漫な状態では失敗しやすいということもわかるようになりました。また、読書や、習字、そしてスポーツといった、目を使って集中せねばならないことになると、すぐにいやになってしまうという癖もありました。それで疲れ

で一三〇点の方が高得点じゃないかと、真剣に思ったものです。

比較的小さい頃から、私はリラックスすると、同時にいろんなことを頭のなかに思い浮かべていました。「あれとかこれとか」と、同時に最低でも二つ考えていました。そのため、幼い頃には、学校の先生たちに「注意散漫」とよく言われ、青年期にはこの特性を「ながら族」と結びつけて考えました。「ながら族」とは、 **a** という、私たちの世代を形容するものでもありました。

人生は進むにつれて広い道から細い道に入っていくのが一般的とされています。世間では一つの山をきわめるのがどういうわけか偉くて、いろんな山に登ろうとするのは「まとまりが悪い」と言われたものです。

しかし「AかBか」ではなく、「AもBも」あるいは「AとかBとか」として考えるならば、充実感もあり、視野も広がります。いろんな山に登り、その複数の頂点から世界を見た方が、俯瞰(ふかん)で世界がよく見えると考え、むしろ満足すべき考え方だと納得していたのです。

それでもこの「注意のばらつき」は、受験とか試験のために何かに集中して勉強するうえでは、じつに困り物でした。『コブのない駱駝(らくだ)』(二〇一六年)という伝記的エッセイでも書きましたが、生来的に眼科的な問題があったのです。通常、人間には両眼から得る二つの視野があって、同時に中枢でその情報を一つに統合できるのですが、私にはこの統合に苦労するという制約がありました。目が疲れやすくて焦点が定まりにくく、両眼視が早くから苦しくなって、医学部の眼科実習で「外斜位」と診断されたのです。文字を集中的に読むことができないなら、勉強に差し支えるので手術した方がいいと、当時の眼科助教授に診断されました。そして大学時代の眼科的手術のおかげで、特定の何かに向け、視野をまとめることが可能になったのです。

ちょうどこのころ、私は精神分析と精神医学に出会い、本をたくさん読みたいという願望を抱いていたときでもありました。つまり手術により、主たる職業が精神科医で、精神療法家であるという「わたし」の自己意識に相応しい目の状態を得、さらに目

学問である。

③　ゲーテが『ファウスト』の中で描いたのは、時の超克の方法ではなく、時の溶解の事例であった。

④　始皇帝が焚書坑儒を行ったのは、文字ではなく不変の建造物にこそ時の超克が可能であると考えたからである。

⑤　ユダヤ人がピラミッドを作らなかったのは、過去の保存ではなく未来を重視していたためである。

問10　筆者はピラミッドと聖書の共通点をどのように捉えているか。35字以内で答えよ。句読点や括弧などの符号も字数に含める。解答用紙裏面の解答欄に記述せよ。

第2問

次の文章を読んで、後の問い（問1～問8）に答えよ。

二〇代前半のエッセイ『戦争を知らない子供たち』（一九七一年）には、つぎのようなことが書かれています。

ア「二兎を追うものは一兎をも得ずと言うが、あれも迷惑な話だ。五兎でも十兎でも追いかけるべきであって、またそれができるのではないか。そして三匹ぐらいまとめてつかまえても誰にも文句はなかろう。／ここでちょっと算数になるが、A・B・C・Dと四つの世界に手を出して、それぞれ百点満点で四十点とったとする。合計百六十点」

Aで一〇〇点というように、ひとつの分野で満点取るよりも、同時にAで六〇点、Bで七〇点取って、足して「AとB」の領域

問7　傍線部D「古典的な解剖学」の説明として**適切でないもの**を、次の①～⑤の中から一つ選べ。解答番号は［7］。

①　古典的な解剖学は、死者を扱うものであり、停止した生物の時を対象として行われる学問である。

②　古典的な解剖学は、停止した生が対象であるからこそ、医学や生物学の中で最も古くから発展したといえる。

③　古典的な解剖学の手法は、時の超克につながるものであるといえる。

④　古典的な解剖学は、ピラミッドと同じように、死者のために存在する。

⑤　古典的な解剖学が構築する「ピラミッド」とは、停止した生についての膨大な所見のことである。

問8　傍線部E「「時」の古典的な超克法」とあるが、これに当てはまる具体的なものを本文中から3つあげよ。解答用紙裏面の解答欄にそれぞれ10字以内で記述せよ。

問9　本文の内容に合致するものはどれか。最も適切なものを、次の①～⑤の中から一つ選べ。解答番号は［8］。

①　凍結していた「時」を溶かすために、西洋文明の人々は神のまねをしようと試み、その結果西洋文明は世界中に拡大していった。

②　解剖学は死者という静止した対象を扱うため、物理的建造物であるピラミッドと同じように、時間による変化がない

問5　空欄 [e] 〜 [g] に入る言葉の組合せとして最も適切なものを、次の①〜⑤の中から一つ選べ。解答番号は [5]。

① e 模倣　f 航路　g 没落
② e 盗作　f 敗北　g 常識
③ e 再現　f 計画　g 優位
④ e 同意　f 未来　g 必然
⑤ e 創造　f 実験　g 過失

問6　空欄 [h] に入る言葉として最も適切なものを、次の①〜⑤の中から一つ選べ。解答番号は [6]。

① 小説家
② 哲学者
③ 聖職者
④ アインシュタイン
⑤ 進化論者

② 絶対的に測られた「時」
③ 文字の中に刻まれた「時」
④ 社会の要請に従って流れる「時」
⑤ 聖書の中に凍結された「時」

問4　傍線部C「繰り返し時計を買い求める人の心に、異質の「時」に対する無意識の欲求がない、と言えるであろうか。」とあるが、それはどのようなことか。筆者の考えとして最も適切なものを、次の①～⑤の中から一つ選べ。解答番号は **4** 。

① 中世の人々と同じように、現代人も時計が示す正確な時間の流れの中に生きることを望んでいる。
② 一見同じように見える時計であっても、それぞれの時計の示す時刻は質的に異なっており、そのため現代の人々はいくつも時計を買うのである。
③ 現代ではかつてのような静謐な時は失われているが、それでも人々の無意識には静謐な時が流れ続けている。
④ 現代社会にたくさんの時計があるのは、狂騒の中で生きる人々が常に正確な時間を求めているからである。
⑤ 正確な時間の中に生きている現代人にも、時の超克への欲求がある。

問2　傍線部A「どうしてそれほど方位にこだわったのであろうか」とあるが、筆者はその理由をどのように考えているか。最も適切なものを、次の①〜⑤の中から一つ選べ。解答番号は［2］。

① エジプト人は、不変なものである方位を利用することで、ピラミッドを物理的に安定させることができると考えたから。

② エジプト人のピラミッドの方位へのこだわりは、心理学的な意味において、時間の停止への抵抗を意味しているから。

③ エジプト人の、時間を停止させるという願いに、時間の流れによって変化しないという方位の特性が合致したから。

④ エジプト人は、全空間の支配者であろうとするために、自分たちでは変えることのできない方位をも支配しようと試みたから。

⑤ エジプト人は時間を停止させるためにピラミッドを作ったが、方位は時間の停止のために不可欠な要素であったから。

問3　傍線部B「このような「時」」とあるが、それはどのような「時」か。その説明として**適切でないもの**を、次の①〜⑤の中から一つ選べ。解答番号は［3］。

① 文化的意義を持つ「時」

に他ならない。ヒトのすることを見ても、当人が意識するしないにかかわらず、それが表現されている、というのがこの話のまとめである。

（養老孟司『ヒトの見方』による）

（注1）阿房宮——秦の始皇帝（紀元前259〜210年）が建てた大宮殿。
（注2）ゲーテ——ドイツの詩人・小説家・劇作家・自然科学者・政治家（1749〜1832年）。悲劇『ファウスト』はその代表作。
（注3）キュヴィエ——フランスの動物学者（1769〜1832年）。化石動物を研究し、比較解剖学を打ち立て、古生物学の基礎を確立。進化論に反対し、天変地異説を提唱した。

問1　空欄 a 〜 d に入る言葉の組合せとして最も適切なものを、次の①〜⑤の中から一つ選べ。解答番号は 1 。

① a 要するに　b もっとも　c 当然　d しかし
② a 奇しくも　b 反対に　c なぜなら　d つまり
③ a まさに　b つまり　c そのため　d 言い換えれば
④ a 結局　b 奇しくも　c 全く　d また
⑤ a つまり　b 従って　c ただし　d だから

凍った「時」は必ず溶解する。その岐路を示す人物に、例えばゲーテ(注2)をとろう。ゲーテは解剖学者でもあり、同時に進化論者でもあった、とされる。古典的にはこれは一種の矛盾である。キュヴィエ(注3)を見ればそれが判る。

ゲーテが、そのような意味で「古典的」ではないことは、『ファウスト』に明示されている。あらずもがなの神学までを含め、ファウスト博士の学問は、すべて「古典的」である。だからファウストとメフィストフェレスとの約束は、「時の停止」に関するものとなる。「時の停止」という古典的な方法を、いかなる機会であれ、ファウストが再び本心から許容したとき、ファウストは結局元のモクアミに戻る。彼は溶けて消滅してしまうはずの、ピラミッドの世界へと投げ返される。従ってそれは、地獄に落ちることを意味するのである。この作品にタイム・マシンが登場するのは、多分やはり偶然ではない。ファウストはメフィストの用意するタイム・マシンに乗る。これは、この作品に登場する乗り物として、魔女の箒(ほうき)よりも、はるかに似つかわしいものに見える。

*

何故聖書を奉ずる世界から、進化論が執拗(しつよう)な攻撃をうけたかは以上のことから明らかであろう。進化論は、聖書の凍結していた「時」、そのような「時」の溶解を助ける最後の熱を加えたのである。あるいは、E「時」の古典的な超克法に対して、科学の側からの最初の明瞭な反命題を呈示したのである。聖書をたてにして、進化論を排撃した人達は、本当は聖書の字句に拘泥したわけではない。彼等は自分達が何やら価値のあるものを擁護していることは知っていたが、擁護しているものが何であるか、はっきり意識してはいなかったのである。進化論の勝利の結果、時はその文化的意義を失い、無色無臭透明なものに変(かわ)って流れることになった。従ってそれは、あるいは個人の心理に従って恣意的に流れ、あるいは社会の要請に従ってひたすら速やかにのみ流れるようになったのである。

結局、生物は本質的に時間を超えて存在しようとする存在である。進化というのは、そのような存在としての生物が示す形式

として、一時受け取られるようになったことにも現われている。しかし、表現の上でこれをもっと見事に示しているのは、むしろＳＦである。「サイエンス」・フィクションである。どうして「サイエンス」なのであるか。それはＳＦが、科学に担わされた最初の期待を、もはや科学が担いきれぬことが明瞭となった時点において、肩代り(かたがわ)する為に出現したものだからである。あるいは科学に対する期待だけが一人歩きしたものと言ってもよい。

ＳＦからタイム・マシンを抜いてしまえば、ＳＦの歴史は無に帰してしまう。物理学者が「タイム・マシンの作り方」という書物を書くことを断念したとき、**h** が同じ題名の書物を書くことになった。結局、文化的、心理的には、科学は元来、時間の超克という役割をも負わされていたのである。アインシュタインの不思議な人気は、それに基因する所が大きい、と言ってもよいかもしれぬ。

古典的な哲学は、「永遠の相下に」ものごとを観照しようと試みた。もし永遠の真実が手に入れば、ピラミッドよりもはるかに費用と労力のかからぬピラミッドである。その望みは結局果されぬことが判ったから、科学はもう少し手数と費用のかかるピラミッドの構築を試みた。手数がかかるから、こちらはもっと、長続きしたわけである。

解剖学を例にとろう。解剖学では死者を扱う。そこには、すでに述べたように、ある一瞬に停止した「生」の姿がある。生物の時を停止させ、その一瞬の相を徹底的に調べあげ、その所見をピラミッドとして構築するのが、D古典的な解剖学だったのである。だから、古典的解剖学の体系は膨大なのである。ピラミッドが小さくては話にならぬ。少なくともわれわれは古典的解剖学にピラミッドを連想し、中身はすでにガランドウかも知れぬがともかく、現在でもレンガを積み重ねるのである。医学や生物学の中で、解剖学がもっとも古くから発達しはじめたのはこのような面からも偶然とは言えない。時の超克の上から、最も古典的な手段を用いているからである。現代の解剖学が直面している問題は、実はほとんどすべて、溶け出した「時」に関わる問題のようにも見える。

とを合一させ、神を理性で規定しようとすることであった。一神教の世界で、神を理性的に規定したとき、西洋文明の悪疫の如き流行の原因が確立したのである。キリストの如くにあろうとしたように、人は神の如くにあろうとするからである。たとえそれを意図せずとも、そこには心理的な抑制が欠けるからである。教会に行き、初歩の教義を学べば、それが判る。神は遍在するものである、と彼等は教える。至善の神ですら遍在するのに、人間が空間的に拡がっていけないわけがない。だから西洋人は世界中にひろがり、他人の喧嘩(けんか)にまで口をはさむのである。

神は全智全能である。神がすべてを知り、かつ至善の存在である以上、この世界に知的な探求をはばむべき心理的な抑制は、一切存在しない。する筈がない。無限の知的な探求は、ただ西洋の人達が「神にまねびた」だけのことである。

神は創造主である。万物を創り給(たも)うた。就中(なかんづく)、人間を、である。それなら人間がものを創り出すのに、何の遠慮があろうか。それは、至善の神の行為、神によってすでに行なわれたことの、貧弱極まる［ e ］にすぎない。

このようにして例えば、生物学は遺伝子工学へと最終的に行き着く。それは実験生物学のはじまりから予定された［ f ］にすぎない。だが、むろんその先は無い。そこで西洋文明の活力は尽きる。遺伝子工学が、人間を変更する可能性を論理的に与えた以上は、である。もはや「まねぶ」べき神の属性、形式は尽きてしまったのである。西欧の［ g ］、と西洋人自身が言うのは、それを予感したからに他ならない。

中世に準備されたもう一つの現象は、聖書の中に凍結された「時」の、ゆっくりとした溶解である。凍った「時」はやがて溶ける。生物にとって、そして当然のことながらヒトにとって、時間はエントロピーの増大する方向に向かってのみ流れるからである。因(ちなみ)にこれは、渡辺慧氏からの剽窃(ひょうせつ)である。聖書の中の「時」がゆっくりと溶けて行くと共に、「科学」が次第に姿を現わす。

＊

科学が本来西洋文明において、時の超克、という役割を担っていたことは明らかである。それはすでに、科学が宗教の代替物

皇帝が焚書坑儒を同時に行なった人であるのは、恐らく偶然ではない。秦は当時の中国では文化的に異質の、あるいは遅れて来た国であった筈である。彼等の考えていた「正統なる」時間の超克の方式は、最も素朴な、古典的なものであったに違いない。だから秦人は文字をとらず、(注1)阿房宮の方を採った。それ故の焚書坑儒である。

*

西洋の中世は、静謐な時代であったかのように見える。歴史家はそれに異論を唱えるかも知れぬ。しかし、そこには直感的に静謐な世界が拡がっていることが感じられる。多分それは聖書の中に時間という「魔」が閉じ込められたためであろう。中世の時は絶対的に測られ、聖書という時計にのみ従って流れる。**B**このような「時」の流れる世界に、現代の狂騒はない。

時計はどれを買っても、刻む「時」は同じ「時」である。時が数字で示されようが、針で示されようが、ディジタルであろうが、アナログであろうが関係はない。**C**繰り返し時計を買い求める人の心に、異質の「時」に対する無意識の欲求がない、と言えるであろうか。少なくとも人間の頭数に比べて、現代は時計の数が何故か多すぎることだけは、確かなようである。

中世というのは、迷惑な時代である。厄介至極なものをいくつか準備した。一つは、科学と技術とが結婚するに至る条件である。それが可能となったのは、実はあらずもがなの神学のためである。

人は育って行く時に、まず親の、そして教師の、言の内容を受け取る。しかし、本当に学ぶものはその形式である。言われていることの内容は、結局最後に鼻の先で笑うようになるにしても、行動については親教師のやることを、そっくりそのまま真似て意識せぬ。こういう行動に対しては、やっている当人に心理的抑制がかからぬからである。その意味で形式は常に踏襲される。

中世は、「キリストにまねぶ」時代であった。人々はキリストの言葉の内容に従って生きようとし、あるいはたかだかキリストの如くにあろうとした。しかし、その背後では神学者たちが一段と厄介なことをたくらんでいたのである。それはキリストと神

このことについて、いくつかの傍証を拾うこともできる。わが国の古墳は、そのような意味では、動かざること山の如(ごと)し、を心理的には表現したものである。古墳やピラミッドが同時に墓でもあるのは、よく知られているように、死者にとっては時が停止するからである。残された生者にとっても、死者の時は死の瞬間で停止する。古墳もピラミッドも、死者の為ばかりのものではないことは、言う迄(まで)もない。葬式に出ればそれが判(わか)る。

*

エジプト人は、やがてピラミッド作りを止めてしまった。エジプトにもさぞいろいろと事情があったことであろう。しかし、ピラミッドを築いたのはエジプト人だけで、例えばユダヤ人はあんな変なものは作らなかった。両者は恐らく共通の理由から、一方はピラミッドを作り、一方は作らなかったのである。

もしピラミッドが、すでに述べたように、時間の超克を意図したものであったとするならば、ユダヤ人はもっと狡(ずる)い、楽な方法を見出したのである。それは文字である。文字で記された「歴史」である。いささか部厚くなったとはいうものの、僅か一冊の書物の中に、彼等は世界の初まりから終末までを閉じ込めてしまったのである。それが聖書である。この史書の中には、予言者が時として登場し、未来を語る。しかしその未来もまた、聖書の中に閉じ込められているのである。

文字でできごとの記録を行なうことは、数多(あまた)の民族が良く知っていたことであろう。しかし、ある文化に属する人々が、その人々の暗黙の合意により、書物の中に時を封入する方法を承認した時、その文化における新しい、ピラミッドとは異(ことな)る形式の、時の超克が完成する。わが国の古墳時代は、史書の作成に対する政治的文化的意志の出現によって、完全な終焉(しゅうえん)をむかえた、と言ってもよいであろう。万世一系の天皇制もまた、われわれの住む文化の時計を意味するということが、明治以来の年号にも象徴されているというわけである。

秦(しん)の始皇帝というのは、変な人である。この人は、ピラミッドと並ぶ世界の三大無用の長物の一つ、万里の長城を築いた。始

元来「進化」のように複雑な様相を示すできごとは、玉虫色である。見様によって、どうにもとれる。　d　いろいろな人が、いろいろな風に、進化を論じることになる。

ところで、以下に論じることは、一向に進化とは関係がない、と思う人もあるかもしれぬ。進化に関する本文はもう終ってしまったのだから、当然のことである。私も、関係は別にないかもしれぬ、という気もしているのである。では、以下の話は何の話か。それは読んで判断して頂くより仕方がない。

＊

古代のエジプト人達は、どうしてあんな風にピラミッドを構築したのであろうか。クフ王のピラミッドは、ほとんど完璧に東西南北を指しているという。エジプト人は、よほど方位にこだわったらしい。こだわるというのは、心理学的には常に隠された意味がある。本人がそれを意識しているとは限らない。エジプト人はピラミッドを作る時に、Aどうしてそれほど方位にこだわったのであろうか。

ヒトの空間的な移動の方法、つまり当時の交通手段からすれば、彼等(かれら)の支配し得た空間は、実質的に存在し得る「全世界」を意味したであろう。彼等は全空間の支配者だったのである。空間を支配した文明は次に何を試みようとするか。それは常に「時間」の支配に向かう。最も素朴な、古典的な時間の支配の方法とは何か。それはまず、時間を停止させることである。

ピラミッドの末広がりの形の安定性、石という材質、その巨大さ、そして方位の極端な厳密性は、すべてそれを意味している。彼等が求め、手に入れようと望んだものは、時間と共にできるだけ変化せぬものだったのである。方位は、時間と共には変らない。

ピラミッドでは、時は停止する。時間の超克の為にまず選ばれたもの、時の支配へのエジプト文明の試みの記念碑が、ピラミッドなのである。

国語

（七〇分）

第1問　次の文章を読んで、後の問い（問1～問10）に答えよ。

「進化と進化論――生物と人間における時間の超克」

進化に関する論考は沢山ある。まともに扱うと、厚い書物ができる。『種の起原』は、岩波文庫で三巻分あるが、短いのもある。今西錦司氏の『私の進化論』は、『種の起原』のたぶん十分の一以下である。もっと短いのもある。例えば、岸田秀氏の『擬人論の復権』である。これは、大げさに言えば、岸田進化論とでも言うべきものであるが、全部で約一万四千字、進化に関する部分は、つごう約三千五百字である。

私もここで進化を論じてみようか、と思ったのであるが、実は進化の話はもう終（お）わってしまった。というのは、その内容はすでに副題にまとめてしまったからである。［ａ］、生物と人間における時間の超克、というのである。十四字である。極く短い。これは進化論の短い方の記録と言わねばならぬ。

ふつう、真理は簡潔を尊ぶものである。［ｂ］、字数から言うと、私の進化論が最も真理に近い。［ｃ］、遺憾なことに私自身がそれを信じていない。

解答編

英語

1 **解答** (1)—ア (2)—エ (3)—ア (4)—イ (5)—エ

◀解 説▶

≪食習慣改善のための不健康食品への課税≫

(1)空所にアの health care costs「保健医療サービスの費用」を入れると，「健全な食事によって保健医療サービスの費用を数千億ドルでないとしても，数百億ドル節約できるだろう」とできる。tens (of billions of dollars) if not hundreds of billions of dollars と考える。

(2)下線部を含む文に「われわれには，ある食べ物が健康にどれほど『悪い』かを規定して，どの税率に該当させるべきかを算出できる専門家がいる」とあり，エの「不健康な食べ物に課されるべき税率」が導かれる。figure out「算定する」

(3)sore は increase, shoot up, rise very quickly 等と同意表現。前後の箇所からも糖尿病患者が増加していることは明確である。よって，アの「急激に増加する」が正解。

(4)「食品産業の現在の使命は何であるか？」が問われている。第2段第3文（Their mission is not …）に「彼らの使命は公衆衛生ではなく，利益である」とあることから判断すると，イの「利潤を追求する」となる。

(5)「政府は不健康な食べ物に課される税金からあがる新しい歳入をどう使うべきか？」についての筆者の考えを述べた箇所は，第3段第2文（The resulting income should …）である。よって，エの「より健康的な食品をもっと入手しやすくするべきだ」が正解。affordable「手ごろな（値段)」，available「入手できる」は頻出の英単語なので覚えておきたい。

2 解答 (1)―エ　(2)―ア　(3)―ウ　(4)―ア　(5)―イ

◀解　説▶

≪南極海に棲む動物たち≫

(1)keep *A* still「*A* を動かさずにじっとしておく」

(2)空所に続く文は，「しかし，凍った海は過去数年間ニュースをにぎわしてきた」とあるから，「にぎわす」の反意となるようアの「凍った海はわれわれが頻繁に訪れる場所ではない」を選ぶ。

(3)「南極海について正しいものはどれか？」 第2段第1文（The Southern Ocean makes …）から判断し，ウ.「南極海は南極大陸を取り囲んでいる」を選ぶ。make a circle「円を描く」

(4)「シロナガスクジラについて正しいものはどれか？」 第4段第1・2文（Below the albatross … 30 metres long.）からアが導かれる。形式は比較級だが，意味は最上級の文になっている。この構文は書き換え問題で頻出。

(5)「シャチについて正しいものはどれか？」 イは第5段第2文（This is a good name …）の内容と一致。work together「協力する」 hunt in cooperation with other orcas「他のシャチと協力して狩りをする」

3 解答 ①―カ　②―ウ　③―ア　④―オ　⑤―キ　⑥―イ　⑦―エ

◀解　説▶

≪『沈黙の春』，出版までの経緯とそれが与えた影響≫

①「その発明者はノーベル賞を授与された」

②空所に続く文に「そのテーマへの関心は，旧友からの空中散布が彼らの土地の生態系に与えたダメージについて語る手紙に刺激を受けた」とあり，ウの「もともとはDDTの有害な影響について本を書く意図はなかった」が考えられる。

③空所に続く文（It described how …）の主語itはthe bookを指していることに着目。アかイになるのだが，先行文（Although Rachel Carson …）に「DDTの否定的効果をめぐる調査記事という構想に同意する雑誌はひとつもなかった」と書かれているので，不同意を押し切ってその問題

を本で扱う決心をしたと考え，アを選ぶ。go ahead「計画などを進める」，deal with ～「～を扱う」，issue は，ここでは「問題，論争点」の意味。
④空所の前文（“we would return to …）には，化学会社の役員からの批判が書かれている。その同じ文脈で，個人攻撃も行われたと続くことが自然な流れなので，オを選ぶ。
⑤空所に続く文（Foreseeing the reaction …）の「化学会社の反応を予見していたので，彼女は『沈黙の春』を……55頁もの注釈をつけた弁護士の弁論趣意書のように書いていた」から，彼女が万全の対策（準備）を講じていたことがわかり，また後続の文（Many well-known and …）で，その対策の効果があったことが述べられている。よって，キの「彼女の万全の対策はしかしながら報われた」が適切である。pay off「成果が上がる，報いる」
⑥第5段は Carson の著書がきっかけとなり，conservation「環境保護」の意識が生まれ，浸透してきたことについて述べられている。Carson のインタビューでの発言の箇所（The public must decide …）で，彼女は環境保護の重要性と人類の自然に対する考えを変える時期に来ていることを示唆している。よって，イの「Carson は自分の著書が何を意味しているのかをよくわかっていた」が適切である。
⑦inspiring「人を鼓舞する，感激させる」 example「（見習う価値のある）模範，手本」

4 解答 (1)―ア (2)―ウ (3)―エ (4)―エ (5)―イ

◀解　説▶

(1)問題文を間接話法で英訳するとアの文になる。asked not to *do*「～しないように頼んだ」
(2)形式目的語を使う典型的な例文。it は to solve this problem で不定詞の意味上の主語は for him のように表す。よって，ウが正解。
(3)イは why 以下の文は間接疑問となっているので，語順が疑問詞＋SV になる。エが正解で，直訳すると「何が彼女をそんなに怒らせているのか知っていますか？」となる。what 以下は使役動詞 make を使用した SVOC の文型となる。

(4)過去のある時に進行中の動作・出来事を表す過去進行形の問題。「～に駆け込んでくる」は rush〔run〕into ～ か come running into ～ で表し，前置詞 into を伴う。正解はエとなる。

(5)Would you mind my smoking here? は直訳すると「あなたは私がたばこを吸うことを気にされますか？」であるから，許可をする場合は No, I don't mind.「いいえ，気にしません」となり，イが正解。my は動名詞の意味上の主語を表す。

5 解答　(1)―イ　(2)―エ　(3)―ア　(4)―エ　(5)―ウ　(6)―ア

◀解　説▶

(1)「どんなに一生懸命やっても，彼はそのドアを開けられなかった」 however＋形容詞・副詞＝no matter how＋形容詞・副詞で，「どんなに～しようとも」を表す複合関係副詞。

(2)「精神にとっての読書は身体にとっての食べ物と同じものだ」 *A* is to *B* what *C* is to *D* は関係代名詞 what を用いた慣用表現。「*A* の *B* に対する関係は *C* の *D* に対する関係と同じである」

(3)「わずか1分のことでバスに乗り遅れた」 by just one minute「わずか1分差で」 by は「～の差で」を表す。

(4)「ナカガワ教授につないでいただけますか？」 put me through to ～「～に電話をつないでください」

(5)「報告によると，若者のテレビへの関心は最近相当低くなっている」 lower という形容詞の修飾語だから，空所は副詞でなければならない。正解のウ以外はすべて形容詞または名詞である。

(6)「そのコンサートのチケットは思っていたより安かった」 *A* is less＋原級＋than *B*「*A* は *B* ほど～でない」

6 解答　(1)―エ　(2)―ア　(3)―ウ　(4)―エ　(5)―イ　(6)―イ

◀解　説▶

(1)「先週発生した犯罪の捜査が現在進行中である」 under way（＝in progress)「始まって，進行して」

⑵「ジョンはこの真新しい時計をただで手に入れた」 for nothing（＝free of charge）「無料で，ただで」

⑶「教師たちは，修学旅行を来週まで延期することを決めた」 postpone（＝put off）「延期する」

⑷「私はこの詩人が大好きだったので，彼のすべての詩を暗記したかった」 learn by heart（＝memorize）「暗記する」

⑸「これらの釘は家の屋根を修理するときに役に立つ」 come in handy（＝be useful）「役に立つ」

⑹「彼の演技は，聴衆に混乱をもたらすだけだった」 nothing but ～（＝only）「～だけ，～にすぎない」

数学

1 解答 ア．3 イ．7 ウエ．−2 オ．3 カ．7 キ．3 クケ．51 コサ．−2 シス．40 セ．7 ソ．4 タ．8 チ．5 ツ．4

◀解 説▶

≪小問8問≫

(1) $$\frac{(3+4i)(a+3i)}{1+i}=\frac{(3+4i)(a+3i)(1-i)}{(1+i)(1-i)}=\frac{(3+4i)(1-i)(a+3i)}{1-i^2}$$
$$=\frac{(7+i)(a+3i)}{2}=\frac{7a-3+(a+21)i}{2}$$

これが，純虚数となるためには，$7a-3=0$ かつ $a+21\neq 0$ であればよい。

よって　$a=\dfrac{3}{7}$

これは，$a+21\neq 0$ をみたす。

ゆえに　$a=\dfrac{3}{7}$　（→ア，イ）

別解 題意より，$\dfrac{(3+4i)(a+3i)}{1+i}=ki$（$k\neq 0$ である実数）とおける。

よって　$(3+4i)(a+3i)=ki(1+i)$
$\iff 3a+k-12+(4a-k+9)i=0$

a，k は実数であるから，$3a+k-12$ と $4a-k+9$ も実数である。

ゆえに　$3a+k-12=0$ ……①，$4a-k+9=0$ ……②

①，②を連立して解くと

$a=\dfrac{3}{7}$，$k=\dfrac{75}{7}$（$k\neq 0$ をみたす）

(2) $P(x)$ を $(x-3)(x+2)$ で割ったときの商を $Q(x)$，余りを $ax+b$（a，b は実数）とすると，次の等式が成り立つ。

$P(x)=(x-3)(x+2)Q(x)+ax+b$ ……③

条件から，$P(3)=-3$ より，③に $x=3$ を代入して

$3a+b=-3$ ……④

条件から，$P(-2)=7$ より，③に $x=-2$ を代入して

$$-2a+b=7 \quad \cdots\cdots ⑤$$

④，⑤を連立して解くと　　$a=-2$，$b=3$

よって，求める余りは　　$-2x+3$　（→ウ〜オ）

(3)　両辺に $(2x-1)(3x+2)$ をかけて得られる等式

$$27x+11=a(3x+2)+b(2x-1)$$

が x についての恒等式となるような a，b を求めればよい。

$$27x+11=(3a+2b)x+2a-b$$

について両辺の係数を比較して

$$3a+2b=27 \quad \cdots\cdots ⑥,\quad 2a-b=11 \quad \cdots\cdots ⑦$$

⑥，⑦を連立して解くと　　$a=7$　（→カ），$b=3$　（→キ）

(4)　四角形 ABCD は平行四辺形であるから

$$\angle \mathrm{BAD}=180^\circ-\angle \mathrm{ABC}$$

よって　　$\cos\angle \mathrm{BAD}=\cos(180^\circ-\angle \mathrm{ABC})=-\cos\angle \mathrm{ABC}$

$$=-\frac{1}{4}$$

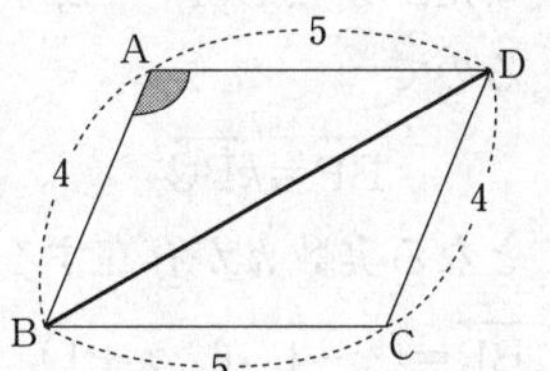

また，AD＝BC＝5 であるから，△ABD において余弦定理より

$$\mathrm{BD}^2=4^2+5^2-2\cdot4\cdot5\cos\angle \mathrm{BAD}$$

$$=16+25-2\cdot4\cdot5\cdot\left(-\frac{1}{4}\right)=51$$

BD＞0 であるから　　$\mathrm{BD}=\sqrt{51}$　（→クケ）

(5)　$$\sqrt{\frac{9^{3x+1}}{27^x}}=\left\{\frac{(3^2)^{3x+1}}{(3^3)^x}\right\}^{\frac{1}{2}}=\left(\frac{3^{6x+2}}{3^{3x}}\right)^{\frac{1}{2}}=(3^{3x+2})^{\frac{1}{2}}$$

$$=3^{\frac{3x+2}{2}}$$

よって　　$3^x=3^{\frac{3x+2}{2}}$

ゆえに　　$x=\dfrac{3x+2}{2}$　　$x=-2$　（→コサ）

(6)　全体集合を U とし，問題 A を正答した学生の集合を A，問題 B を正答した学生の集合を B とすると

$$n(U)=100,\ n(A)=65,\ n(B)=57,\ n(\overline{A}\cap\overline{B})=19$$

求める人数は右図の網かけ部分に含まれる人数である。すなわち，

$n(A\cup B)-n(A\cap B)$ を求めればよい。

$U(100)$　$A(65)$　$B(57)$　19

$n(\overline{A}\cap\overline{B})=n(\overline{A\cup B})$ であるから

$$n(A\cup B)=n(U)-n(\overline{A\cup B})$$
$$=100-19=81$$

また　$n(A\cap B)=n(A)+n(B)-n(A\cup B)$
$$=65+57-81=41$$

よって　$n(A\cup B)-n(A\cap B)=81-41=40$　(→シス)

(7)　A(3, 4, 2), B(1, −2, −1), C(5, 2, 5) とおく。

平面 α は A(3, 4, 2) を通り，y 軸に垂直といえるから，その方程式は $y=4$ である。

P は平面 α 上の点であるから，P(x, 4, z) とおける。

また，3 点 B(1, −2, −1), C(5, 2, 5), P(x, 4, z) が一直線上にあるので

$$\overrightarrow{\mathrm{BP}}=k\overrightarrow{\mathrm{BC}}$$

となる実数 k が存在する。

$\overrightarrow{\mathrm{BP}}=(x-1,\ 6,\ z+1)$，$\overrightarrow{\mathrm{BC}}=(4,\ 4,\ 6)$ より

$$(x-1,\ 6,\ z+1)=k(4,\ 4,\ 6)$$

よって　$x-1=4k$　……⑧，$6=4k$　……⑨，$z+1=6k$　……⑩

⑨より　$k=\dfrac{3}{2}$

⑧，⑩より　$x=7$，$z=8$

ゆえに　P(7, 4, 8)　(→セ～タ)

(8)　$\displaystyle\int_2^3(x^3-3x^2+4)dx=\left[\frac{1}{4}x^4-x^3+4x\right]_2^3$

$$=\left(\frac{3^4}{4}-3^3+4\cdot 3\right)-\left(\frac{2^4}{4}-2^3+4\cdot 2\right)$$

$$=\frac{5}{4}\quad(\text{→チ，ツ})$$

別解　$\displaystyle\int(x-\alpha)^n dx=\frac{1}{n+1}(x-\alpha)^{n+1}+C$　(C は積分定数) を利用して

計算する。

因数定理から，$x^3-3x^2+4=(x-2)^2(x+1)$ と変形できる。

よって　$\displaystyle\int_2^3(x^3-3x^2+4)dx=\int_2^3(x-2)^2(x+1)dx$

$$=\int_2^3(x-2)^2\{(x-2)+3\}dx$$

$$=\int_2^3\{(x-2)^3+3(x-2)^2\}dx$$

$$=\left[\frac{1}{4}(x-2)^4+(x-2)^3\right]_2^3$$

$$=\frac{1}{4}(3-2)^4+(3-2)^3=\frac{5}{4}$$

2 解答

ア．5　イ．4　ウ．1　エ．2　オ．1　カ．2
キ．5　ク．4　ケ．7　コ．6　サ．2　シ．1
ス．2　セ．8　ソ．2　タ．8　チツ．32

◀解　説▶

≪小問 2 問≫

(1)　$\displaystyle\overline{x}=\frac{1}{4}\left(\cos\theta+\sqrt{5}\sin\theta+3\cos^2\frac{\theta}{2}+\sin^2\frac{\theta}{2}\right)$

$$=\frac{1}{4}\left\{\cos\theta+\sqrt{5}\sin\theta+\frac{3}{2}(1+\cos\theta)+\frac{1}{2}(1-\cos\theta)\right\}$$

$$=\frac{1}{4}(\sqrt{5}\sin\theta+2\cos\theta+2)$$

$$=\frac{\sqrt{5}}{4}\sin\theta+\frac{1}{2}\cos\theta+\frac{1}{2}\quad(\to ア〜カ)$$

ここで，$\left(\dfrac{\sqrt{5}}{4}\right)^2+\left(\dfrac{1}{2}\right)^2=\dfrac{9}{16}$ より

$$\overline{x}=\frac{3}{4}\left(\sin\theta\cdot\frac{\sqrt{5}}{3}+\cos\theta\cdot\frac{2}{3}\right)+\frac{1}{2}$$

$$=\frac{3}{4}\sin(\theta+\alpha)+\frac{1}{2}\quad\left(\cos\alpha=\frac{\sqrt{5}}{3},\ \sin\alpha=\frac{2}{3}\right)$$

$0<\alpha<\dfrac{\pi}{2}$ と $0\leqq\theta<2\pi$ より，$\theta+\alpha=\dfrac{\pi}{2}$ となる θ が存在し，このとき $\overline{x}$ は最大となり，最大値は

$$\frac{3}{4}+\frac{1}{2}=\frac{5}{4}\quad(\to キ,\ ク)$$

このとき，４つの値は

$$\cos\theta=\cos\left(\frac{\pi}{2}-\alpha\right)=\sin\alpha=\frac{2}{3}$$

$$\sqrt{5}\sin\theta=\sqrt{5}\sin\left(\frac{\pi}{2}-\alpha\right)=\sqrt{5}\cos\alpha=\sqrt{5}\cdot\frac{\sqrt{5}}{3}=\frac{5}{3}$$

$$3\cos^2\frac{\theta}{2}=\frac{3}{2}(1+\cos\theta)=\frac{3}{2}\left(1+\frac{2}{3}\right)=\frac{5}{2}$$

$$\sin^2\frac{\theta}{2}=\frac{1}{2}(1-\cos\theta)=\frac{1}{2}\left(1-\frac{2}{3}\right)=\frac{1}{6}$$

４つの値を小さい方から順に並べると　$\frac{1}{6}$，$\frac{2}{3}$，$\frac{5}{3}$，$\frac{5}{2}$

小さい方から２番目と３番目の平均をとって，D の中央値は

$$\frac{1}{2}\left(\frac{2}{3}+\frac{5}{3}\right)=\frac{7}{6}\quad(\to ケ,\ コ)$$

(2)　$x>0$，$y>0$ より

$$\log_2\frac{16x^4}{y}=\log_2 16+\log_2 x^4-\log_2 y=\log_2 2^4+4\log_2 x-\log_2 y$$
$$=4+4\log_2 x-\log_2 y$$

与式に対して，$\log_2 x=X$，$\log_2 y=Y$ とおくと

$$X^2+Y^2=4+4X-Y-\frac{1}{4}$$

よって　　$(X-2)^2+\left(Y+\frac{1}{2}\right)^2=8$　……①　(→サ～セ)

$x>0$，$y>0$ より，xy について底２の対数をとると

$$\log_2 xy=\log_2 x+\log_2 y=X+Y$$

と表せる。ここで，$X+Y=k$　……② とおくと，②は XY 座標平面において傾き -1，Y 切片 k の直線を表す。この直線が円①と共有点をもつときの k の値の範囲を求めればよい。

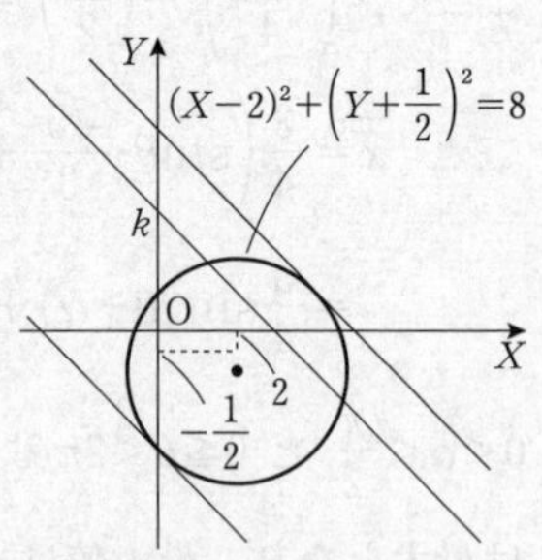

円①は，中心 $\left(2,\ -\frac{1}{2}\right)$，半径 $2\sqrt{2}$ であるから，円①と直線②：$X+Y-k=0$ の距離を d

としたとき，題意をみたす条件は，点と直線の距離の公式を用いて

$$d=\frac{\left|2+\left(-\frac{1}{2}\right)-k\right|}{\sqrt{1^2+1^2}}\leqq 2\sqrt{2}$$

これを k について解くと　　$-\frac{5}{2}\leqq k\leqq\frac{11}{2}$

$k=\log_2 xy$ であるから

$$-\frac{5}{2}\leqq\log_2 xy\leqq\frac{11}{2}$$

$$2^{-\frac{5}{2}}\leqq xy\leqq 2^{\frac{11}{2}}\qquad \frac{1}{4\sqrt{2}}\leqq xy\leqq 32\sqrt{2}$$

よって　　$\frac{\sqrt{2}}{8}\leqq xy\leqq 32\sqrt{2}$　（→ソ～ツ）

別解　（$X+Y=k$　……②とおくところまでは〔解答〕と同じ）

$X=-Y+k$ を円①の方程式に代入して

$$(-Y+k-2)^2+\left(Y+\frac{1}{2}\right)^2=8$$

整理すると

$$2Y^2-(2k-5)Y+k^2-4k-\frac{15}{4}=0$$

この 2 次方程式の判別式を D とすると

$$D=(2k-5)^2-4\cdot 2\cdot\left(k^2-4k-\frac{15}{4}\right)$$

$$=-4k^2+12k+55=-(2k-11)(2k+5)$$

円①と直線②が共有点をもつための条件は，$D\geqq 0$ であるので

$$-(2k-11)(2k+5)\geqq 0\qquad \therefore\quad -\frac{5}{2}\leqq k\leqq\frac{11}{2}$$

（以下，〔解答〕と同じ）

3 解答

ア．1　イ．2　ウ．1　エ．2　オカ．−2　キ．3
ク．1　ケ．2　コ．1　サ．5　シ．3　スセ．10
ソ．1　タ．3　チ．1　ツ．6　テ．1　ト．5　ナニ．10　ヌ．7
ネ．9　ノハ．55

◀解　説▶

≪小問 2 問≫

(1)　初めにＰはＯにあるから，１秒後にＰがＡにある確率 a_1 は

$$a_1=\frac{1}{2}\quad(\to ア,\ イ)$$

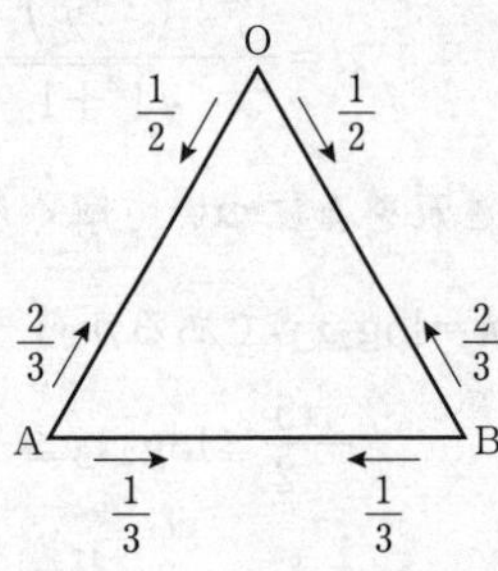

さらに，n 秒後にＰがＢ，Ｏにある確率をそれぞれ b_n，o_n とする。題意より，Ｐの移動の仕方から，n 秒後にＰがＡにある確率とＢにある確率は同じである。

つまり

$$b_n=a_n$$

が成り立つ。また，n 秒後にＰはＯ，Ａ，Ｂのいずれかにあるから

$$a_n+b_n+o_n=1$$

よって，n 秒後にＰがＯにある確率 o_n は

$$o_n=1-a_n-b_n=1-a_n-a_n=1-2a_n\quad(\to ウ,\ エ)$$

$n+1$ 秒後にＰがＡにあるのは

[１]n 秒後にＰがＯにあり，$n+1$ 秒後にＡに移動する

[２]n 秒後にＰがＢにあり，$n+1$ 秒後にＡに移動する

ときで，[１]と[２]は互いに排反である。

n 秒後　　$n+1$ 秒後

$$\mathrm{O}(o_n)\xrightarrow{\frac{1}{2}}\mathrm{A}(a_{n+1}),\qquad \mathrm{B}(b_n)\xrightarrow{\frac{1}{3}}\mathrm{A}(a_{n+1})$$

よって　$a_{n+1}=\frac{1}{2}o_n+\frac{1}{3}b_n$　……①

$$=\frac{1}{2}(1-2a_n)+\frac{1}{3}a_n$$

$$=-\frac{2}{3}a_n+\frac{1}{2}\quad(\to オ〜ケ)$$

①は

$$a_{n+1}-\frac{3}{10}=-\frac{2}{3}\left(a_n-\frac{3}{10}\right)$$

と変形できる。また

$$a_1-\frac{3}{10}=\frac{1}{2}-\frac{3}{10}=\frac{1}{5}$$

よって，数列 $\left\{a_n-\frac{3}{10}\right\}$ は初項 $\frac{1}{5}$，公比 $-\frac{2}{3}$ の等比数列であるから

$$a_n - \frac{3}{10} = \frac{1}{5}\left(-\frac{2}{3}\right)^{n-1}$$

ゆえに　$a_n = \frac{1}{5}\left(-\frac{2}{3}\right)^{n-1} + \frac{3}{10}$　(→コ〜セ)

(2)　題意より

$$\overrightarrow{OM} = \frac{1}{2}\overrightarrow{OB},\quad \overrightarrow{ON} = \frac{3}{5}\overrightarrow{OC}$$

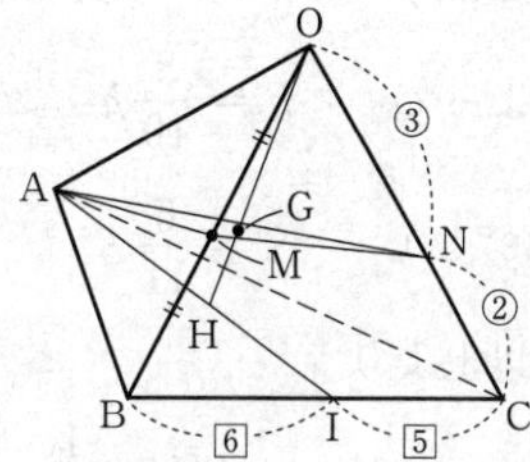

△AMN の重心 G について

$$\overrightarrow{OG} = \frac{1}{3}(\overrightarrow{OA} + \overrightarrow{OM} + \overrightarrow{ON})$$
$$= \frac{1}{3}\left(\overrightarrow{OA} + \frac{1}{2}\overrightarrow{OB} + \frac{3}{5}\overrightarrow{OC}\right)$$
$$= \frac{1}{3}\overrightarrow{OA} + \frac{1}{6}\overrightarrow{OB} + \frac{1}{5}\overrightarrow{OC}\quad (\text{→ソ〜ト})$$

H は直線 OG 上にあるから，$\overrightarrow{OH} = k\overrightarrow{OG}$ となる実数 k が存在する。

よって

$$\overrightarrow{OH} = k\left(\frac{1}{3}\overrightarrow{OA} + \frac{1}{6}\overrightarrow{OB} + \frac{1}{5}\overrightarrow{OC}\right) = \frac{1}{3}k\overrightarrow{OA} + \frac{1}{6}k\overrightarrow{OB} + \frac{1}{5}k\overrightarrow{OC}$$

また，H は平面 ABC 上にあるから

$$\frac{1}{3}k + \frac{1}{6}k + \frac{1}{5}k = 1$$

ゆえに　$k = \frac{10}{7}$　……②　(→ナ〜ヌ)

したがって

$$\overrightarrow{OH} = \frac{10}{21}\overrightarrow{OA} + \frac{5}{21}\overrightarrow{OB} + \frac{2}{7}\overrightarrow{OC} = \frac{1}{21}(10\overrightarrow{OA} + 5\overrightarrow{OB} + 6\overrightarrow{OC})$$
$$= \frac{1}{21}\left(10\overrightarrow{OA} + 11\cdot\frac{5\overrightarrow{OB} + 6\overrightarrow{OC}}{11}\right)$$

ここで題意より，$\overrightarrow{OI} = \frac{5\overrightarrow{OB} + 6\overrightarrow{OC}}{11}$ とおけるから

$$\overrightarrow{OH} = \frac{10\overrightarrow{OA} + 11\overrightarrow{OI}}{21}$$

以上より，I は BC を 6：5 に内分する点である。　……③

また，H は AI を 11：10 に内分する点である。

△ABC，△ABI の面積をそれぞれ S，S' とおき，O，G から平面 ABC に下ろした垂線の長さをそれぞれ h，h' とおく。また，四面体 OABC，四面体 GABI の体積をそれぞれ V，V' とおく。

②より　$h : h' = \mathrm{OH} : \mathrm{GH} = 10 : 3$

よって　$h' = \dfrac{3}{10}h$

③より　$S' = \dfrac{6}{11}S$

以上より

$$V' = \frac{1}{3}S'h' = \frac{1}{3}\cdot\frac{6}{11}S\cdot\frac{3}{10}h = \frac{9}{55}\cdot\frac{1}{3}Sh = \frac{9}{55}V$$

すなわち，四面体 GABI の体積は四面体 OABC の体積の $\dfrac{9}{55}$ 倍である。

(→ネ～ハ)

4 解答

ア．4　イ．2　ウ．1　エ．2　オ．2　カ．3
キ．3　ク．5　ケ．2　コサ．25　シス．16　セ．8
ソタ．21　チツ．18　テ．7　ト．3　ナ．5　ニ．3　ヌネ．18

◀解　説▶

≪絶対値のついた関数どうしの共有点の個数，点と直線の距離，3次関数の最大値≫

(1)　曲線 C について

$x \geqq 0$ のとき　$y = 2x^2 - \dfrac{3}{4}x + x\left(2x - \dfrac{5}{4}\right) + 3$

$= 4x^2 - 2x + 3$　(→ア，イ)

$x < 0$ のとき　$y = 2x^2 - \dfrac{3}{4}x + (-x)\left(2x - \dfrac{5}{4}\right) + 3$

$= \dfrac{1}{2}x + 3$　(→ウ，エ)

(2)　(1)と同様にして，折れ線 l について

$x \geqq 0$ のとき　$y = \dfrac{3}{4}x + \dfrac{5}{4}x + k = 2x + k$

$x < 0$ のとき　$y = \dfrac{3}{4}x + \dfrac{5}{4}(-x) + k = -\dfrac{1}{2}x + k$

これらから曲線 C と折れ線 l のグラフを図示すると，右のようになる。

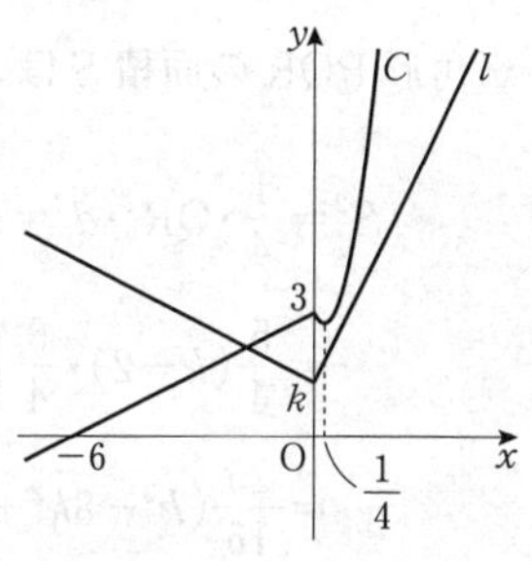

$k>3$ のとき，$x>0$ に共有点は 1 つである。

$k=3$ のとき，共有点は 2 つになる。

l と C が $x>0$ で接するとき

$$4x^2-2x+3=2x+k$$

$$4x^2-4x+3-k=0$$

これが重解をもつので，判別式より

$$4-4(3-k)=0 \qquad k=2$$

よって，異なる 3 つの共有点をもつ k の値の範囲は，グラフより

$$2<k<3 \quad (\to オ,\ カ)$$

(3)　P は $x<0$ にあり

$$\frac{1}{2}x+3=-\frac{1}{2}x+k \qquad x=k-3 \quad (\to キ)$$

Q，R は $x>0$ にあり，その x 座標は

$$4x^2-2x+3=2x+k \qquad 4x^2-4x+3-k=0$$

の解である。これを α，β $(\alpha<\beta)$ とおくと解と係数の関係より

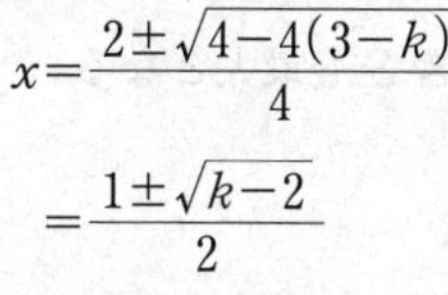

$$x=\frac{2\pm\sqrt{4-4(3-k)}}{4}$$

$$=\frac{1\pm\sqrt{k-2}}{2}$$

よって　　$\beta-\alpha=\sqrt{k-2}$

l の傾きは 2 なので

$$\beta-\alpha : \mathrm{QR}=1 : \sqrt{5}$$

$$\mathrm{QR}=\sqrt{5}\,(\beta-\alpha)$$

よって　　$\mathrm{QR}^2=5(k-2)$　$(\to ク,\ ケ)$

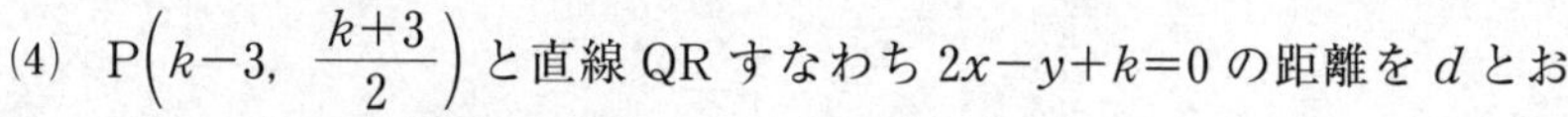

(4)　$\mathrm{P}\left(k-3,\ \dfrac{k+3}{2}\right)$ と直線 QR すなわち $2x-y+k=0$ の距離を d とおくと，点と直線の距離の公式より

$$d=\frac{\left|2(k-3)-\dfrac{k+3}{2}+k\right|}{\sqrt{2^2+(-1)^2}}=\frac{|5k-15|}{2\sqrt{5}}=\frac{\sqrt{5}}{2}|k-3|$$

三角形PQRの面積 S は $S=\frac{1}{2}\cdot\mathrm{QR}\cdot d$ であるから

$$S^2=\frac{1}{4}\cdot\mathrm{QR}^2\cdot d^2=\frac{1}{4}\cdot 5(k-2)\cdot\left(\frac{\sqrt{5}}{2}|k-3|\right)^2$$

$$=\frac{5}{4}(k-2)\cdot\frac{5}{4}|k-3|^2=\frac{25}{16}(k-2)(k-3)^2$$

$$=\frac{25}{16}(k^3-8k^2+21k-18)\quad(\to コ\sim ツ)$$

S^2 を $f(k)$ とおいて，$2<k<3$ における $f(k)$ の最大値を求める。

ここで　$f'(k)=\frac{25}{16}(3k^2-16k+21)=\frac{25}{16}(k-3)(3k-7)$

$f'(k)=0$ とすると，$2<k<3$ であるから　$k=\frac{7}{3}$

$2<k<3$ のとき，$f(k)$ の増減表は右のようになる。

k	2	$\cdots$	$\frac{7}{3}$	$\cdots$	3
$f'(k)$		$+$	0	$-$	
$f(k)$		↗	極大	↘	

$f(k)$ すなわち S^2 は，$k=\frac{7}{3}$ のとき最大値

$$\frac{25}{16}\left(\frac{7}{3}-2\right)\left(\frac{7}{3}-3\right)^2=\frac{25}{108}$$

をとる。$S>0$ であるから，S^2 が最大となるとき S も最大となる。

以上より，S は　$k=\frac{7}{3}$　$(\to テ，ト)$

のとき，最大値

$$\sqrt{\frac{25}{108}}=\frac{5}{6\sqrt{3}}=\frac{5\sqrt{3}}{18}\quad(\to ナ\sim ネ)$$

をとる。

物理

1 解答

(1)―ウ　(2)―オ　(3)―エ　(4)―イ　(5)―カ　(6)―エ
(7)―カ　(8)―イ

◀解　説▶

≪斜方投射と自由落下，斜め方向の衝突≫

(1)　同一鉛直平面内において，P_1 を P_2 に向けて打ち出すと同時に，P_2 を自由落下させている。このとき，P_1 と P_2 は鉛直下向きの重力のみを受けて運動しているので，P_2 から見た P_1 の相対運動は等速直線運動である。よって，P_1 と P_2 が衝突するためには，時刻 $t=0$ での P_2 の座標 $(l,\ l)$ の位置に向けて，時刻 $t=0$ で P_1 を打ち出すことが必要であり，このときの x 軸からの角度 θ は $45°$ である。

(2)　P_1 の水平方向の運動は等速直線運動とみなせる。

$$v_0\cos45°\cdot t_1=l \qquad \therefore \quad t_1=\frac{\sqrt{2}\,l}{v_0}$$

(3)　P_1 の鉛直方向の運動は等加速度直線運動とみなせる。

$$y_0=v_0\sin45°\cdot t_1-\frac{1}{2}gt_1^{\ 2}$$

上記の式に(2)で求めた t_1 を代入すると

$$y_0=l\left(1-\frac{gl}{v_0^{\ 2}}\right)$$

(4)　P_1 と P_2 が衝突するまで，P_1 と P_2 にはたらく力はともに重力のみである。よって，衝突前の P_1 と P_2 の力学的エネルギーの和は，時刻 $t=0$ のときの力学的エネルギーの和に等しい。

よって　$$\frac{1}{2}mv_0^{\ 2}+mgl=m\left(\frac{1}{2}v_0^{\ 2}+gl\right)$$

(5)　一体となった P_1 と P_2 の速度の鉛直成分は共に 0 である。衝突直後の速度の水平成分を V とすると，P_1 と P_2 の衝突直前と衝突直後の状態は次のようになる。

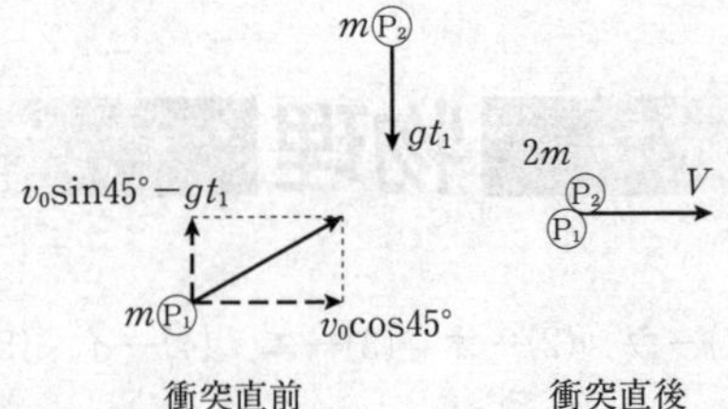

運動量保存則より

水平方向：$mv_0\cos 45°+0=2mV$

鉛直方向：$m(v_0\sin 45°-gt_1)-mgt_1=0$

これら 2 式と(2)より

$$v_0=2\sqrt{gl},\quad V=\sqrt{\frac{gl}{2}}$$

であることがわかる。これらの値と(3)を用いて，衝突によって失われた力学的エネルギーは

$$\left(\frac{1}{2}mv_0{}^2+mgl\right)-\left(\frac{1}{2}\cdot 2mV^2+2mgy_0\right)=mgl$$

(6)　衝突のさいに，P_1 が P_2 から受けた力積の大きさは，P_2 が P_1 から受けた力積の大きさに等しい。これを I とすると，運動量と力積の関係より，衝突前後の P_2 の運動量，および力積の関係は，右図のようになる。

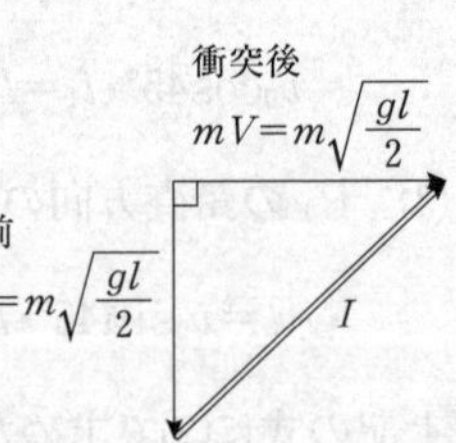

ここで，$mgt_1=mV=m\sqrt{\dfrac{gl}{2}}$ が成り立つことから，右図に現れる三角形は直角二等辺三角形となる。

よって　$I=m\sqrt{\dfrac{gl}{2}}\times\sqrt{2}=m\sqrt{gl}$

(7)　衝突後の P_1 と P_2 は，質量 $2m$ の物体 P_1P_2 とみなせる。P_1P_2 は水平投射し，鉛直方向の運動は，(3)，(5)より $y_0=\dfrac{3}{4}l$ の高さからの自由落下とみなせる。

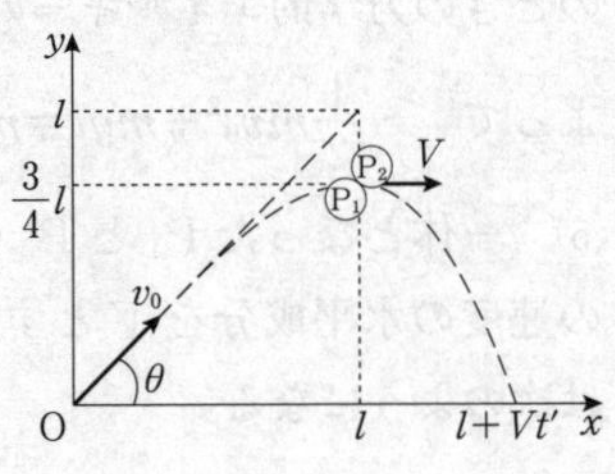

衝突してから床面に到達するまでの時間を t' とすると

$$\frac{3}{4}l=\frac{1}{2}gt'^2 \qquad \therefore \quad t'=\sqrt{\frac{3l}{2g}}$$

P_1P_2 の水平方向の運動は等速直線運動とみなせるので，原点からの水平距離は

$$l+Vt'=l+\sqrt{\frac{gl}{2}}\times\sqrt{\frac{3l}{2g}}$$
$$=\frac{2+\sqrt{3}}{2}l$$

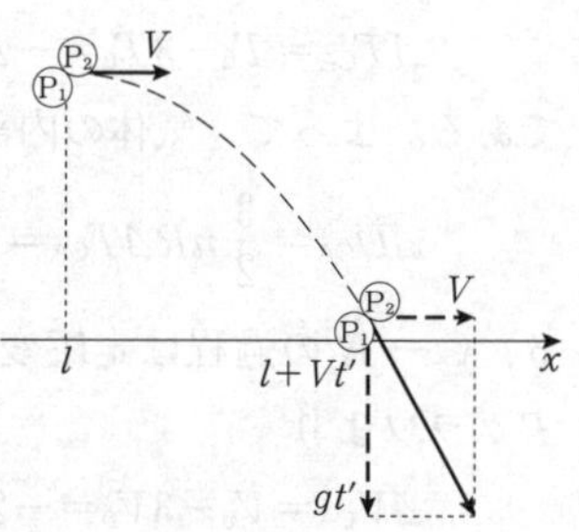

(8)　床面に到達する直前の速度の水平成分は V，鉛直成分は gt' である。よって，床面に到達する直前の物体 P_1P_2 の速さは

$$\sqrt{V^2+(gt')^2}=\sqrt{2gl}$$

2　解答

(a) 1－ア　2－ウ　3－エ　4－エ　5－イ　6－ア　7－イ

(b) 8－エ　9－エ　10－オ　11－イ

◀解　説▶

≪気体の状態変化と V-T グラフ，臨界角と屈折の法則≫

(a) 1．この理想気体の物質量を n〔mol〕，気体定数を R〔J/mol·K〕とすると，A での状態方程式より

$$p_0V_0=nRT_0 \quad \cdots\cdots ⊛$$

が成り立つ。A→B の過程は等温変化なので，B での気体の圧力を p_B〔Pa〕とすると，ボイルの法則より

$$p_0V_0=p_B\cdot 3V_0 \qquad \therefore \quad p_B=\frac{1}{3}p_0〔\mathrm{Pa}〕$$

2．等温変化では，気体の内部エネルギーは変化しない。

3．B，C での気体の温度をそれぞれ T_B〔K〕，T_C〔K〕とすると，状態方程式より，$\frac{1}{3}p_0\cdot 3V_0=nRT_B$，$p_0\cdot 3V_0=nRT_C$ が成り立つ。よって，B→C の過程における気体の内部エネルギーの変化を $\varDelta U_{BC}$〔J〕とおくと

$$\varDelta U_{BC}=\frac{3}{2}nRT_C-\frac{3}{2}nRT_B=\frac{3}{2}\left(p_0\cdot 3V_0-\frac{1}{3}p_0\cdot 3V_0\right)=3p_0V_0〔\mathrm{J}〕$$

4．B→C の過程において気体が外部に対して行う仕事を W_{BC}〔J〕とす

ると，定積変化なので，$W_{BC}=0$ である。よって，B→C の過程で気体が外部から受け取る熱量を Q_{BC}〔J〕とすると，熱力学第一法則より，3の答えを用いて

$$Q_{BC}=\Delta U_{BC}+W_{BC}=3p_0V_0+0=3p_0V_0\text{〔J〕}$$

5．C→A の過程における温度の変化を ΔT_{CA} とすると，V-T グラフより

$$\Delta T_{CA}=T_0-3T_0=-2T_0$$

である。よって，気体の内部エネルギーの変化を ΔU_{CA}〔J〕とすると

$$\Delta U_{CA}=\frac{3}{2}nR\Delta T_{CA}=-3p_0V_0\text{〔J〕}$$

6．C→A の過程は定圧変化であり，体積の変化を ΔV_{CA} とすると，V-T グラフより

$$\Delta V_{CA}=V_0-3V_0=-2V_0$$

である。よって，気体が外部から受け取る熱量を Q_{CA}〔J〕，気体が外部に対して行う仕事を W_{CA}〔J〕とすると，熱力学第一法則より，5の答えを用いて

$$Q_{CA}=\Delta U_{CA}+W_{CA}=-3p_0V_0+p_0\Delta V_{CA}=-5p_0V_0\text{〔J〕}$$

7．V-T グラフを p-V グラフに書き直すと右のようになる。

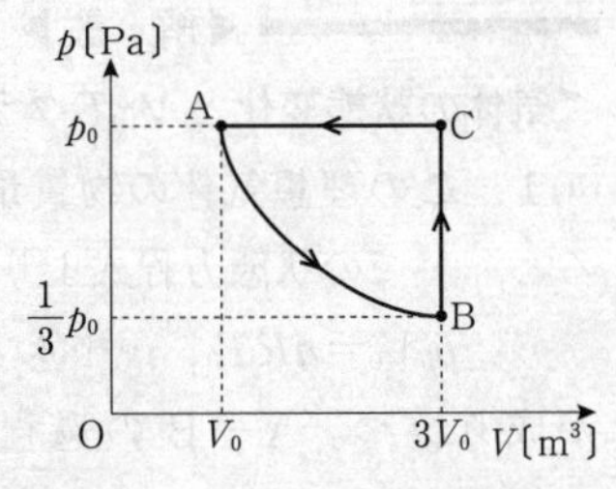

4より，$W_{BC}=0$ である。A→B の過程において，気体が外部に対して行う仕事を W_{AB}〔J〕とすると $W_{AB}>0$，C→A の過程において，気体が外部に対して行う仕事 W_{CA} は $W_{CA}<0$ である。

また，仕事の大きさは p-V グラフと V 軸とで囲まれた部分の面積に相当

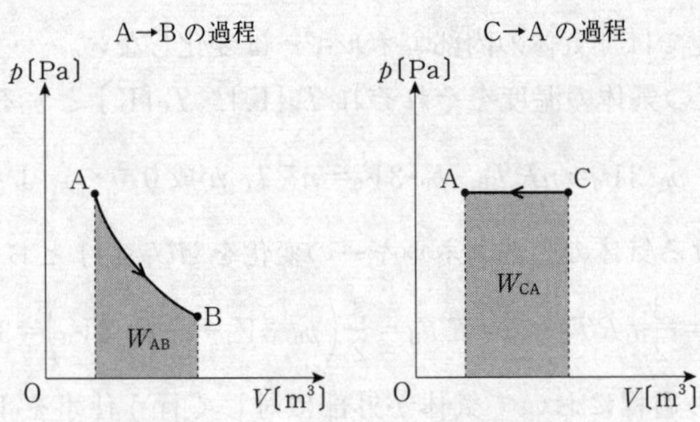

するので，$|W_{CA}|>|W_{AB}|$ になる。よって，A→B→C→A の1つのサイクルで気体が外部に対して行う仕事の和 $W_{AB}+W_{BC}+W_{CA}$ は負となる。

(b) 8．空気中を進む光の速さを v〔m/s〕とする。屈折の法則より

$$\frac{v}{c_0}=\frac{4}{3} \qquad \therefore \quad v=\frac{4}{3}c_0\text{〔m/s〕}$$

9．空気中を進む光の波長を λ〔m〕とする。屈折の法則より

$$\frac{\lambda}{\lambda_0}=\frac{4}{3} \qquad \therefore \quad \lambda=\frac{4}{3}\lambda_0\text{〔m〕}$$

10．光源から出た光が円板の縁で全反射すれば，空気中のいずれの場所からも観測できない。$R=R_0$ のとき，円板の縁で屈折する光の屈折角が 90° になり，その入射角が臨界角となる。臨界角を i_0 とすると，屈折の法則より

$$\frac{\sin 90^\circ}{\sin i_0}=\frac{4}{3} \quad \cdots\cdots ① \qquad \therefore \quad \sin i_0=\frac{3}{4}$$

このとき，光源から出て円板の縁に入射する光を図示すると，右図のようになる。

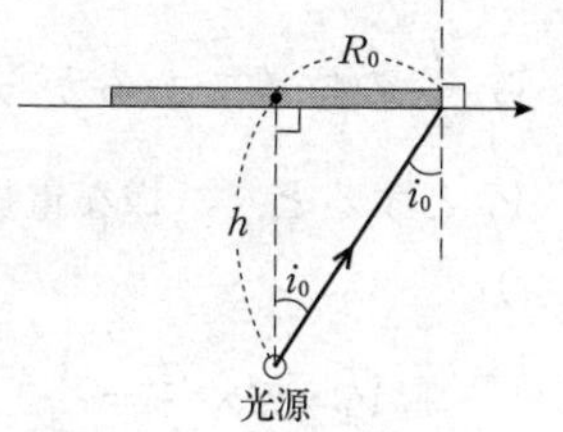

図より　$\sin i_0=\dfrac{R_0}{\sqrt{h^2+{R_0}^2}}$

よって　$\dfrac{3}{4}=\dfrac{R_0}{\sqrt{h^2+{R_0}^2}}$

$$3\sqrt{h^2+{R_0}^2}=4R_0 \qquad \therefore \quad R_0=\frac{3\sqrt{7}}{7}h\text{〔m〕}$$

11．エタノールを用いたときに，はじめて光を観測できなくなる円板の半径を R_e とし，円板の縁に入射する光の入射角を i_e とする。また，空気に対するエタノールの相対屈折率を n_e とする。屈折の法則より

$$\frac{\sin 90^\circ}{\sin i_e}=n_e \quad \cdots\cdots ②$$

相対屈折率は水よりもエタノールの方が大きいので，$\dfrac{4}{3}<n_e$ となる。

よって，①，②より

$$\sin i_0>\sin i_e \qquad \tan i_0>\tan i_e$$

$$\frac{R_0}{h}>\frac{R_e}{h} \qquad \therefore \quad R_0>R_e$$

3 解答

(a) 1―ウ　2―イ　3―ア　4―ウ　5―エ　6―オ
(b) 7―オ　8―オ　9―ウ　10―イ　11―エ　12―イ
13―ア

◀解　説▶

≪平行板コンデンサー内における点電荷の運動，非直線抵抗とコンデンサーを含む回路≫

(a) 1．金属板Aと金属板Bの間には一様な電界が生じる。電界の強さをEとすると，一様な電界と電位の関係より

$$E=\frac{V}{d}$$

2．電界の向きは，電位の高いほうから低いほうへ向かう向きである。よって，電界の向きはB→Aである。

3．金属板A側は接地（アース）されているので0Vである。点Pは金属板Aから$\frac{d}{4}$の位置であるから，点Pの電位をV_Pとすると，一様な電界と電位の関係より

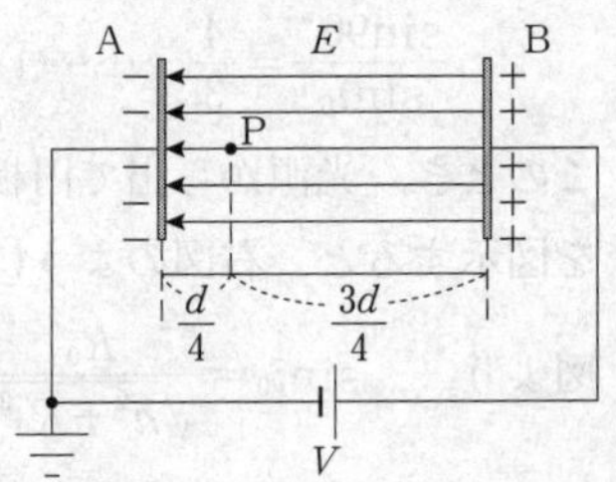

$$V_P=E\times\frac{d}{4}=\frac{V}{4}$$

4．電気量$-q$の点電荷が電界$E\left(=\frac{V}{d}\right)$から受ける静電気力の大きさ$F$は

$$F=\left|-q\times\frac{V}{d}\right|=\frac{qV}{d}$$

5．点電荷は静電気力だけを受けて，点Pから金属板Bまで距離$\frac{3d}{4}$だけ運動する。よって，電界が点電荷にした仕事をWとすると，4の答えより

$$W=\frac{qV}{d}\times\frac{3d}{4}=\frac{3qV}{4}$$

別解　電界が点電荷にした仕事Wは，静電気力による位置エネルギーの差の符号を入れかえた値に等しい。よって

$$W=-(-q)\left(V-\frac{V}{4}\right)=\frac{3qV}{4}$$

6．金属板Bに到達する直前の点電荷の速さを v とする。エネルギー保存則より

$$\frac{3qV}{4}=\frac{1}{2}mv^2 \qquad \therefore \quad v=\sqrt{\frac{3qV}{2m}}$$

(b) 7．電球と抵抗 R_2 は並列接続なので，R_2 にかかる電圧も V〔V〕である。よって，R_2 に流れる電流を I_2〔A〕とすると，オームの法則より

$$I_2=\frac{V}{10}〔\mathrm{A}〕$$

8．キルヒホッフの第一法則より，抵抗 R_1 に流れる電流は $I+\frac{V}{10}$〔A〕である。よって，キルヒホッフの第二法則より

$$40\left(I+\frac{V}{10}\right)+V=8.0 \qquad \therefore \quad 40I+5.0V=8.0$$

9．8の結果を $I=-\frac{1}{8}V+0.2$ と変形し，そのグラフを図3－2の電流－電圧特性曲線のグラフに描き加えると，右図のようになる。グラフの交点より，電球に流れる電流は0.15Aである。

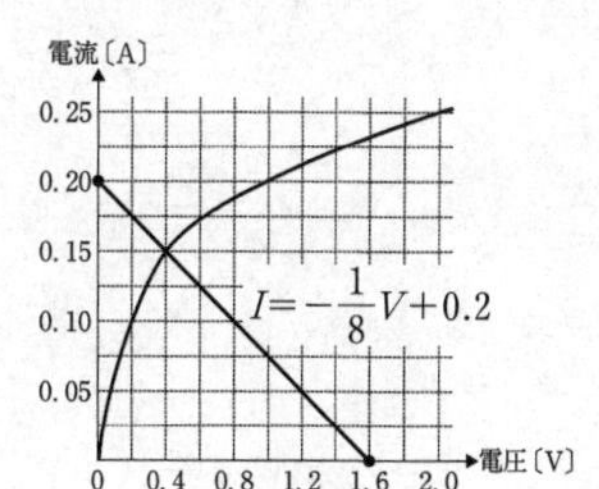

10．Sをb側に閉じて十分に時間が経過すると，コンデンサーCは充電され，コンデンサーCには電流が流れなくなる。このとき電流は，電池Eと抵抗 R_1 と R_2 が直列に接続された回路だけを流れる。R_1 に流れる電流を I_1〔A〕とすると，オームの法則より

$$I_1=\frac{8.0}{40+10}=0.16〔\mathrm{A}〕$$

11．R_1 で消費される1秒間あたりの電気エネルギーを P〔J〕とすると，10の答えを用いて

$$P=(0.16)^2\cdot 40=1.024\fallingdotseq 1.0〔\mathrm{J}〕$$

12．コンデンサーCにかかる電圧は抵抗 R_2 にかかる電圧と等しい。よって，コンデンサーCにかかる電圧は

$$0.16\times 10=1.6〔\mathrm{V}〕$$

になるので，コンデンサーCに蓄えられる電気量をQ〔C〕とすると

$$Q=4.0\times10^{-6}\times1.6=6.4\times10^{-6}〔\mathrm{C}〕$$

13. コンデンサーCの静電エネルギーをU〔J〕とすると

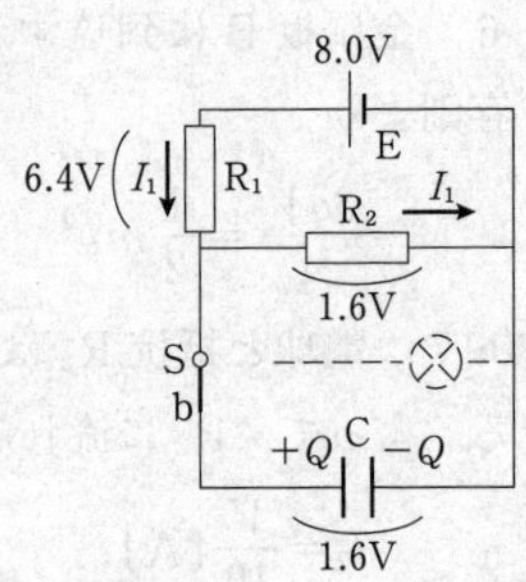

$$U=\frac{1}{2}\times4.0\times10^{-6}\times1.6^2$$

$$=5.12\times10^{-6}\fallingdotseq5.1\times10^{-6}〔\mathrm{J}〕$$

■化学■

1 解答

問(1)―(キ)　問(2)―(オ)　問(3)―(カ)　問(4)―(オ)　問(5)―(イ)
問(6)―(エ)　問(7)―(ク)

◀解　説▶

≪小問集合≫

問(1)　沸点は一般的に分子量が大きいほど高くなる。また，15，16，17 族元素の水素化合物は極性分子のため，沸点は高くなる。15，16，17 族のうち，O，F，N の水素化合物は分子間に水素結合をもつため，非常に沸点が高くなる。

問(2)　(ア)〜(ク)の分子 1 個のもつ非共有電子対の数は以下の通り。

(ア) 4 個　(イ) 6 個　(ウ) 4 個　(エ) 6 個　(オ) 8 個　(カ) 6 個　(キ) 3 個　(ク) 2 個

問(3)　コロイド粒子は陽極へ移動したことから，負の電荷をもつことがわかる。一般に，コロイド粒子のもつ電荷と反対の符号で，価数の大きいイオンほどコロイド粒子を沈殿させやすい。したがって，(カ)となる。

問(4)　凝固点降下度 Δt は溶質の種類に関係せず，質量モル濃度 m〔mol/kg〕に比例し，以下の式で表される。

$\Delta t = k_f \cdot m$　（k_f：モル凝固点降下）

よって，ナフタレン $C_{10}H_8$（分子量：128）の質量を x〔g〕とすると

$$0.256 = 5.12 \times \frac{\frac{x}{128}}{0.1} \qquad x = 0.640\text{〔g〕}$$

問(5)　質量パーセント濃度 0.24％の酢酸水溶液 1L に含まれる酢酸分子の質量は 24g であり，酢酸分子（分子量：60）の物質量は

$$\frac{24}{60} = 0.04\text{〔mol〕}$$

よって，0.24％の酢酸水溶液のモル濃度は 0.04mol/L となる。

酢酸の水素イオン濃度 $[H^+]$ は電離定数 K_a，モル濃度 C〔mol/L〕を用いて

$$[H^+] = \sqrt{C \times K_a}$$

よって　$pH=-\log_{10}(\sqrt{C\times K_a})$

$$=-\frac{1}{2}\log_{10}(0.04\times2.7\times10^{-5})$$

$$=-\frac{1}{2}\times(\log_{10}4+\log_{10}27+\log_{10}10^{-8})$$

$$=-0.3-0.72+4=2.98$$

問(6)　過酸化水素の分解反応の化学反応式は

$2H_2O_2 \longrightarrow 2H_2O+O_2$

よって，反応によって生じた酸素の体積は

$$5.0\times10^{-3}\times0.2\times30\times\frac{1}{2}\times22.4\times10^{3}=336\text{〔mL〕}$$

問(7)　分子式が $C_8H_{10}O$ で表される化合物のうち，フェノール類は以下の9種類である。

CH_3 CH_3 OH　　CH_3 CH_3 OH　　CH_3 OH CH_3　　CH_3 CH_3 OH

CH_3 HO CH_3　　CH_3 OH CH_3　　C_2H_5 OH　　C_2H_5 OH　　C_2H_5 OH

2　解答

問(1)(1)—(カ)　(2)—(イ)　(3)—(キ)　(4)—(オ)

問(2)(1)—(カ)　(2)—(キ)　(3)—(オ)

◀解　説▶

≪イオン結晶の構造，混合気体の圧力≫

問(1)(2)　単位格子一辺の長さ＝(陽イオンの半径＋陰イオンの半径)×2 なので，臭化物イオンのイオン半径を r^-〔nm〕とすると

$0.596=(0.116+r^-)\times2$　　$r^-=0.182$〔nm〕

(3)　臭化ナトリウム（式量：103）の密度を d〔g/cm^3〕とすると

$$d=\frac{103\times\frac{4}{6.0\times10^{23}}}{(0.596\times10^{-7})^3}=\frac{103\times\frac{4}{6.0\times10^{23}}}{(5.96\times10^{-8})^3}=3.23\fallingdotseq3.2\text{〔g/cm}^3\text{〕}$$

(4)　結晶の融点は，イオンの価数が大きく，イオン半径が小さいほど大きくなる。

問(2)(1)　反応前の容積 10 L の密閉容器中に含まれる酸素の圧力を P_{O_2}〔Pa〕，水素の圧力を P_{H_2}〔Pa〕とすると，ボイルの法則より

$$1.0\times10^5\times9.0=P_{O_2}\times10 \qquad P_{O_2}=9.0\times10^4\text{〔Pa〕}$$

$$1.0\times10^5\times6.0=P_{H_2}\times10 \qquad P_{H_2}=6.0\times10^4\text{〔Pa〕}$$

容器内の水素を完全燃焼させた後，生じた水がすべて気体の状態であると仮定すると，それぞれの圧力は以下の通り。

	$2H_2$	+ O_2	$\longrightarrow$ $2H_2O$	
反応前	6.0×10^4	9.0×10^4		〔Pa〕
変化量	-6.0×10^4	-3.0×10^4	6.0×10^4	〔Pa〕
反応後		6.0×10^4	6.0×10^4	〔Pa〕

容器内には水滴が生じているため，気体の水分子の分圧は 3.6×10^3 Pa となるので，容器内の気体の全圧は酸素の圧力と水の蒸気圧の和となる。

$$6.0\times10^4+3.6\times10^3=6.36\times10^4\fallingdotseq6.4\times10^4\text{〔Pa〕}$$

(2)　水がすべて気体であると仮定すると，容器内に含まれる水分子の質量 m〔g〕は，気体の状態方程式より

$$6.0\times10^4\times10=\frac{m}{18}\times8.3\times10^3\times300 \qquad m=4.34\text{〔g〕}$$

よって，液体の水の質量は

$$4.34\times\frac{6.0\times10^4-3.6\times10^3}{6.0\times10^4}=4.07\fallingdotseq4.1\text{〔g〕}$$

(3)　容器内の温度を 127°C にしたとき，酸素の圧力 P_{O_2}〔Pa〕は，シャルルの法則より

$$\frac{6.0\times10^4}{300}=\frac{P_{O_2}}{400} \qquad P_{O_2}=8.0\times10^4\text{〔Pa〕}$$

容器内には酸素分子と水分子が同じ量含まれているため，水分子もすべて気体だと仮定すると，圧力は 8.0×10^4 Pa（$<2.5\times10^5$ Pa）となる。
よって，127°C で水はすべて気体の状態である。全圧は酸素の圧力と水の圧力の和となり，1.6×10^5 Pa になる。

3 解答

問(1)―(オ)　問(2)―(カ)　問(3)―(エ)　問(4)―(ウ)　問(5)―(エ)
問(6)―(ク)　問(7)―(ア)

◀解　説▶

≪平衡定数，結合エネルギー，圧平衡定数，アンモニアの生成と平衡移動，ハーバー・ボッシュ法≫

問(2)　反応熱＝(生成物の結合エネルギーの和)－(反応物の結合エネルギーの和)より

$$反応熱=(\text{N–H 結合})\times 6-\{(\text{N}\equiv\text{N 結合})\times 1+(\text{H–H 結合})\times 3$$
$$=391\times 6-(946+436\times 3)=92\,[\text{kJ/mol}]$$

問(3)　気体に関する可逆反応が $a\mathrm{A}+b\mathrm{B}\rightleftarrows p\mathrm{P}+q\mathrm{Q}$（$a$，$b$，$p$，$q$ は反応式の係数）で表されるとき，圧平衡定数 K_p と濃度平衡定数 K_c の関係は

$$K_p=K_c(RT)^{(p+q)-(a+b)}$$

よって，$N_2+3H_2\rightleftarrows 2NH_3$ の反応において

$$K_p=K_c(RT)^{(2)-(1+3)}=K_c(RT)^{-2}$$

問(4)　ルシャトリエの原理より，アンモニアの生成は気体分子数減少の発熱反応であるため，高圧，低温ほどアンモニアの生成量が増加する。

問(5)　窒素，水素，アンモニアの平衡状態での物質量は，以下の通り。

	N_2	+	$3H_2$	$\rightleftarrows$	$2NH_3$	
反応前	10.0		25.0			[mol]
変化量	$-x$		$-3x$		$2x$	[mol]
平衡時	$10.0-x$		$25.0-3x$		$2x$	[mol]

よって，平衡時の化合物全体の物質量は $35.0-2x$[mol] となる。容器中のアンモニアの体積百分率は40％であるので

$$\frac{2x}{35.0-2x}\times 100=40\qquad x=5$$

よって，全体の物質量に代入すると

$$35.0-10.0=25.0\,[\text{mol}]$$

問(6)　濃度平衡定数は $K_c=\dfrac{[NH_3]^2}{[N_2][H_2]^3}$ であるので

$$K_c=\frac{\left(\dfrac{10}{10}\right)^2}{\dfrac{5}{10}\times\left(\dfrac{10}{10}\right)^3}=2.0\,[(\text{mol/L})^{-2}]$$

4 **解答**　問(1)(1)—(カ)　(2)—(イ)　(3)—(オ)

問(2)(1)—(カ)　(2)—(カ)　(3)—(イ)　(4) x —(ウ)　y —(ク)

(5)—(イ)

◀解　説▶

≪混合水溶液の中和滴定，窒素酸化物の生成，塩素のオキソ酸≫

問(1)(2)　水酸化ナトリウムと炭酸ナトリウムの混合水溶液の中和滴定において，第一段階（フェノールフタレインが変色）で起こる反応は次の通り。

$$NaOH + HCl \longrightarrow NaCl + H_2O \quad \cdots\cdots ①$$

$$Na_2CO_3 + HCl \longrightarrow NaHCO_3 + H_2O + NaCl \quad \cdots\cdots ②$$

また，第二段階（メチルオレンジが変色）で起こる反応は以下の通り。

$$NaHCO_3 + HCl \longrightarrow NaCl + H_2CO_3 \quad \cdots\cdots ③$$

①～③の中和に用いた HCl の体積は 35mL で，③で用いた体積は 10mL であるので，②で反応した塩酸の体積は 10mL となる。よって，①の中和反応で反応した塩酸の体積は 15mL であることがわかる。

したがって，水酸化ナトリウムの濃度を C_1〔mol/L〕とすると

$$\underbrace{1\times0.2\times\frac{15}{1000}}_{H^+\text{の mol}}=\underbrace{1\times C_1\times\frac{20}{1000}}_{OH^-\text{の mol}} \qquad C_1=0.15〔mol/L〕$$

(3)　炭酸水素ナトリウムのモル濃度を C_2〔mol/L〕とすると

$$\underbrace{1\times0.2\times\frac{20}{1000}}_{H^+\text{の mol}}=\underbrace{2\times C_2\times\frac{20}{1000}}_{OH^-\text{の mol}} \qquad C_2=0.10〔mol/L〕$$

よって，混合水溶液 20mL 中に含まれていた炭酸ナトリウムの質量は

$$0.10\times\frac{20}{1000}\times106=0.21〔g〕$$

問(2)(2)　一酸化窒素は水に溶けにくい気体である。

(3)　二酸化窒素は水に溶けやすい気体である。

(5)　オキソ酸の化学式と酸性の強さ，酸化力の強さは以下の通り。

名称	次亜塩素酸	亜塩素酸	塩素酸	過塩素酸
化学式	$HClO$	$HClO_2$	$HClO_3$	$HClO_4$
酸性の強さ	弱い	<<<<		強い
酸化力の強さ	強い	>>>>		弱い

5 解答

問(1)―(ク)　問(2)―(カ)　問(3)―(ウ)　問(4)―(ア)　問(5)―(キ)
問(6)―(キ)　問(7)―(カ)

◀解　説▶

≪天然ゴムと合成ゴム≫

問(2)・問(3)　天然ゴムの主成分はポリイソプレンであり，イソプレンが付加重合したものである。ポリイソプレンの二重結合部分は全てシス型である。

問(7)　スチレン（分子量：104）2mol とブタジエン（分子量：54）3mol で SBR が 1mol できたとすると，SBR の分子量は 370 となる。この SBR 1mol に含まれているベンゼン環は 2mol であり，分子量が 8.88×10^4 の SBR に含まれるベンゼン環の数を x 個とすると

$$370 : 2 = 8.88\times10^4 : x \qquad x = 480〔個〕$$

生物

1 解答

問１．A―(オ)　B―(カ)　C―(イ)　D―(ウ)　E―(エ)
問２．(ア)　問３．(ア)
問４．X―(ア)　Y―(ケ)　Z―(ウ)　問５．(ク)

◀解　説▶

≪体内環境維持と体液≫

問２．(ア)誤り。組織液は血しょうが毛細血管からしみ出したものである。

問３．(ア)誤り。左心室から出た血液は全身の組織に送られ，全身から右心房に戻った血液は右心室から肺へ送られ，左心房を経て左心室へ戻る。

問４．X．タンパク質は大きな分子であるため基本的にはろ過されない。

Y．表中の b/a にしたがって計算する。濃縮率＝尿中の濃度÷血しょう（原尿）の濃度なので

$$0.05 \div 0.004 = 12.5$$

Z．$1.2 \div 120 = 0.01$〔%〕

問５．原尿量＝尿量×イヌリンの濃縮率＝$1.5 \times 120 = 180$〔L〕

2 解答

問１．(イ)　問２．(オ)　問３．(ウ)
問４．X－3　Y－3　Z－1
問５．(オ)　問６．(カ)

◀解　説▶

≪遺伝情報の発現≫

問２．開始コドンが指定するアミノ酸はメチオニンである。

問３．終始コドンはアミノ酸を指定しない。そのため，終始コドンの一つ手前のコドンが指定するアミノ酸がＣ末端のアミノ酸となる。

問４．図１より，③の ATG から始まり⑥の TAA の手前まで 993 の塩基が存在する。３つの塩基で１つのアミノ酸を指定することから，アミノ酸の数は以下の式で求めることができる。

$$993 \div 3 = 331$$

問５．(ア)・(イ)誤り。３番目の塩基がＴに置換した場合，アミノ酸はトリ

プトファン（UGG）からシステイン（UGU）に変わる。

(ウ)・(エ)誤り。3番目の塩基がCに置換した場合，アミノ酸はトリプトファンからシステイン（UGC）に変わる。

(オ)正しい。UGGの3番目の塩基がAに置換するとUGAとなる。UGAは終始コドンであるため，84個のアミノ酸からなるタンパク質がつくられる。

問6．(ア)誤り。この場合，アミノ酸はフェニルアラニン（UUU）に変わる。

(イ)誤り。この場合，アミノ酸はロイシン（CUU）に変わる。

(ウ)誤り。この場合，アミノ酸はイソロイシン（AUU）に変わる。

(エ)・(オ)誤り。この場合，アミノ酸はバリン（GUC・GUA）のまま変わらない（同義置換）。

3　解答　問1．(イ)　問2．(エ)　問3．(ア)　問4．(イ)　問5．(オ)

◀解　説▶

≪湖沼生態系と光合成≫

問1．(a)表層近くのびんL_Aの方がびんL_Bよりも光が届き，光合成を効率よく行うことができる。そのため，びんL_Aのほうが溶存酸素量は多くなる。

(b)びんD_Bはアルミ箔で包まれており，光が届かないため光合成を行うことができず，呼吸により酸素を消費するため，びんD_BはびんS_Bよりも溶存酸素量は少なくなる。

(c)びんL_Bは補償深度より深い位置に吊るされているため，みかけの光合成速度はマイナスとなり，びんS_Bより溶存酸素量は少なくなる。

問2．びんL_AとびんS_Aの溶存酸素量の差は，8時間分の呼吸と光合成によって生じた差である。

$$9.1-6.7=2.4 \,[\mathrm{mg/L}]$$

よって，1時間あたりの表層水におけるみかけの光合成速度は

$$2.4\div 8=0.30 \,[\mathrm{mg/(L\cdot 時)}] \quad \cdots\cdots ①$$

びんD_AとびんS_Aの溶存酸素量の差は，8時間分の呼吸によって生じた差である。

$$6.7-5.5=1.2\,[\mathrm{mg/L}]$$

よって，１時間あたりの呼吸速度は

$$1.2\div 8=0.15\,[\mathrm{mg/(L\cdot 時)}]\quad \cdots\cdots ②$$

したがって，①，②より，（真の）光合成速度は

$$0.30+0.15=0.45\,[\mathrm{mg/(L\cdot 時)}]$$

問３．光合成速度は 0.45 mg/(L・時）であるため，水 1 m^3 あたり１時間で利用される酸素は 0.45 g である。酸素の分子量は 32 であり，有機物の分子量は 180 である。合成される有機物の量を x〔g〕とすると

$$180:(32\times 6)=x:0.45$$

よって　　$x\fallingdotseq 0.42\,[\mathrm{g}]$

問４．標識再捕法は以下の式が成り立つ。

$$全個体数=\frac{再捕獲個体数}{再捕獲個体数中の標識個体数}\times 標識個体数$$

$$=\frac{225}{33}\times 148\fallingdotseq 1009$$

4 解答

問１．A―(カ)　B―(イ)　C―(ケ)　D―(エ)

問２．(イ)　問３．(ア)　問４．(イ)　問５．(イ)

◀解　説▶

≪細胞接着と細胞骨格≫

問２．(イ)誤り。原形質連絡とは細胞壁に見られる構造でヘミデスモソームとは関係ない。

問３．(ア)正しい。接着結合はカドヘリンがアクチンフィラメントと結合する。

解答

問1 ②

問2 ③

問3 ⑤

問4 ④

問5 ①

問6 ②

問7 ②

問8 ⑥・⑧

国語

1

出典　養老孟司『ヒトの見方』（ちくま文庫）

解答

問1　⑤
問2　③
問3　④
問4　⑤
問5　①
問6　①
問7　④
問8　（クフ王の）ピラミッド・（わが国の）古墳・聖書・万里の長城・阿房宮から3つ（それぞれ10字以内）
問9　③
問10　時間の支配の方法として、時間を停止させ、時間の超克を意図した点。（35字以内）

2

出典　きたやまおさむ・前田重治『良い加減に生きる――歌いながら考える深層心理』〈第二幕　日常的創造性の自己分析　きたやまおさむ〉（講談社現代新書）

////////////////////// ・memo・ //////////////////////

2022年度

問題と解答

■一般選抜　A日程・SA日程入学試験：2月1日実施分

問題編

▶試験科目・配点

学　部	教 科	科　目	配 点
工・創造工（建築・都市環境工）・先進工・情報科	外国語	コミュニケーション英語Ⅰ・Ⅱ，英語表現Ⅰ	100 点
	数　学	数学Ⅰ・Ⅱ・A（場合の数と確率，図形の性質）・B（数列，ベクトル）	100 点
	理　科	「物理基礎・物理」，「化学基礎・化学」，「生物基礎・生物」から１科目選択	100 点
創造工（デザイン科）・社会システム科	外国語	コミュニケーション英語Ⅰ・Ⅱ，英語表現Ⅰ	100 点
	数　学	数学Ⅰ・Ⅱ・A（場合の数と確率，図形の性質）・B（数列，ベクトル）	100 点
	選　択	「物理基礎・物理」，「化学基礎・化学」，「生物基礎・生物」，「国語総合（古文・漢文を除く）※記述式問題を含む」から１科目選択	100 点

▶A日程

タイプAまたはタイプBを選択（併願可）。

- タイプA（３教科方式）

  上表の３教科受験。

- タイプB（英語外部試験利用方式）

  指定する英語外部試験（資格または検定試験）において，基準以上のスコアを保持していることを出願要件とする。

  工・創造工（建築・都市環境工）・先進工・情報科学部：「数学」「理科」の２教科受験。

  創造工（デザイン科）・社会システム科学部：「数学」「理科」または「数学」「国語」の２教科受験。

- タイプA・タイプBの受験者数の比率をもとに，それぞれの合格者数を決定する。

▶SA 日程

- 大学独自入学試験の数学（A日程と同問題）と大学入学共通テストの数学の成績を利用して，合否判定を行う。
- 大学独自入学試験の数学は200点満点に換算した点数を合否判定に採用する。
- 大学入学共通テストの数学については，数学①「数学Ⅰ・数学A」（100点），数学②「数学Ⅱ・数学B」（100点）を指定科目とし，両方受験することを必須条件とする。

▶備　考

- 試験日ごとに問題が異なることおよび選択教科・科目の難易度による有利・不利が生じないよう，総合得点の偏差値と出身高等学校もしくは中等教育学校等の調査書（出願資格を証明する書類）を総合して合否判定を行う。
- 合否判定に採用する教科（科目）のうち1教科（科目）でも0点の場合は不合格となる。

（60分）

1 次の英文を読み，あとの設問に答えよ。

In Dr. Paul Farmer's view, health is a fundamental human right. He believes it should not be dependent on income or education, and he has devoted his life to bringing medical care to the poorest people in developing countries. Many doctors assumed that people in these countries were too poor and uneducated to manage complex medical treatments, but Dr. Farmer has demonstrated that <u>this</u>(1) is not true.

Farmer was born in Massachusetts in 1960, and he grew up in Florida with his parents and five brothers and sisters. They lived for a while in *a converted school bus and then in a broken-down boat, much of the time without running water. One summer, when the family needed cash, Farmer, his father, and his two brothers got jobs picking oranges. That is where he first heard Haitians speaking Creole, the language that would become so important to him later in his life. (2)＿＿＿＿ their financial difficulties, the Farmer home was filled with books, and the children were encouraged to pursue their interests and talents.

After graduating from high school at the top of his class, Farmer received a full scholarship to Duke University in North Carolina. As a college student, he heard about the terrible conditions for migrant workers on nearby farms. Among these workers were some Haitians whom he got to know and who invited him to visit their homes in Haiti. This was the beginning of his interest in this small Caribbean island country, one of the poorest in the world. He eventually took a trip there and spent time in the central highland region where vast areas had been stripped of their forests and the soil was poor and unproductive. Families lived in mud huts, and had little food, and almost no medical care. But Farmer came to admire the spirit of these people and their ability to adapt.

Farmer continued his studies at Harvard Medical School, where he earned degrees in both Medicine and Medical Anthropology. He returned to Haiti many times, learning the language and working with local doctors. In 1987, with a few friends, he founded a charity organization, Partners in Health (PIH), based in Boston, Massachusetts. Their first project was to build a small clinic in the village of Cange in central Haiti. Over two decades, the Cange center—named Zanmi Lasante—expanded into a large facility. It now cares for more than 220,000 patients a year, with a 104-bed hospital and clinics for women's and children's health, eye care, and surgery.

The Cange center has become a world-wide model for community-based health care. Three principles guide care at the clinic. First and foremost, no patient is ever turned away. Second, to ensure long-term success, Haitians are involved in all levels of care. Thus, most of the doctors and nurses at Cange are Haitian, with some starting their medical experience at the clinic itself. And third, the health workers go out to the people so that the patients do not have to travel long distances, as did the woman Farmer met the first year who walked three hours with her child in her arms. It is important for health workers to get out of the clinic and see where and how the patients live. In a poor country like Haiti, improvements in health are only possible if (3)________. When Farmer visits a village, he looks not only at people with health problems, but also at the houses and the general situation.

Thanks to PIH, the villages around Cange have acquired clean drinking water, and the houses have been rebuilt with rain-proof roofs and concrete floors.

Over the years, PIH has expanded and now works in many countries around the world, including Peru, Mexico, Rwanda, Russia, and Kazakhstan, as well as in poor neighborhoods in the United States and Canada. However, Haiti continues to be the main focus of Farmer's work, especially since the devastating earthquake in 2010. In 2012, PIH opened a new hospital outside the capital, Port-au-Prince, which now provides care for up to 500 people a day.

As a leading expert in HIV/AIDS and tuberculosis, Farmer attends conferences and consults with doctors around the world. His goal is to convince the world's medical experts that even in the most difficult social and economic conditions, it is possible to treat people successfully. In developing countries, for example, most international health organizations refused until recently to treat patients with *drug-resistant tuberculosis. They claimed that the treatment was too expensive and that the patients would not be capable of following doctors' instructions. Partners in Health has shown, however, that the same treatment that works in the United States can work with patients anywhere. Furthermore, they have shown that it is possible to get the medicines at a lower cost.

For his work among <u>the world's most vulnerable populations</u>(4), Dr. Farmer has won many important awards. He continues to consult and teach part of the year at some of the world's most famous hospitals and universities. He is also the subject of a best-selling book by Tracy Kidder, *Mountains Beyond Mountains: The Quest of Dr. Paul Farmer, a Man Who Would Cure the World.*

But most of the money Farmer earns from his work or his awards is immediately given to Partners in Health. And despite his fame, Dr. Farmer still thinks of himself first and foremost as a doctor. He has not given up a doctor's simplest pleasures and responsibilities, such as walking for hours along dirt tracks to treat sick people in Haitian hill villages. Farmer says it helps remind him why he became a doctor in the first place: to treat the patient at hand. The title of Kidder's book comes from a Haitian saying that Farmer likes to quote: "After mountains there are mountains." In other words, beyond every problem there is another; the best we can do is to solve each problem, one at a time.

(From "Dr. Paul Farmer"
in *Advanced Reading Power 4, Second Edition*

by Linda Jeffries and Beatrice S. Mikulecky
(Pearson Education, Inc., 2014))

【註】 a converted school bus　住居用にスクールバスを改造したもの
drug-resistant tuberculosis　薬剤耐性結核

(1)　下線部(1)の具体的内容として最も適当なものをア～エのうちから一つ選び，その記号をマークせよ。

ア People in developing countries were the poorest and most uneducated in the world.

イ Health is a fundamental human right.

ウ People in developing countries cannot manage complex medical treatments.

エ Dr. Farmer dedicated himself to medical care for the poorest people in developing countries.

(2)　下線部(2)の空所に入れるのに最も適当なものをア～エのうちから一つ選び，その記号をマークせよ。

ア Thanks to　　イ In addition to

ウ In spite of　　エ Because of

(3)　下線部(3)の空所に入れるのに最も適当なものをア～エのうちから一つ選び，その記号をマークせよ。

ア people can get help from the international community

イ more immigrants come from other countries

ウ living conditions also improve

エ the number of people in the country decreases

(4)　下線部(4)の具体的内容として最も適当なものをア～エのうちから一つ選び，その記号をマークせよ。

ア　Individuals who are at the greatest risk of poor physical and social well-being in the world

イ　Individuals who work in the most overpopulated areas in the world

ウ　Individuals who are seen as the most generous in the world

エ　Individuals who are considered to be the most intelligent in the world

(5)　次の問いに対する答えとして最も適当なものを本文の内容に即してア〜エのうちから一つ選び，その記号をマークせよ。

Which is true of the Cange center?

ア　The Cange center, which was founded by Dr. Paul Farmer, is a charity organization based in Boston, Massachusetts.

イ　The Cange center, which was built in the village of Cange in central Haiti, developed into a large community health facility.

ウ　Almost all of the doctors and nurses working at the Cange center are from different countries around the world.

エ　The Cange center offers shuttle bus service so that patients can travel all the way to the center free of charge.

(6)　次の問いに対する答えとして最も適当なものを本文の内容に即してア〜エのうちから一つ選び，その記号をマークせよ。

Which is included in the Cange center's principles?

ア　All workers in the clinic are equally paid.

イ　The clinic accepts all patients.

ウ　Older patients are given greater care in the clinic.

エ　The clinic is open 24 hours a day all year round.

(7)　次の問いに対する答えとして最も適当なものを本文の内容に即してア〜エのうちから一つ選び，その記号をマークせよ。

Which is **NOT** true of Dr. Paul Farmer's earlier life?

ア Farmer, born in Massachusetts and brought up in Florida, suffered from poverty when he was young.

イ Farmer won a full scholarship to Duke University in North Carolina and continued to study after high school.

ウ Farmer continued his studies at Harvard Medical School, where he got degrees in not only Medicine but also Engineering.

エ Farmer got his degrees from Harvard Medical School and visited Haiti many times, where he worked with the local doctors.

(8) 次の問いに対する答えとして最も適当なものを本文の内容に即してア～エのうちから一つ選び，その記号をマークせよ。

Which is true of Dr. Paul Farmer?

ア Farmer's goal is to consult and teach as a leading expert in HIV/AIDS and tuberculosis at some of the world's most famous hospitals and universities.

イ Farmer wrote a best-selling book, *Mountains Beyond Mountains: The Quest of Dr. Paul Farmer, a Man Who Would Cure the World.*

ウ Farmer donates all the money he earns from his work to clinics and hospitals in Haiti and other developing countries.

エ Although he has been very successful, Farmer still wants to work as a doctor who treats sick patients at hand.

(9) 次の問いに対する答えとして最も適当なものを本文の内容に即してア～エのうちから一つ選び，その記号をマークせよ。

Which is mentioned in the passage?

ア Farmer had never heard Haitians speaking Creole until he visited Haiti for the first time.

イ Farmer became interested in Haiti when he got to know some Haitian migrant workers.

ウ　Farmer invited some Haitian migrant workers to visit his home from time to time.

エ　Farmer visited Haiti for the first time when he was a student at Harvard Medical School.

(10)　次の問いに対する答えとして最も適当なものを<u>本文の内容に即して</u>ア～エのうちから一つ選び，その記号をマークせよ。

Which is true of Partners in Health (PIH)?

ア　Farmer founded PIH by himself in 1987.

イ　PIH is the largest hospital in Boston, Massachusetts.

ウ　PIH has become larger and larger and is active in many countries all over the world.

エ　PIH opened a new hospital in poor neighborhoods in the United States and Canada in 2012.

2　次の英文の空所①～⑦に入れるのに最も適当なものをア～キのうちから一つずつ選び，その記号をマークせよ。ただし，同じものを繰り返し用いてはならない。また，文頭にくるものも小文字で示してある。

When the Johnson family bought their first computer several years ago, Mr. and Mrs. Johnson were thrilled that their children had access to so much information through the Internet. (　　①　　). "Our family spends more time surfing the Internet than communicating with each other," complains Mr. Johnson. The Johnson family is not alone in this situation. According to research by the Annenberg Center for the Digital Future at the University of Southern California, in 2006, (　　②　　). Last year, that number almost tripled to 28 percent.

It seems that as Internet use becomes more popular, the amount of family time decreases. In other words, (③). Many parents are concerned about this reduction in the time their families spend together, and Michael Gilbert agrees. He is a researcher at the Annenberg Center. "Most people think of the Internet and our digital future as boundless—unlimited—and I do, too," Gilbert said. However, he added, "It can't be a good thing that families are spending less face-to-face time together."

As technology becomes more advanced, it often changes the ways that families interact. (④). When televisions first became popular in the 1950s, parents worried that their children were watching too much TV and spending too little time talking with their parents. However, there is a significant difference between these two activities. (⑤). Furthermore, the Internet isn't the only modern technology pushing families apart. Many children today have cell phones. Although they can help parents to keep track of their children, cell phones also give children more privacy. (⑥). "When I was a teenager," Mrs. Johnson says, "my friends telephoned me at home. My parents always knew who was calling me."

Although reduced family time seems to be a pattern for all households, it may be even greater for families with higher incomes. Gilbert reported that 35 percent of higher-income families felt there was a drop in face-to-face time. In addition to reduced face-to-face time among all family members, women say that they feel ignored by a family Internet user. In fact, almost half say they sometimes or often feel ignored when a family member is using the Internet, while (⑦).

(From "Technology competes with family time"
in *Reading for Today 3: Issues, Fifth Edition*
by Lorraine C. Smith and Nancy Nici Mare
(National Geographic Learning, a Cengage Learning Company, 2017))

ア　fewer than 40 percent of men feel this way

イ　watching TV can be done as a family, while surfing the Internet is often a solitary activity

ウ　when technology competes with family time, technology wins

エ　11 percent of Americans said they were spending less time with their families

オ　sometimes they have too much privacy

カ　this is not a new concern

キ　now, though, they're not as excited anymore

3　次の各文の英訳として最も適当なものをア～エのうちから一つずつ選び，その記号をマークせよ。

(1)　その本を読み終えたら，元の場所に戻してください。

ア　Return the book to the place which you find it if you finish reading it.

イ　When you are through with the book, return it to the place where it was.

ウ　Turn the book which you finish reading back to the original position.

エ　As long as you are finished with the book, set it back to the original position.

(2)　星を眺めるのは好きだが，宇宙飛行士になることに興味はない。

ア　I like looking at the stars, but I am not interested in becoming an astronaut.

イ　Although I am not interesting in becoming an astronaut, I like looking at the stars.

ウ　While I like to look at the stars, I am not interested in become an astronaut.

エ　Even though I am not interesting to become an astronaut, I like to look at the stars.

(3) 健康でいるために，もっと運動すべきだ。

ア You ought get more exercise in order that you should be in good shape.

イ You should get more exercise in order to stay healthy.

ウ You have to get so more exercise that you can stay in good shape.

エ You need get more exercise, so that you can keep healthy.

(4) 外食するより家で食べたい。

ア I would rather eat at home than eat out.

イ I would rather eating out than eating at home.

ウ I prefer to eat out rather than to eat at home.

エ I prefer eating out rather than eating at home.

(5) 彼女が解雇されたと聞いて残念だ。

ア I am sorry listening to she being laid off.

イ It is sorry for me to hear that she was laid off.

ウ I am sorry to hear that she was laid off.

エ It is sorry of me to listen to her layoff.

4 次の各英文の空所に入れるのに最も適当なものをア～エのうちから一つずつ選び，その記号をマークせよ。

(1) ABC Corporation is nowhere near as successful as XYZ Corporation. In other words, (　　　).

ア　ABC Corporation is a lot more successful than XYZ Corporation

イ　ABC Corporation is slightly more successful than XYZ Corporation

ウ　XYZ Corporation is far more successful than ABC Corporation

エ　XYZ Corporation is much less successful than ABC Corporation

(2) My uncle has five sons. One of them lives in Tokyo, but (　　　) live in Chiba.

ア　all of them　　イ　all of others

ウ　all other　　エ　the others

(3) A: Look! There is a kitten in the tree! It looks like it can't get down.

B: We'll have to save it. Is there anything to stand (　　　)?

ア　by　　イ　with　　ウ　on　　エ　up

(4) The girl (　　　) has not yet arrived.

ア　I told you about

イ　I spoke you about

ウ　whom I said you about

エ　whom I talked you about

(5) Our teacher often gives us (　　　) about how to study mathematics.

ア　many advices　　イ　many advice

ウ　much advices　　エ　much advice

(6) He (　　) for half an hour when Mary called up.

ア had been reading　　イ has been reading

ウ is reading　　エ read

5 次の各英文の下線部の語句に最も意味が近いものをア～エのうちから一つずつ選び，その記号をマークせよ。

(1) The president put forward an important plan at the conference.

ア criticized　イ denied　ウ proposed　エ accomplished

(2) We cannot rule out the possibility of his involvement in the criminal activities of this city.

ア exclude　イ accept　ウ resist　エ emphasize

(3) I found that the elevator was out of order.

ア broken　イ switched off　ウ too old　エ sold out

(4) He looked a little bit ill at ease.

ア tired　　イ uncomfortable

ウ sick　　エ difficult

(5) Only a few professors are for the new plan.

ア in honor of　イ in favor of　ウ in spite of　エ in terms of

(6) I am afraid we have run out of the money budgeted for the project.

ア used up　イ sought for　ウ left　エ made

数学

(80分)

数学の解答上の注意　問題文中の $\boxed{\text{アイ}}$，$\boxed{\text{ウ}}$ などには，特に指示がない限り，数値またはマイナス符号が入ります。これらを次の方法でマークしなさい。

(1) ア，イ，ウ，…… の一つ一つは，それぞれ0から9までの数字，または，マイナス符号 － のいずれか一つに対応します。それらを ア，イ，ウ，…… で示された解答欄にマークしなさい。

〔例〕 $\boxed{\text{アイ}}$ に -8 と答えたいとき

ア	●	⓪	①	②	③	④	⑤	⑥	⑦	⑧	⑨
イ	⊖	⓪	①	②	③	④	⑤	⑥	⑦	●	⑨

なお，同一の問題文中に $\boxed{\text{アイ}}$，$\boxed{\text{ウ}}$ などが2度以上現れる場合，原則として，2度目以降は $\boxed{\text{アイ}}$，$\boxed{\text{ウ}}$ のように細字・細線で表記しています。

(2) 根号を含む形で解答が求められているときは，根号の中に現れる自然数が最小となる形で答えなさい。

〔例〕 $\boxed{\text{エ}}\sqrt{\boxed{\text{オ}}}$，$\dfrac{\sqrt{\boxed{\text{カキ}}}}{\boxed{\text{ク}}}$ に $6\sqrt{2}$，$\dfrac{\sqrt{21}}{3}$ と答えるところを，

$3\sqrt{8}$，$\dfrac{\sqrt{84}}{6}$ と答えてはいけません。

(3) 分数の形で解答が求められているときは，約分できる分母・分子は約分し，分母に現れる自然数が最小となる形で答えなさい。ただし，マイナス符号は分子につけなさい。分母につけてはいけません。

〔例〕 $\dfrac{\boxed{\text{ケコ}}}{\boxed{\text{サ}}}$ に $-\dfrac{2}{3}$ と答えたいときは，$\dfrac{-2}{3}$ として

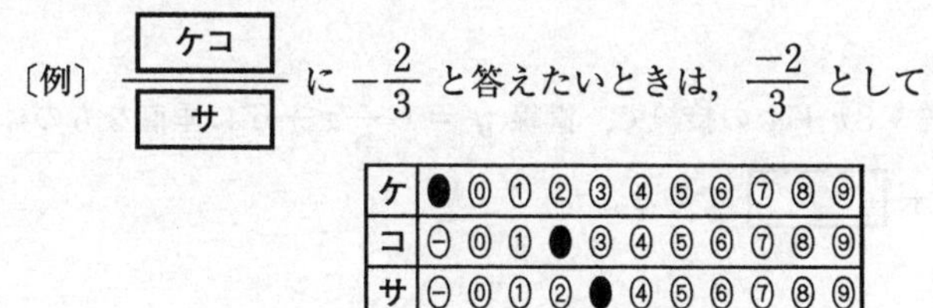

ケ	●	⓪	①	②	③	④	⑤	⑥	⑦	⑧	⑨
コ	⊖	⓪	①	●	③	④	⑤	⑥	⑦	⑧	⑨
サ	⊖	⓪	①	②	●	④	⑤	⑥	⑦	⑧	⑨

〔例〕 $\dfrac{\boxed{シ}+\boxed{ス}\sqrt{\boxed{セ}}}{\boxed{ソ}\,a}$ に $\dfrac{1+3\sqrt{2}}{4a}$ と答えるところを,

$\dfrac{2+6\sqrt{2}}{8a}$ や $\dfrac{2+3\sqrt{8}}{8a}$ と答えてはいけません。

1 次の各問に答えよ。

(1)　$(x+1)(x+3)(x+5)(x+7)$ を展開したときの x^2 の係数は $\boxed{アイ}$ である。

(2)　放物線 $y=3x^2+6x+1$ を x 軸方向に $\dfrac{\boxed{ウ}}{\boxed{エ}}$, y 軸方向に $\dfrac{\boxed{オ}}{\boxed{カ}}$ だけ平行移動して得られる放物線は $y=3x^2-4x+2$ である。

(3)　6 個の値 3, 8, 2, 5, 6, x からなるデータの平均値が 5 であるとき, $x=\boxed{キ}$ であり, このデータの分散は $\boxed{ク}$ である。

(4)　x の整式 $x^6+3x^4+2ax^2+a$ が x^2+2 で割り切れるとき, 定数 a の値は $\dfrac{\boxed{ケ}}{\boxed{コ}}$ である。

(5)　xy 平面において, 中心が $(4, -3)$, 半径が 5 である円が, 直線 $x+3y=5$ から切り取る線分の長さは $\boxed{サ}\sqrt{\boxed{シス}}$ である。

(6)　方程式 $\left(3^x-3^{-x}\right)^2=\dfrac{9^x-9^{-x}}{2}$ の解は $x=\boxed{セ}$, $\dfrac{\boxed{ソ}}{\boxed{タ}}$ である。

(7)　放物線 $y=x^2+3x+4$ の接線で, 直線 $y=-\dfrac{1}{5}x+6$ に垂直なものは $y=\boxed{チ}\,x+\boxed{ツ}$ である。

(8)　Oを原点とする座標空間内に2点 A(2, −3, 5), B(−4, 3, 2) がある。線分 AB を 2:1 に内分する点を C とすると，線分 OC の長さは $\sqrt{\boxed{\text{テト}}}$ である。

2　次の各問に答えよ。

(1)　p を定数とする。O を原点とする xy 平面上に放物線 $C: y=-\dfrac{1}{2}x^2+\dfrac{3}{2}$ と直線 $\ell: y=2x+p$ がある。C と ℓ が異なる2つの共有点をもつのは $p<\dfrac{\boxed{\text{ア}}}{\boxed{\text{イ}}}$ のときである。このとき，2つの共有点 A, B の x 座標をそれぞれ α, β（ただし，$\alpha<\beta$）とすると，

$$\alpha+\beta=\boxed{\text{ウエ}},\quad \alpha\beta=\boxed{\text{オ}}\,p-\boxed{\text{カ}}$$

が成り立つ。$\angle\text{AOB}=90^\circ$ となるのは $p=\boxed{\text{キク}}$, $\boxed{\text{ケ}}$ のときである。

(2)　数直線上を移動する点 P は，1個のさいころを投げて2以下の目が出たら +1 だけ進み，3以上の目が出たら −1 だけ進む。P は最初は原点にある。さいころを続けて4回投げ，さいころを投げるごとに移動後の P の座標を記録する。記録された順に，P の座標を X_1, X_2, X_3, X_4 とする。このとき，$X_4=0$ である確率は $\dfrac{\boxed{\text{コ}}}{\boxed{\text{サシ}}}$ であり，$X_1X_2X_3X_4=0$ である確率は $\dfrac{\boxed{\text{スセ}}}{\boxed{\text{ソタ}}}$ である。$X_4 \neq 0$ であったとき，$X_1X_2X_3 \neq 0$ である条件付き確率は $\dfrac{\boxed{\text{チツ}}}{\boxed{\text{テト}}}$ である。

3 次の各問に答えよ。

(1)　実数 x, y は $x>1$, $y>1$, $\left(\log_{\frac{1}{8}} x\right)(\log_4 y)=-2$ をみたしている。このとき，$(\log_2 x)(\log_2 y)=$ [アイ] である。$\log_2 x+3\log_2 y$ の最小値は [ウエ] であり，最小値をとるときの x, y の値は $x=$ [オカ]，$y=$ [キ] である。

(2)　関数 $f(x)$, $g(x)$ は

$$f(x)=x-\frac{1}{16}\int_1^3 tg(t)\,dt,\quad g(x)=6x-4\int_1^3 f(t)\,dt$$

をみたしている。$k=\int_1^3 f(t)\,dt$ …… ①, $m=\int_1^3 tg(t)\,dt$ …… ② とおく。① に $f(t)=t-\frac{1}{16}m$ を代入すると $k=$ [ク] $-\frac{[ケ]}{[コ]}m$ が得られ，② に $g(t)=6t-4k$ を代入すると $m=$ [サシ] $-$ [スセ] k が得られる。したがって，

$$f(x)=x-\frac{[ソ]}{[タ]},\quad g(x)=6x-[チツ]$$

である。

4 三角形 ABC において，$AB=3$，$BC=6\sqrt{5}$ であり，$\tan B=-2$ である。点 P を三角形 ABC の内部の点とする。P から直線 AB に下ろした垂線と直線 AB の交点を Q とし，P から直線 BC に下ろした垂線と直線 BC の交点を R とし，P から直線 CA に下ろした垂線と直線 CA の交点を S とする。このとき，次の問いに答えよ。

(1)　$\cos B=-\dfrac{\sqrt{\boxed{\text{ア}}}}{\boxed{\text{イ}}}$ であり，$CA=\boxed{\text{ウエ}}$ である。

(2)　三角形 ABC の面積は $\dfrac{\boxed{\text{オ}}}{\boxed{\text{カ}}}(AB\cdot PQ+BC\cdot PR+CA\cdot PS)$ と表されるので，$PQ+\boxed{\text{キ}}\sqrt{5}\,PR+\boxed{\text{ク}}\,PS=\boxed{\text{ケコ}}$ が成り立つ。

以下，P は三角形 ABC の内部，かつ，$\angle CAB$ の二等分線上にあるとする。さらに，Q は辺 AB 上にあり，R は辺 BC 上にあるとする。

(3)　$\cos\angle CAB=\dfrac{\boxed{\text{サ}}}{\boxed{\text{シ}}}$ であり，$\tan\angle PAB=\dfrac{\boxed{\text{ス}}}{\boxed{\text{セ}}}$ である。PQ の取り得る値の範囲は $\dfrac{\boxed{\text{ソ}}}{\boxed{\text{タ}}}\leqq PQ\leqq\dfrac{\boxed{\text{チ}}}{\boxed{\text{ツ}}}$ である。

(4)　3つの線分の長さの積 $PQ\cdot PR\cdot PS$ の最大値は $\dfrac{\boxed{\text{テト}}\sqrt{5}}{\boxed{\text{ナニ}}}$ であり，最小値は $\dfrac{\boxed{\text{ヌネ}}\sqrt{5}}{\boxed{\text{ノハ}}}$ である。

物理

（70 分）

1 以下の文章中の空欄 1 ～ 5 にあてはまる最も適当な文字式や語句を解答群(a)から，空欄 6 ～11 にあてはまる最も適当な文字式を解答群(b)から，それぞれ 1 つずつ選び解答用紙にマークせよ。

(a) 自然の長さが L でばね定数が k の軽いばねの両端に，共に質量が m の小物体 A と小物体 B をとりつける。図 1 — 1 のように，A を持って B をぶら下げ，A と B を静止させた。このときの A の位置を原点として，鉛直下向きに y 軸をとる。この状態における B の y 座標は [1] となる。ただし，重力加速度の大きさを g とする。

次に，図 1 — 2 のように A を静かに放した。その後の A と B の y 座標を y_A，y_B とすると，ばねが伸びている場合，ばねの自然の長さからの伸びは [2] と表される。A と B の加速度を a_A，a_B とすると，両物体の加速度の平均 $\frac{1}{2}(a_A + a_B)$ は [3] と表され，A から見た B の相対加速度 $a_B - a_A$ は [4] と表される。また，A を放した直後，[5] 。

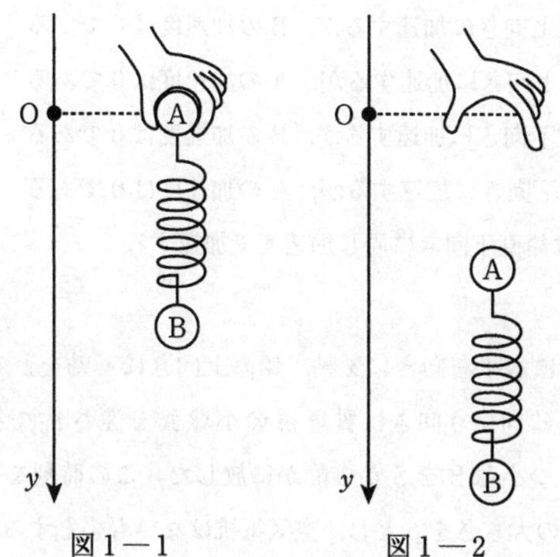

図1―1　　図1―2

解答群(a)

1　ア　$\dfrac{L}{2}+\dfrac{mg}{2k}$　　イ　$\dfrac{L}{2}+\dfrac{mg}{k}$　　ウ　$\dfrac{L}{2}+\dfrac{2mg}{k}$

エ　$L+\dfrac{mg}{2k}$　　オ　$L+\dfrac{mg}{k}$　　カ　$L+\dfrac{2mg}{k}$

2　ア　$\dfrac{y_A-y_B}{2}-L$　　イ　$\dfrac{y_B-y_A}{2}-L$　　ウ　$\dfrac{y_A-y_B}{2}-\dfrac{L}{2}$

エ　$\dfrac{y_B-y_A}{2}-\dfrac{L}{2}$　　オ　y_A-y_B-L　　カ　y_B-y_A-L

3　ア　0　　イ　$\dfrac{g}{4}$　　ウ　$\dfrac{g}{2}$　　エ　g　　オ　$2g$　　カ　$4g$

4　ア　$-\dfrac{k}{m}\left(\dfrac{y_B-y_A}{2}-L\right)$　　イ　$-\dfrac{k}{2m}(y_B-y_A-L)$

ウ　$-\dfrac{k}{m}(y_B-y_A-L)$　　エ　$-\dfrac{k}{m}\left(y_B-y_A-\dfrac{L}{2}\right)$

オ　$-\dfrac{2k}{m}(y_B-y_A-L)$　　カ　$-\dfrac{2k}{m}\left(y_B-y_A-\dfrac{L}{2}\right)$

5 ア Aは鉛直上向きに加速するが，Bの加速度は0である

イ Bは鉛直上向きに加速するが，Aの加速度は0である

ウ Aは鉛直下向きに加速するが，Bの加速度は0である

エ Bは鉛直下向きに加速するが，Aの加速度は0である

オ AとBは鉛直下向きに同じ加速度で加速する

(b) 図1―3のように水平右向きにx軸，鉛直上向きにy軸をとる。原点Oから座標$(a,\ a)$の点Sに向かう向きに質量mの小球Aを速さv_0で投げ，それと同時に同じ質量をもつ小球BをSから静かに放した。この時刻を0とする。以下では，重力加速度の大きさをgとし，空気抵抗はないものとする。

しばらくすると，あるところ(ただし$y>0$)でAとBは衝突した。衝突した時刻は **6** であり，このときのAとBのy座標は **7** である。

衝突後，AとBは一体となって動いた。このとき，両小球の速度のx成分は **8** と表される。

以下では，衝突直後の両小球の速度のy成分が0である場合を考える。この場合，v_0は **9** である。一体となったAとBは，やがてx軸上の点Tに到達した。このときの時刻は **10** であり，Tのx座標は **11** となる。

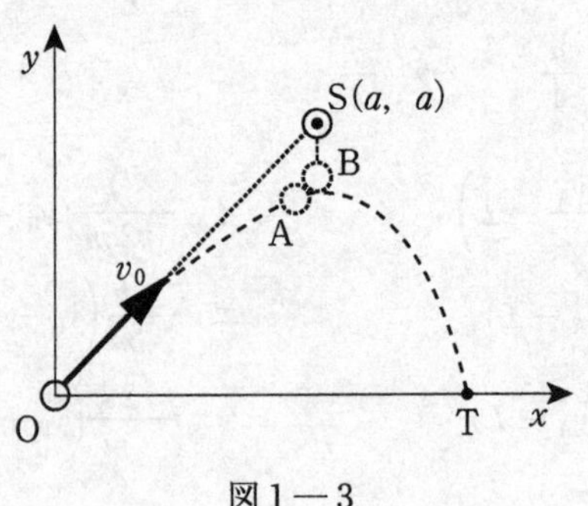

図1―3

解答群(b)

6　ア　$\frac{1}{2}\frac{a}{v_0}$　　イ　$\frac{\sqrt{2}}{2}\frac{a}{v_0}$　　ウ　$\frac{a}{v_0}$

エ　$\sqrt{2}\frac{a}{v_0}$　　オ　$2\frac{a}{v_0}$　　カ　$2\sqrt{2}\frac{a}{v_0}$

7　ア　$a-\frac{1}{2}\frac{ga^2}{{v_0}^2}$　　イ　$a-\frac{\sqrt{2}}{2}\frac{ga^2}{{v_0}^2}$　　ウ　$a-\frac{ga^2}{{v_0}^2}$

エ　$a-\sqrt{2}\frac{ga^2}{{v_0}^2}$　　オ　$a-2\frac{ga^2}{{v_0}^2}$　　カ　$a-2\sqrt{2}\frac{ga^2}{{v_0}^2}$

8　ア　$\frac{\sqrt{2}}{8}v_0$　　イ　$\frac{\sqrt{2}}{4}v_0$　　ウ　$\frac{\sqrt{2}}{2}v_0$

エ　v_0　　オ　$\sqrt{2}\,v_0$　　カ　$2\,v_0$

9　ア　$\frac{\sqrt{2\,ga}}{8}$　　イ　$\frac{\sqrt{2\,ga}}{4}$　　ウ　$\frac{\sqrt{2\,ga}}{2}$

エ　$\sqrt{ga}$　　オ　$\sqrt{2\,ga}$　　カ　$2\sqrt{ga}$

10　ア　$\frac{1}{3}\sqrt{\frac{6\,a}{g}}$　　イ　$\frac{1}{2}\sqrt{\frac{6\,a}{g}}$

ウ　$\left(\frac{\sqrt{2}}{2}+\frac{\sqrt{3}}{3}\right)\sqrt{\frac{a}{g}}$　　エ　$\left(\frac{\sqrt{2}+\sqrt{3}}{2}\right)\sqrt{\frac{a}{g}}$

オ　$\left(1+\frac{\sqrt{2}}{2}\right)\sqrt{\frac{a}{g}}$　　カ　$\left(\frac{\sqrt{2}+\sqrt{6}}{2}\right)\sqrt{\frac{a}{g}}$

11　ア　$\left(1+\frac{\sqrt{2}}{4}\right)a$　　イ　$\left(1+\frac{\sqrt{2}}{2}\right)a$　　ウ　$\left(1+\frac{\sqrt{6}}{3}\right)a$

エ　$\left(1+\frac{\sqrt{3}}{2}\right)a$　　オ　$2\,a$　　カ　$(1+\sqrt{2})a$

2　以下の文章中の空欄 **1** ～ **6** にあてはまる最も適当な文字式を解答群(a)から，空欄 **7** ～ **11** にあてはまる最も適当な語句や文字式や数値を解答群(b)から，それぞれ1つずつ選び解答用紙にマークせよ。

(a)　図2―1に示すような容器とばねが取りつけられた軽いピストンの間に，単原子分子理想気体(以下では気体Aとよぶ)を閉じ込めた。大気圧をp_0，ピストンの断面積をSとし，ピストンはなめらかに左右に動くことができるものとする。また，気体Aはヒーターで発生する熱を吸収する以外に周囲と熱のやりとりはないものとする。はじめ，ばねは自然の長さで，容器の左端からピストンまでの距離はl_0，気体Aの圧力はp_0，気体Aの絶対温度はT_0であった。

次に，ヒーターから熱を発生させて気体Aをゆっくりと膨張させると，図2―2に示すように気体Aの圧力は$\frac{5}{4}p_0$，容器の左端からピストンまでの距離は$\frac{4}{3}l_0$になった。このとき，気体Aがピストンを押す力の大きさは **1** であり，ばね定数は **2** と表される。またこのとき，気体Aの体積は **3** であり，気体Aの絶対温度は **4** と表される。気体Aが膨張する間に気体Aがピストンにした仕事は **5** であり，気体Aが膨張する間にヒーターから吸収した熱量は **6** である。

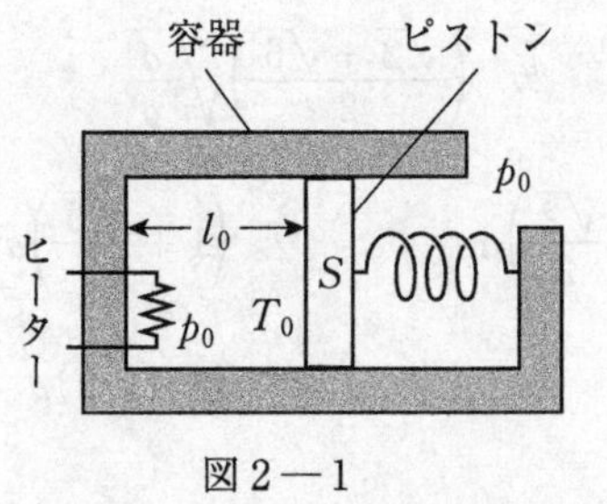

図2―1

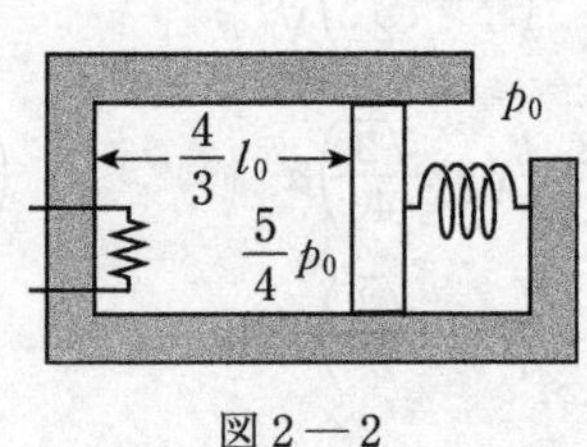

図2―2

解答群(a)

1　ア　p_0　　イ　$\frac{5}{4}p_0$　　ウ　$\frac{1}{4}p_0S$　　エ　p_0S　　オ　$\frac{5}{4}p_0S$

2　ア　$\dfrac{3p_0S}{4l_0}$　イ　$\dfrac{p_0S}{l_0}$　ウ　$\dfrac{5p_0S}{4l_0}$　エ　$\dfrac{9p_0S}{4l_0}$　オ　$\dfrac{15p_0S}{4l_0}$

3　ア　$\dfrac{1}{3}Sl_0$　イ　$\dfrac{2}{3}Sl_0$　ウ　Sl_0　エ　$\dfrac{4}{3}Sl_0$　オ　$\dfrac{5}{3}Sl_0$

4　ア　$\dfrac{2}{3}T_0$　イ　T_0　ウ　$\dfrac{3}{2}T_0$　エ　$\dfrac{5}{3}T_0$　オ　$\dfrac{5}{2}T_0$

5　ア　$\dfrac{3}{8}p_0Sl_0$　イ　$\dfrac{5}{8}p_0Sl_0$　ウ　$\dfrac{7}{8}p_0Sl_0$

エ　$\dfrac{9}{8}p_0Sl_0$　オ　$\dfrac{11}{8}p_0Sl_0$

6　ア　$\dfrac{3}{8}p_0Sl_0$　イ　$\dfrac{5}{8}p_0Sl_0$　ウ　$\dfrac{7}{8}p_0Sl_0$

エ　$\dfrac{9}{8}p_0Sl_0$　オ　$\dfrac{11}{8}p_0Sl_0$

(b)　図2―3のように，薄い凸レンズとスクリーンおよび物体ABがあり，物体ABから80 cm離れた位置にスクリーンを置いた。物体ABとスクリーンは光軸と垂直であった。凸レンズを物体ABの近くからスクリーンに向かって光軸に平行に移動させると，凸レンズが点Cの位置に来たときに物体ABの実像がスクリーン上に生じた。このとき，スクリーン上に生じた実像は物体ABと向きが［ 7 ］像である。また，物体ABと点Cの間の距離をa〔cm〕，点Cとスクリーンの間の距離をb〔cm〕，物体ABの大きさをh〔cm〕とすると，スクリーン上に生じた実像の大きさは［ 8 ］〔cm〕と表される。いま，実際にスクリーン上に生じた実像の大きさは18.0 cmであった。

さらに凸レンズをスクリーンの方に向かって移動させていくと，スクリーンとの間の距離がaである点Dの位置に凸レンズが来たときに，大きさが2.0 cmの実像がスクリーン上に生じた。このとき，物体ABの大きさhは$h=$［ 9 ］cmである。また，$a=$［ 10 ］cmであり，凸レンズの焦点距離は［ 11 ］cmである。

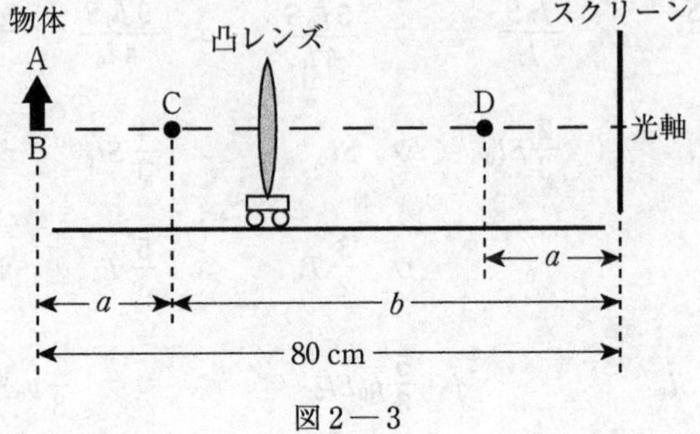

図 2 ― 3

解答群(b)

7　ア　同じ正立　　イ　逆の倒立

8　ア　h　　イ　$\sqrt{\dfrac{b}{a}}h$　　ウ　$\dfrac{b}{a^2}h$　　エ　$\dfrac{b}{a}h$　　オ　$\dfrac{b^2}{a^2}h$

9　ア　4.0　　イ　6.0　　ウ　8.0　　エ　10　　オ　12

10　ア　5.0　　イ　10　　ウ　15　　エ　20　　オ　25

11　ア　5.0　　イ　10　　ウ　15　　エ　20　　オ　25

3 以下の問いのうち(1)〜(7)の解答は解答群(a)から，(8)〜(11)の解答は解答群(b)から，最も適当なものを１つ選び解答用紙にマークせよ。

(a) 起電力がそれぞれ240.0 V，300.0 V，60.0 Vの電源E_1，E_2，E_3，抵抗値がそれぞれ40.0 Ω，10.0 Ω，50.0 Ω，20.0 Ωの抵抗R_1，R_2，R_3，R_4が図３―１のように接続された回路がある。

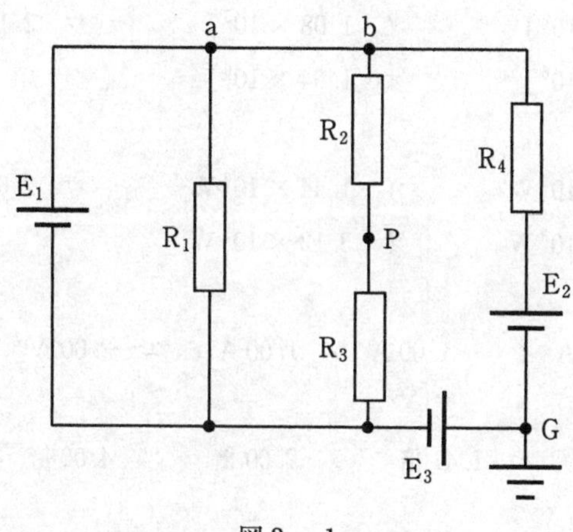

図３―１

(1) 抵抗R_1にかかる電圧の大きさは，抵抗R_2にかかる電圧の大きさの何倍か。

(2) 図中の点Gを基準とした，点Pの電位は何Vか。

(3) 抵抗R_3を流れる電流の大きさは何Aか。

(4) 抵抗R_4で５分間に発生する熱量は何Jか。

(5) 回路全体で消費される電力は何Wか。

(6) 図中のab間を流れる電流値は何Aか。点aから点bに流れる向きを電流の正の向きとする。

(7) 電源E_1，E_2，E_3の起電力をそれぞれ，はじめの２倍の大きさの480.0 V，600.0 V，120.0 Vにして同じ実験を行った場合，回路全体で消費される電力は，問(5)で求めた消費電力の何倍になるか。

解答群(a)

(1)　ア　2.00倍　イ　3.00倍　ウ　4.00倍　エ　5.00倍　オ　6.00倍

(2)　ア　40.0 V　イ　60.0 V　ウ　140.0 V　エ　200.0 V　オ　240.0 V

(3)　ア　2.00 A　イ　3.00 A　ウ　4.00 A　エ　4.80 A　オ　24.0 A

(4)　ア　7.20×10^{2} J　イ　1.08×10^{5} J　ウ　2.16×10^{5} J
　　エ　1.35×10^{6} J　オ　1.94×10^{6} J

(5)　ア　7.20×10^{2} W　イ　1.44×10^{3} W　ウ　2.00×10^{3} W
　　エ　2.40×10^{3} W　オ　3.12×10^{3} W

(6)　ア　−2.00 A　イ　−1.00 A　ウ　1.00 A　エ　2.00 A　オ　3.00 A

(7)　ア　0.500倍　イ　1.41倍　ウ　2.00倍　エ　4.00倍　オ　8.00倍

(b)　図3—2のように，長さがそれぞれ$2l$，lの軽くて伸び縮みせず，電気を通さない2本の糸を用いて，天井の点Oから質量がそれぞれ$3m$，mの小球A，Bをつるす。小球A，Bにそれぞれ電気量$2q$，$-q(q>0)$の電荷を与えたところ，2本の糸がたるむことなくOとA，Bが鉛直線上に並んで静止した。クーロンの法則の比例定数をkとし，電位の基準を無限遠とする。また，重力加速度の大きさをgとし，AとBの電荷は移動しないものとする。

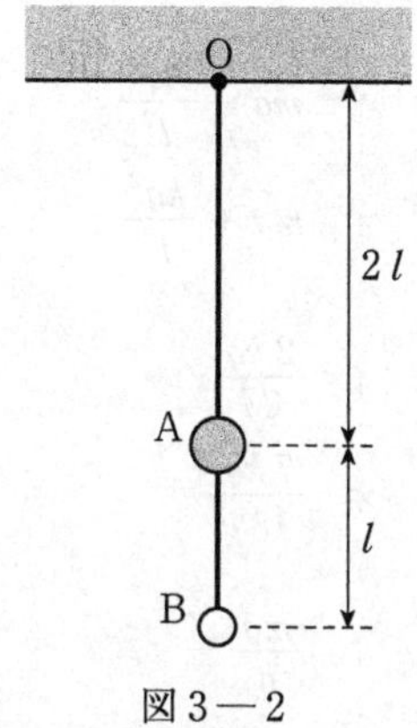

図3—2

(8)　AとBを結ぶ糸の張力の大きさを求めよ。

(9)　A，Bの電荷によるOの電位を求めよ。

次に，鉛直下向きに強さEの一様な電場(電界)をかけて，Eを徐々に強くしたところ，Eがある値E_1を超えたところで，AとBを結ぶ糸がたるんだ。

(10)　E_1を求めよ。

最後に，鉛直下向きの電場を取り除き，AとBを再びもとの位置に静止させた。その後，鉛直上向きに強さEの一様な電場をかけて，Eを徐々に強くしたところ，Eがある値E_2を超えたところで，OとAを結ぶ糸がたるんだ。

(11)　E_2を求めよ。

解答群(b)

(8)　ア　$mg-\frac{2kq^2}{l^2}$　イ　$mg-\frac{kq^2}{l^2}$　ウ　mg

エ　$4mg$　オ　$mg+\frac{kq^2}{l^2}$　カ　$mg+\frac{2kq^2}{l^2}$

(9)　ア　$-\frac{2kq}{3l}$　イ　$\frac{2kq}{3l}$　ウ　$\frac{4kq}{3l}$

エ　$-\frac{7kq^2}{18l^2}$　オ　$\frac{7kq^2}{18l^2}$　カ　$\frac{11kq^2}{18l^2}$

(10)　ア　$\frac{mg}{q}-\frac{2kq}{l^2}$　イ　$\frac{mg}{q}$　ウ　$\frac{mg}{q}+\frac{2kq}{l^2}$

エ　$\frac{3mg}{2q}$　オ　$\frac{3mg}{2q}+\frac{2kq^2}{l^2}$　カ　$\frac{4mg}{q}$

(11)　ア　$\frac{mg}{q}-\frac{2kq}{l^2}$　イ　$\frac{mg}{q}$　ウ　$\frac{mg}{q}+\frac{2kq}{l^2}$

エ　$\frac{3mg}{2q}$　オ　$\frac{3mg}{2q}+\frac{2kq^2}{l^2}$　カ　$\frac{4mg}{q}$

化学

（70分）

［注意］

⑴ 問題は，**1** から **5** まであり，さらにそれぞれの問題に複数の設問がある。すべての設問に答えよ。

⑵ 解答は，解答用紙の指定された欄にマークせよ。

⑶ 実在気体とことわりがない限り，気体は理想気体として扱うものとする。

⑷ ことわりがない限り，標準状態は0℃，1気圧(1013 hPa)とする。

⑸ 必要があれば次の値を用いよ。

気体定数：使う単位によって値が異なるので，注意すること。

$R = 8.3\ \mathrm{J/(mol \cdot K)}$

$R = 8.3\ \mathrm{Pa \cdot m^3/(mol \cdot K)}$

$R = 8.3 \times 10^3\ \mathrm{Pa \cdot L/(mol \cdot K)}$

$R = 83\ \mathrm{hPa \cdot L/(mol \cdot K)}$

アボガドロ定数：$N_A = 6.0 \times 10^{23}/\mathrm{mol}$

水のイオン積：$K_W = 1.0 \times 10^{-14}\ \mathrm{mol^2/L^2}$ (25℃)

ファラデー定数：$F = 9.65 \times 10^4\ \mathrm{C/mol}$

原子量：H 1.0　C 12　N 14　O 16

Na 23　Cl 35.5　Ca 40　I 127

1 次の問(1), (2)に答えよ。

問(1)　次の(1)～(5)の各記述にあてはまる元素を3種類含み，かつ，あてはまらない元素を1種類含む元素の組み合わせを，下の(ア)～(キ)の中からそれぞれ一つずつ選べ。

(1)　金属元素である。
(2)　単体が常温・常圧で気体である。
(3)　原子が安定なイオンになり，かつ，そのイオンの電子配置がNeと同じになる。
(4)　典型元素であり，かつ，原子1個中のM殻の電子数が1以上であり，かつ，原子1個中のM殻の電子数が最大収容電子数には達していない。
(5)　非金属元素であり，かつ，それぞれの原子1個が共有結合によって安定な水素化合物をつくり，かつ，その水素化合物に非共有電子対が存在する。

(ア)　Na, Al, S, Cl
(イ)　Ne, Mg, Ar, Ca
(ウ)　He, Cl, Ar, Br
(エ)　Al, Si, K, Ca
(オ)　Fe, Cu, Sr, Ag
(カ)　F, Mg, Al, Br
(キ)　C, O, Cl, Br

問(2)　次の(1)～(4)の各組み合わせ中の4種類の分子のうち，3種類の分子にあてはまる記述を，下の(ア)～(キ)の中からそれぞれ一つずつ選べ。ただし(1)～(4)の各組の4種類の分子のうち，記述にあてはまるのは3種類の分子だけであり，記述にあてはまらない例外の分子が必ず1種類だけ各組に存在する。

(1)　二酸化炭素，窒素，二硫化炭素，硫化水素
(2)　水，塩素，二硫化炭素，アンモニア
(3)　二酸化炭素，水，酢酸，アンモニア
(4)　アセチレン，エチレン，シアン化水素，窒素

(ア)　単結合だけからできている。

(イ)　二重結合をもつ。

(ウ)　三重結合をもつ。

(エ)　1分子内の共有電子対の数と非共有電子対の数が一致する。

(オ)　分子内で結合をつくっている原子がすべてネオンと同じ電子配置になっている。

(カ)　分子内で結合をつくっている原子がすべてアルゴンと同じ電子配置になっている。

(キ)　極性分子である。

2　次の問(1)～(7)に答えよ。

問(1)　気体の水素を水上置換で捕集したところ，27℃，1.00×10^5 Pa で，水素と水蒸気の混合気体が 300 mL 得られた。この混合気体を濃硫酸に通して水蒸気を除去した。この水蒸気を含まない水素の気体を，127℃，4.82×10^4 Pa にすると，体積は何 mL になるか。次の(ア)～(カ)の中から最も近い値を一つ選べ。ただし，27℃ における水の飽和蒸気圧は 3.6×10^3 Pa であるとし，水素の水への溶解は無視できるものとする。

(ア)　400　　(イ)　415　　(ウ)　600　　(エ)　622

(オ)　800　　(カ)　830

問(2)　質量 x[g]のシュウ酸二水和物 $H_2C_2O_4 \cdot 2H_2O$ を水に溶かして，全体の体積を正確に 50 mL にした。このシュウ酸水溶液 50 mL のうち，その 15 mL を正確にはかり取ってコニカルビーカーに入れ，希硫酸を加えて酸性にした。このコニカルビーカーに 0.050 mol/L の二クロム酸カリウム水溶液を滴下して酸化還元滴定を行ったところ，滴定の終点までに 10 mL の二クロム酸カリウム水溶液を要した。x にあてはまる最も近い数値を，次の(ア)～(カ)の中から一つ選べ。

(ア) 0.15　　(イ) 0.21　　(ウ) 0.45　　(エ) 0.63
(オ) 0.90　　(カ) 1.3

問(3) 塩基性の水溶液中で，過酸化水素と，鉄を含む触媒を加えて酸化すると，明るい青色の光を発する物質はどれか。最も適切なものを，次の(ア)～(カ)の中から一つ選べ。

(ア) アニリン　　(イ) アリザリン　　(ウ) インジゴ
(エ) フェノールフタレイン　　(オ) メチルオレンジ　　(カ) ルミノール

問(4) 次の(a)～(c)の水溶液を，凝固点の高いものから順に並べたときの正しい順序を，下の(ア)～(カ)の中から一つ選べ。ただし，電解質は水溶液中で完全に電離するものとする。

(a) 質量モル濃度が0.030 mol/kgの塩化カルシウム水溶液
(b) 質量モル濃度が0.040 mol/kgの塩化ナトリウム水溶液
(c) 質量モル濃度が0.060 mol/kgのスクロース水溶液

(ア) (a) ＞ (b) ＞ (c)　　(イ) (a) ＞ (c) ＞ (b)　　(ウ) (b) ＞ (a) ＞ (c)
(エ) (b) ＞ (c) ＞ (a)　　(オ) (c) ＞ (a) ＞ (b)　　(カ) (c) ＞ (b) ＞ (a)

問(5) 次の(a)～(c)の物質のうち，水に溶けたときに塩基性を示すものはどれか。下の(ア)～(カ)の中から最も適切なものを一つ選べ。

(a) 酢酸ナトリウム　　(b) 硫酸銅(Ⅱ)　　(c) 炭酸水素ナトリウム

(ア) (a)のみ　　(イ) (b)のみ　　(ウ) (c)のみ
(エ) (a)と(b)のみ　　(オ) (a)と(c)のみ　　(カ) (b)と(c)のみ

問(6) 次の(a)～(c)の記述のうち，誤りを含むものはどれか。下の(ア)～(カ)の中から最も適切なものを一つ選べ。

(a)　硫酸酸性のヨウ化カリウム水溶液に過酸化水素水を加えると，溶液が褐色に変色する。

(b)　銅に濃硝酸を加えると，無色の気体が発生して銅が溶ける。

(c)　ニッケルは濃硝酸にほとんど溶けない。これは表面にち密な酸化被膜ができて不動態になるからである。

(ア)　(a)のみ　　(イ)　(b)のみ　　(ウ)　(c)のみ
(エ)　(a)と(b)のみ　　(オ)　(a)と(c)のみ　　(カ)　(b)と(c)のみ

問(7)　次の(ア)〜(カ)の記述のうち，誤りを含むものを一つ選べ。

(ア)　水分子のH-O-Hの結合角は，メタン分子中のH-C-Hの結合角と等しい。

(イ)　塩化ナトリウムの結晶が融解した液体は電気を通す。

(ウ)　硝酸カリウム水溶液は電気をよく通す。

(エ)　アルミニウムは，主にボーキサイトから得られる酸化アルミニウムの溶融塩電解によって製造される。

(オ)　溶鉱炉に鉄鉱石，コークス，石灰石を入れて下から熱風を送ると，主にコークスから生じる一酸化炭素によって鉄の酸化物が還元され，銑鉄（せんてつ）が得られる。

(カ)　合成樹脂は主に石油からつくり出される合成高分子化合物の一種で，プラスチックともいう。

3　ある一定温度 T_1[℃]の下で内容積が4.00 Lの密閉容器にH_2(気)とI_2(気)のみを入れたところ，次の反応によってHI(気)が生成した。

$$H_2(気) + I_2(気) \longrightarrow 2\,HI(気) \quad \cdots ①$$

最初に密閉容器に入れるH_2(気)とI_2(気)の物質量を変えた3種類の実験1～3を行い，反応開始後の2秒間で生成したHI(気)の物質量を計測したところ，次の表1の結果が得られた。

表1　最初に密閉容器に入れるH_2(気)とI_2(気)の物質量と反応開始後の2秒間で生成したHI(気)の物質量

実験	H_2[mol]	I_2[mol]	HIの生成量[mol]
1	3.36	1.36	0.640
2	1.68	1.28	0.320
3	3.52	2.72	1.28

これらについて，下の問(1)～(7)に答えよ。

問(1)　上の表1中の実験2の場合，反応開始後の2秒間におけるHI(気)の平均生成速度 v は何[mol/(L･s)]になるか。次の(ア)～(キ)の中から最も近い値を一つ選べ。

(ア)　2.00×10^{-2}　(イ)　4.00×10^{-2}　(ウ)　6.00×10^{-2}　(エ)　8.00×10^{-2}
(オ)　1.00×10^{-1}　(カ)　1.60×10^{-1}　(キ)　3.20×10^{-1}

問(2)　①式の正反応の反応速度定数を k とすると，上の表1の結果から，反応開始後の2秒間におけるHI(気)の平均生成速度 v はどのような反応速度式で表されるか。次の(ア)～(キ)の中から最も適切な数式を一つ選べ。ただし，$[H_2]$，$[I_2]$は，それぞれH_2(気)，I_2(気)のモル濃度を表し，反応開始時と反応2秒後との平均値とする。

(ア)　$k[H_2][I_2]$　(イ)　$k[H_2][I_2]^2$　(ウ)　$k[H_2]^2[I_2]$　(エ)　$k[H_2][I_2]^3$
(オ)　$k[H_2]^3[I_2]$　(カ)　$k[H_2]^2[I_2]^3$　(キ)　$k[H_2]^3[I_2]^2$

問(3)　前ページの問(2)における正反応の反応速度定数kの値は何[L/(mol·s)]か。次の(ア)〜(キ)の中から最も近い値を一つ選べ。

(ア)　1.67×10^{-2}　(イ)　3.33×10^{-2}　(ウ)　6.67×10^{-2}　(エ)　8.33×10^{-2}
(オ)　1.67×10^{-1}　(カ)　3.33×10^{-1}　(キ)　6.67×10^{-1}

問(4)　温度がT_1[℃]で，反応開始時から反応2秒後までのモル濃度の平均値がそれぞれ$[H_2]=0.300$ mol/L，$[I_2]=0.200$ mol/Lの場合，反応開始後の2秒間におけるHI(気)の平均生成速度の値は何[mol/(L·s)]になるか。次の(ア)〜(キ)の中から最も近い値を一つ選べ。

(ア)　1.00×10^{-3}　(イ)　4.00×10^{-3}　(ウ)　8.00×10^{-3}　(エ)　1.00×10^{-2}
(オ)　2.00×10^{-2}　(カ)　4.00×10^{-2}　(キ)　8.00×10^{-2}

問(5)　内容積が2.00Lの密閉容器に0.500 molのHI(気)のみを入れ，温度をT_1[℃]に保ったところ，次式で表される平衡状態になった。

$$2\,HI(気) \rightleftharpoons H_2(気)+I_2(気)$$

このとき，H_2(気)は何mol生じているか。次の(ア)〜(キ)の中から最も近い値を一つ選べ。ただし，この平衡状態における濃度平衡定数の値は$\frac{1}{16}$であるとする。

(ア)　0.083　(イ)　0.11　(ウ)　0.13　(エ)　0.17
(オ)　0.22　(カ)　0.25　(キ)　0.33

問(6)　25℃において，H_2(気)中のH-Hの結合エネルギーは436 kJ/mol，I_2(気)中のI-Iの結合エネルギーは153 kJ/molであり，次の熱化学方程式が成り立つとする。

$$\frac{1}{2}H_2(気)+\frac{1}{2}I_2(気)=HI(気)+4.50\,kJ$$

これらの値を用いると，25℃の場合，HI(気)中のH-Iの結合エネルギーは何kJ/molになるか。次の(ア)〜(キ)の中から最も近い値を一つ選べ。

(ア)　290　(イ)　299　(ウ)　566　(エ)　580
(オ)　585　(カ)　598　(キ)　607

問(7)　25 ℃ の場合，①式の正反応の活性化エネルギーは，無触媒下で 175 kJ/mol であるが，白金触媒を用いると 49 kJ/mol になる。白金触媒を用いたとき，①式の逆反応の活性化エネルギーは何 kJ/mol になるか。熱化学方程式，

$$\frac{1}{2}H_2(\text{気}) + \frac{1}{2}I_2(\text{気}) = HI(\text{気}) + 4.50\,\text{kJ}$$

が成り立つとして，次の(ア)～(キ)の中から最も近い値を一つ選べ。

(ア) 40　(イ) 44　(ウ) 54　(エ) 58
(オ) 85　(カ) 90　(キ) 180

4　次の(a)～(f)の水溶液のうち，下の(1)～(7)の各記述にあてはまるのはどれか。最も適切な水溶液を，下の**解答群**(ア)～(ソ)の中から，それぞれ一つずつ選べ。ただし，温度はすべて 25 ℃ の下での記述である。

(a)　Al^{3+} を含む水溶液　(b)　Ba^{2+} を含む水溶液
(c)　Cu^{2+} を含む水溶液　(d)　Fe^{2+} を含む水溶液
(e)　Pb^{2+} を含む水溶液　(f)　Zn^{2+} を含む水溶液

(1)　少量のアンモニア水を加えると沈殿を生じるが，さらに過剰量のアンモニア水を加えると沈殿が溶ける。

(2)　少量の水酸化ナトリウム水溶液を加えると沈殿を生じ，さらに過剰量の水酸化ナトリウム水溶液を加えても沈殿は溶けない。

(3)　希塩酸を加えると，沈殿を生じる。

(4)　希硫酸を加えると，沈殿を生じる。

(5)　酸性条件下で硫化水素を通じると，沈殿を生じる。

(6)　酸性条件下で硫化水素を通じても沈殿を生じないが，塩基性条件下で硫化水素を通じると硫化物の白色沈殿を生じる。

(7)　無色の水溶液であり，洗浄した白金線の先端に水溶液を少量つけてガスバーナーの外炎に入れると，黄緑色の炎色反応を示す。

解答群

(ア)　(a)のみ	(イ)　(b)のみ	(ウ)　(c)のみ
(エ)　(d)のみ	(オ)　(e)のみ	(カ)　(f)のみ
(キ)　(a)と(d)のみ	(ク)　(a)と(e)のみ	(ケ)　(a)と(f)のみ
(コ)　(b)と(d)のみ	(サ)　(b)と(e)のみ	(シ)　(b)と(f)のみ
(ス)　(c)と(d)のみ	(セ)　(c)と(e)のみ	(ソ)　(c)と(f)のみ

5　下図はベンゼンを出発物質として生成される物質の反応系統図であり，矢印の上下や左右には作用させる物質や操作の一部を示してある。図中の空欄(1)〜(9)にあてはまる最も適切な化合物名を，下の(ア)〜(シ)の中からそれぞれ一つずつ選べ。

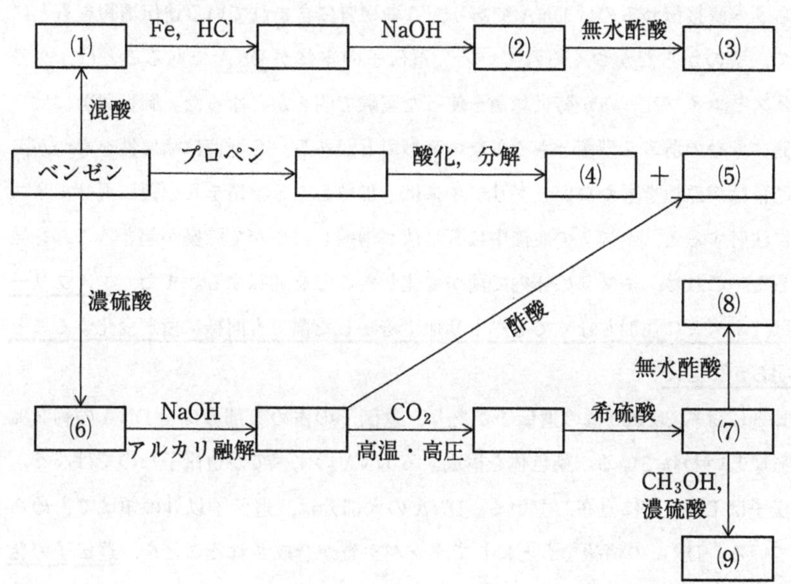

(ア)　アセチルサリチル酸	(イ)　アセトアニリド	(ウ)　アセトン
(エ)　アニリン	(オ)　安息香酸	(カ)　エタノール
(キ)　サリチル酸	(ク)　サリチル酸メチル	(ケ)　ニトロベンゼン
(コ)　フェノール	(サ)　ベンジルアルコール	(シ)　ベンゼンスルホン酸

生物

（70分）

注意　解答は，すべて解答用紙の指定された欄にマークせよ。

1　次の文章を読み，問いに答えよ。

生物はそれぞれに特有な形や性質をもっており，このような特性を形質という。親の形質が子やそれ以後の世代に受け継がれる現象を遺伝という。遺伝において親から子へ直接伝わるのはDNAであり，この物質に含まれている遺伝情報をもとにして，子のからだがつくられている。遺伝子の本体が$_{\text{a}}$DNAであることは，グリフィスとエイブリーらが肺炎球菌を使った実験で明らかとなった。肺炎球菌には，外側にさやのあるS型菌とさやのないR型菌とがある。S型菌は病原性をもつが，R型菌は病原性をもたない。グリフィスは，加熱したS型菌をR型菌に混ぜてネズミに注射すると，ネズミの血液中にS型菌が増殖し，やがて肺炎が起きることを発見した。これは，ネズミの体内で菌が変化したことを意味する。また，$_{\text{b}}$エイブリーらは，ネズミに注射しなくてもペトリ皿で培養した菌でも同様に菌が変化することを明らかにした。

ヒトには約22,000個の遺伝子があり，遺伝子の占める部分は全DNAの約2％の領域といわれている。染色体を構成するDNAのすべてが遺伝子なのではなく，遺伝子はDNA上に点在している。DNAの大部分は，遺伝子以外の領域で占められている。DNAの情報をもとにしてタンパク質が合成されることを，$_{\text{c}}$遺伝子の発現という。遺伝子の発現では，まず，DNAの塩基配列を写しとったRNAという分子がつくられ，そのRNAをもとにタンパク質が合成される。タンパク質を構成するアミノ酸は20種類あるのに対して，DNAの塩基は4種類である。$_{\text{d}}$mRNAの連続した三つの塩基が1組となってアミノ酸が指定され，タンパク質が合成される。タンパク質の種類は多く，動物の結合組織の構造を保つ［　A　］，筋原繊維の構成成分の B ，血糖濃度を調節する C などがある。

問 1 文章中の空欄 A ～ C に入る語として最も適切なものはどれか。次の(ア)～(キ)のうちからそれぞれ一つずつ選べ。

(ア) インスリン　(イ) グルコース　(ウ) アクチン
(エ) クロマチン　(オ) コラーゲン　(カ) オリゴデンドロサイト
(キ) ディシェベルド

問 2 文章中の下線部 a に関連する記述として，最も適切なものはどれか。次の(ア)～(エ)のうちから一つ選べ。

(ア) DNA を構成するヌクレオチドの糖はリボースである。
(イ) DNA は 2 本のヌクレオチド鎖で構成されており，2 本のヌクレオチド鎖は，DNA の塩基どうしの水素を介した弱い結合(水素結合)で結ばれている。
(ウ) 原核生物では DNA は主に核内に存在し，染色体を構成している。
(エ) 体細胞分裂では，細胞が分裂する前の G1 期の母(ぼ)細胞の DNA 量は，分裂後の娘(むすめ)細胞の G1 期における細胞の DNA 量の 2 倍である。

問 3 文章中の下線部 b の実験では，肺炎球菌には外側にさやのある S 型菌とさやのない R 型菌とが使われた。この実験結果に関する次の(1)～(3)の記述に対して，形質転換が起きたものには(ア)を，形質転換が起きなかったものには(イ)を，それぞれマークせよ。

(1) S 型菌をすりつぶして細胞成分を抽出したものを，無処理のまま R 型菌に混ぜてペトリ皿で培養した。
(2) S 型菌をすりつぶして細胞成分を抽出したものを，タンパク質分解酵素で処理して R 型菌に混ぜてペトリ皿で培養した。

(3)　S型菌をすりつぶして細胞成分を抽出したものを，DNA分解酵素で処理してR型菌に混ぜてペトリ皿で培養した。

問4　文章中の下線部cに関する記述として，最も適切なものはどれか。次の(ア)～(オ)のうちから一つ選べ。

(ア)　原核生物では，関連する機能をもつ複数の遺伝子がひとかたまりになって存在している場合があり，このような遺伝子群をエピトープという。

(イ)　DNAの二本鎖のうち，mRNAの鋳型となる鎖をセンス鎖，鋳型とならない鎖をアンチセンス鎖という。

(ウ)　真核生物では，調節領域，調節タンパク質，RNAポリメラーゼ，プロモーターなどが結合して複合体を形成することで，翻訳が開始される。

(エ)　選択的スプライシングにより，ヒトの場合は一つの遺伝子から数種類のmRNAができるといわれ，少数の遺伝子から多種類のタンパク質が合成されると考えられている。

(オ)　完成したmRNAに対応するDNAの領域をイントロンという。

問5　文章中の下線部dに関する記述として，最も適切なものはどれか。次の(ア)～(エ)のうちから一つ選べ。

(ア)　AUGは開始コドンといわれ，メチオニンに対応するが同時にタンパク質の合成開始の信号となっている。

(イ)　連続した塩基三つの1組をトリプレットというが，同じ塩基が三つ連続しているものはない。

(ウ)　61種類のコドンが20種類のアミノ酸を指定し，2種類以上のアミノ酸に対応するコドンが複数ある。

(エ)　終止コドンで指定されるアミノ酸はリシンで，そこで翻訳が終了する。

2 次の文章を読み，問いに答えよ。

植物は，気孔を開いて光合成に用いる二酸化炭素を吸収するが，このとき，蒸散によって水が失われる。孔辺細胞が光や二酸化炭素，周囲の水分量などに応答することで，気孔の開閉は調整されている。植物に光が当たると，気孔は開く。気孔の開口に有効な光は［　A　］で，［　B　］が光受容体として光情報をとらえ，孔辺細胞への［　C　］の流入を促進して，浸透圧を［　D　］させる。一方，植物は乾燥状態におかれると，気孔を閉じて水分の減少を防ぐ。このとき，葉でアブシシン酸が急速に合成される。アブシシン酸は，孔辺細胞の［　C　］チャネルを開き，細胞外へ［　C　］を大量に流出させ，浸透圧を［　E　］させる。これにより，気孔を閉じる。その結果，植物体内からの水の減少が防がれている。

問 1　文章中の空欄［　A　］～［　E　］に入る語はどれか。最も適切なものを次の(ア)～(コ)からそれぞれ一つずつ選べ。

(ア)　遠赤色光　　(イ)　赤色光　　(ウ)　緑色光　　(エ)　青色光
(オ)　フィトクロム　　(カ)　フォトトロピン
(キ)　カリウムイオン(K^+)　　(ク)　ナトリウムイオン(Na^+)
(ケ)　低　下　　(コ)　上　昇

問 2　文章中の下線部の植物ホルモンは，種子の休眠と発芽に関係し，これらは別の植物ホルモンとのバランスによって調節されていると考えられている。この別のホルモンとは何か。最も適切なものを次の(ア)～(キ)のうちから一つ選べ。

(ア)　フロリゲン　　(イ)　ジャスモン酸　　(ウ)　ブラシノステロイド
(エ)　エチレン　　(オ)　サイトカイニン　　(カ)　オーキシン
(キ)　ジベレリン

問 3　光は植物の花芽形成にも大きな影響を与える。多くの植物は，1日の昼(明期)の長さ(日長)と夜(暗期)の長さの変化によって，花芽形成に適した季節を認識している。

日長をコントロールできる栽培室を用いて，植物Xおよび植物Yの栽培を行った。植物Xは，図1の条件1に示す明暗周期では花芽を形成し，条件2では形成しない。一方，植物Yは，条件1では花芽を形成しないが，条件2では形成する。

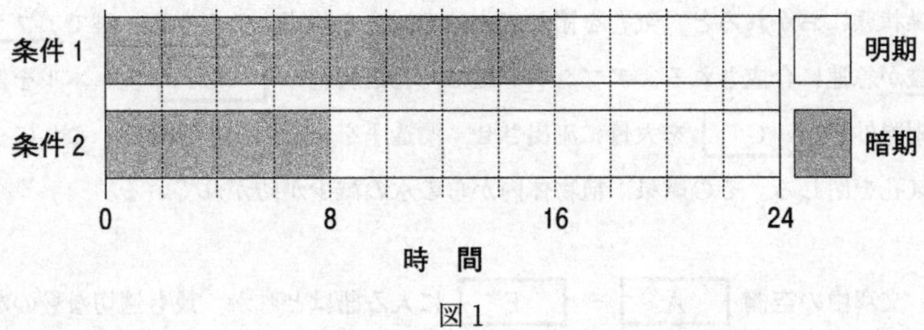

図1

植物Xおよび植物Yは，それぞれ長日植物または短日植物のいずれであるか。長日植物であれば(ア)を，短日植物であれば(イ)を，それぞれマークせよ。

問 4 問3の植物Xおよび植物Yを図2に示す条件3～5のもとで生育させると，花芽形成の誘導はどのような結果になると予想されるか。それぞれの条件について，最も適切なものを下の(ア)～(エ)のうちから一つずつ選べ。ただし，同じ選択肢を2回以上もちいてもよい。

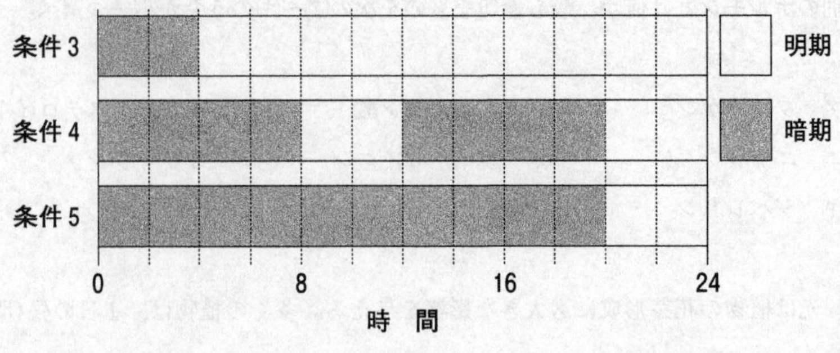

図2

㈠ 植物Xと植物Yともに，花芽形成は誘導される。

㈡ 植物Xでは花芽形成は誘導されるが，植物Yでは誘導されない。

㈢ 植物Xでは花芽形成は誘導されないが，植物Yでは誘導される。

㈣ 植物Xと植物Yともに，花芽形成は誘導されない。

3 次の文章を読み，問いに答えよ。

生産者は光を利用して光合成を行い，有機物を生産している。生産者における有機物の生産過程や，その結果としての有機物の量を物質生産(a)という。生産された有機物は，生産者自身の呼吸に使われるが，一部は消費者に取りこまれ，それらの呼吸にも利用される。

ある時点で，一定面積内に存在する生物体の量を現存量(b)といい，重量(質量)やエネルギー量などで表す。表はある湖沼における物質生産のエネルギー量を栄養段階ごとに示したものであり，太陽エネルギーは入射光のエネルギーを示す。

表　ある湖沼におけるエネルギー収支の例(単位 J/(cm^2・年))

太陽エネルギー　500000

栄養段階	総生産量	呼吸量	純生産量	被食量	枯死量	成長量	エネルギー効率(%)
生産者	500	100	400	60	10	A	0.1
栄養段階	同化量	呼吸量	純生産量	被食量	死滅量	成長量	エネルギー効率(%)
一次消費者	60	18	42	11	1	B	D
二次消費者	11	5	6	0	0	C	E

問1 文章中の下線部aに関する記述として，**誤っているもの**はどれか。次の㈠〜㈣のうちから一つ選べ。

㈠ 森林は，他の生態系に比べて生産者の総生産量が大きく，また現存量も大きい。

㈡ 森林ではふつう，幼齢林のうちは純生産量が増加していくが，高齢林になっても減少しない。

(ウ) 生産者によりつくられた有機物は，食物網を通して生態系の高次の栄養段階の消費者に受け渡される。

(エ) 川などから栄養塩類の供給を受ける浅海や，栄養塩類に富む深層水が上昇してくる外洋の湧昇域では，プランクトンの増殖が盛んになり，他の海域と比べて純生産量が大きい。

問 2 文章中の下線部bに関して，ある一定期間後の生産者現存量の増加量として正しいものはどれか。次の(ア)～(オ)のうちから一つ選べ。

(ア) 成長量＋被食量＋枯死量＋呼吸量

(イ) 成長量＋被食量＋枯死量

(ウ) 成長量＋被食量

(エ) 成長量

(オ) 呼吸量

問 3 表中の空欄 A ～ C に入る数値として最も適切なものはどれか。次の(ア)～(ケ)のうちからそれぞれ一つずつ選べ。

(ア) 430　(イ) 330　(ウ) 230　(エ) 48　(オ) 30

(カ) 24　(キ) 12　(ク) 6　(ケ) 0

問 4 表中のエネルギー効率は，食物連鎖の各栄養段階において，前の段階のエネルギー量のうち，その段階でどれくらいのエネルギーが利用されているかの割合(％)を示す。表中の D ， E に入る数値として最も適切なものはどれか。次の(ア)～(オ)のうちからそれぞれ一つずつ選べ。

(ア) 28　(イ) 18　(ウ) 14　(エ) 12　(オ) 10

問5　エネルギー効率について，表に示した湖沼の例から推定されることとして，正しいものはどれか。次の(ア)〜(ウ)のうちから一つ選べ。

(ア)　エネルギー効率は，栄養段階が上がるほど大きくなる。

(イ)　エネルギー効率と栄養段階には関係性が認められない。

(ウ)　エネルギー効率は，栄養段階が上がるほど小さくなる。

4　次の文章を読み，問いに答えよ。

真核生物は，a 酵素を用いてグルコースや脂肪，b タンパク質などの有機物を分解し，このとき放出されるエネルギーを利用して，生命活動に必要なATPを合成している。この反応は，呼吸とよばれる。呼吸では，［　A　］が重要な役割を担っている。［　A　］には，c 呼吸に関するさまざまな酵素が含まれている。呼吸でグルコースが分解されると，水と二酸化炭素を生じる。

呼吸の反応は，有機物が酸素と結合して水と二酸化炭素になることや，反応にともなってエネルギーが放出されることなどから，有機物が燃焼する反応と同じようにみえる。しかし，燃焼では，有機物と酸素が直接結合して急激に反応が進み，エネルギーは熱や光として放出される。これに対して，呼吸では，炭水化物は，酵素によって段階的に分解される。これによって，有機物のもつエネルギーは徐々に取り出されてATPの合成に使われる。

問1　文章中の空欄［　A　］に入る語として最も適切なものはどれか。次の(ア)〜(キ)のうちから一つ選べ。

(ア)　核　　(イ)　リボソーム　　(ウ)　リソソーム

(エ)　ミトコンドリア　　(オ)　葉緑体　　(カ)　ゴルジ体

(キ)　中心体

問 2　文章中の下線部 a に関する次の(1)〜(4)の記述に対して，正しいものには(ア)を，誤っているものには(イ)を，それぞれマークせよ。

(1)　胃ではたらくタンパク質分解酵素であるペプシンの最適 pH は 8 である。

(2)　酵素の立体構造には活性部位とよばれる部分があり，酵素反応が起こるとき，酵素は活性部位で基質と結合して酵素－基質複合体をつくる。

(3)　リパーゼはデンプンをマルトースに分解した後，マルトースをグルコースに分解する。

(4)　カタラーゼは，体内で生じた過酸化水素を分解して酸素を発生させる酵素である。

問 3　文章中の下線部 b に関する記述として，正しいものはどれか。次の(ア)〜(エ)のうちから一つ選べ。

(ア)　タンパク質は種類により，トレオニンの側鎖の SH 基の水素がとれて，硫黄（S）どうしが結合しているものがある。

(イ)　生物体に存在するタンパク質を構成する親水性の側鎖を有するアミノ酸は，20 種類である。

(ウ)　アミノ酸が 2 個以上結合したものをペプチドといい，アミノ酸どうしは，一方のアミノ酸のカルボキシ基と他方のアミノ酸の側鎖から水素原子が取れて結合する。

(エ)　α ヘリックスや β シートのような立体構造などをもつポリペプチドがさらに折りたたまれた分子全体の構造は，三次構造とよばれる。

問 4　文章中の下線部 c に関する次の(1)〜(3)の記述に対して，正しいものには(ア)を，誤っているものには(イ)を，それぞれマークせよ。

(1)　解糖系において，脱水素酵素のはたらきによって脱水素反応が起こり，グルコース 1 分子当たり 3 分子のピルビン酸が生じる。

(2)　呼吸に関与する脱水素酵素には，水素の受容体としてはたらく補酵素が結合しており，この補酵素が存在しないと酵素ははたらくことができない。

(3)　[A] の膜間腔に輸送された H^+ は，チラコイドにあるATP合成酵素を通ってマトリックスへと拡散する。このとき，グルコース1分子当たり最大34分子のATPが合成される。

問5　脂肪およびタンパク質が呼吸基質となる場合の分解に関する記述として，**誤っているもの**はどれか。次の(ア)〜(エ)のうちから一つ選べ。

(ア)　脂肪は，呼吸に使われるときは，まず，グリセリンと脂肪酸に分解される。グリセリンは解糖系に直接入るが，脂肪酸は [A] でさらに分解されたのち，クエン酸回路に入る。

(イ)　タンパク質は，呼吸に利用される場合，まずアミノ酸に分解される。アミノ酸は，アミノ基がとり除かれて有機酸とアンモニアになる。この過程を脱アミノ反応という。

(ウ)　脱アミノ反応によって，アラニンはピルビン酸とよばれる有機酸を生じる。

(エ)　哺乳類の場合，アンモニアは，血液によって肝臓に運ばれ，毒性の弱い尿素となり，副腎から尿の成分として体外に排出される。

⑤　芸術の特殊性とは「ところ」の特殊性を意味する。

問8　筆者が考えるヨーロッパの自然観を簡潔に表した部分を、本文から32文字で抜き書きしなさい（句読点やカッコ等の符号も文字数に含める）。解答用紙裏面の解答欄に記述せよ。

問6　次の一文は、空欄 あ ～ え のどこにあてはまるか。最もふさわしい位置を、次の①～④の中から一つ選べ。解答番号は 13 。

この理解を欠くことがかえってこれらの文化産物に神秘的な光を添えたということはあるかも知れないが、それによって特殊性の理解が無意義にされたとは言えない。

① あ
② い
③ う
④ え

問7　本文の内容と合致しないものを、次の①～⑤の中から一つ選べ。解答番号は 14 。

① 気候の特殊性は人間の生活、自然との関わり方を規定する。
② 西洋の気候の特性は、湿気の少ない単調さにある。
③ 西洋からみる東洋は湿潤と乾燥との両端である。
④ 人間の精神的構造は自然とは関わりのない普遍的なものである。

問4　傍線部B「比例の正しい人体彫刻」とあるが、それはどういうものか。その説明として最も適切なものを、次の①～⑤の中から一つ選べ。解答番号は 11 。

①　作者の目の前に存在した人間の肉体そのものをうつしとった作品である。
②　胴体の細長い推古仏と同様の外見をもつ彫刻である。
③　作者の個人的な才能のみから生み出された独自の芸術である。
④　作者が内面化した「ところ」の特殊性の発露である。
⑤　あらゆる土地や時代において手本とされるような作品である。

問5　傍線部C「かくのごとき志向」とあるが、その具体的内容についての説明として最も適切なものを、次の①～⑤の中から一つ選べ。解答番号は 12 。

①　自然を克服しようとすること
②　知識をもって自然に対峙(たいじ)しようとすること
③　無限に深いものを現わそうとすること
④　法則的なものを見いだそうとすること
⑤　対象を想像力によって作りなおそうとすること

切なものを、次の①〜⑥の中から一つ選べ。解答番号は 9 。

① 季節の移り変わりと気分の変化
② 悠長な麦刈りと炎天の草取り
③ 自然の威力と人間のもつ力
④ 日本の農業とヨーロッパの農業
⑤ 七月の暴風と九月の台風
⑥ 雑草の緑と麦の黄

問3　空欄 c 〜 f に入る言葉の組合せとして最も適切なものを、次の①〜⑤の中から一つ選べ。解答番号は 10 。

① c 人工的　d 精神的　e 合理的　f 合理的
② c 征服的　d 人工的　e 人工的　f 合理的
③ c 人工的　d 合理的　e 名目的　f 人工的
④ c 合理的　d 精神的　e 合理的　f 征服的
⑤ c 征服的　d 合理的　e 人工的　f 名目的

は、ヨーロッパの芸術に求めることのできないかくのごとき志向が強く現われていることを指摘したいのである。

（和辻哲郎『風土』による）

（注1）コラン――イスラームの聖典クルアーン、コーラン。
（注2）ポリュクレイトス――古代ギリシャの彫刻家。
（注3）推古仏――飛鳥時代に作られた仏像の総称。

問1　空欄 a ・ b に入る言葉の組合せとして最も適切なものを、次の①～⑤の中から一つ選べ。解答番号は 8 。

① a ただし　b つまり
② a しかし　b ただ
③ a また　b 一方
④ a 逆に　b ところが
⑤ a つまり　b しかし

問2　傍線部A「同日の論でない」とあるが、本文では何と何とが「同日の論でない」と述べているのか。その組合せとして最も適

その体験において規則正しさに動かされるのは、その体験が自然の規則正しさを含むからである。同じ人種であり同じく裸形に近い風俗を持ちながら、インド人の想像力はこの規則正しさとは最も縁遠いものであった。そうしてそれは人に秩序を感ぜしめないほどに横溢するインドの自然の力と姿とから理解し得られる。

かくて我々は自然の合理的な性格と非合理的な性格とのいずれが著しく目立っているかによって芸術に著しい相違が現われて来たのを見る。それはちょうど人が自然において何を求めているかを反映したことにもなるであろう。ヨーロッパにおいては、温順にして秩序正しい自然はただ「征服さるべきもの」、そこにおいて法則の見いだされるべきものとして取り扱われた。特にヨーロッパ的なる詩人ゲーテがいかに熱烈な博物学的興味をもって自然に対したかはほとんど我々を驚倒せしめるほどである。人はその無限性への要求をただ神にのみかけて自然にはかけぬ。自然が最も重んぜらるる時でも、たかだか神の造ったものとして、あるいは神もしくは理性がそこに現われたものとしてである。しかるに東洋においては、自然はその非合理性のゆえに、決して征服され能わざるもの、そこに無限の深みの存するものとして取り扱われた。人はそこに慰めを求め救いを求める。特に東洋的なる詩人芭蕉は、単に美的にのみならず倫理的に、さらに宗教的に自然に対したが、そこに知的興味は全然示さなかった。自然とともに生きることが彼の関心事であり、従って自然観照は宗教的な解脱を目ざした。かかることは東洋の自然の端倪すべからざる豊富さを待って初めてあり得たことであろう。人はかかる自然に己れをうつし見ることによって、無限に深い形而上学的なるものへの通路をさし示されていることを感ずる。偉れたる芸術家はその体験においてかかる通路をつかみ、それを表現しようとするのである。それがよし風景画であっても、彼はその体験によって風景の内の「法則的なもの」―「不変なる構造」を捕えようとするのでは決してない、あたかも偉れたる禅僧がその解脱の心境を単純な叙景の詩によって表わすごとく、風景を単なる象徴として無限に深いものを現わそうとするのである。もとより自分はかかる事を東洋の芸術家のすべてがなし得たというのではない。ただ東洋の自然の荒々しく不規則であってしかも豊富な姿から最も意義深きものを学び得た芸術家の「気合い」のなかに

もとよりこれらは歴史的影響によって他の「ところ」にも移され得るものに違いない。たとえば沙漠生活の生んだ旧約聖書が千年にわたってヨーロッパ人を呪縛し、同じ沙漠から出たコラン(注1)が現在のインドに強い勢力を持っているごとき、「ところ」の特殊性が絶対的のものでないことを示している。しかしそれにもかかわらず、旧約聖書とコランとは沙漠生活の特殊性の理解なくしては正当に理解し得られぬものである。

さてしかし我々の問題はただ芸術の特殊性に関する。[え]「ところ」の特殊性が精神的構造の特殊性を意味するごとく、それはまた芸術の従ってまた芸術家の想像力の特殊性をも意味するのである。芸術創作力そのものは人間の本性に根ざしたものとして「ところ」の相違により本質を二三(にさん)にするということはないであろうが、しかし具体的にある芸術家の創作力として或(あ)る「ところ」に現われる限り、その「ところ」の特殊性をおのが性格とせざるを得ぬ。ポリュクレイトス(注2)がB比例の正しい人体彫刻を作ったとき、それは確かに彼のうちにあって表現を迫る体験が外に押し出されたものにほかならなかった。彼の日常寓目(ぐうもく)する人間の肉体は彼の想像力によって作りなおされ、高められ、類型化され、そうしてたとい現実には存せずとも彼の体験においては溌剌(はつらつ)として生きている人間の姿として外に押し出されて来た。この過程は推古仏(注3)の作者が胴体の細長い、人らしい筋肉を持たないような推古仏を作った時にも変わる事はないであろう。しかしながらポリュクレイトスにおいては、その豊富な人体の経験において意味深い形として彼の感情を動かし、彼の想像力の変形(メタモルフォーシス)のはたらきを刺激したものは、人体における微妙な数量的関係であった。そうしてこのような規則正しさが想像力のはたらきを導くということは、彼の寓目する人体が人類のうちで最も規則正しい形を持ち、しかも周囲の温順な自然がこの人体を裸で遊戯せしめそれを自然の中心として感ぜしめるようなものでなかったならば恐らく起こり得なかったことであろう。(もしこのような整った人体がホメロスに結実した騎士時代の永い間の体育によって作り上げられたというならば、さらに名誉欲、冒険欲を中枢とする騎士時代の生活がエーゲ海沿岸地方のごとき温順な自然の内にでなく、たとえば自然の脅威の物すごい沙漠のなかで、可能であったかどうかを問題とせねばならぬ。)芸術家が

ために熱心に機械を考えるに対して、徹底的に征服するということを人間に望ませないほど暴威に富んだ自然からその暴威の半面としての潤沢な日光と湿気を利用して豊かな産物を作り出そうとする東洋人は、［ e ］な手段を思うよりもむしろ自然自身のおのずからなる力を巧みに捕え動かそうとする。かかることがやがて［ f ］な性格の著しい技術とただコツをのみ込む事によって得られるような技術との相違となって現われるのでもあろう。［ い ］

かくのごとく自然と人間との交渉において自然の特殊性が人間の生活の特殊性となって現われることは恐らく何人も否定し得ないところであろう。人間が外界としての自然に対立するものとしておのれを見いだした時には、すでに人間はその自然の特殊性をおのれの特殊性としているのである。あくまでも晴朗な、乾燥のゆえに濃淡のないギリシアの「真昼」の明るさは、やがて現象が残るところなくおのれをあらわにしているという思想となる。自然の温順さ、――湿気のない暖かい大気や柔らかな牧草や表面の滑らかな石灰岩は、やがて自然に対して自らを守るという趣の少ない解放的なギリシアの衣となり、裸体の競技となり、裸体像の愛好となる。それは自然現象が原因となって白紙のごとき人間の精神に特殊な結果を引き起こしたという意味ではない。人間はかつて周囲の自然から引き離された白紙の状態にいたことはない。ギリシアの真昼の明るさは初めよりギリシア人の明るさであり、ギリシアの自然の規則正しさは初めよりギリシア人の合理的傾向であった。だから自然の特殊性はその自然においてある人間の精神的構造に属する問題であると見られなくてはならぬ。［ う ］

かくて東洋と西洋というごとき「ところ」の相違が精神的構造の相違を意味することになる。それはただに芸術の特殊性の問題に関するのみならず、物質的生産の仕方にも、世界観や宗教の形式にも、総じて人類の一切の文化産物に関する。我々が初めに単純に「湿気」として言い現わしたことは、ただ単に気象学の問題とさるる現象ではなく、一方に峻厳（しゅんげん）な人格神の信仰を産んだ乾燥な沙漠生活の極度に意志的・実践的な生き方、他方にあらゆる生物の一であることを信ずる湿潤な地方の極度に感情的・冥想（めいそう）的な生き方、そうしてその両者に対して人間中心的な知的・静観的な生き方を区別せしめる精神的構造上の一つの原理である。

るということがない。夜の間の気温の激変で初霜がおり、一夜の間に樹の葉が色づくというようなあの鮮やかな変化は決して見られない。植物におけるこのような気候との関連は、移して我々の心の姿とも言い得るであろう。我々はヨーロッパ人の中に身を置いた時我々自身がいかにはなはだしく気分の細かな変化を必要とする人間であるかに驚かざるを得なかった。単調になれたヨーロッパ人はちょうど樹の芽が落ちついていると同じように落ちついている。ヨーロッパ人のうちで最も興奮性に富むと言われるイタリア人ですら、その言葉の抑揚や身ぶりが変化性に富んでいるほどには決して気分の細かな変化を求めない。もとよりこの落ちつきは、偉い禅僧が獲得しているであろうような、根深い人格的な落ちつきではない。ただ気分の単調に慣れているというだけの、いわば気分の持続性である。それに比して我々は、夏の日に蟬の声を聞かず秋になっても虫の音を聞かぬというようなことにさえ著しく淋しさを感ずるほどに、日常生活にさまざまの濃淡陰影を必要とする。ヨーロッパの近代文明を実に忠実に移植している日本人が、衣食住においては結局充分な欧化をなし得ず、きものや米飯や畳に依然として執着しているということは、それが季節や朝夕に応じて最もよく気分の変化を現わし得るという理由にもとづくのではないであろうか。

気候の特性はただに気分のみならずまた実用的な意味においても人間の生活を規定する。最も著しい例について言えば、ヨーロッパの農業は雑草との戦いを必要とせず暴風・洪水の憂い少なく季節の迅速な移り変わりにせき立てられることもない、はなはだ悠長なものである。湿気の関係からうねを作る必要もなく一面にバラ蒔いた麦は、黄熟してからでも静かに一月ぐらいは立っていてくれる。七月の終わりに悠々と麦刈りをやっている農人は、九月の初めにもまだ悠々としてそれを続けている。それに比べれば、旬日の間に麦を刈って田を植え、しばらくたつと炎天の水田に田の草を取り、その息をつくまもなく台風と暴雨というごとき人力のいかんともし難い自然の威力の前に心を悩ませるという日本の農人の労働は、そのめまぐるしさと烈しさとにおいて到底同日の論でないばかりでなく、自然と交渉する態度においてもおのずから異ならざるを得ないであろう。単調にして温順な自然に **c** に関係するヨーロッパ人が、土地のすみずみをまで **d** に支配しまたその支配を容易ならしめる

烈しい変化があり、冬でさえも肌をしめるような朝の冷たさの後にほかほかとした小春日の暖かさが来る、――そういう変化に富んだ現象を我々はヨーロッパにおいて経験することができない。北欧の夏の暑さは冬着でも堪え得るほどの穏やかなものには相違ないが、しかし日が暮れても爽やかな涼しさがあるわけでなく、夕立が来てからりと気が晴れるというような変化があるわけでもない。少しく誇張して言えばそれは数か月にわたる単調な一つの夏の気分である。単調に慣れたヨーロッパ人でさえもさすがにそれには堪え兼ねて土地を変えることによりその単調の苦しさを脱れようとする。冬になれば昼間も夜と大差なく零下何度の大気が静かにじっと淀んでいる。我々の肉体を緊縮させるという点では零下三度も零下十度も気分の上でいっこう変わりがない。たまに晴れた日があって日当たりのいい個所に行っても、その日光はちょうど月光と同じように何の暖かさもないものであり、従って日陰と日向にいささかの変わりもない。それは北を遮った日向がほかほかと暖かいのに一歩外に出れば寒風が肌を刺すというような日本の冬よりも、かえって堪えやすいのみならず、また進んでこの寒さを征服しようとする人間の意力を刺激するものでもあろう。だから人はこの単調さを、人工的に作った暖かい世界で人工的なさまざまの刺激によって克服することに努力する。［　あ　］

こういう気候の特性は、人が自ら自覚している以上に我々の体験の深みにからみ合っているものである。植物でさえも顕著にそれを示している。日本において我々が見る新緑は、春をまちかねた心が鮮やかな新芽の色を心ゆくばかり見まもるひまもないほど迅速に、伸び育ち色を増す。柳が芽をふいたと気づいてからそれが青々と繁り出すまでは、実にあわただしいと思うほど早い。しかるにヨーロッパの新緑はちょうど時計の針を見まもるような感じを与える。新芽は育っているに相違ないし、一月たてばかなり変わりもするが、決して我々の胸を打つような変化を示さない。紅葉もまたそうである。八月にはもう黄ばんだ葉がからからと音をさせている。しかし艶のない黒ずんだ緑は相変わらず陰鬱に立っている。そうしていつ変わるともなく緑の色が徐々に褪せて弱々しい黄色に変わって行く。十月下旬にあらゆる落葉樹の葉が黄色になるまでの間、かつて我々の目を見はらせ

も空気中の湿気をさほど多量ならしめない。夏の乾燥期は地中海沿岸においては緑草を枯らすほどであるが、[b]そのために根強い雑草を繁茂させず、やがて十月の雨とともに柔らかい弱い牧草の成育を可能にする。日光の弱い中北ヨーロッパではそれほどの乾燥さえもなく年を通じて柔らかい草が茂っている。

　このような湿気と日光との関係が自然の風貌を著しく異なったものにする。湿潤な東洋においては日光と水とが豊富に植物を恵むとともにまた同じ原因によって暴風や大雨や洪水などが植物を迫害する。だから湿潤な東洋の植物は旺盛に成育しているとともにまた荒らびひねくれ雑然として立つ。日本の風景が優美であると言われるのは、変化に富んだ小規模の起伏や鮮やかな色彩や大気の濃淡などによるのであって植物の形が温順であるからではない。植物の形にのみ着目して言えばそれはむしろ荒々しい乱れた風景である。それに反してヨーロッパでは、日本のごとき根強い雑草がはびこらず、従って柔らかい牧草が穏やかに大地を包み、樹木は風の苦労を知らない整った姿で立っている。それは実に温順な感じである。人がここから秩序正しさを感ずるのはいかにも自然なことであろう。

　湿気はまた大気の感じを著しく異なったものにする。日本において我々が日常に触れている朝霧・夕靄（ゆうもや）、あるいは春霞（はるがすみ）などの変化に富んだ大気の濃淡は、一方では季節や時刻の感じあるいは長閑（のどか）さや爽やかさの気分というごときものとして、他方では風景自身の濃淡のおもしろみとして、非常に重大な役目をつとめている。しかし湿気の乏しいヨーロッパの大気は、単調な靄あるいは霧を作り出しはしても、それによって我々の気分に細かい濃淡を与えるほどの変化には富んでいない。北欧の特徴である単調に陰鬱（いんうつ）な曇り日、南欧の特徴である単調に晴朗な晴天、――この単調さが確かにヨーロッパの特徴であると言えよう。これはまた気温の変化とも密接に関係する。寒暖計はヨーロッパの一日にも気温の高低のあることを示してはいるが、しかしそれはただ物理的な事実であって、我々の気分の上には決して顕著でない。湿気と温度との相関関係から起こるあのさまざまな現象、――たとえば夏の夕方の涼しさ、朝の爽やかさ、秋には昼間の暖かさと日暮れ時の肌寒さとの間に気分を全然変化させるほどの

①　電車内で化粧することへの不快感は場の共有についての感覚の違いがもたらすものである。
②　鏡に映るじぶんを直視することにより〈見えるわたし〉の存在が〈見るわたし〉を圧倒していく。
③　他者の〈顔〉をまなざす行為はその相手からの視線を感じる場合にはかなり困難なことである。
④　フランス語やドイツ語で「顔」をあらわす語は、視線を交錯させたくない感覚に通じている。
⑤　教室での私語が当たり前になることによって表情での微細なやりとりの機会が減じている。
⑥　おとなになるにつれて〈顔〉の認識が幼児期のパターン化された仕方を脱していく。
⑦　他人としてせまってくる〈顔〉の現象は〈顔〉の記号性に根ざすものである。
⑧　物質的な対象としての身体と直接向き合うことで真の〈じぶん〉を回復することができる。

第2問　次の文章を読んで、後の問い（問1～問8）に答えよ。

東洋と西洋との土地としての相違を最も顕著に感ぜしめるものは、「湿気」である。モンスーンの影響を受けるインド、中国、日本にあっては、暑熱の候が雨季であって、あらゆる植物が水と日光とに恵まれつつ旺盛に発育する。雨量は大体においてヨーロッパの三四倍ないし六七倍であり、空気中の湿気もはるかに多い。これに対してアラビア、エジプト等の近東は極度の乾燥地帯であって、特殊の条件のない土地はすべて沙漠となり、全然植物に包まれない骸骨のような山野を現出している。［ａ］ヨーロッパから見れば東洋とは湿潤と乾燥との両極端である。冬を雨季とするヨーロッパは、雨量が少ない上にその雨によって

問6　傍線部D「それらは、わたしに応答してくれない抽象的な顔だ」とあるが、「応答してくれない」理由として適切でないものを、次の①～⑤の中から一つ選べ。解答番号は 6 。

①　それらとの接触に〈わたし〉が一瞬たりとも耐えられないから。
②　「かちん」と音がするような関係が〈わたし〉との間に存在しないから。
③　他人の顔をこっそり窃視するのと似た構図になっているから。
④　印刷された他人の顔は〈わたし〉を見返すことができないから。
⑤　文中で筆者が指摘している〈顔〉の本質をあらわすものではないから。

問7　傍線部E「そのかぎりで顔(X)とは記号である。顔(Y)ではないのである」とある。XとYの二つの顔という語が意味していることを、それぞれ10文字～25文字で説明しなさい（句読点やカッコ等の符号も文字数に含める）。解答用紙裏面の解答欄に記述せよ。

問8　本文の内容に合致するものとして、適切なものを、次の①～⑧の中から二つ選べ。解答番号は 7 。この解答欄に二つともマークせよ。

のを、次の①～⑤の中から一つ選べ。解答番号は［4］。

① 《天然の衣装》を人前で脱ぐことができなかった。
② 無意識のうちにみっともない肉体を他者に見せていた。
③ 同席者のまなざしを強引に振り払っていた。
④ 《他者の他者》としてのふるまいができていなかった。
⑤ 恥ずかしさよりも眠さがまさって情けない思いをした。

問5　空欄［c］～［f］に入る言葉の組合せとして、最も適切なものを、次の①～⑤の中から一つ選べ。解答番号は［5］。

① c ところで　d しかし　e あるいは　f 要するに
② c ときに　d したがって　e そして　f つまるところ
③ c さて　d けれども　e さすがに　f しかしながら
④ c ひるがえって　d それでも　e さらには　f それでも
⑤ c ただ　d ふいに　e しかも　f 逆に

① 化粧を直している女性とじぶんを叱った祖母の姿が重なり、嫌な思い出がよみがえるということ。
② じぶんの行為を不快に感じた祖母のつぶやきが忘れられず、そのことへの悔いがずっとあるということ。
③ 鏡をのぞく女性がじぶんじしんへの視線を感受し、その露出を本能的に避けようとするということ。
④ 電車のなかで化粧を直すという行為が目の前のじぶんを明らかに見下す態度に映るということ。
⑤ 他者の視線を避けたいであろう女性がじぶんの存在を気にかけていないように思えるということ。

問3 傍線部B「〈見えるじぶん〉」とあるが、これが意味するところと**異なるもの**はどれか。次の①～⑤の中から一つ選べ。
解答番号は 3 。

① 想像的に縫い上げられたじぶん
② 不確かなものでしかないじぶん
③ デフォルメされたじぶん
④ 不安に襲われているじぶん
⑤ 鏡に映ったじぶん

問4 傍線部C「じぶんの見苦しい裸を他人の眼に圧しつけていたことになる」とあるが、それはどういうことか。最も適切なも

を〈顔〉の現象と呼ぶならば、〈顔〉はかならずしも顔面の現象にかぎられないからである。

（鷲田清一『じぶん・この不思議な存在』による）

問1　空欄 [a] ・ [b] に入る言葉の組合せとして、最も適切なものを、次の①～⑤の中から一つ選べ。解答番号は [1] 。

①　a　おもむろに　b　なごやかに
②　a　あからさまに　b　ほのかに
③　a　おごそかに　b　ことさらに
④　a　うつろに　b　つぶさに
⑤　a　ひややかに　b　てぢかに

問2　傍線部A「電車のなかで化粧を直している女性を見たときとにかく無性に不愉快になるのは、見ているこのじぶんが彼女にとって他人どころか、猫ほどの存在ですらないという事実を平然と突きつけられるからだと解釈している」とあるが、それはどういうことか。最も適切なものを、次の①～⑤の中から一つ選べ。解答番号は [2] 。

無表情になっていることがある。講義中に平然と（ときには後ろを向いて）私語する学生にとって、教師はブラウン管の映像といった感じなのだろう。せまりくる顔の経験も、表情を微細にやりとりする経験も、知らぬまにとても貧しくなってしまったらしい。

では、そういう窃視症的ではないふつうの状況で、わたしたちは他人の顔をどういうふうにして経験するのか。多くの場合、顔は記号として知覚される。幼児の描く絵では、顔の造作がみごとなまでにステレオタイプであるのと同じように、おとなの場合の顔の知覚は、その表情の認知がとても定型的である。うれしい、たのしい、かなしい、くるしい、おもはゆい、はずかしい、いらだたしい……そういう感情にぴったりと対応する顔つきがある。そうしてたがいの表情を読み取りながら、わたしたちは交わるのである。Eそのかぎりで顔とは記号である。顔ではないのである。顔ということで、読み取られるべき意味、つまりはその記号性が問題となるのである。では、顔が顔として現われてくるというのは、どういう状況なのだろうか。

ここで、〈顔〉と顔面を区別する必要が生じる。まなざしがかちあうという、あの現象を思いだそう。まなざしがかちあうというのは、目が合ってはいけないと思いながらも相手にまなざしを向けたいという磁力のようなものと、まなざしが合えば瞬発的におしのけあうという反対ベクトルの力とが同時にはたらくことだ。そういう力、吸引する力と反発する力とが、そこに生じるのだ。

あるいはそこには、見ないことを許さないような、あるいは見られることを懇願するような、そういう切迫力もまた生じる。そしてそういう切迫を感受することを、顔はせまってくる。銃殺の現場で、殺される者が顔を覆われるのは、殺される者が恐慌をきたすからではない。むしろ殺す者のために覆いはある。ひとはじぶんをまなざす顔を見つめながら殺すことに強い抵抗を感じるのだ。

そういうせまりくる〈顔〉を、対象として見られる顔面から区別しておこう。他人が他人としてわたしたちにせまってくる現象

哲学者のマックス・シェーラーは人間の羞恥心を《天然の衣装》と呼んだが、そうするとわたしはそのとき、じぶんの見苦しい裸を他人の眼に圧しつけていたことになる。そのときわたしはきっと、隠すことも失うものもない皮一枚の存在と化していたにちがいない。《他者の他者》としてのありかたを脱落させたじぶんの一例である。

c 、「顔」は、フランス語では「ヴィザージュ」、ドイツ語では「ゲジヒト」というが、これらがともに「見る」という動詞から派生したことばであることからも明らかなように、それが見えるということはふつう自明のこととされている。 d 実際に他人の顔を前にしたとき、わたしたちの視線はとまどい、行き場なく宙をさまようというのが実情ではないだろうか。相手の顔をまなざす。目があったとたん、目を伏せ、 e 、相手を傷つけないようにそっと目をそらせる。目がかちあうときというのは、まさに「かちん」と音がするようで、その接触が持続することにわたしたちは一瞬たりとも耐えられないようだ。 f わたしたちは、他人と目がかちあわないような状態でしか、つまりこっそり盗み見するというしかたでしか、他人の顔をまなざすことはできないということである。

他人の顔を見るというのは厳密には窃視の経験であり、テレビやグラフィック雑誌などで他人の顔をじっくり見ることができるのも、わたしは見るが相手には見返されないという不可逆の関係がそこにあるからである。

顔。それは都市のいたるところにあふれているようにみえる。が、それらのほとんどは、いま述べたような窃視症的な状況のなかで現われてくる顔である。たとえば電車のなかの吊り広告のなかから微笑みかけてくる顔、キオスクに積み上げられた週刊誌の表紙、ビルの壁に貼られたポスターから語りかける顔……。けれどもそれらは、わたしに応答してくれない抽象的な顔だ。

応答がないのは印刷された他人の顔だけではない。他人の顔を見るわたしたちのほうも、ひょっとしたら顔を失いつつあるのかもしれない。たとえばテレビの前のわたしたち。ブラウン管のなかからこちらに向かって微笑みかける顔に、わたしたちは反応しない。見られているのに反応しない、そういう視線の使いかたが習慣になって、わたしたちは他人の前でもふとそのように

この本のはじめのほうでもみたように、〈見えるじぶん〉をわたしたちはごくわずかしかじかに見ることができない。そこでわたしたちはじぶんの身体についての少量の知覚情報や鏡、他人の視線を手がかりにし、それらを素材として、じぶんの可視的身体をひとつのイメージとして想像的に縫い上げる。わたしたちにとってじぶんの身体とは、いわば薄暗がりのなかでしかかかわれない不確かなものなのだ。じぶんの存在がふたたびばらばらに寸断されそうな怖さ、じぶんがじぶんの知らない次元に放置されていることの恐ろしさ。わたしたちはじぶんの身体というものにかかわるとき、そうした不安に襲われざるをえない。

しかし、鏡のなかをいくらのぞき込んでも、〈見るわたし〉に〈見えるわたし〉は見えてこない。あるいは対象としてデフォルメされた〈わたし〉しか見えてこない。そこには他者が不在だからだ。

ひととひとが見つめあっているとき、ひとは鏡をのぞき込むときのように、たがいを対象として観察しあっているのではない。まなざしは他人をじかにつかむと同時に、他人を迎えるものなのである。だから他人の顔を横からじっと見ていても、そのひとがまなざしをこちらに向けた瞬間、眼がかち合い、わたしと他者のあいだに距離はなくなってしまう。そのときわたしたちの身体全体がたがいを映しだす鏡になる。

こうした関係のなかでわたしたちがそれぞれの〈わたし〉を紡ぎだしてゆくのだとすれば、他者こそがわたしたちにとって第一の鏡だということができる。

地下鉄のなかでコンパクトをのぞき込んでいた女性にとって、すくなくとも車両のなかには彼女の〈わたし〉を映しだす鏡としての他者はいなかった。彼女はあきらかに他者の存在を抹消していたのである。

そう考えて、どきりとした。じつはその数日前、わたしは徹夜のあと出席した小さな集まりのあと、親睦のための食事の席で、なんと一時間近く熟睡してしまっていたからだ。言い訳はありえない。彼女の場合と同じように、このときわたしもまた、他者のまなざしを拒むというしかたで、じぶんの存在を密封したのだから。

けにとられると同時に、女性の化粧を一部始終はじめて b 見ることができるという希有な時間に溺れ、気がついたときはもう下車駅の四条だった。彼女もいっしょに降りるようだったが、仰向いた彼女の顔を盗み見するように視線をやると、そこにはくっきりと鮮やかな別人の顔があった。

考えてみれば、女性が化粧しているところをのぞくというのは、失礼千万なことである。のぞかれていることに気がつけば、彼女はとたんに冷たいまなざしをわたしに向け返したことだろう。けれどもおかしなことに、妙に居心地わるくなったのはわたしのほうだった。なぜかよくわからなかった。お行儀のわるさに辟易した、というのとはちょっと違う。地下鉄の扉のガラスにちらりとじぶんの姿を映し、服装の乱れをチェックするのだったら、横から見ていてほほえましいくらいだから。

そのことを友人に話すと、彼も同じ経験をしたことがあると言った。そしてとっさに、子どものころ、おばあさんが部屋の隅の鏡台に向かって髪を梳くのを見て、ひどく叱られたことを思いだしたという。そのとき彼女は、鏡にじぶんを映している姿は猫に見られても恥ずかしい、とつぶやいたそうだ。その経験から彼は、A電車のなかで化粧を直している女性を見たときとにかく無性に不愉快になるのは、見ているこのじぶんが彼女にとって他人どころか、猫ほどの存在ですらないという事実を平然と突きつけられるからだと解釈しているという。なるほど、と思った。

鏡の前でじぶんのまなざしがじぶんじしんへと折り曲げられ、一つの閉回路をぐるぐる循環しはじめる。そしてそのプロセスが他人の眼にさらされる。友人の祖母はそのことの恐ろしさを、いやというほど明晰に感受していたのだと思う。〈わたし〉がそれを覆い隠すことによってはじめて〈わたし〉でありえているような、そういう〈わたし〉の存在を走る亀裂が、鏡を前にしてもう一度あからさまに露出されることになる。それも極端にデフォルメされて。

鏡にじぶんを映すということ、それは物質的対象としてのじぶんとじかに向きあうことだ。〈見るじぶん〉と〈見えるじぶん〉との裂け目にじぶんを投げ込むことだといってもよい。

国語

（七〇分）

第1問

次の文章は鷲田清一『じぶん・この不思議な存在』の一部である。これを読んで、後の問い（問1〜問8）に答えよ。

地下鉄に乗ったときのことだ。わたしの家は地下鉄の始発駅近くにあって、いつも数えられるほどのひとしか乗り込まない。その日乗客はたったふたり、わたしの前に老境にさしかかった女性がひとり座っているばかりであった。発車のベルがなり、鞄から読みかけの本を取り出そうとしたとき、ひとりのOLがあわてて駆け込んできた。そしてふうっとため息をつきながら、わたしの斜め向かいに腰をおろした。

五〇代半ばくらいの女性と四〇代の男性と二〇歳過ぎの女性、わたしたちの車両にはちょうど三世代の人間がひとりずつ乗り合わせた格好になる。中間のわたしからすれば、ふたりの女性は親でも妻でも姉でも妹でも娘でもありえない存在、つまり家族のアナロジーをどうも適用しにくい存在であって、そのせいかどうか知らないが、他人として妙に気になるところがあり、かと言って彼女たちをじっと見つめるのも失礼なことなので、なにを見るともなく［ a ］視線を泳がせていた。

突然、斜め前の若い女性が、バッグのなかから短い刷毛（はけ）やら薄っぺらいケースやら金属製のスティックのようなものを取りだし、なれた手つきで化粧をはじめた。それは想像していた以上に入念な作業で、メイクというのはこんなに複雑なものかとあっ

解答編

英語

1 **解答** (1)―ウ　(2)―ウ　(3)―ウ　(4)―ア　(5)―イ　(6)―イ
(7)―ウ　(8)―エ　(9)―イ　(10)―ウ

◀解　説▶

≪貧困者の医療支援のために闘うポール＝ファーマー医師≫

(1)この this は，当該文前半の that 節，つまり，people in these countries … medical treatments の内容をさす。よって，ウ.「発展途上国の人々は複雑な医療を活用できない」が適切。文意は「多くの医師は，発展途上国の人々はあまりに貧しく無学なため複雑な医療を活用できないのは当然だととらえるが，ファーマー医師はそれが間違っていることを証明した」となる。

(2)空所にウの In spite of ～「～にもかかわらず」を入れると，空所を含む文意を「財政的な困難にもかかわらず，ファーマー医師の家は本であふれ，子供たちは自分の興味や才能を追い求めるよう元気づけられた」とできる。be encouraged to *do*「～するように励まされる」

(3)空所の直後の文（When Farmer visits …）に，「ファーマー医師が村を訪れると，健康上の問題がある人を診察するだけでなく家や全体的な状況にも目を向ける」とある。ここから，ウ. living conditions also improve「生活状況もまた改善する」を入れると，文意は「ハイチのような貧しい国では，健康の増進は生活状況も改善することによってのみ可能となる」となる。

(4)下線部は「世界で最も弱い立場の住民」の意。ここでは，ファーマー医師が長い期間，貧困者の医療支援をしてきた背景があることを踏まえる。よって，ア.「不健康や貧しい社会福祉の危険に世界で最もさらされている個人」をさすと判断できる。文意は，「世界で最も弱い立場の住民の医療に従事したことに対し，ファーマー医師は数多くの重要な賞を受賞した」となる。

(5)「カンジュ＝センターについて正しいものはどれか」　第４段第４・５文（Their first project … into a large facility.）を参照。「PIH の最初の事業はハイチの中央県にあるカンジュ村に小さな診療所を建てることで，20 年を経てカンジュ＝センターはザンミ＝ラサンテという大きな病院になった」とある。よって，イ.「カンジュ＝センターは，ハイチの中央県にあるカンジュ村に建てられたのだが，大きな地域医療施設へと発展した」が正解。

(6)「カンジュ＝センターの原則に含まれるものはどれか」　第５段（The Cange center …）参照。〈カンジュ＝センターは貧困者の地域医療の世界的なモデルとなり，３つの原則の下で医療を提供している：①患者を見捨てない，②長期的な成功を見据え，ハイチ人が全医療レベルで携わる，③医療従事者は訪問医療を手掛ける〉ということが述べられている。この原則に含まれるものは，イ.「診療所はすべての患者を受け入れる」となる。

(7)「ポール＝ファーマー医師の若いころについて正しくないものはどれか」　第４段第１文（Farmer continued his …）に「ファーマーはハーバード大学医学部で研究を続け，医学と医療人類学で学位を取った」とある。よって，ウ.「ファーマーはハーバード大学医学部で研究を続け，医学だけでなく工学の学位も取った」が一致しない。アは第２段第１・２文（Farmer was … running water.）に一致する。イは第３段第１文（After graduating from …）に一致する。エは第４段第１・２文（Farmer continued his … with local doctors.）に一致する。

(8)「ポール＝ファーマー医師について正しいものはどれか」　最終段第１～４文（But most of the money … the patient at hand.）を参照。〈ファーマーは医療報酬や受賞金を PIH につぎ込み，その名声にもかかわらず１人の医師として初心を忘れず，目の前の患者を治療したがっている〉と述べられていることから，エ.「ファーマーは非常に成功を収めたが，目の前にいる病気の患者を治療する１人の医師として，今なお医療に従事したいと思っている」が正解。

(9)「本文で述べられているものはどれか」　第３段第２～４文（As a college … in the world.）を参照。「大学生の頃，近くの農場の出稼ぎ労働者の惨状を耳にした。この中に知り合いになったハイチ人がいて，ハイチの自宅に招いてくれたが，これが発端でこのカリブ海にある島国（=ハイチ）に関心をもつようになった」とある。よって，イ.「ファーマーは，何人かのハイチ人の出稼ぎ労働者と知り合いになったときにハイチに興味をもった」が正解。

⑽「PIH について正しいものはどれか」 第7段第1文（Over the years, …）を参照。「年を追って PIH は拡大し，現在，ペルー，メキシコ，ルワンダ，ロシア，カザフスタンなど，世界中の多くの国々で活動している」とある。よって，ウ.「PIH はますます大きくなり，世界中の多くの国々で活動している」が正解。

2 **解答** ①―キ　②―エ　③―ウ　④―カ　⑤―イ　⑥―オ　⑦―ア

◀解　説▶

≪科学技術が家族の時間と張り合う≫

①空所直前の第1段第1文（When the Johnson family …）に，「ジョンソン家が初めてコンピュータを買ったとき，子供たちがインターネットの多くの情報にアクセスできるためわくわくした」とあるが，空所の直後の第3文（"Our family spends …）は，〈家族団らんの時間よりも各自のネットサーフィンの時間のほうが長いとジョンソン氏が嘆いている〉という内容になっている。よって，キ.「しかし，今やジョンソン夫妻は当時ほど興奮していない」を選ぶ。

②空所を含む文（According to …）の前半に,「2006 年の南カルフォルニア大学のアンネンバーグ = デジタル未来センターの研究によれば」とあるので，空所にはその研究内容が入ることがわかる。また，空所の直後の文（Last year, …）には,「その数値がほぼ3倍の 28%になった」とある。よって，この数値の元になる情報を含む，エ.「アメリカ人の 11%は，家族と過ごす時間がより減っていると回答した」が適切。

③空所を含む文の最初の In other words「つまり」に注目する。第2段第1文（It seems that …）に「インターネット使用がより人気となるにつれ，家族との時間が減少している」とあるが，空所はこの内容の言い換えなので，ウ.「科学技術が家族との時間と競うと，科学技術の勝ちとなる」が正解。

④空所直前の第３段第１文（As technology becomes …）に，「科学技術が進歩するにつれ，家族が触れ合う方法がしばしば変化する」とある。空所に，カ．「これは新たな心配ではない」を入れると，直後の文（When televisions first …）の「1950年代にテレビが最初に人気になったとき，親たちは子供たちがテレビを見すぎて，親とほとんど話さなくなるのではないかと心配した」という内容につながる。

⑤空所前文（However, there is …）で，「２つの活動（＝テレビ視聴とネットサーフィン）には顕著な違いがある」と述べている。空所に，イ．「テレビ視聴は家族としての活動だが，ネットサーフィンはしばしば１人きりの活動である」を選ぶとその２つの活動の違いが具体的となる。

⑥空所直前の３文（Furthermore, the Internet … more privacy.）に，〈家族を引き離す科学技術はインターネットだけではなく，携帯電話もそうであり，親は携帯電話で子供を追跡できても，携帯電話によって子供にはよりプライバシーが与えられる〉とある。ここから，オ．「時には子供たちはあまりに多くのプライバシーをもつ」が正解と判断できる。

⑦空所直前の while「一方で～」に注目。この表現の前後で内容が対比される。最終段第３文（In addition to …）および同段最終文（In fact, almost …）の前半を参照。「家族間で会話する時間が減っていると女性が答えている」ことに加え，「女性のほぼ50％がときどき，あるいはしばしば，家族がインターネットをしているときに無視されたと感じる」とある。空所内に今度は男性の感覚となる，ア．「40％未満の男性がこのように感じている」を選ぶと，家族に無視されたと感じる感覚についての男女差が浮き彫りになる。

3 解答 (1)―イ (2)―ア (3)―イ (4)―ア (5)―ウ

◀解 説▶

(1)アは the place which が不可。the place in which あるいは the place where なら可。ウは Turn the book「本をひっくり返す」が不可。エは As long as ～「～する限り」が不可。よって，正解はイ。be through with ～「～を終える」 the place where it was「それがあった場所」→「元の場所」

⑵「星を眺めるのが好き→ただし，宇宙飛行士には興味がない」と考える。butを用いると，前の節に対して，対立，対照を表す節を導いて，「しかし，（だ）が」とできる。また，「～に興味がない」は be not interested in～で表す。よって，アが正解。イは interesting in が不可。ウは in become が不可。in becoming のように，前置詞に動名詞を後続させれば可。エは interesting to become が不可。

⑶in order to *do*「～する目的で」これは to *do* よりも目的を明確にした言い方。よって，イが正解。アは ought get が不可。ought to get とすれば可。ウは so の位置が不可。「～するために」は so that S can〔will / may〕*do* で表す。エは so の前のコンマが不可。…, so that～は「…, その結果～」という意味となる。

⑷would rather～than…「…するよりも，むしろ～したい」ここでは動詞の原形を用いる。よって，アが正解。イは動名詞が不可。また，prefer *A* to *B*「*B* より *A* が好きだ」が正しい用法で，prefer *A* than *B* とは言わないので，ウ，エは不可。

⑸「（私は）～と聞いて残念だ」は I am sorry to hear that～とする。したがって，ウが正解。be laid off「解雇される」

4 解答 (1)―ウ　(2)―エ　(3)―ウ　(4)―ア　(5)―エ　(6)―ア

◀解　説▶

⑴「ABC コーポレーションは，XYZ コーポレーションほどの成功は全くおさめていない。つまり，（　　）」 nowhere near～「～にほど遠い，～どころではない」 In other words「つまり，言い換えれば」に注目。ここでは，ウ.「XYZ コーポレーションは ABC コーポレーションよりもずっと成功している」が適切。*A* is far more successful than *B* は「*A* は *B* よりはるかに成功している」の意。

⑵「私の叔父には5人の息子がいる。そのうちの1人は東京に住んでいるが，残りは全員，千葉に住んでいる」 One of them「そのうちの1人」と the others「残り全員」の対比。よって，エ. the others が適切。

⑶木に登って下りられない子猫を見たAに，Bが救出方法を提案する。ウの on を入れると，We'll have to save it. Is there anything to stand on? となり，「子猫を助けないといけない。何か上に乗るものがある？」の意になる。

(4)「私が君に話した女の子はまだ到着していない」 アを入れると，The girl I told you aboutとなり，「私が君に話した女の子」の意になる。tell *A* about *B*「*A*（人）に *B* について話す」 speak，say，talk はいずれもこの形が取れないため，イ，ウ，エは不可。

(5)「私たちの先生はよく数学の勉強法について多くの助言をしてくれる」 many は「(数が）多くの」，much は「(量が）多くの」の意味。不加算名詞の前には，many ではなく much をつける。advice「助言」は不加算名詞なので，複数形にできない。よって，エ．much advice が正解。

(6)「彼はメアリーが電話をかけてきたとき，30分間ずっと読書をしていた」 when 節の内容から，基点が過去であることがわかり，さらに for half an hour「30分間」という期間を表す表現があることで，基点までの継続がわかる。ある動作が過去の一時点まで継続していたことを表すのに，過去完了進行形（had been *doing*）を用いるため，ア．had been reading「ずっと読書をしていた」を選ぶ。

5　解答　(1)―ウ　(2)―ア　(3)―ア　(4)―イ　(5)―イ　(6)―ア

◀解　説▶

(1)「大統領は会議で重要な計画案を出した」 put forward「(意見・案などを）出す，提案する」(＝propose)

(2)「この町の犯罪行為に彼が関与した可能性を除外できない」 rule out「(可能性などを）除外する」(＝exclude) rule out the possibility of ～「～の可能性を除外する」 criminal activities「犯罪行為」

(3)「私はエレベーターが故障していることに気付いた」 out of order「(機械が）故障して，調子が狂って」(＝broken)

(4)「彼は少し落ち着きがない様子だった」 ill at ease「不安で，落ち着かないで」(＝uncomfortable) look「(顔つき・様子・外見から）～のように見える」 a little bit「少し」

(5)「ごく少数の教授がその新計画に賛成した」 for「～に賛成して」(＝in favor of～) 反意語は against「～に反対して」。only a few「ほんのわずかの」

⑹「私は，事業予算を使い切ったのではないかと心配している」 run out of ～「～を使い果たす，切らす」（＝use up） the money budgeted for the project「その事業の予算としてあてられた金→事業予算」

数学

1 解答

アイ．86　ウ．5　エ．3　オ．8　カ．3　キ．6　ク．4　ケ．4　コ．3　サ．2　シス．15　セ．0　ソ．1　タ．2　チ．5　ツ．3　テト．14

◀解　説▶

≪小問8問≫

(1)　$(x+1)(x+3)(x+5)(x+7)=(x+1)(x+7)\times(x+3)(x+5)$

$$=(x^2+8x+7)(x^2+8x+15)$$
$$=\{(x^2+8x)+7\}\{(x^2+8x)+15\}$$
$$=(x^2+8x)^2+22(x^2+8x)+105$$
$$=x^4+16x^3+64x^2+22x^2+176x+105$$
$$=x^4+16x^3+86x^2+176x+105$$

よって，x^2 の係数は　86　(→アイ)

(2)　放物線 $y=3x^2+6x+1$　……①，放物線 $y=3x^2-4x+2$　……② とする。

①を変形すると　$y=3(x+1)^2-3+1=3(x+1)^2-2$

よって，①の頂点は　$(-1,\ -2)$

②を変形すると

$$y=3\left(x-\frac{2}{3}\right)^2-\frac{4}{3}+2=3\left(x-\frac{2}{3}\right)^2+\frac{2}{3}$$

よって，②の頂点は　$\left(\frac{2}{3},\ \frac{2}{3}\right)$

①のグラフを x 軸方向に p，y 軸方向に q だけ平行移動して，②に重ねると

$$-1+p=\frac{2}{3}\qquad -2+q=\frac{2}{3}$$

ゆえに

$$p=\frac{5}{3}\ \ (\text{→ウ，エ})\qquad q=\frac{8}{3}\ \ (\text{→オ，カ})$$

(3)　$\dfrac{3+8+2+5+6+x}{6}=5$ より

　$x=6$　(→キ)

分散は

$$\frac{(3-5)^2+(8-5)^2+(2-5)^2+(5-5)^2+(6-5)^2+(6-5)^2}{6}$$

$$=\frac{4+9+9+0+1+1}{6}=4 \quad (\text{→ク})$$

(4)　$x^6+3x^4+2ax^2+a$ を x^2+2 で割ると

$$\begin{array}{r|l} & x^4+\ x^2+2(a-1) \\ x^2+2 & x^6+3x^4+2ax^2+a \\ & x^6+2x^4 \\ \hline & \qquad x^4+2ax^2 \\ & \qquad x^4+2x^2 \\ \hline & \qquad\quad 2(a-1)x^2+a \\ & \qquad\quad 2(a-1)x^2+4(a-1) \\ \hline & \qquad\qquad\quad -3a+4 \end{array}$$

題意より，余りは 0 であるから　　$-3a+4=0$

よって　　$a=\dfrac{4}{3}$　(→ケ，コ)

別解　$x^2=X$ とおくと

　$x^6+3x^4+2ax^2+a$ が x^2+2 で割り切れる

$\Longleftrightarrow X^3+3X^2+2aX+a$ が $X+2$ で割り切れる

$f(X)=X^3+3X^2+2aX+a$ として　　$f(-2)=0$ (因数定理)

　$-8+12-4a+a=0$

$\therefore\ a=\dfrac{4}{3}$

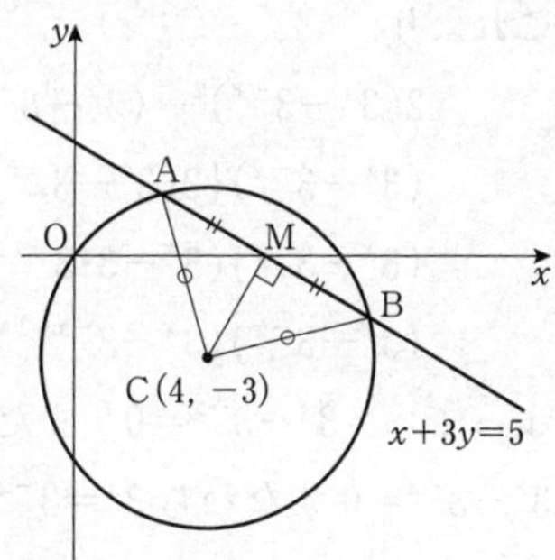

(5)　右図のように，円の中心を点 C$(4,\ -3)$ とし，円と直線の交点を A，B とする。点 C から AB に垂線 CM を下ろすと，M は AB の中点となる。

CM の長さは点 C$(4,\ -3)$ と直線 $x+3y-5=0$ の距離に等しいから

$$\mathrm{CM}=\frac{|4+3\cdot(-3)-5|}{\sqrt{1^2+3^2}}=\frac{10}{\sqrt{10}}=\sqrt{10}$$

CA=5（円の半径）であるから

$$\mathrm{AB}=2\mathrm{AM}=2\sqrt{\mathrm{CA}^2-\mathrm{CM}^2}$$
$$=2\sqrt{5^2-(\sqrt{10})^2}=2\sqrt{15}\quad(\to サ\sim ス)$$

(6)　$(3^x-3^{-x})^2=(3^x)^2-2\cdot3^x\cdot3^{-x}+(3^{-x})^2$

$$=(3^2)^x-2+(3^2)^{-x}=9^x-2+9^{-x}$$

与式は

$$9^x-2+9^{-x}=\frac{1}{2}(9^x-9^{-x})\qquad 9^x+3\cdot9^{-x}-4=0$$

となる。

ここで $9^x=t$　$(t>0)$ とおくと，$9^{-x}=\dfrac{1}{9^x}=\dfrac{1}{t}$ より

$$t+\frac{3}{t}-4=0\qquad t^2-4t+3=0$$
$$(t-3)(t-1)=0\qquad t=1,\ 3$$

$t=1$ のとき，すなわち $9^x=1$ のとき　　$x=0$　(→セ)

$t=3$ のとき，すなわち $9^x=3$ のとき　　$3^{2x}=3$

ゆえに

$$2x=1\qquad x=\frac{1}{2}\quad(\to ソ,\ タ)$$

別解　$\dfrac{9^x-9^{-x}}{2}=\dfrac{(3^2)^x-(3^2)^{-x}}{2}=\dfrac{(3^x)^2-(3^{-x})^2}{2}$

$$=\frac{1}{2}(3^x-3^{-x})(3^x+3^{-x})$$

これより

$$2(3^x-3^{-x})^2-(3^x-3^{-x})(3^x+3^{-x})=0$$
$$(3^x-3^{-x})\{2(3^x-3^{-x})-(3^x+3^{-x})\}=0$$
$$(3^x-3^{-x})(3^x-3\cdot3^{-x})=0$$
$$(3^x-3^{-x})(3^x-3^{-x+1})=0$$

よって　　$3^x-3^{-x}=0$　または　$3^x-3^{-x+1}=0$

$3^x-3^{-x}=0$ すなわち $3^x=3^{-x}$ のとき

$x=-x$ より　　$x=0$

$3^x-3^{-x+1}=0$ すなわち $3^x=3^{-x+1}$ のとき

$x=-x+1$ より　　$x=\dfrac{1}{2}$

(7)　$f(x)=x^2+3x+4$ とすると　　$f'(x)=2x+3$

$y=-\dfrac{1}{5}x+6$ に垂直な直線の傾きは 5 だから

$2x+3=5$　　$x=1$

よって，接点の座標は $(1,\ 8)$ だから，求める接線は

$y-8=5(x-1)$　　$y=5x+3$　(→チ，ツ)

(8)　$\mathrm{C}\left(\dfrac{1\cdot2+2\cdot(-4)}{2+1},\ \dfrac{1\cdot(-3)+2\cdot3}{2+1},\ \dfrac{1\cdot5+2\cdot2}{2+1}\right)$

よって　　$\mathrm{C}(-2,\ 1,\ 3)$

ゆえに　　$\mathrm{OC}=\sqrt{(-2)^2+1^2+3^2}=\sqrt{14}$　(→テト)

2 解答

ア．7　イ．2　ウエ．-4　オ．2　カ．3　キク．-5　ケ．3　コ．8　サシ．27　スセ．44　ソタ．81　チツ．37　テト．57

◀解　説▶

≪小問 2 問≫

(1)　$y=-\dfrac{1}{2}x^2+\dfrac{3}{2}$ と $y=2x+p$ から y を消去して

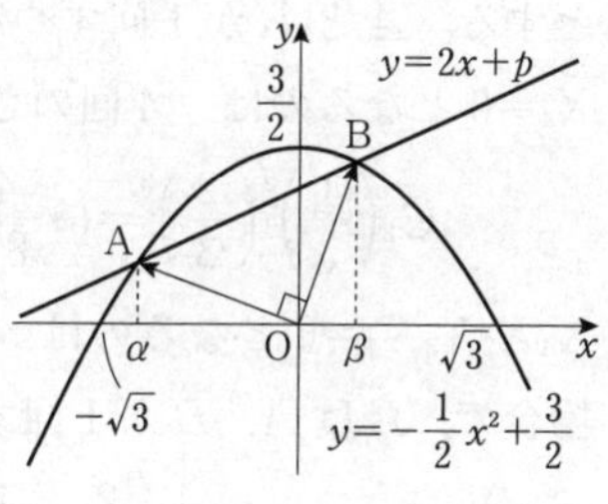

$$-\frac{1}{2}x^2+\frac{3}{2}=2x+p$$

整理すると

$$x^2+4x+2p-3=0 \quad \cdots\cdots①$$

C と l が異なる 2 つの共有点をもつための条件は，2 次方程式①の判別式を D とすると

$$\frac{D}{4}=2^2-(2p-3)>0$$

これを解いて　　$p<\dfrac{7}{2}$　(→ア，イ)

また，2次方程式①の異なる2つの実数解が α, β $(\alpha<\beta)$ であるから，解と係数の関係より

$$\alpha+\beta=-4 \quad \cdots\cdots② \quad (\to ウエ)$$

$$\alpha\beta=2p-3 \quad \cdots\cdots③ \quad (\to オ，カ)$$

$\overrightarrow{\mathrm{OA}}=(\alpha,\ 2\alpha+p)$, $\overrightarrow{\mathrm{OB}}=(\beta,\ 2\beta+p)$ とおくと，$\angle\mathrm{AOB}=90^\circ$ だから

$$\overrightarrow{\mathrm{OA}}\cdot\overrightarrow{\mathrm{OB}}=0$$

すなわち

$$\alpha\beta+(2\alpha+p)(2\beta+p)=0$$

$$5\alpha\beta+2(\alpha+\beta)p+p^2=0$$

②，③を代入して

$$5(2p-3)+2(-4)p+p^2=0$$

$$p^2+2p-15=0$$

$$(p+5)(p-3)=0$$

$$\therefore \quad p=-5,\ 3 \quad (\to キ\sim ケ)$$

これらはいずれも $p<\dfrac{7}{2}$ をみたす。

(2)　事象 A, B を

A：さいころの目が2以下

B：さいころの目が3以上

とする。A と B が1回ずつ起こると移動は0になる。

$X_4=0$ となるのは，4回のさいころの目が，A 2回，B 2回となる場合で

$${}_4\mathrm{C}_2\left(\frac{1}{3}\right)^2\left(\frac{2}{3}\right)^2=6\cdot\frac{4}{81}=\frac{8}{27} \quad (\to コ\sim シ)$$

$X_1X_2X_3X_4=0$ となるのは，事象 E：$X_2=0$ または事象 F：$X_4=0$ となる場合で，E は A, B が1回ずつ起こる場合だから

$$P(E)=2\times\frac{1}{3}\cdot\frac{2}{3}=\frac{4}{9} \qquad P(E\cap F)=\left(\frac{4}{9}\right)^2=\frac{16}{81}$$

よって，求める確率 $P(E\cup F)$ は

$$P(E\cup F)=P(E)+P(F)-P(E\cap F)=\frac{4}{9}+\frac{8}{27}-\frac{16}{81}$$

$$=\frac{44}{81} \quad (\to ス\sim タ)$$

$X_4 \neq 0$ の確率は　　$P(\overline{F})=1-\dfrac{8}{27}=\dfrac{19}{27}$

$X_1X_2X_3 \neq 0$ のとき $X_2 \neq 0$ だから，$X_2 \neq 0$ かつ $X_4 \neq 0$ となる確率は

$$P(\overline{E}\cap\overline{F})=P(\overline{E\cup F})=1-P(E\cup F)=1-\frac{44}{81}=\frac{37}{81}$$

よって，求める条件付き確率は

$$P_{\overline{F}}(\overline{E})=\frac{P(\overline{E}\cap\overline{F})}{P(\overline{F})}=\frac{37}{81}\times\frac{27}{19}=\frac{37}{57}\quad(\to チ〜ト)$$

3 解答

アイ．12　ウエ．12　オカ．64　キ．4　ク．4
ケ．1　コ．8　サシ．52　スセ．16　ソ．3
タ．4　チツ．10

◀解　説▶

≪小問 2 問≫

(1)　$x>1$，$y>1$ の各辺に底 2 の対数をとると

$\log_2 x>0$，$\log_2 y>0$　……①

底の変換公式を用いると

$$\log_{\frac{1}{8}}x=\frac{\log_2 x}{\log_2\frac{1}{8}}=\frac{\log_2 x}{\log_2 2^{-3}}=\frac{\log_2 x}{-3}=-\frac{1}{3}\log_2 x$$

$$\log_4 y=\frac{\log_2 y}{\log_2 4}=\frac{\log_2 y}{\log_2 2^2}=\frac{\log_2 y}{2}=\frac{1}{2}\log_2 y$$

よって

$$(\log_{\frac{1}{8}}x)(\log_4 y)=-2$$

$$\left(-\frac{1}{3}\log_2 x\right)\left(\frac{1}{2}\log_2 y\right)=-2$$

$$-\frac{1}{6}(\log_2 x)(\log_2 y)=-2$$

ゆえに　　$(\log_2 x)(\log_2 y)=12$　……②　(→アイ)

ここで，$\log_2 x=X$，$\log_2 y=Y$ とおくと，①より　　$X>0$，$Y>0$

②より，$XY=12$ だから，相加平均と相乗平均の関係より

$$\log_2 x+3\log_2 y=X+3Y \geqq 2\sqrt{X\cdot 3Y}=2\sqrt{3\cdot 12}=12$$

等号は，$X=3Y$ すなわち $XY=12$ より $3Y^2=12$ であるから

$Y=2,\ X=6$

つまり

$y=2^2=4,\ x=2^6=64$

のとき成り立つ。

よって，$x=64,\ y=4$ のとき最小値は　　12　（→ウ～キ）

(2)　$f(x)=x-\dfrac{1}{16}\displaystyle\int_1^3 tg(t)dt,\ g(x)=6x-4\int_1^3 f(t)dt$

ここで

$$k=\int_1^3 f(t)dt \quad \cdots\cdots①,\quad m=\int_1^3 tg(t)dt \quad \cdots\cdots②$$

とおくと，$f(x)$，$g(x)$ は

$$f(x)=x-\frac{1}{16}m \quad \cdots\cdots③,\quad g(x)=6x-4k \quad \cdots\cdots④$$

とおける。

ゆえに，①に $f(t)=t-\dfrac{1}{16}m$ を代入すると

$$k=\int_1^3\left(t-\frac{1}{16}m\right)dt=\left[\frac{1}{2}t^2-\frac{1}{16}mt\right]_1^3$$

$$=\left(\frac{9}{2}-\frac{3}{16}m\right)-\left(\frac{1}{2}-\frac{1}{16}m\right)$$

$$=4-\frac{1}{8}m \quad \cdots\cdots⑤ \quad (\to ク～コ)$$

②に $g(t)=6t-4k$ を代入すると

$$m=\int_1^3 t(6t-4k)dt=\int_1^3(6t^2-4kt)dt$$

$$=\left[2t^3-2kt^2\right]_1^3=(54-18k)-(2-2k)$$

$$=52-16k \quad \cdots\cdots⑥ \quad (\to サ～セ)$$

⑤を⑥に代入すると

$$m=52-16\left(4-\frac{1}{8}m\right)=52-64+2m$$

よって　　$m=12$

これを⑤に代入して　　$k=4-\dfrac{1}{8}\cdot 12=\dfrac{5}{2}$

これらを③，④に代入すると

$$f(x)=x-\frac{1}{16}\cdot 12=x-\frac{3}{4} \quad (\to ソ,\ タ)$$

$$g(x)=6x-4\cdot\frac{5}{2}=6x-10 \quad (\to チツ)$$

4 **解答** ア．5　イ．5　ウエ．15　オ．1　カ．2　キ．2
ク．5　ケコ．12　サ．3　シ．5　ス．1　セ．2
ソ．3　タ．4　チ．3　ツ．2　テト．32　ナニ．45　ヌネ．27
ノハ．64

◀解　説▶

≪三角関数の相互関係，余弦定理，三角形の面積，半角の公式，区間における 3 次関数の最大・最小≫

(1)　∠B は三角形 ABC の内角で，$\tan B<0$ より，∠B は鈍角であるから

$$\cos B<0$$

$1+\tan^2 B=\dfrac{1}{\cos^2 B}$ から $\dfrac{1}{\cos^2 B}=1+(-2)^2=5$ より

$$\cos^2 B=\frac{1}{5}$$

ゆえに　$\cos B=-\dfrac{1}{\sqrt{5}}=-\dfrac{\sqrt{5}}{5}$　(→ア，イ)

また，△ABC において余弦定理より

$$\begin{aligned}CA^2&=AB^2+BC^2-2AB\cdot BC\cdot\cos B\\&=3^2+(6\sqrt{5})^2-2\cdot 3\cdot 6\sqrt{5}\cdot\left(-\frac{1}{\sqrt{5}}\right)\\&=225=15^2\end{aligned}$$

CA＞0 より　　CA＝15　(→ウエ)

(2)　△ABC を△PAB と△PBC と△PCA に分ける。

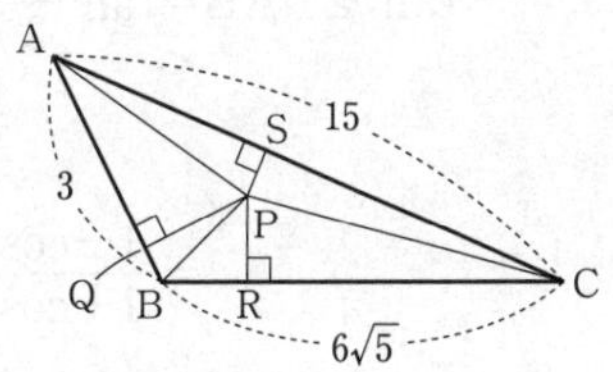

△PAB，△PBC，△PCA の底辺はそれぞれ AB，BC，CA，高さはそれぞれ PQ，PR，PS であるから，△ABC の面積は

$$\frac{1}{2}\mathrm{AB}\cdot\mathrm{PQ}+\frac{1}{2}\mathrm{BC}\cdot\mathrm{PR}+\frac{1}{2}\mathrm{CA}\cdot\mathrm{PS}$$

$$=\frac{1}{2}(\mathrm{AB}\cdot\mathrm{PQ}+\mathrm{BC}\cdot\mathrm{PR}+\mathrm{CA}\cdot\mathrm{PS})\quad\cdots\cdots①\quad(\to オ,\ カ)$$

と表せる。

また，$\sin B>0$ であるから，$\sin^2 B+\cos^2 B=1$ より

$$\sin^2 B=1-\left(-\frac{1}{\sqrt{5}}\right)^2=1-\frac{1}{5}=\frac{4}{5}\qquad\therefore\quad \sin B=\frac{2}{\sqrt{5}}$$

よって，△ABC の面積は

$$\frac{1}{2}\mathrm{AB}\cdot\mathrm{BC}\sin B=\frac{1}{2}\cdot 3\cdot 6\sqrt{5}\cdot\frac{2}{\sqrt{5}}=18$$

したがって，①に $\mathrm{AB}=3$，$\mathrm{BC}=6\sqrt{5}$，$\mathrm{CA}=15$ を代入して

$$\frac{1}{2}(3\mathrm{PQ}+6\sqrt{5}\,\mathrm{PR}+15\mathrm{PS})=18$$

$$\frac{3}{2}(\mathrm{PQ}+2\sqrt{5}\,\mathrm{PR}+5\mathrm{PS})=18$$

ゆえに　$\mathrm{PQ}+2\sqrt{5}\,\mathrm{PR}+5\mathrm{PS}=12$　……②　(→キ～コ)

(3)　余弦定理より

$$\cos\angle\mathrm{CAB}=\frac{\mathrm{AB}^2+\mathrm{CA}^2-\mathrm{BC}^2}{2\mathrm{AB}\cdot\mathrm{CA}}=\frac{3^2+15^2-(6\sqrt{5})^2}{2\cdot 3\cdot 15}$$

$$=\frac{3}{5}\quad\cdots\cdots③\quad(\to サ,\ シ)$$

また，題意より，P は ∠CAB の二等分線上にあるから

$$\angle\mathrm{PAB}=\frac{1}{2}\angle\mathrm{CAB}$$

よって

$$\tan^2\angle\mathrm{PAB}=\tan^2\frac{1}{2}\angle\mathrm{CAB}=\frac{\sin^2\frac{1}{2}\angle\mathrm{CAB}}{\cos^2\frac{1}{2}\angle\mathrm{CAB}}=\frac{\frac{1-\cos\angle\mathrm{CAB}}{2}}{\frac{1+\cos\angle\mathrm{CAB}}{2}}$$

$$=\frac{1-\cos\angle\mathrm{CAB}}{1+\cos\angle\mathrm{CAB}}=\frac{1-\frac{3}{5}}{1+\frac{3}{5}}=\frac{\frac{2}{5}}{\frac{8}{5}}=\frac{2}{8}=\frac{1}{4}$$

∠CAB は三角形の内角だから，③より，∠CAB は鋭角である。

よって，∠PAB も鋭角であるから　　tan∠PAB>0

したがって　　$\tan\angle\mathrm{PAB}=\dfrac{1}{2}$　……④　(→ス，セ)

さらに Q は辺 AB 上にあり，R は辺 BC 上にあるから，PQ が最大値をとるのは，Q が B と一致するときである。

よって，PQ の最大値は図 1 の △APB(Q) に注目して

$$\mathrm{PQ}=\mathrm{AB}\tan\angle\mathrm{PAB}$$
$$=3\cdot\frac{1}{2}=\frac{3}{2}\quad\cdots\cdots⑤$$

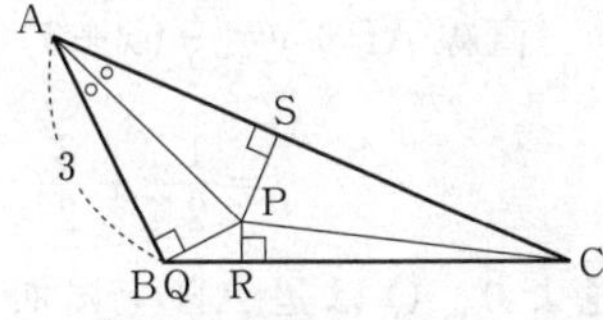

図 1：PQ が最大値をとるときの PQ の位置

PQ が最小値をとるのは，R が B と一致するときである。

図 2 より

$$\angle\mathrm{PBA}=\angle\mathrm{ABC}-\angle\mathrm{PRC}$$
$$=\angle\mathrm{ABC}-\frac{\pi}{2}$$

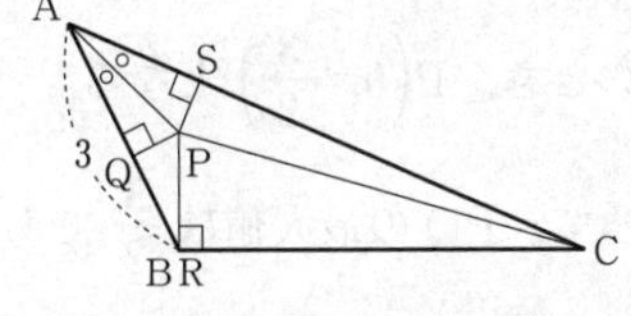

図 2：PQ が最小値をとるときの PQ の位置

$$\tan\angle\mathrm{PBA}=\tan\left(\angle\mathrm{ABC}-\frac{\pi}{2}\right)$$
$$=\tan\left\{-\left(\frac{\pi}{2}-\angle\mathrm{ABC}\right)\right\}$$
$$=-\tan\left(\frac{\pi}{2}-\angle\mathrm{ABC}\right)=-\frac{1}{\tan\angle\mathrm{ABC}}=\frac{1}{2}$$

よって，④より $\tan\angle\mathrm{PAB}=\tan\angle\mathrm{PBA}=\dfrac{1}{2}$ なので，∠PAB=∠PBA である。

したがって，△PAB は ∠PAB=∠PBA の二等辺三角形であり，

PQ⊥AB であるから，$\mathrm{AQ}=\mathrm{BQ}=\dfrac{3}{2}$ となる。

以上より，PQ の最小値は

$$\mathrm{PQ}=\mathrm{AQ}\tan\angle\mathrm{PAB}$$
$$=\frac{3}{2}\cdot\frac{1}{2}=\frac{3}{4}\quad\cdots\cdots⑥$$

PQ の取り得る値の範囲は，⑤，⑥より

$\frac{3}{4} \leqq \mathrm{PQ} \leqq \frac{3}{2}$　(→ソ～ツ)

別解　B(0, 0), A(−3, 0) となるように座標軸を定めると，右図のようになる。

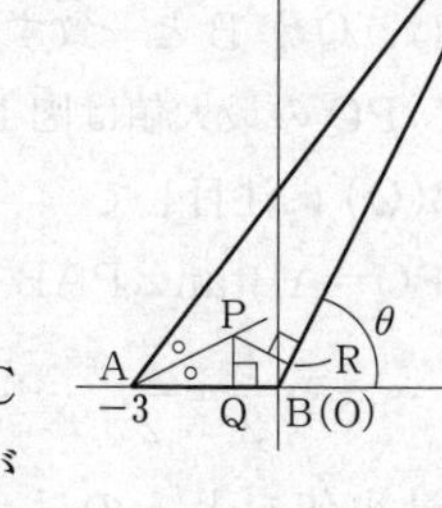

④より，$\tan\angle \mathrm{PAB}=\frac{1}{2}$ であるから

直線AP：$y=\frac{1}{2}(x+3)$

$=\frac{1}{2}x+\frac{3}{2}$

題意より，Q は辺 AB 上にあり，R は辺 BC 上にあるから，PQ が最大値をとるのは，Q が B と一致するときである。

このとき，$\mathrm{P}\left(0,\ \frac{3}{2}\right)$ となる。

よって，PQ の最大値は $\frac{3}{2}$ である。

次に，PQ が最小値をとるのは，R が B と一致するときである。

ここで，直線BC と x 軸の正の向きとのなす角を θ とおくと

$\theta=\pi-\angle \mathrm{ABC}$

よって

$\tan\theta=\tan(\pi-\angle \mathrm{ABC})=-\tan\angle \mathrm{ABC}=-\tan B=2$

ゆえに，直線BC の傾きは $\tan\theta$ だから，直線BC の方程式は

$y=2x$

また，$\angle \mathrm{PRC}=\frac{\pi}{2}$ かつ R=B だから，直線PR の方程式は

$y=-\frac{1}{2}x$

と表せる。

よって，$y=\frac{1}{2}x+\frac{3}{2}$ と $y=-\frac{1}{2}x$ の交点が P であるから，連立方程式

$$\begin{cases} y=\frac{1}{2}x+\frac{3}{2} \\ y=-\frac{1}{2}x \end{cases}$$ を解くと

$$x=-\frac{3}{2},\ y=\frac{3}{4}$$

ゆえに　　$\mathrm{P}\left(-\frac{3}{2},\ \frac{3}{4}\right)$

図より，$\mathrm{Q}\left(-\frac{3}{2},\ 0\right)$ であるから　　$\mathrm{PQ}=\frac{3}{4}$

以上より，PQ の取り得る値の範囲は

$$\frac{3}{4}\leqq \mathrm{PQ}\leqq\frac{3}{2}$$

(4)　P は ∠CAB の二等分線上にあるから，P から AB，AC までの距離は等しい。

よって　　PQ＝PS

$\mathrm{PQ}=\mathrm{PS}=x$ とおくと，(2)の②より

$$x+2\sqrt{5}\,\mathrm{PR}+5x=12$$

よって　　$\mathrm{PR}=\frac{12-6x}{2\sqrt{5}}=\frac{6-3x}{\sqrt{5}}$

$f(x)=\mathrm{PQ}\cdot\mathrm{PR}\cdot\mathrm{PS}$ とおくと

$$f(x)=x\cdot\frac{6-3x}{\sqrt{5}}\cdot x=\frac{3}{\sqrt{5}}(-x^3+2x^2)=\frac{3\sqrt{5}}{5}(-x^3+2x^2)$$

となる。

ただし，(3)より　　$\frac{3}{4}\leqq x\leqq\frac{3}{2}$

ゆえに，$\frac{3}{4}\leqq x\leqq\frac{3}{2}$ における $f(x)$ の最大値と最小値を求めればよい。

$$f'(x)=\frac{3\sqrt{5}}{5}(-3x^2+4x)=-\frac{3\sqrt{5}}{5}x(3x-4)$$

$f'(x)=0$ とすると　　$x=0,\ \frac{4}{3}$

$\frac{3}{4}\leqq x\leqq\frac{3}{2}$ における $f(x)$ の増減表は右のようになる。

x	$\frac{3}{4}$	…	$\frac{4}{3}$	…	$\frac{3}{2}$
$f'(x)$		＋	0	−	
$f(x)$		↗	極大	↘	

よって，最大値は

$$f\left(\frac{4}{3}\right)=\frac{3\sqrt{5}}{5}\left\{-\left(\frac{4}{3}\right)^3+2\left(\frac{4}{3}\right)^2\right\}$$

$$=\frac{32\sqrt{5}}{45}\quad (\to テ\sim ニ)$$

また

$$f\left(\frac{3}{4}\right)=\frac{3\sqrt{5}}{5}\left\{-\left(\frac{3}{4}\right)^3+2\left(\frac{3}{4}\right)^2\right\}=\frac{27\sqrt{5}}{64}$$

$$f\left(\frac{3}{2}\right)=\frac{3\sqrt{5}}{5}\left\{-\left(\frac{3}{2}\right)^3+2\left(\frac{3}{2}\right)^2\right\}=\frac{27\sqrt{5}}{40}$$

これより　$f\left(\frac{3}{4}\right)<f\left(\frac{3}{2}\right)$

したがって，最小値は　$f\left(\frac{3}{4}\right)=\frac{27\sqrt{5}}{64}$　(→ヌ～ハ)

物理

1 解答

(a) 1－オ　2－カ　3－エ　4－オ　5－ウ
(b) 6－エ　7－ウ　8－イ　9－カ　10－カ　11－エ

◀解　説▶

≪ばねでつながれた２物体の運動，斜方投射と衝突≫

(a) 1．小物体Ｂが静止しているとき，ばねの自然長からの伸びを y_0 とすると，小物体Ｂにはたらく力のつり合いより

$$ky_0=mg \qquad \therefore \quad y_0=\frac{mg}{k}$$

小物体Ｂの y 座標は

$$L+y_0=L+\frac{mg}{k}$$

2．小物体Ａ，Ｂの y 座標がそれぞれ y_A，y_B であるとき，ばねの長さは

$$y_B-y_A$$

となるので，自然長 L からの伸びは

$$y_B-y_A-L$$

3．小物体Ａ，Ｂの運動方程式は

$$\text{A}: ma_A=mg+k(y_B-y_A-L) \quad \cdots\cdots①$$

$$\text{B}: ma_B=mg-k(y_B-y_A-L) \quad \cdots\cdots②$$

２式を足すと

$$m(a_A+a_B)=2mg \qquad \therefore \quad \frac{1}{2}(a_A+a_B)=g \quad \cdots\cdots③$$

4．①式より　$a_A=g+\dfrac{k}{m}(y_B-y_A-L)$

②式より　$a_B=g-\dfrac{k}{m}(y_B-y_A-L)$

これより

$$a_B-a_A=\left\{g-\frac{k}{m}(y_B-y_A-L)\right\}-\left\{g+\frac{k}{m}(y_B-y_A-L)\right\}$$

$$=-\frac{2k}{m}(y_B-y_A-L) \quad \cdots\cdots④$$

5．小物体Aを放した直後では，$y_A=0$，$y_B=L+\dfrac{mg}{k}$ であるから，④式より

$$a_B-a_A=-\frac{2k}{m}\left(L+\frac{mg}{k}-0-L\right)=-2g$$

これと③式を連立すると，$a_A=2g$，$a_B=0$ となるので，Aは鉛直下向きに加速するが，Bの加速度は0であることがわかる。

(b) 6．小球Aの x 軸方向の運動は正の向きに速さ $\dfrac{1}{\sqrt{2}}v_0$ の等速直線運動なので，小球AとBが衝突する時刻を t_1 とすると

$$t_1=\frac{a}{\frac{1}{\sqrt{2}}v_0}=\sqrt{2}\frac{a}{v_0}$$

7．この間，小球Bは $y=a$ からの自由落下を行うので，衝突時の y 座標を y_1 とすると

$$y_1=a-\frac{1}{2}g{t_1}^2=a-\frac{ga^2}{{v_0}^2}\quad\cdots\cdots⑤$$

8．衝突後の小球A，Bの速度の x 成分を v_x とすると，x 軸方向の運動量保存則より

$$(m+m)v_x=m\left(\frac{1}{\sqrt{2}}v_0\right)+m\cdot 0\qquad\therefore\quad v_x=\frac{\sqrt{2}}{4}v_0$$

9．衝突直前における小球A，Bの速度の y 成分をそれぞれ v_{Ay}，v_{By} とすると

$$v_{Ay}=\frac{1}{\sqrt{2}}v_0-gt_1$$

$$v_{By}=-gt_1$$

と表せるので，y 軸方向の運動量保存則より

$$(m+m)\cdot 0=mv_{Ay}+mv_{By}$$

$$0=m\left(\frac{1}{\sqrt{2}}v_0-gt_1\right)+m(-gt_1)$$

$$\frac{1}{\sqrt{2}}v_0=2g\left(\sqrt{2}\frac{a}{v_0}\right)\qquad\therefore\quad v_0=2\sqrt{ga}\quad\cdots\cdots⑥$$

10．⑥式を⑤式に代入すると

$$y_1=a-\frac{ga^2}{(2\sqrt{ga})^2}=\frac{3}{4}a$$

小球AとBの衝突直後からx軸上の点Tに達するまでの時間をt_2とすると，自由落下の式より

$$\frac{3}{4}a=\frac{1}{2}gt_2{}^2 \qquad \therefore \quad t_2=\sqrt{\frac{3a}{2g}}$$

よって，求める時刻は

$$t_1+t_2=\sqrt{2}\,\frac{a}{v_0}+\sqrt{\frac{3a}{2g}}=\left(\frac{\sqrt{2}+\sqrt{6}}{2}\right)\sqrt{\frac{a}{g}}$$

11. 点Tのx座標をx_{T}とすると

$$x_{\mathrm{T}}=a+v_xt_2=a+\frac{\sqrt{2}}{4}v_0\sqrt{\frac{3a}{2g}}=\left(1+\frac{\sqrt{3}}{2}\right)a$$

2 解答

(a) 1－オ　2－ア　3－エ　4－エ　5－ア　6－オ

(b) 7－イ　8－エ　9－イ　10－エ　11－ウ

◀解　説▶

≪気体の状態変化，凸レンズによる像≫

(a) 1．気体Aがピストンを押す力は(圧力)×(断面積)より

$$\frac{5}{4}p_0S$$

2．図2－2におけるピストンにはたらく力のつり合いより

$$\frac{5}{4}p_0S=k\left(\frac{4}{3}l_0-l_0\right)+p_0S \qquad \therefore \quad k=\frac{3p_0S}{4l_0}$$

3．図2－2における気体Aの体積は　$S\times\frac{4}{3}l_0=\frac{4}{3}Sl_0$

4．図2－2における気体Aの絶対温度をT_{A}とすると，ボイル・シャルルの法則より

$$\frac{\frac{5}{4}p_0\left(\frac{4}{3}Sl_0\right)}{T_{\mathrm{A}}}=\frac{p_0Sl_0}{T_0} \qquad \therefore \quad T_{\mathrm{A}}=\frac{5}{3}T_0$$

5．気体Aがピストンにした仕事をWとすると

$$W=\frac{1}{2}\left(p_0+\frac{5}{4}p_0\right)\left(\frac{4}{3}Sl_0-Sl_0\right)=\frac{3}{8}p_0Sl_0$$

6．気体Aの内部エネルギー変化を $\varDelta U$ とすると

$$\varDelta U=\frac{3}{2}\left\{\frac{5}{4}p_0\left(\frac{4}{3}Sl_0\right)-p_0Sl_0\right\}=p_0Sl_0$$

気体Aが吸収した熱量を Q とすると，熱力学第一法則より

$$Q=\varDelta U+W=p_0Sl_0+\frac{3}{8}p_0Sl_0=\frac{11}{8}p_0Sl_0$$

(b) 7．凸レンズによる実像は物体ABと向きが逆の倒立像である。

8．凸レンズが点Cにあるときに倍率は $\dfrac{b}{a}$ 倍であるから，像の大きさは

$$\frac{b}{a}h\text{〔cm〕}$$

9．凸レンズが点Cにあるとき

$$\frac{b}{a}h=18.0\text{〔cm〕}\quad\cdots\cdots①$$

凸レンズが点Dにあるとき

$$\frac{a}{b}h=2.0\text{〔cm〕}\quad\cdots\cdots②$$

①式と②式を辺々かけると

$$h^2=36.0\text{〔cm}^2\text{〕}\qquad\therefore\quad h=6.0\text{〔cm〕}$$

10．9の結果を①式もしくは②式に代入すると

$$b=3a\quad\cdots\cdots③$$

図2－3より

$$a+b=80\text{〔cm〕}\quad\cdots\cdots④$$

であるから，③式と④式より

$$a=20\text{〔cm〕},\ b=60\text{〔cm〕}$$

11．凸レンズの焦点距離を f〔cm〕とすると，結像公式より

$$\frac{1}{a}+\frac{1}{b}=\frac{1}{f}$$

$$\frac{1}{20}+\frac{1}{60}=\frac{1}{f}\qquad\therefore\quad f=15\text{〔cm〕}$$

3 解答

(a)(1)―オ　(2)―ウ　(3)―ウ　(4)―ウ　(5)―オ　(6)―ア
(7)―エ

(b)(8)ーア　(9)ーイ　(10)ーア　(11)ーカ

◀解　説▶

≪直流回路，帯電した小球の力のつり合い≫

(a)(1)　抵抗 R_1 にかかる電圧の大きさを V_1〔V〕とすると，電源 E_1 の電圧と等しいので

$$V_1=240.0〔V〕$$

抵抗 R_2 にかかる電圧の大きさを V_2〔V〕とすると

$$V_2=\frac{10.0}{10.0+50.0}\cdot 240.0=40.0〔V〕$$

よって

$$\frac{V_1}{V_2}=\frac{240.0}{40.0}=6.00\text{ 倍}$$

(2)　抵抗 R_3 にかかる電圧の大きさを V_3〔V〕とすると

$$V_3=\frac{50.0}{10.0+50.0}\cdot 240.0=200.0〔V〕$$

点 P の電位を V_P〔V〕とすると

$$V_P=-60.0+200.0=140.0〔V〕$$

(3)　抵抗 R_3 を流れる電流の大きさを I_3〔A〕とすると

$$I_3=\frac{240.0}{10.0+50.0}=4.00〔A〕$$

(4)　抵抗 R_4 に流れる電流の大きさを I_4〔A〕とすると，キルヒホッフの第二法則より

$$I_4=\frac{300.0-240.0+60.0}{20.0}=6.00〔A〕$$

抵抗 R_4 で 5 分間に発生する熱量は

$$20.0\times(6.00)^2\times 5\times 60=2.16\times 10^5〔J〕$$

(5)　抵抗 R_1，R_2，R_3 の合成抵抗を R_{123}〔Ω〕とすると

$$R_{123}=\frac{40.0\times(10.0+50.0)}{40.0+(10.0+50.0)}=24.0〔Ω〕$$

であるから，回路全体で消費される電力を P〔W〕とすると

$$P=\frac{(240.0)^2}{24.0}+\frac{(300.0-240.0+60.0)^2}{20.0}$$

$$=3.12\times 10^3〔W〕$$

(6)　抵抗 R_2，R_3 を流れる電流の大きさを I_{23}〔A〕とすると

$$I_{23}=\frac{240.0}{10.0+50.0}=4.00\text{〔A〕}$$

点 a から点 b に流れる電流を i〔A〕とすると，点 b におけるキルヒホッフの第一法則より

$$I_4+i=I_{23} \qquad \therefore \quad i=-2.00\text{〔A〕}$$

(7)　抵抗 R〔Ω〕にかかる電圧を V〔V〕とすると，この抵抗で消費される電力は，$\dfrac{V^2}{R}$〔W〕と表せる。よって，電圧が $2V$〔V〕になると消費電力は $\dfrac{(2V)^2}{R}=\dfrac{4V^2}{R}$〔W〕となるので，4.00 倍に変化する。

(b)(8)　小球 A と B を結ぶ糸の張力の大きさを T とすると，B にはたらく力のつり合いより

$$T+k\frac{2q\times|-q|}{l^2}=mg \qquad \therefore \quad T=mg-\frac{2kq^2}{l^2}$$

(9)　点 O の電位 V_0 は

$$V_0=k\frac{2q}{2l}+k\frac{(-q)}{2l+l}=\frac{2kq}{3l}$$

(10)　小球 A と B を結ぶ糸がたるむとき張力の大きさは 0 になるので，小球 B にはたらく力のつり合いより

$$k\frac{2q\times|-q|}{l^2}+|-q|E_1=mg \qquad \therefore \quad E_1=\frac{mg}{q}-\frac{2kq}{l^2}$$

(11)　点 O と小球 A を結ぶ糸がたるむとき張力の大きさは 0 となるので，小球 A と B を結ぶ糸の張力の大きさを T' とすると，力のつり合いより

$$\text{A}：2qE_2=3mg+k\frac{2q\times|-q|}{l^2}+T'$$

$$\text{B}：mg+|-q|E_2=k\frac{2q\times|-q|}{l^2}+T'$$

2 式を整理すると

$$E_2=\frac{4mg}{q}$$

化学

1 解答

問(1)(1)―(エ)　(2)―(ウ)　(3)―(カ)　(4)―(イ)　(5)―(キ)
問(2)(1)―(エ)　(2)―(ア)　(3)―(キ)　(4)―(ウ)

◀解　説▶

≪元素の性質と周期表，化学結合≫

問(1)(1)　金属元素は，第 2 周期の 1，2 族，第 3 周期の 1 ～13 族，第 4 周期の 1 ～14 族，…と周期表上で階段状に右に増えていく。非金属元素を 1 つだけ含むのは(エ)で，Si が非金属元素である。

(2)　単体が常温で気体となる元素は水素 H，窒素 N，酸素 O，フッ素 F，塩素 Cl と貴ガスのみである。したがって，(ウ)が該当する。臭素 Br_2 は常温で液体である。

(3)　安定な単原子イオンとなれるのは，金属元素（主に 1，2 族，Al），および 16，17 族の元素である。ネオンと同じ電子配置となるのは原子番号がネオンの前後の O，F，Na，Mg，Al で，該当するのは(カ)となり，Br が除外される。

(4)　M 殻は，最大で 18 個の電子を収容することができる。第 3 周期の 1 族から 18 族で 8 個まで埋まり，第 4 周期の 3 族から 11 族（遷移元素）で残り 10 個が充塡される。典型元素であるのは第 3 周期の 8 つの元素と K，Ca の 2 つの元素である。よって，該当するのは(イ)であり，Ne のみ M 殻に電子をもたない。

(5)　基本的に非金属元素は貴ガス以外は安定な水素化合物をつくる。該当するのは(キ)で，CH_4 のみ非共有電子対をもたない。

問(2)(ア)　単結合は原子価 1 の水素か 17 族元素との結合となるので，二硫化炭素を除いた(2)の分子群が該当する。

(イ)　二重結合は原子価 2 以上の 16 族の O，15 族の N，14 族の C のつくる =O，=N−，=C= の結合となり，3 分子が該当する分子群はない。

(ウ)　三重結合は原子価 3 以上の 15 族の N，14 族の C のつくる N≡，−C≡ の結合で，(4)の分子群がエチレンを除き，該当する。

(エ)　非共有電子対の数と共有電子対の数が同じになるのは，16 族の O，S

との結合で，(1)の分子群が窒素を除き，該当する。

(オ)　第2周期の非金属元素C，N，O，Fによって構成される分子であるが，該当する分子群はない。

(カ)　第3周期のSi，P，S，Clによって構成されるが，該当する分子群はない。

(キ)　化合物で，結合の極性が打ち消される二酸化炭素型やメタン型・エチレン型などの分子や，単体を除く分子群で，(3)の分子群が二酸化炭素を除き，該当する。

2 解答

問(1)―(オ)　問(2)―(エ)　問(3)―(カ)　問(4)―(カ)　問(5)―(オ)
問(6)―(イ)　問(7)―(ア)

◀解　説▶

≪小問集合≫

問(1)　水上置換すると捕集気体と水蒸気との混合気体となる。水素の体積をx〔mL〕とすると

$$\frac{(1.00-0.036)\times10^5\times300}{27+273}=\frac{4.82\times10^4\times x}{127+273}\qquad x=800\text{〔mL〕}$$

問(2)　酸化還元滴定では，酸化剤が奪う電子の物質量と還元剤が放出する電子の物質量が等しくなったときが終点となる。

$$H_2C_2O_4 \longrightarrow 2CO_2+2H^++\underline{2}e^-$$

$$Cr_2O_7{}^{2-}+14H^++\underline{6}e^- \longrightarrow 2Cr^{3+}+7H_2O$$

求めるシュウ酸二水和物の質量は

$$\frac{x}{126}\times\frac{15}{50}\times2=0.050\times\frac{10}{1000}\times6\qquad x=0.63\text{〔g〕}$$

問(3)　青色の光を発するのは光化学反応で有名なルミノール反応である。選択肢(ア)のアニリンは染料や医薬品の原料とされる芳香族アミンである。(イ)のアリザリンは茜の主要色素である。(ウ)のインジゴは藍染の色素である。(エ)のフェノールフタレインは中和滴定における指示薬での利用が有名である。(オ)のメチルオレンジも中和滴定の指示薬である。

問(4)　凝固点降下において，凝固点降下度の大きいものほど，凝固点は低くなる。また，降下度に比例する質量モル濃度は溶質粒子の総物質量で考える。

問(5)　正塩の液性は元の酸・塩基の強弱の組み合わせで，強い方の性質が現れる。塩基性を示す塩は弱酸と強塩基の中和による塩なので(a)と(c)である。

問(6)(a)　無色のヨウ化カリウム水溶液が酸化によってヨウ素となり，ヨウ素ヨウ化カリウム水溶液となってI_3^-を含む褐色溶液となる。よって，正しい。

(b)　銅と濃硝酸の反応は次のとおり。

$$Cu+4HNO_3 \longrightarrow Cu(NO_3)_2+2NO_2+2H_2O$$

この反応で褐色のNO_2が発生する。よって，誤り。

(c)　不動態となる金属には，ニッケル，アルミニウム，クロム，鉄などがある。よって，正しい。

問(7)(ア)　メタンの結合角は約109°，水は約104°である。よって，誤り。

3　解答

問(1)―(イ)　問(2)―(ア)　問(3)―(カ)　問(4)―(オ)　問(5)―(ア)
問(6)―(イ)　問(7)―(エ)

◀解　説▶

≪反応速度と化学平衡≫

問(1)　実験2では4.00L中で，0.320mol生成しているから

$$v=\frac{0.320}{4.00\times 2}=0.0400\,[\mathrm{mol/(L\cdot s)}]$$

問(2)　実験1ではH_2，I_2はそれぞれ0.320mol減少する。反応開始後の2秒間のH_2とI_2の物質量の平均をとるとそれぞれ3.20mol，1.20molとなり，HIの平均の生成速度は0.0800mol/(L･s)となる。

同様に実験2ではそれぞれ，1.60mol，1.20mol，0.0400mol/(L･s)となり，実験3では3.20mol，2.40mol，0.160mol/(L･s)となる。

実験1と2ではH_2の物質量が2倍となり，速度も2倍。実験1と3ではI_2の物質量が2倍となり，速度も2倍。よって，それぞれの濃度の1乗に比例している。

問(3)　$v=k[H_2][I_2]$ に $v=0.0800$，$[H_2]=\frac{3.20}{4}=0.800$，$[I_2]=\frac{1.20}{4}=0.300$ を代入しkを求める。

$$k=\frac{v}{[H_2][I_2]}=\frac{0.0800}{0.800\times0.300}=\frac{1}{3}\fallingdotseq 3.33\times10^{-1}\text{〔L/(mol·s)〕}$$

問(4)　問(3)の反応速度定数に各濃度を乗じる。

$$v=\frac{1}{3}\times0.300\times0.200=2.00\times10^{-2}\text{〔mol/(L·s)〕}$$

問(5)　H_2 が x〔mol〕生じるとすると，化学平衡の法則から濃度平衡定数は

$K_c=\dfrac{[H_2][I_2]}{[HI]^2}$ で，平衡時のそれぞれの物質量は，下表の通りである。

	$2HI$	$\longrightarrow$ H_2	+ I_2	
反応前	0.500	0	0	〔mol〕
変化量	$-2x$	$+x$	$+x$	〔mol〕
平衡時	$0.500-2x$	x	x	〔mol〕

HI が $(0.500-2x)$〔mol〕，H_2 が x〔mol〕，I_2 も x〔mol〕となるので

$$\frac{\left(\frac{x}{2.00}\right)^2}{\left(\frac{0.500-2x}{2.00}\right)^2}=\frac{1}{16}\qquad x=0.0833\fallingdotseq 0.083$$

問(6)　生成物の結合エネルギーの総和－反応物の結合エネルギーの総和＝反応熱となるから

$$x-(436+153)\times\frac{1}{2}=4.50\qquad x=299\text{〔kJ/mol〕}$$

問(7)　逆反応の活性化エネルギーは，正反応の活性化エネルギーに反応熱を加えた値となる。

逆反応の活性化エネルギー（触媒あり）$=E_a'+Q$

$=49+4.50\times2$

$=58$〔kJ/mol〕

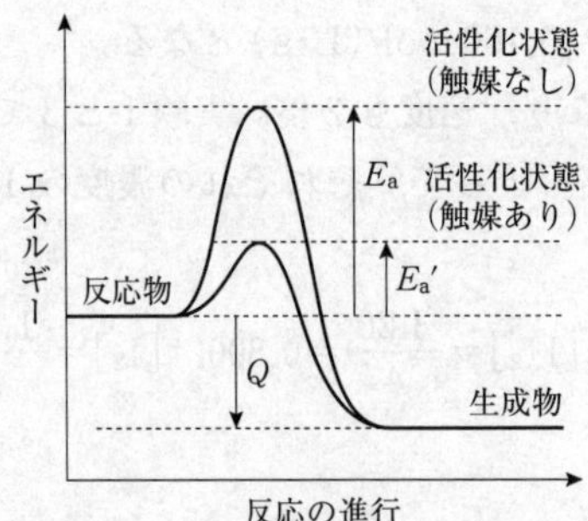

E_a：触媒がないときの活性化エネルギー
E_a'：触媒があるときの活性化エネルギー
Q：反応熱

4 解答

(1)―(ソ)　(2)―(ス)　(3)―(オ)　(4)―(サ)　(5)―(セ)　(6)―(カ)
(7)―(イ)

◀解　説▶

≪金属イオンの沈殿反応≫

(1)　水酸化物が水に不溶でアンモニアと錯イオンをつくり再溶解する金属イオンは Cu^{2+}，Zn^{2+}，Ag^{+} の3種類である。

(2)　少量の水酸化ナトリウムにより沈殿するのは Cu^{2+}，Ag^{+}，Pb^{2+}，Sn^{2+}，Zn^{2+}，Al^{3+}，Fe^{2+}，Fe^{3+} の8種類。このうち両性水酸化物となる金属イオンは Pb^{2+}，Sn^{2+}，Zn^{2+}，Al^{3+} の4種類で，残りの Cu^{2+}，Ag^{+}，Fe^{2+}，Fe^{3+} が該当する。

(3)　希塩酸により生じる沈殿は塩化物イオンによるもので，Pb^{2+} や Ag^{+} などに特有のものである。

(4)　硫酸イオンによる沈殿はアルカリ土類金属と Pb^{2+} である。

(5)　酸性条件下で硫化物イオンと沈殿をつくる金属イオンは，イオン化列の Pb（あるいは Sn）から右のものと覚えるとよい。

(6)　硫化物で白色沈殿となるのは Zn^{2+} である。

(7)　黄緑色の炎色は Ba。他に，教科書に出てくる Li 赤，Na 黄，K 赤紫，Cu 青緑，Ca 橙赤，Sr 紅も押さえておきたい。

5 解答

(1)―(ケ)　(2)―(エ)　(3)―(イ)　(4)―(ウ)　(5)―(コ)　(6)―(シ)
(7)―(キ)　(8)―(ア)　(9)―(ク)

◀解　説▶

≪ベンゼンの誘導体≫

(1)　混酸，すなわち濃硫酸と濃硝酸の混合物で，ニトロ化に用いられる。

(2)　Fe，HCl は還元剤となる。Fe のかわりに Sn も用いられる。ニトロ基は還元されてアミノ基になる。NaOH は弱塩基遊離のための強塩基。

(3)　無水酢酸はアセチル化に用いられる。

(4)　プロペンはクメン法に用いられる。ベンゼンを付加させてクメンとし，酸化によりクメンヒドロペルオキシドとする。これが，アセトンとフェノールに分解する。

(5)　図の他経路からも誘導されているので，こちらがフェノールである。

(6)　ベンゼンに濃硫酸のみを作用させるとスルホン化が起きる。

(7)　ベンゼンスルホン酸をアルカリ融解させるとナトリウムフェノキシドとなる。これに，高温高圧下で二酸化炭素を作用させるとサリチル酸ナトリウムを経て弱酸遊離でサリチル酸になる。

(8)　無水酢酸はサリチル酸のヒドロキシ基と酢酸エステル化（アセチル化）してアセチルサリチル酸となる。エステルの名称は一般にカルボン酸名を先に示し，後にアルコール・フェノール類名を並べることを知っておくと名前と構造が関連付けやすい。

(9)　メタノールはサリチル酸のカルボキシ基とエステル結合をつくる。濃硫酸は脱水触媒としてはたらく。

生物

1

解答　問１．A－(オ)　B－(ウ)　C－(ア)
問２．(イ)
問３．(1)－(ア)　(2)－(ア)　(3)－(イ)
問４．(エ)　問５．(ア)

◀解　説▶

≪DNA研究の歴史，タンパク質合成≫

問２．(ア)誤り。DNAを構成するヌクレオチドの糖はデオキシリボースである。

(ウ)誤り。原核生物は核をもたない生物である。

(エ)誤り。体細胞分裂において間期はG1期（DNA合成準備期）・S期（DNA合成期）・G2期（分裂準備期）に分けられる。S期で２倍になったDNA量は分裂期の終期で２つの娘細胞にそれぞれ同量ずつ分配される。よって，G1期のDNA量と娘細胞のDNA量は同量である。

問３．(1)S型菌の抽出液にはDNAが含まれているため，抽出液をR型菌に混ぜると形質転換が起こる。

(2)形質転換を起こす物質はDNAであるため，タンパク質分解酵素で処理しても，形質転換が起こる。

(3)DNA分解酵素で処理をしているため，S型菌のDNAは分解されてしまい，形質転換は起こらない。

問４．(ア)誤り。エピトープ（抗原決定基）とは，抗原がもつ抗体と結合する部分のことである。原核生物において，関連する機能をもつ複数の遺伝子のひとかたまりをオペロンという。

(イ)誤り。mRNAの鋳型となる鎖をアンチセンス鎖，鋳型とならない鎖をセンス鎖という。

(ウ)誤り。ここで述べられているのは，翻訳ではなく転写に関する説明である。転写はRNAポリメラーゼが遺伝子の上流にあるプロモーターに結合することで開始される。

(オ)誤り。完成したmRNAに対応するDNAの領域はエキソンという。

問5．(イ)誤り。AAA（チロシン），UUU（フェニルアラニン），GGG（グリシン），CCC（プロリン）は，同じ塩基が3つ連続してアミノ酸を指定している。

(ウ)誤り。4種類の塩基で3つの塩基の組み合わせと3つの終止コドンを考えると$4^3-3=61$通りのコドンで20種類のアミノ酸を指定している。よって，1つのアミノ酸に対応するコドンが複数存在しているが，1つのコドンが2種類以上のアミノ酸を指定することはない。

(エ)誤り。終止コドンはアミノ酸を指定していない。

2 解答

問1．A—(エ)　B—(カ)　C—(キ)　D—(コ)　E—(ケ)
問2．(キ)
問3．植物X：(イ)　植物Y：(ア)
問4．条件3：(ウ)　条件4：(ウ)　条件5：(イ)

◀解　説▶

≪植物の発芽と光，花芽形成と日長条件≫

問2．ジベレリンは有胚乳種子の発芽を促進する植物ホルモンである。

問3．花芽形成と日長条件については，明期ではなく「連続する暗期」に着目する。長日植物は暗期が限界暗期よりも短いと花芽を形成する植物であり，短日植物は暗期が限界暗期よりも長いと花芽を形成する植物である。問題文から植物X・Yともに限界暗期は8時間よりも長く，16時間よりも短いと考えられる。

植物X：暗期16時間（条件1）では花芽形成する／暗期8時間（条件2）では花芽形成しない→限界暗期よりも長い暗期の場合に花芽形成するため，短日植物と考えられる。

植物Y：暗期16時間（条件1）では花芽形成しない／暗期8時間（条件2）では花芽形成する→限界暗期よりも短い暗期の場合に花芽形成するため，長日植物と考えられる。

問4．問3より，植物X・Yの限界暗期は8時間から16時間であり，植物Xは短日植物，植物Yは長日植物である。

条件3：暗期は4時間である。植物X・Yの限界暗期よりも短い暗期であるため，長日植物の植物Yのみ花芽形成が誘導される。

条件4：暗期の合計は16時間であるが，途中4時間の明期が挟まれている（光中断）。そのため，連続した暗期は8時間となる。植物X・Yの限界暗期よりも短い暗期であるため，長日植物の植物Yのみ花芽形成が誘導される。
条件5：暗期は20時間である。植物X・Yの限界暗期よりも長い暗期であるため，短日植物である植物Xのみ花芽形成が誘導される。

3 解答

問1．(イ)　問2．(エ)
問3．A－(イ)　B－(オ)　C－(ク)
問4．D－(エ)　E－(イ)　問5．(ア)

◀解　説▶

≪栄養段階とエネルギーの流れ，エネルギー効率≫

問1．(イ)「高齢林になっても減少しない」が誤り。純生産量は総生産量から呼吸量を引いた量である。森林の遷移が進むにつれて純生産量は増加していくが，30年ほどでピークを迎える。その後，純生産量は減少していき，極相に達するころには0に近づく。これは総生産量と呼吸量がほぼ同じくらいの値になるためである。
問2．現存量とは「最初の現存量＋成長量」で表される。(ア)は総生産量，(イ)は純生産量を表している。
問3．A．成長量＝純生産量－(被食量＋枯死量)で表すことができる。
よって　　400－(60＋10)＝330
B．消費者の場合，枯死量が死滅量に値するので，成長量は
　　42－(11＋1)＝30
C．被食量と死滅量が0であるため，成長量は6となる。
問4．エネルギー効率を求める式は以下の通りである。
　　エネルギー効率〔％〕

$$=\frac{\text{その栄養段階の同化量}}{\text{1つ前の栄養段階の同化量(または総生産量)}}\times 100$$

D．エネルギー効率〔％〕$=\frac{60}{500}\times 100=12$〔％〕

E．エネルギー効率〔％〕$=\frac{11}{60}\times 100=18.333\cdots\fallingdotseq 18$〔％〕

問5．問4のDとEより，栄養段階が上がるほど，エネルギー効率は大き

くなることがわかる。

4　解答　問１．㈤
問２．⑴―㈠　⑵―㈠　⑶―㈠　⑷―㈠

問３．㈤　問４．⑴―㈠　⑵―㈠　⑶―㈠　問５．㈤

◀解　説▶

≪酵素の性質，呼吸，呼吸基質≫

問１．呼吸はミトコンドリアが中心となって行われている。呼吸の反応として，細胞質基質で行われる解糖系，ミトコンドリアのマトリックスで行われるクエン酸回路，ミトコンドリアの内膜で行われる電子伝達系の３つの過程がある。

問２．⑴誤り。ペプシンは酸性の胃液中で働く酵素で，最適 pH は２である。

⑶誤り。リパーゼは脂肪を脂肪酸とモノグリセリドに加水分解する酵素である。デンプンをマルトースに分解する酵素はアミラーゼであり，マルトースをグルコースに分解する酵素はマルターゼである。

問３．㈠誤り。硫黄（S）どうしが結合するのはシステインである。側鎖の SH 基の水素がとれることにより起こる S どうしの結合は，ジスルフィド結合（S–S 結合）と呼ばれる。

㈠誤り。タンパク質を構成するアミノ酸は20種類である。そのうち，親水性アミノ酸は12種類である。

㈦誤り。アミノ酸どうしの結合は，ペプチド結合といい，一方のアミノ酸のアミノ基の H と，他方のアミノ酸のカルボキシ基の OH により，１分子の H_2O が外れてできる。

問４．⑴誤り。解糖系では１分子のグルコースから２分子のピルビン酸が生じる。

⑶誤り。チラコイドは葉緑体の構造である。H^+ はミトコンドリアの内膜にある ATP 合成酵素を通ってマトリックスへと拡散する。

問５．㈤誤り。尿の生成・排出は腎臓で行われる。副腎は髄質からアドレナリン，皮質から糖質コルチコイドと鉱質コルチコイドを分泌する。

問3　②

問4　④

問5　③

問6　④

問7　④

問8　ただ「征服さるべきもの」、そこにおいて法則の見いだされるべきもの

国語

1

出典　鷲田清一『じぶん・この不思議な存在』〈泳ぐ視線、のぞく視線、折れ曲がる視線、他人の顔、せまりくる顔〉（講談社現代新書）

解答

問1　④
問2　⑤
問3　⑤
問4　④
問5　①
問6　①
問7　X、表情の認知が定型的であるということ。（10文字～25文字）
Y、自分をまなざし、せまってくるものということ。（10文字～25文字）
問8　③・⑤

2

出典　和辻哲郎『風土』〈三〉（岩波書店）

解答

問1　⑤
問2　④

教学社 刊行一覧

2025年版 大学赤本シリーズ

国公立大学（都道府県順）

374大学556点
全都道府県を網羅

全国の書店で取り扱っています。店頭にない場合は，お取り寄せができます。

1 北海道大学（文系－前期日程）
2 北海道大学（理系－前期日程） 医
3 北海道大学（後期日程）
4 旭川医科大学（医学部〈医学科〉） 医
5 小樽商科大学
6 帯広畜産大学
7 北海道教育大学
8 室蘭工業大学／北見工業大学
9 釧路公立大学
10 公立千歳科学技術大学
11 公立はこだて未来大学 総推
12 札幌医科大学（医学部） 医
13 弘前大学 医
14 岩手大学
15 岩手県立大学・盛岡短期大学部・宮古短期大学部
16 東北大学（文系－前期日程）
17 東北大学（理系－前期日程） 医
18 東北大学（後期日程）
19 宮城教育大学
20 宮城大学
21 秋田大学 医
22 秋田県立大学
23 国際教養大学 総推
24 山形大学 医
25 福島大学
26 会津大学
27 福島県立医科大学（医・保健科学部） 医
28 茨城大学（文系）
29 茨城大学（理系）
30 筑波大学（推薦入試） 医 総推
31 筑波大学（文系－前期日程）
32 筑波大学（理系－前期日程） 医
33 筑波大学（後期日程）
34 宇都宮大学
35 群馬大学 医
36 群馬県立女子大学
37 高崎経済大学
38 前橋工科大学
39 埼玉大学（文系）
40 埼玉大学（理系）
41 千葉大学（文系－前期日程）
42 千葉大学（理系－前期日程） 医
43 千葉大学（後期日程） 医
44 東京大学（文科） DL
45 東京大学（理科） DL 医
46 お茶の水女子大学
47 電気通信大学
48 東京外国語大学 DL
49 東京海洋大学
50 東京科学大学（旧 東京工業大学）
51 東京科学大学（旧 東京医科歯科大学） 医
52 東京学芸大学
53 東京藝術大学
54 東京農工大学
55 一橋大学（前期日程）
56 一橋大学（後期日程）
57 東京都立大学（文系）
58 東京都立大学（理系）
59 横浜国立大学（文系）
60 横浜国立大学（理系）
61 横浜市立大学（国際教養・国際商・理・データサイエンス・医〈看護〉学部）
62 横浜市立大学（医学部〈医学科〉） 医
63 新潟大学（人文・教育〈文系〉・法・経済科・医〈看護〉・創生学部）
64 新潟大学（教育〈理系〉・理・医〈看護を除く〉・歯・工・農学部） 医
65 新潟県立大学
66 富山大学（文系）
67 富山大学（理系） 医
68 富山県立大学
69 金沢大学（文系）
70 金沢大学（理系） 医
71 福井大学（教育・医〈看護〉・工・国際地域学部）
72 福井大学（医学部〈医学科〉） 医
73 福井県立大学
74 山梨大学（教育・医〈看護〉・工・生命環境学部）
75 山梨大学（医学部〈医学科〉） 医
76 都留文科大学
77 信州大学（文系－前期日程）
78 信州大学（理系－前期日程） 医
79 信州大学（後期日程）
80 公立諏訪東京理科大学 総推
81 岐阜大学（前期日程） 医
82 岐阜大学（後期日程）
83 岐阜薬科大学
84 静岡大学（前期日程）
85 静岡大学（後期日程）
86 浜松医科大学（医学部〈医学科〉） 医
87 静岡県立大学
88 静岡文化芸術大学
89 名古屋大学（文系）
90 名古屋大学（理系） 医
91 愛知教育大学
92 名古屋工業大学
93 愛知県立大学
94 名古屋市立大学（経済・人文社会・芸術工・看護・総合生命理・データサイエンス学部）
95 名古屋市立大学（医学部〈医学科〉） 医
96 名古屋市立大学（薬学部）
97 三重大学（人文・教育・医〈看護〉学部）
98 三重大学（医〈医〉・工・生物資源学部） 医
99 滋賀大学
100 滋賀医科大学（医学部〈医学科〉） 医
101 滋賀県立大学
102 京都大学（文系）
103 京都大学（理系） 医
104 京都教育大学
105 京都工芸繊維大学
106 京都府立大学
107 京都府立医科大学（医学部〈医学科〉） 医
108 大阪大学（文系） DL
109 大阪大学（理系） 医
110 大阪教育大学
111 大阪公立大学（現代システム科学域〈文系〉・文・法・経済・商・看護・生活科〈居住環境・人間福祉〉学部－前期日程）
112 大阪公立大学（現代システム科学域〈理系〉・理・工・農・獣医・医・生活科〈食栄養〉学部－前期日程） 医
113 大阪公立大学（中期日程）
114 大阪公立大学（後期日程）
115 神戸大学（文系－前期日程）
116 神戸大学（理系－前期日程） 医
117 神戸大学（後期日程）
118 神戸市外国語大学 DL
119 兵庫県立大学（国際商経・社会情報科・看護学部）
120 兵庫県立大学（工・理・環境人間学部）
121 奈良教育大学／奈良県立大学
122 奈良女子大学
123 奈良県立医科大学（医学部〈医学科〉） 医
124 和歌山大学
125 和歌山県立医科大学（医・薬学部） 医
126 鳥取大学 医
127 公立鳥取環境大学
128 島根大学 医
129 岡山大学（文系）
130 岡山大学（理系） 医
131 岡山県立大学
132 広島大学（文系－前期日程）
133 広島大学（理系－前期日程） 医
134 広島大学（後期日程）
135 尾道市立大学 総推
136 県立広島大学
137 広島市立大学
138 福山市立大学 総推
139 山口大学（人文・教育〈文系〉・経済・医〈看護〉・国際総合科学部）
140 山口大学（教育〈理系〉・理・医〈看護を除く〉・工・農・共同獣医学部） 医
141 山陽小野田市立山口東京理科大学 総推
142 下関市立大学／山口県立大学
143 周南公立大学 新 総推
144 徳島大学 医
145 香川大学 医
146 愛媛大学 医
147 高知大学 医
148 高知工科大学
149 九州大学（文系－前期日程）
150 九州大学（理系－前期日程） 医
151 九州大学（後期日程）
152 九州工業大学
153 福岡教育大学
154 北九州市立大学
155 九州歯科大学
156 福岡県立大学／福岡女子大学
157 佐賀大学 医
158 長崎大学（多文化社会・教育〈文系〉・経済・医〈保健〉・環境科〈文系〉学部）
159 長崎大学（教育〈理系〉・医〈医〉・歯・薬・情報データ科・工・環境科〈理系〉・水産学部） 医
160 長崎県立大学 総推
161 熊本大学（文・教育・法・医〈看護〉学部・情報融合学環〈文系型〉）
162 熊本大学（理・医〈看護を除く〉・薬・工学部・情報融合学環〈理系型〉） 医
163 熊本県立大学
164 大分大学（教育・経済・医〈看護〉・理工・福祉健康科学部）
165 大分大学（医学部〈医・先進医療科学科〉） 医
166 宮崎大学（教育・医〈看護〉・工・農・地域資源創成学部）
167 宮崎大学（医学部〈医学科〉） 医
168 鹿児島大学（文系）
169 鹿児島大学（理系） 医
170 琉球大学 医

2025年版　大学赤本シリーズ

国公立大学 その他

171 〔国公立大〕医学部医学科 総合型選抜・学校推薦型選抜※ 医 総推
172 看護・医療系大学〈国公立 東日本〉※
173 看護・医療系大学〈国公立 中日本〉※
174 看護・医療系大学〈国公立 西日本〉※
175 海上保安大学校／気象大学校
176 航空保安大学校
177 国立看護大学校
178 防衛大学校 総推
179 防衛医科大学校（医学科） 医
180 防衛医科大学校（看護学科）

※No.171～174の収載大学は赤本ウェブサイト（http://akahon.net/）でご確認ください。

私立大学①

北海道の大学（50音順）

201 札幌大学
202 札幌学院大学
203 北星学園大学
204 北海学園大学
205 北海道医療大学
206 北海道科学大学
207 北海道武蔵女子大学・短期大学
208 酪農学園大学（獣医学群〈獣医学類〉）

東北の大学（50音順）

209 岩手医科大学（医・歯・薬学部） 医
210 仙台大学 総推
211 東北医科薬科大学（医・薬学部） 医
212 東北学院大学
213 東北工業大学
214 東北福祉大学
215 宮城学院女子大学 総推

関東の大学（50音順）

あ行（関東の大学）

216 青山学院大学（法・国際政治経済学部－個別学部日程）
217 青山学院大学（経済学部－個別学部日程）
218 青山学院大学（経営学部－個別学部日程）
219 青山学院大学（文・教育人間科学部－個別学部日程）
220 青山学院大学（総合文化政策・社会情報・地球社会共生・コミュニティ人間科学部－個別学部日程）
221 青山学院大学（理工学部－個別学部日程）
222 青山学院大学（全学部日程）
223 麻布大学（獣医、生命・環境科学部）
224 亜細亜大学
226 桜美林大学
227 大妻女子大学・短期大学部

か行（関東の大学）

228 学習院大学（法学部－コア試験）
229 学習院大学（経済学部－コア試験）
230 学習院大学（文学部－コア試験）
231 学習院大学（国際社会科学部－コア試験）
232 学習院大学（理学部－コア試験）
233 学習院女子大学
234 神奈川大学（給費生試験）
235 神奈川大学（一般入試）
236 神奈川工科大学
237 鎌倉女子大学・短期大学部
238 川村学園女子大学
239 神田外語大学
240 関東学院大学
241 北里大学（理学部）
242 北里大学（医学部） 医
243 北里大学（薬学部）
244 北里大学（看護・医療衛生学部）
245 北里大学（未来工・獣医・海洋生命科学部）
246 共立女子大学・短期大学
247 杏林大学（医学部） 医
248 杏林大学（保健学部）
249 群馬医療福祉大学・短期大学部
250 群馬パース大学 総推
251 慶應義塾大学（法学部）
252 慶應義塾大学（経済学部）
253 慶應義塾大学（商学部）
254 慶應義塾大学（文学部） 総推
255 慶應義塾大学（総合政策学部）
256 慶應義塾大学（環境情報学部）
257 慶應義塾大学（理工学部）
258 慶應義塾大学（医学部） 医
259 慶應義塾大学（薬学部）
260 慶應義塾大学（看護医療学部）
261 工学院大学
262 國學院大學
263 国際医療福祉大学 医
264 国際基督教大学
265 国士舘大学
266 駒澤大学（一般選抜T方式・S方式）
267 駒澤大学（全学部統一日程選抜）

さ行（関東の大学）

268 埼玉医科大学（医学部） 医
269 相模女子大学・短期大学部
270 産業能率大学
271 自治医科大学（医学部） 医
272 自治医科大学（看護学部）／東京慈恵会医科大学（医学部〈看護学科〉）
273 実践女子大学 総推
274 芝浦工業大学（前期日程）
275 芝浦工業大学（全学統一日程・後期日程）
276 十文字学園女子大学
277 淑徳大学
278 順天堂大学（医学部） 医
279 順天堂大学（スポーツ健康科・医療看護・保健看護・国際教養・保健医療・医療科・健康データサイエンス・薬学部） 総推
280 上智大学（神・文・総合人間科学部）
281 上智大学（法・経済学部）
282 上智大学（外国語・総合グローバル学部）
283 上智大学（理工学部）
284 上智大学（TEAPスコア利用方式）
285 湘南工科大学
286 昭和大学（医学部） 医
287 昭和大学（歯・薬・保健医療学部）
288 昭和女子大学
289 昭和薬科大学
290 女子栄養大学・短期大学部 総推
291 白百合女子大学
292 成蹊大学（法学部－A方式）
293 成蹊大学（経済・経営学部－A方式）
294 成蹊大学（文学部－A方式）
295 成蹊大学（理工学部－A方式）
296 成蹊大学（E方式・G方式・P方式）
297 成城大学（経済・社会イノベーション学部－A方式）
298 成城大学（文芸・法学部－A方式）
299 成城大学（S方式〈全学部統一選抜〉）
300 聖心女子大学
301 清泉女子大学
303 聖マリアンナ医科大学 医
304 聖路加国際大学（看護学部）
305 専修大学（スカラシップ・全国入試）
306 専修大学（前期入試〈学部個別入試〉）
307 専修大学（前期入試〈全学部入試・スカラシップ入試〉）

た行（関東の大学）

308 大正大学
309 大東文化大学
310 高崎健康福祉大学
311 拓殖大学
312 玉川大学
313 多摩美術大学
314 千葉工業大学
315 中央大学（法学部－学部別選抜）
316 中央大学（経済学部－学部別選抜）
317 中央大学（商学部－学部別選抜）
318 中央大学（文学部－学部別選抜）
319 中央大学（総合政策学部－学部別選抜）
320 中央大学（国際経営・国際情報学部－学部別選抜）
321 中央大学（理工学部－学部別選抜）
322 中央大学（5学部共通選抜）
323 中央学院大学
324 津田塾大学
325 帝京大学（薬・経済・法・文・外国語・教育・理工・医療技術・福岡医療技術学部）
326 帝京大学（医学部） 医
327 帝京科学大学 総推
328 帝京平成大学 総推
329 東海大学（医〈医〉学部を除く－一般選抜）
330 東海大学（文系・理系学部統一選抜）
331 東海大学（医学部〈医学科〉） 医
332 東京医科大学（医学部〈医学科〉） 医
333 東京家政大学・短期大学部 総推
334 東京経済大学
335 東京工科大学
336 東京工芸大学
337 東京国際大学
338 東京歯科大学
339 東京慈恵会医科大学（医学部〈医学科〉） 医
340 東京情報大学
341 東京女子大学
342 東京女子医科大学（医学部） 医
343 東京電機大学
344 東京都市大学
345 東京農業大学
346 東京薬科大学（薬学部） 総推
347 東京薬科大学（生命科学部） 総推
348 東京理科大学（理学部〈第一部〉－B方式）
349 東京理科大学（創域理工学部－B方式・S方式）
350 東京理科大学（工学部－B方式）
351 東京理科大学（先進工学部－B方式）
352 東京理科大学（薬学部－B方式）
353 東京理科大学（経営学部－B方式）
354 東京理科大学（C方式、グローバル方式、理学部〈第二部〉－B方式）
355 東邦大学（医学部） 医
356 東邦大学（薬学部）

2025年版　大学赤本シリーズ

私立大学②

357 東邦大学(理・看護・健康科学部)
358 東洋大学(文・経済・経営・法・社会・国際・国際観光学部)
359 東洋大学(情報連携・福祉社会デザイン・健康スポーツ科・理工・総合情報・生命科・食環境科学部)
360 東洋大学(英語〈3日程×3カ年〉)
361 東洋大学(国語〈3日程×3カ年〉)
362 東洋大学(日本史・世界史〈2日程×3カ年〉)
363 東洋英和女学院大学
364 常磐大学・短期大学 総推
365 獨協大学
366 獨協医科大学(医学部) 医

な行(関東の大学)

367 二松学舎大学
368 日本大学(法学部)
369 日本大学(経済学部)
370 日本大学(商学部)
371 日本大学(文理学部〈文系〉)
372 日本大学(文理学部〈理系〉)
373 日本大学(芸術学部〈専門試験併用型〉)
374 日本大学(国際関係学部)
375 日本大学(危機管理・スポーツ科学部)
376 日本大学(理工学部)
377 日本大学(生産工・工学部)
378 日本大学(生物資源科学部)
379 日本大学(医学部) 医
380 日本大学(歯・松戸歯学部)
381 日本大学(薬学部)
382 日本大学(N全学統一方式－医・芸術〈専門試験併用型〉学部を除く)
383 日本医科大学 医
384 日本工業大学
385 日本歯科大学
386 日本社会事業大学 総推
387 日本獣医生命科学大学
388 日本女子大学
389 日本体育大学

は行(関東の大学)

390 白鷗大学(学業特待選抜・一般選抜)
391 フェリス女学院大学
392 文教大学
393 法政大学(法〈I日程〉・文〈II日程〉・経営〈II日程〉学部－A方式)
394 法政大学(法〈II日程〉・国際文化・キャリアデザイン学部－A方式)
395 法政大学(文〈I日程〉・経営〈I日程〉・人間環境・グローバル教養学部－A方式)
396 法政大学(経済〈I日程〉・社会〈I日程〉・現代福祉学部－A方式)
397 法政大学(経済〈II日程〉・社会〈II日程〉・スポーツ健康学部－A方式)
398 法政大学(情報科・デザイン工・理工・生命科学部－A方式)
399 法政大学(T日程〈統一日程〉・英語外部試験利用入試)
400 星薬科大学 総推

ま行(関東の大学)

401 武蔵大学
402 武蔵野大学
403 武蔵野美術大学
404 明海大学
405 明治大学(法学部－学部別入試)
406 明治大学(政治経済学部－学部別入試)
407 明治大学(商学部－学部別入試)
408 明治大学(経営学部－学部別入試)
409 明治大学(文学部－学部別入試)
410 明治大学(国際日本学部－学部別入試)
411 明治大学(情報コミュニケーション学部－学部別入試)
412 明治大学(理工学部－学部別入試)
413 明治大学(総合数理学部－学部別入試)
414 明治大学(農学部－学部別入試)
415 明治大学(全学部統一入試)
416 明治学院大学(A日程)
417 明治学院大学(全学部日程)
418 明治薬科大学 総推
419 明星大学
420 目白大学・短期大学部

ら・わ行(関東の大学)

421 立教大学(文系学部－一般入試〈大学独自の英語を課さない日程〉)
422 立教大学(国語〈3日程×3カ年〉)
423 立教大学(日本史・世界史〈2日程×3カ年〉)
424 立教大学(文学部－一般入試〈大学独自の英語を課す日程〉)
425 立教大学(理学部－一般入試)
426 立正大学
427 早稲田大学(法学部)
428 早稲田大学(政治経済学部)
429 早稲田大学(商学部)
430 早稲田大学(社会科学部)
431 早稲田大学(文学部)
432 早稲田大学(文化構想学部)
433 早稲田大学(教育学部〈文科系〉)
434 早稲田大学(教育学部〈理科系〉)
435 早稲田大学(人間科・スポーツ科学部)
436 早稲田大学(国際教養学部)
437 早稲田大学(基幹理工・創造理工・先進理工学部)
438 和洋女子大学 総推

中部の大学(50音順)

439 愛知大学
440 愛知医科大学(医学部) 医
441 愛知学院大学・短期大学部
442 愛知工業大学 総推
443 愛知淑徳大学
444 朝日大学 総推
445 金沢医科大学(医学部) 医
446 金沢工業大学
447 岐阜聖徳学園大学 総推
448 金城学院大学
449 至学館大学 総推
450 静岡理工科大学
451 椙山女学園大学
452 大同大学
453 中京大学
454 中部大学
455 名古屋外国語大学 総推
456 名古屋学院大学 総推
457 名古屋学芸大学 総推
458 名古屋女子大学 総推
459 南山大学(外国語〈英米〉・法・総合政策・国際教養学部)
460 南山大学(人文・外国語〈英米を除く〉・経済・経営・理工学部)
461 新潟国際情報大学
462 日本福祉大学
463 福井工業大学
464 藤田医科大学(医学部) 医
465 藤田医科大学(医療科・保健衛生学部)
466 名城大学(法・経営・経済・外国語・人間・都市情報学部)
467 名城大学(情報工・理工・農・薬学部)
468 山梨学院大学

近畿の大学(50音順)

469 追手門学院大学 総推
470 大阪医科薬科大学(医学部) 医
471 大阪医科薬科大学(薬学部) 総推
472 大阪学院大学 総推
473 大阪経済大学 総推
474 大阪経済法科大学 総推
475 大阪工業大学 総推
476 大阪国際大学・短期大学部 総推
477 大阪産業大学 総推
478 大阪歯科大学(歯学部)
479 大阪商業大学 総推
480 大阪成蹊大学・短期大学 総推
481 大谷大学 総推
482 大手前大学・短期大学 総推
483 関西大学(文系)
484 関西大学(理系)
485 関西大学(英語〈3日程×3カ年〉)
486 関西大学(国語〈3日程×3カ年〉)
487 関西大学(日本史・世界史・文系数学〈3日程×3カ年〉)
488 関西医科大学(医学部) 医
489 関西医療大学 総推
490 関西外国語大学・短期大学部 総推
491 関西学院大学(文・法・商・人間福祉・総合政策学部－学部個別日程)
492 関西学院大学(神・社会・経済・国際・教育学部－学部個別日程)
493 関西学院大学(全学部日程〈文系型〉)
494 関西学院大学(全学部日程〈理系型〉)
495 関西学院大学(共通テスト併用日程〈数学〉・英数日程)
496 関西学院大学(英語〈3日程×3カ年〉) 新
497 関西学院大学(国語〈3日程×3カ年〉) 新
498 関西学院大学(日本史・世界史・文系数学〈3日程×3カ年〉) 新
499 畿央大学 総推
500 京都外国語大学・短期大学 総推
502 京都産業大学(公募推薦入試) 総推
503 京都産業大学(一般選抜入試〈前期日程〉)
504 京都女子大学 総推
505 京都先端科学大学 総推
506 京都橘大学 総推
507 京都ノートルダム女子大学 総推
508 京都薬科大学 総推
509 近畿大学・短期大学部(医学部を除く－推薦入試) 総推
510 近畿大学・短期大学部(医学部を除く－一般入試前期)
511 近畿大学(英語〈医学部を除く3日程×3カ年〉)
512 近畿大学(理系数学〈医学部を除く3日程×3カ年〉)
513 近畿大学(国語〈医学部を除く3日程×3カ年〉)
514 近畿大学(医学部－推薦入試・一般入試前期) 医 総推
515 近畿大学・短期大学部(一般入試後期) 医
516 皇學館大学 総推
517 甲南大学 総推
518 甲南女子大学(学校推薦型選抜) 新 総推
519 神戸学院大学 総推
520 神戸国際大学 総推
521 神戸女学院大学 総推
522 神戸女子大学・短期大学 総推
523 神戸薬科大学 総推
524 四天王寺大学・短期大学部 総推
525 摂南大学(公募制推薦入試) 総推
526 摂南大学(一般選抜前期日程)
527 帝塚山学院大学 総推
528 同志社大学(法、グローバル・コミュニケーション学部－学部個別日程)

2025年版　大学赤本シリーズ

私立大学③

529 同志社大学(文・経済学部－学部個別日程)
530 同志社大学(神・商・心理・グローバル地域文化学部－学部個別日程)
531 同志社大学(社会学部－学部個別日程)
532 同志社大学(政策・文化情報〈文系型〉・スポーツ健康科〈文系型〉学部－学部個別日程)
533 同志社大学(理工・生命医科・文化情報〈理系型〉・スポーツ健康科〈理系型〉学部－学部個別日程)
534 同志社大学(全学部日程)
535 同志社女子大学 [総推]
536 奈良大学 [総推]
537 奈良学園大学 [総推]
538 阪南大学 [総推]
539 姫路獨協大学 [総推]
540 兵庫医科大学(医学部) [医]
541 兵庫医科大学(薬・看護・リハビリテーション学部) [総推]
542 佛教大学 [総推]
543 武庫川女子大学 [総推]
544 桃山学院大学 [総推]
545 大和大学・大和大学白鳳短期大学部 [総推]
546 立命館大学(文系－全学統一方式・学部個別配点方式)／立命館アジア太平洋大学(前期方式・英語重視方式)
547 立命館大学(理系－全学統一方式・学部個別配点方式・理系型3教科方式・薬学方式)
548 立命館大学(英語〈全学統一方式3日程×3カ年〉)
549 立命館大学(国語〈全学統一方式3日程×3カ年〉)
550 立命館大学(文系選択科目〈全学統一方式2日程×3カ年〉)
551 立命館大学(IR方式〈英語資格試験利用型〉・共通テスト併用方式)／立命館アジア太平洋大学(共通テスト併用方式)
552 立命館大学(後期分割方式・「経営学部で学ぶ感性+共通テスト」方式)／立命館アジア太平洋大学(後期方式)
553 龍谷大学(公募推薦入試) [総推]
554 龍谷大学(一般選抜入試)

中国の大学(50音順)

555 岡山商科大学 [総推]
556 岡山理科大学 [総推]
557 川崎医科大学 [医]
558 吉備国際大学 [総推]
559 就実大学 [総推]
560 広島経済大学
561 広島国際大学 [総推]
562 広島修道大学
563 広島文教大学 [総推]
564 福山大学／福山平成大学
565 安田女子大学 [総推]

四国の大学(50音順)

567 松山大学

九州の大学(50音順)

568 九州医療科学大学
569 九州産業大学
570 熊本学園大学
571 久留米大学(文・人間健康・法・経済・商学部)
572 久留米大学(医学部〈医学科〉) [医]
573 産業医科大学(医学部) [医]
574 西南学院大学(商・経済・法・人間科学部－A日程)
575 西南学院大学(神・外国語・国際文化学部－A日程／全学部－F日程)
576 福岡大学(医学部医学科を除く－学校推薦型選抜・一般選抜系統別日程) [総推]
577 福岡大学(医学部医学科を除く－一般選抜前期日程)
578 福岡大学(医学部〈医学科〉－学校推薦型選抜・一般選抜系統別日程) [医][総推]
579 福岡工業大学
580 令和健康科学大学 [総推]

[医] 医学部医学科を含む
[総推] 総合型選抜または学校推薦型選抜を含む
[DL] リスニング音声配信　[新] 2024年 新刊・復刊

掲載している入試の種類や試験科目，収載年数などはそれぞれ異なります。詳細については，それぞれの本の目次や赤本ウェブサイトでご確認ください。

akahon.net
赤本｜ 検索

難関校過去問シリーズ

出題形式別・分野別に収録した
「入試問題事典」
20大学 73点
定価2,310～2,640円(本体2,100～2,400円)

先輩合格者はこう使った!
「難関校過去問シリーズの使い方」

61年，全部載せ!
要約演習で，総合力を鍛える
東大の英語
要約問題 UNLIMITED

国公立大学

東大の英語25カ年[第12版] [改]
東大の英語リスニング20カ年[第9版] [DL] [改]
東大の英語 要約問題 UNLIMITED
東大の文系数学25カ年[第12版] [改]
東大の理系数学25カ年[第12版] [改]
東大の現代文25カ年[第12版] [改]
東大の古典25カ年[第12版] [改]
東大の日本史25カ年[第9版] [改]
東大の世界史25カ年[第9版] [改]
東大の地理25カ年[第9版] [改]
東大の物理25カ年[第9版] [改]
東大の化学25カ年[第9版] [改]
東大の生物25カ年[第9版] [改]
東工大の英語20カ年[第8版] [改]
東工大の数学20カ年[第9版] [改]
東工大の物理20カ年[第5版] [改]
東工大の化学20カ年[第5版] [改]
一橋大の英語20カ年[第9版] [改]
一橋大の数学20カ年[第9版] [改]
一橋大の国語20カ年[第6版] [改]
一橋大の日本史20カ年[第6版] [改]
一橋大の世界史20カ年[第6版] [改]
筑波大の英語15カ年 [新]
筑波大の数学15カ年 [新]
京大の英語25カ年[第12版]
京大の文系数学25カ年[第12版]
京大の理系数学25カ年[第12版]
京大の現代文25カ年[第2版]
京大の古典25カ年[第2版]
京大の日本史20カ年[第3版]
京大の世界史20カ年[第3版]
京大の物理25カ年[第9版]
京大の化学25カ年[第9版]
北大の英語15カ年[第8版]
北大の理系数学15カ年[第8版]
北大の物理15カ年[第2版]
北大の化学15カ年[第2版]
東北大の英語15カ年[第8版]
東北大の理系数学15カ年[第8版]
東北大の物理15カ年[第2版]
東北大の化学15カ年[第2版]
名古屋大の英語15カ年[第8版]
名古屋大の理系数学15カ年[第8版]
名古屋大の物理15カ年[第2版]
名古屋大の化学15カ年[第2版]
阪大の英語20カ年[第9版]
阪大の文系数学20カ年[第3版]
阪大の理系数学20カ年[第9版]
阪大の国語15カ年[第3版]
阪大の物理20カ年[第8版]
阪大の化学20カ年[第6版]
九大の英語15カ年[第8版]
九大の理系数学15カ年[第7版]
九大の物理15カ年[第2版]
九大の化学15カ年[第2版]
神戸大の英語15カ年[第9版]
神戸大の数学15カ年[第5版]
神戸大の国語15カ年[第3版]

私立大学

早稲田の英語[第11版] [改]
早稲田の国語[第9版] [改]
早稲田の日本史[第9版] [改]
早稲田の世界史[第2版] [改]
慶應の英語[第11版] [改]
慶應の小論文[第3版] [改]
明治大の英語[第9版] [改]
明治大の国語[第2版] [改]
明治大の日本史[第2版] [改]
中央大の英語[第9版] [改]
法政大の英語[第9版] [改]
同志社大の英語[第10版]
立命館大の英語[第10版]
関西大の英語[第10版]
関西学院大の英語[第10版]

[DL] リスニング音声配信
[新] 2024年 新刊
[改] 2024年 改訂

2025 年版　大学赤本シリーズ　No. 314

千葉工業大学

編　集　教学社編集部
発行者　上原 寿明
発行所　教学社
〒606-0031
京都市左京区岩倉南桑原町56
電話　075-721-6500
振替　01020-1-15695
印　刷　三美印刷

2024 年 7 月 10 日　第 1 刷発行
ISBN978-4-325-26372-2
定価は裏表紙に表示しています